21世纪社会学系列教材
Textbooks of Sociology in the 21st Century

后现代西方社会学理论

（第二版）

Postmodern Western Sociological Theory

(second edition)

刘少杰 ⊙著

图书在版编目(CIP)数据

后现代西方社会学理论/刘少杰著. —2 版. —北京:北京大学出版社,2014.1
(21 世纪社会学系列教材)
ISBN 978-7-301-23330-6

Ⅰ.①后… Ⅱ.①刘… Ⅲ.①后现代主义 – 社会学 – 西方国家 – 高等学校 – 教材 Ⅳ.①C91

中国版本图书馆 CIP 数据核字(2013)第 242638 号

书 名:	后现代西方社会学理论(第二版)
著作责任者:	刘少杰 著
责 任 编 辑:	陈相宜
标 准 书 号:	ISBN 978-7-301-23330-6
出 版 发 行:	北京大学出版社
地 址:	北京市海淀区成府路 205 号 100871
网 址:	http://www.pup.cn
新 浪 微 博:	@北京大学出版社 @未名社科-北大图书
微信公众号:	北京大学出版社 北大出版社社科图书
电 子 邮 箱:	编辑部 ss@pup.cn 总编室 zpup@pup.cn
电 话:	邮购部 010-62752015 发行部 010-62750672 编辑部 010-62753121
	出版部 010-62754962
印 刷 者:	北京虎彩文化传播有限公司
经 销 者:	新华书店
	730 毫米×980 毫米 16 开本 23 印张 413 千字
	2002 年 1 月第 1 版
	2014 年 1 月第 2 版 2025 年 5 月第 7 次印刷
定 价:	45.00 元

未经许可,不得以任何方式复制或抄袭本书之部分或全部内容。
版权所有,侵权必究
举报电话: 010-62752024 电子邮箱: fd@pup.cn

再版序言

本书的第一版出版于 2002 年，但书稿成于 20 世纪 90 年代后期。尽管当时西方社会学界关于后现代西方社会学理论的研究已经取得了很深入的进展，但国内社会学界对后现代西方社会学理论的了解还十分有限。不仅对福柯、马尔库塞和鲍德里亚等后现代西方社会学家的思想理论研究不足，而且对后现代西方社会学是否存在也有学者持怀疑态度。因此，本书第一版在 21 世纪初出版时，虽然有些学者认为这本书对当代西方社会学理论作了积极探索，其中很多思想观点令人耳目一新，但也有一些学者对本书讨论的某些内容并未给予重视。

十多年后，国内社会学界对后现代西方社会学的了解和评价已经与 20 世纪 90 年代大不相同。一方面，越来越多的后现代西方社会学家的著述被译为中文，他们的思想理论得到了深入研究；另一方面，已有很多中青年学者在充分了解后现代西方社会学思想理论的基础上，借鉴他们的新思想、新理论，直接面对中国社会问题，开展了富有创新性的学术研究。然而，虽然后现代西方社会学理论已经得到中国社会学界的高度重视，但是如何看待后现代西方社会学理论的现实基础、研究方式和理论视野，后现代西方社会学理论同当代仍然坚持现代西方社会学立场、观点和方法的其他理论流派是什么关系，这些具有根本意义的理论问题在中国社会学界并没有形成共同认识。笔者借本书再版之际，试图对这些问题作进一步阐述，以期引起中国社会学界对这些问题的进一步讨论。

一、后现代西方社会学的现实基础

丹尼尔·贝尔于 1973 年发表的《后工业社会的来临》，揭示了工业社会在产业结构、就业结构、阶级关系、社会主要矛盾等方面的深刻变化，通常被认为是西方社会学中首先明确论述了工业社会转型的著述。贝尔确实在人们面前展现了一个崭新的社会，他称之为后工业社会（post-industrial society）。然而，贝尔提出的这个后工业社会，却是一个具有很大模糊性的概念，就字面意思而言它似乎是一个时间概念，指的是工业社会之后的社会，然而从贝尔对这个名词的实际使用上看，它也被赋予了多种含义。

不过，贝尔自己却认为后工业社会是一个得到了明确界定的概念。他指出："我之采用'后工业'的词，有两个理由：第一，在于强调这些变迁的同质性和过渡性；第二，在于着重知识技术这个主要的中轴原理。"① 可见，贝尔试图用这个概念强调后工业社会的变化具有整体性，即不是仅指社会生活哪一个方面的变化，而是社会发生了总体性变化，并且还强调了后工业社会的变化根源在于知识进步和技术革命。在这个意义上，贝尔坚定地主张："我反对把出现的这些特征试图标定为'服务业社会'，或'信息社会'，或'知识社会'，即使这些要素都存在，因为这种名称是片面的，也许是为了追求时尚而加以曲解。"②

贝尔的反对并没有阻止越来越多的学者从不同角度称谓他所论述的后工业社会，吉登斯的"全球化社会"，乌尔里希·贝克的"风险社会"，鲍德里亚的"消费社会"，卡斯特的"信息社会"和"网络社会"，还有"断裂社会""符号化社会""新媒体社会"等，凡此种种，举不胜举。何以至此？事实上不能简单归结为贝尔所指责的对后工业社会观察的片面性，更重要的是，随着时间的推移，后工业社会的这些特点日益明显地呈现出来，学者们所提出的不同概念，真实地反映了后工业社会的不同层面都呈现了深刻的变化，而这些概念是从不同角度对已经发生了总体变迁的当代社会不同侧面的一种概括。

实际上，贝尔关于后工业社会来临的一系列论述，受到了马克思社会形态理论的很大影响，他实质上已经像马克思论述工业社会是人类社会一种新形态那样去论述后工业社会了。马克思说："手推磨产生的是封建主的社会，蒸汽磨产生的是工业资本家的社会。"③ 这句被广为引用的名言表明，马克思正是从技术革命出发来把握社会形态的变迁。这句名言的进一步展开就是，生产工具

---

① 丹尼尔·贝尔：《后工业社会的来临》1976年版前言，高銛等译，新华出版社1997年版，第6页。
② 同上书，第5页。
③ 卡·马克思：《哲学的贫困》，载《马克思恩格斯文集》第一卷，人民出版社2009年版，第602页。

的变革决定了生产力的发展水平，而生产力的发展必定决定生产关系的变化，占统治地位的生产关系作为经济基础又决定了政治的和思想文化的上层建筑的性质，而经济基础和上层建筑的统一就是社会的整体形态。因此，从生产工具开始的变革，一定会引起整个社会形态的变化。

贝尔论述后工业社会来临的时代，正是以计算机为核心的新技术革命快速展开的时代。虽然贝尔把他的《后工业社会的来临》称为对未来社会的一种预测，但在其笔下已经清楚看到，20世纪60年代后期，在计算机、移动通信和遗传工程等新技术的推动下，美国为代表的西方发达国家在经济、政治、文化和社会生活的各个方面都已发生了广泛而深刻的变化，并且这些变化之间都具有紧密的联系，贝尔称之为由知识和技术中轴决定的整体性变化。贝尔关于后工业社会变化的论述逻辑，同马克思论述农业社会向工业社会变迁的逻辑是相似的，甚至可以说是相同的。

马克思认为，正是机器作为最先进的生产工具决定了工业社会生产力的变革，并进而决定了工业社会生产方式和上层建筑的整个社会形态的变革。在20世纪60年代以后，机器作为最先进生产工具的地位已经逐步被计算机为核心的新技术所替代，而这正是后工业社会即将来临的最根本的决定因素。贝尔在计算机为核心的新技术革命基础上，论述了主要凭借机器的力量而运行的制造业的地位下降，依靠计算机等新技术的信息产业迅速上升，产业结构发生了空前规模的调整，并进而引起就业结构、阶级结构、权力结构、生活方式和思维方式的调整，于是，整个社会结构发生了整体变迁。也正是在这个意义上，贝尔反对仅从社会生活的某个方面来概括他面对的变化。

然而，虽然后工业社会概念也表示一个新社会已经来临，但后工业社会这个概念毕竟没有像工业社会概念那样明确地揭示新社会的主要内容和本质特征。后工业社会概念就其直接含义而言，它不过明确了这是一个工业社会之后的社会，至于是什么内容、什么性质的社会则并不明确。因此，贝尔留下了一个值得进一步追问的问题：后工业社会究竟是一个以什么为主要活动内容的社会？农业社会的主要活动内容是农业生产，工业社会的主要活动内容是工业生产，那么，后工业社会的主要活动内容是什么？应当说，既不是农业生产也不是工业生产，而是信息生产。如果根据农业社会和工业社会的命名逻辑，是否可以称后工业社会为信息社会呢？

信息社会已经是当代学术中出现频率很高的一个名词，但经常使用这个名词的人们未必赞成可以用它来表示后工业社会或当代社会的主要内容和本质特征。譬如当人们从全球社会、风险社会、消费社会、符号社会、网络社会和断裂社会等角度讨论所面对的当代社会变迁时，未必认为从这些角度所观察到的当代社会的各种变迁，不过是信息社会变迁的不同侧面，是当代社会或后工业社会信息化的不同表现。事实上，无论人们给他们所面对的当代社会变迁冠以何种名词，那些令人眼花缭乱的社会变迁都不过源于社会生活的信息化。社会生活信息化是工业社会之后最基本的社会变迁，也是社会生活各种形式变化的主要内容和产生根据，因此，信息社会是当代社会最恰当的称谓，信息社会最明确地表明了一个崭新的社会形态。

  根据马克思的观点，一种新社会形态的诞生必然以生产工具的革命为前提，而计算机正是作为一种新技术实现了生产工具的革命。作为工业生产力标志的机器，无论其发展到何种形式与何种程度，即便是当代还在创新提高的结构更加复杂、功能更加强大的机器，它的本质都是对物质产品的加工或制造。有很多人把计算机也看作是一种机器，20世纪六七十年代苏联学者批判资本主义世界机器控制人，其时所指的机器主要就是计算机。然而，计算机同制造物质产品的传统机器已经有了本质的区别。计算机不能直接加工制造物质产品，它直接加工制造的是信息产品，是通过信息的运行、重组和创造来支配物质生产乃至人类的全部社会生活。

  虽然改变当代人类社会生活的新技术还有很多，然而凡是能标之以新技术的，都不过是与处理信息有关的技术。互联网和移动通信等新媒体、遗传工程和空间技术等，都可以看作一种信息技术。以计算机为核心的信息技术是当代人类社会最先进的生产工具，这点似乎无人质疑，但进一步的推论却未必能够得到普遍赞成。如果承认计算机为核心的信息技术是最先进的生产工具，并且信息技术在作用对象、展开形式和运行方式上都同制造物质产品的机器有了根本的区别，那么就应当承认信息技术已经引起了生产工具的革命，它必然引起生产力、生产关系和上层建筑的变革，一个新的社会形态必然诞生。而这个新社会形态就应当称之为信息社会。

  信息社会作为一种新社会形态，是一切试图超越现代西方社会学的后现代西方社会学的共同现实基础。明确这一点具有重要意义，因为对现代西方社会学发起挑战的后现代社会学家，急于从不同角度超越奠基于工业社会的现代西方社会学理论，尽管对现代西方社会学和后工业社会作了创造性论述，但那些令人眼晕的观点各异的论述，究竟有无内在联系？是不是都立足一个共同的现实基础而作出理论思考？这不仅对于从整体联系或总体趋势上了解后现代西方社会学至关重要，而且对于从某个流派甚至某个学说开展深入研究也是不可缺少的前提。

二、面对社会整体变迁的分析研究

美国哲学家 M. 怀特在论述 20 世纪哲学演化趋势时指出：20 世纪是一个从构造理论体系的时代走向理论分析的时代，"20 世纪表明为把分析当作当务之急，这与哲学史上某些时期的庞大的、综合的体系建立恰好相反"①。在欧洲学术史上，构造理论体系最典型的代表是黑格尔，"几乎二十世纪的每一种重要的哲学运动都是以攻击那位思想庞杂而声名赫赫的十九世纪的德国教授的观点开始的"②。20 世纪思想家们一致采取的反体系行动，虽然是欧洲学术走向现代的一种发展形式，但正是因为放弃理论体系的构造，20 世纪的人文社会科学开始进入社会生活各种层面，展开了更加深入的研究。然而，这种从体系构造转向问题分析的学术转向却陷入了另一种片面性：轻视对社会发展变迁的整体把握。

20 世纪的社会学也顺应了欧洲学术走向分析的潮流，特别是当 20 世纪中期社会学的中心从欧洲移至美国之后，放弃宏大叙事而专注具体问题的研究方式更是蔚然成风。从宏观层面对社会整体变迁的研究，不仅被视为非科学的形而上学的玄思，而且被看成落后时代的陈腐学风。注重建设性和整合性的法国实证社会学传统，在美国演化成单纯强调客观描述和具体考察的技术分析。虽然 20 世纪 70 年代兴起的后现代社会学坚决反对把社会学归结为对客观现象的技术分析，但超越理论体系的建构而直面社会问题的强大惯性也得到了他们的认同，后现代社会学家们以批判的方式坚持了对社会问题的理论分析。

利奥塔就是一个十分明显的例证。作为后现代社会学的重要代表，他一方面反对单纯客观地描述现实，认为无批判地描述现实无法清楚揭示信息化的后现代社会的复杂性；另一方面他又宣布，由德国古典哲学代表的思辨叙事和法国政治哲学代表的政治叙事，都是资产阶级为了动员社会统一意志推翻封建贵族统治，统一步伐实现资本主义工业化和市场化的理论表达，但随着计算机为首的技术革命的长足进展，工业社会的统治地位已经被后工业社会取代，人类社会的理想目标、思维方式和知识图景都已经从宏大叙事转向具体叙事，试图从整体上把握社会发展变迁的各种"元话语"或"元叙事"已经失去了存在的根基，即失去了合法性。正是在这种基本判断的基础上，利奥塔以批判的方

---

① M. 怀特编著：《分析的时代》，杜任之主译，商务印书馆 1981 年版，第 5 页。
② 同上书，第 7 页。

式开展了对知识的话语和图形的分析。

在马尔库塞、福柯、鲍德里亚等人那里,也能看到利奥塔这种反对单纯客观描述分析,但坚持了批判分析的学术转变。也就是说,自20世纪初开启的从体系构造转向事实分析的学术潮流席卷了20世纪所有学术流派,以反传统而自居的后现代社会学也没有脱离这个至今仍在继续的走向分析的学术潮流。区别不过在于,后现代社会学坚持的是批判的建构性分析,而同他们对立的是坚持科学的客观性分析。进一步说,后现代社会学同现代社会学的区别,不在于是否从体系走向分析,而是前者站在人文主义立场上开展了批判建构的分析,后者站在科学主义立场上开展了客观描述的分析。并且,后现代社会学也坚持了不再从整体上建构理论体系的原则,因此无论后现代的社会学家们的思想理论展现了多么广阔的视野,都没有试图从整体上对当代人类社会的深刻变革作出系统的理论概括。

马尔库塞在20世纪50年代就已经预言人类社会将发生空前深刻的变化。在《爱欲与文明》中,马尔库塞指出,随着科学技术的发展和社会生产能力的提高,物质生活资料匮乏的状态将被改变,压抑文明也将随之被非压抑文明替代,一个人性得到彻底解放的新时代将会到来。尽管不能说马尔库塞在20世纪50年初期的这些思想观点完全是一种乌托邦幻想,但第二次世界大战结束不久的西方世界还不可能立即发生摆脱匮乏进入丰盛的变化,因此只能把他的观点看作对社会可能发生深刻变化的有一定根据的推测。也正因如此,虽然马尔库塞率先提出了新文明、新社会和新生活必将实现的观点,但他的主要注意力还是集中于对资本主义世界异化现象的批判分析,而对新社会的产生根据、展开形式和基本结构等都没有作出论述。

时至20世纪60年代后期,随着计算机为核心的技术革命迅速展开,社会生产力水平空前提高,物质财富大幅增长,匮乏时代基本结束,马尔库塞的预言已经成为事实。丹尼尔·贝尔在《后工业社会的来临》中已经清楚地描述了这些重要变化,并且宣布了作为一种新社会形态的后工业社会已经来临。贝尔关于后工业社会来临的论断在西方学术界产生了广泛影响,但人们关注的不是关于后工业社会是一种新社会形态的论断,而是贝尔关于产业结构、就业结构、阶级结构、社会中心任务和生活方式等方面变化的分析。接受贝尔的观点,关于后工业社会不同层面变化的各种学说不断涌现,但从总体上把握后工业社会的性质、形式和趋势的论述却不多见。

素以思想活跃、勇于创新的法国社会学家,虽然也认识到后工业社会来临是人类社会的一次飞跃,它具有与工业社会十分不同的矛盾关系和运行机制,但受到后结构主义思潮的影响，福柯、德里达和鲍德里亚等人不去从总体上论述社会形态的转变，而是分别从知识权力、话语实践、消费社会和社会生活符号化等方面去论述当代人类社会的变迁。他们富于挑战性的激烈言辞，尖锐地批判了工业社会的压抑原则、科学理性的片面独断和控制权力的人性扭曲，阐述了很多振聋发聩的崭新观点，对于推进当代学术繁荣和理论创新作出了不可埋没的重大贡献。但是，由于坚持反结构、反体系的后结构主义立场，这些法国社会学家没有从整体上对当代人类社会变迁作出明确的理论概括。

德国社会学家不仅没有像法国社会学家那样坚决地批判结构主义，反而注重对社会变迁的一些元理论层面的问题展开深入研究。哈贝马斯承接马克思没有来得及充分研究的交往行为问题，论述了交往行为展开的公共领域在社会系统中的重要地位与作用，揭示了公共领域被政治、经济体制吞噬导致生活世界殖民化而形成的危害，并论述了通过坚持交往理性来促进社会沟通、协调人际关系的交谈伦理学。哈贝马斯的这些研究正是直面了信息社会最重要的问题——信息沟通，他的研究涉及语言符号、自我认同、表达理解、行为模式、道德规范等一系列信息沟通中不可回避的问题，试图为保证人们社会交往的协调进行提供一套理性原则。

利奥塔斥责哈贝马斯不合时宜地在重复德国古典哲学的宏大叙事，德里达批判哈贝马斯不顾当代社会走向分化的基本事实，试图用抽象教条来重建一去不复返的一统社会。其实，利奥塔和德里达对哈贝马斯的批评未必符合实际，哈贝马斯不过是系统地论述了交往行为及其相关的社会问题，不仅没有像黑格尔等古典哲学家那样作出体系建构，而且对当代社会作为一种新社会形态的变迁的论述也十分有限。哈贝马斯并没有仅仅停留在抽象原则或逻辑体系的构建上，他的大量著述主要聚焦于信息化时代的社会交往或信息沟通问题的深入分析。

相比之下，英国社会学家吉登斯的理论视野要比法国和德国社会学家更开阔一些。吉登斯不仅从社会行动、社会信任、制度关系、时空变迁等方面系统论述了社会结构问题，而且还认为当代社会作为晚期资本主义已经进入全球化时代，社会生活的信息化不仅加快了社会变迁的速度，也增加了大量不确定性和社会风险，应当重新审视当代人类社会的巨大变化，从传统社会学单纯客观描述局部事实的窠臼中超越出来，对新形势下的人类社会变迁作出新的理论概括。吉登斯已经开始了从总体上把握当代社会变迁的思考，但由于他未能系统阐明所论述的全球化时代、晚期资本主义、风险社会、反思性社会、脱域社会或时空抽离的社会等概念之间的关系，以至其五光十色的论述令人迷惘不知究竟哪个概念是对当代社会最恰当的概括。

总之，上述这些引领了当代社会学学术潮流的社会学家们，都已真切而深入地论述了当代社会生活信息化而产生的一系列重大问题，他们对所关注问题的深入分析，为清楚地认识信息社会到来而产生的深刻变化作出了杰出贡献。然而，令人遗憾的是，在20世纪走向分析的学术潮流的推动下，社会学家们淡化了从社会形态更迭的角度对当代社会变迁作出总体性的概括。缺乏整体概括的不同侧面的深入分析，难免令人有只见树木不见森林的困惑。

三、信息社会作为新社会形态的意义

在当代社会学中，卡斯特最充分地论述了信息社会是一种有别于工业社会的新社会形态的观点。在其代表作《信息时代三部曲：经济、社会与文化》的第一卷《网络社会的崛起》中，他开篇就宣布："公元两千年将届之际，一些具有历史意义的事件转化了人类生活的社会图景。以信息技术为中心的技术革命，正在加速重造社会的物质基础。全世界的经济已然成为全球互赖，在易变不定的几何形式中，引入了经济、国家与社会之间关系的新形式。"① 卡斯特认为，信息技术革命同工业革命一样重要，它从总体上促使社会结构发生了重新构造的过程，社会的经济、政治和文化过程，以及社会生活的各种组织形式都发生了空前深刻的变化。通过一番广泛的考察分析，他明确地宣布：

> 我们对横越人类诸活动与经验领域而浮现之社会结构的考察，得出一个综合性的结论：作为一种历史趋势，信息时代的支配性功能与过程日益以网络组织起来。网络构建了我们社会的新社会形态，而网络化逻辑的扩散实质性地改变了生产、经验、权力与文化过程的操作和结果。②

卡斯特像丹尼尔·贝尔一样接受了马克思的观点，也是从生产技术的变革出发来研判社会结构的变迁，但卡斯特更明确地断定信息技术革命已经催生了一种新社会形态。虽然卡斯特常常把新社会形态称之为网络社会，但他也不断地论及网络社会的实质是信息社会的组织形式或表现形式。因为网络不过是信息传递的技术或空间，网络社会不过是人们为了交流信息而利用网络技术展开

---

① 卡斯特：《网络社会的崛起》，曹荣湘译，社会科学文献出版社2006年版，第1页。
② 同上书，第434页。

的交往方式，所以无论是从网络社会存在的根据还是从其展开的过程看，网络社会就是信息社会的表现形式。

不过，也不能把信息社会与网络社会等同起来。是否可以作这样一个类比：在工业社会，人们在工厂中利用机器制造物质产品，而在信息社会人们在网络中利用计算机和移动通信工具传递信息。也就是说：网络相当于工厂，计算机和移动通信工具相当于机器，而信息则相当于物质产品。这种似有简单化之嫌的类比，可以相对清楚地说明信息社会与网络社会两个概念之间的关系：信息社会侧重说明新社会形态的活动内容，而网络社会则侧重说明新社会形态的存在形式。简言之，二者是内容和形式的关系。

同种内容可以有不同的表现形式，全球化社会就是信息社会的另一种表现形式。事实上，没有以计算机为核心的信息技术革命，全球化时代的到来是不可能的。正是因为信息技术革命，不仅世界各国的实体经济被大规模地卷入世界经济体系之中，而且实体经济也在各种新媒体技术的支持下通过金融市场实现了信息化、符号化甚至虚拟化，各种经济体都争先恐后地融入全球经济一体化，并且谁也摆脱不了这个以信息化为根基的经济全球化过程。经济作为所有民族、所有层面社会生活的中心，其不可阻挡的全球化也必然引起各民族政治生活、文化生活和社会生活的全球化，而经济全球化又以信息化为根基，就此而言，人类社会生活各种层面的全球化，都不过是信息化的展开或结果。

至于福柯论述的语词秩序独立化，利奥塔论述的知识图景网络化，吉登斯论述的当代社会不确定性和反思性，贝克论述的风险社会，鲍德里亚论述的消费行为符号化和拟像秩序，哈贝马斯论述的言路断裂与交往沟通等，都不过是社会生活信息化的表现或结果。可以说，引领学术新潮的后现代社会学论述的主题，都是源于信息技术革命引发的各种重大社会问题。后现代社会学面对的是后工业社会的信息社会，后现代社会学阐述的种种超越了现代社会学的思想理论，都是对信息社会新现象、新问题和新趋势的分析和理解。尽管后现代社会学家在专注自己提出的问题时，通常淡化了从总体上对信息社会这个新社会形态的理论概括，但正是这样一些研究使社会学的触角能够深入到新社会形态的各种构成部分，清楚而细致地审视了信息社会的深刻变迁，为在总体上把握新社会形态作了不可或缺的充分准备。

然而，并不是所有当代社会学家都直面了信息社会呈现的新问题，仍然有大量社会学研究在承续现代社会学的研究主题和研究方式，继续在为同信息社会似乎没有清楚联系的思想理论增添内容。诸如人口流动、社会分层、城乡社区、贫困群体、福利保障等传统社会学话题，一般很少涉及社会生活信息化方面的内容。这些用传统社会学研究方式、延续传统概念框架开展的研究，虽然没有聚焦信息社会的前沿问题，但也不能就此认为他们已经落后于时代。因为他们所提出或研究的问题在现实生活中并没有消除，而且诸如贫困和保障等问题仍然很严重，因此他们的研究不仅有存在的根据，而且也是现实社会的需要。

这里面对一个如何看待后现代社会学与同时代的现代社会学之间的关系问题。在本书第一章我们将指出，现代社会学与后现代社会学的关系不仅仅是一个先后的时间顺序关系，更重要的是在现实基础、基本立场、思维方式、概念框架和价值取向等方面都有明确区别的两种学术传统的关系。概言之，现代社会学是立足于工业社会，从科学的客观立场出发，在主观和客观二元对立的思维方式中追求社会客观规定的学术传统；后现代社会学是立足于后工业社会（这里应进一步明确是立足于信息社会），从人文的实践立场出发，在超越主观与客观对立的思维方式中追求社会主客统一性的学术传统。

现代社会学与超越了它的后现代社会学一样，都有其存在的基础，其原因在于：尽管当代人类社会生活已经开始了大规模的信息化变迁，信息社会已经成为不可否认的新社会形态，但是工业社会甚至农业社会并没有因为信息社会的生成而结束。不仅像18—19世纪工业社会在西方各国先后诞生而农业社会仍然持续地存在一样，信息社会在当代世界各国诞生也不意味着工业社会甚至农业社会即将结束，而且更重要的是，工业社会和农业社会都是以物质生产活动为主要任务的社会，而信息社会是以信息传播为主要任务的社会，二者不是相互取代的关系，而是互为基础且相互支持的关系。因此，信息社会的发展不仅不能替代工业社会甚至农业社会，反而会促进工业社会和农业社会的发展。

如果承认信息社会与工业社会甚至农业社会并存，是否又面临一个如何理解多种社会形态并存的问题。对社会形态的划分通常有两种方法：一种是历史唯物主义以生产关系的性质为标准划分社会形态，即经济社会形态；一种是以托夫勒为代表的以生产力和技术发展水平以及与之相适应的产业结构为标准划分，即技术社会形态。依据占统治地位的生产关系的变迁，马克思划分了原始社会、奴隶社会、封建社会、资本主义社会和社会主义社会。由于某个时代在一个民族占统治地位的生产关系只能是一个，所以根据占统治地位生产关系性质作出的这五种社会形态的划分是界限清楚的替代关系。但根据产业结构划分出的技术社会形态却不是一个替代关系，虽然可以依据何种产业占主体地位而称这个社会是工业社会还是信息社会，但却不能说不占主体地位的其他社会被替代了，更不能说整个社会都变成了工业社会或信息社会，因为很明显的事实是：像工业化一样，信息化也不是全部社会生活都实现了信息化。

正像图海纳所论述的那样，当代社会是断裂性发展，一部分进入信息化过程的社会生活以网络化或全球化的形式展开或发展，而与此同时还有一部分被甩在信息化进程之外或拒绝进入信息化进程的社会生活仍然存在着，这两部分社会构成形成了网络化与非网络化、全球化与地方化、缺场空间与在场空间的对立。① 也正是在这个意义上，当后现代社会学把自己的目光移向信息社会或与信息社会交叉、互动或冲突的领域时，现代社会学也可以把自己的目光聚集在尚未进入信息化、网络化的传统工业社会甚至农业社会的领域。这或许就是当代社会学中后现代社会学和现代社会学得以并存的现实基础吧。

---

① 参见刘少杰：《网络化时代的社会空间分化与冲突》，载《社会学评论》2013年第1期。

目 录

第一章 现代社会学的冲突与困境 …………………………………（1）
    一、实证社会学对形而上学的超越 ……………………………（1）
    二、解释社会学对实证社会学的批判 …………………………（6）
    三、现代社会学的困惑 ……………………………………………（10）
    四、超越困境的可能性 ……………………………………………（15）

第二章 后现代社会学的兴起 ………………………………………（21）
    一、走向生活世界的哲学呼唤 ……………………………………（21）
    二、社会学理论转向的先声 ………………………………………（27）
    三、社会学思维方式的革命 ………………………………………（32）

第三章 后现代社会学的理论革命 …………………………………（37）
    一、社会学现实基础的巨变 ………………………………………（37）
    二、社会学知识基础的转移 ………………………………………（41）
    三、社会学的语言学转向 …………………………………………（47）
    四、趋向新世纪的后现代社会学 …………………………………（55）

第四章 丹尼尔·贝尔的后工业社会理论 …………………………（60）
    一、展开社会学新视野 ……………………………………………（60）
    二、"中轴原理"方法论 …………………………………………（64）
    三、后工业社会的变革 ……………………………………………（67）
    四、后工业知识社会学 ……………………………………………（73）
    五、后工业社会文化矛盾 …………………………………………（80）

第五章　福柯的"知识考古"社会学 (89)
- 一、恐惧与扭曲中的超越 (89)
- 二、知识考古方法论 (94)
- 三、理性的疯狂 (98)
- 四、话语的深层结构 (103)
- 五、权力征服身体与控制社会 (112)

第六章　利奥塔的知识社会学 (121)
- 一、从否定现存到批判传统 (121)
- 二、叙事知识的意义 (124)
- 三、知识的立法原则 (127)
- 四、宏大叙事的非法化 (130)
- 五、后现代知识分子 (134)
- 六、重写现代性 (138)

第七章　布迪厄的社会实践理论 (142)
- 一、社会学的新境界 (142)
- 二、关系主义方法论 (145)
- 三、场域的结构 (151)
- 四、实践的逻辑 (156)
- 五、文化资本与社会资本 (163)
- 六、语言、权力与反思社会学 (170)

第八章　马尔库塞的社会批判理论 (178)
- 一、从理性批判到社会批判 (178)
- 二、辩证理性与历史辩证法 (183)
- 三、文明辩证法和爱欲解放 (191)
- 四、单向度的社会 (202)
- 五、自然革命与文化革命 (210)

第九章　哈贝马斯的交往行为理论 (216)
- 一、社会理性的追求 (216)
- 二、认识的批判与批判的解释学 (220)
- 三、公共领域的结构转型 (227)

四、言语行为的理性基础……………………………………（234）
　　五、交往行为与生活世界的合理化…………………………（239）
　　六、现代性与后现代性之争…………………………………（244）
第十章　吉登斯的结构化理论……………………………………（249）
　　一、重建社会结构理论………………………………………（249）
　　二、结构化理论的方法原则…………………………………（252）
　　三、行动、意识与能动性………………………………………（258）
　　四、结构二重性与制度多重性………………………………（263）
　　五、社会结构转型的动力、形式与后果……………………（267）
　　六、高度现代性的社会与自我………………………………（277）
　　七、全球化、不确定性与寻求新秩序………………………（283）
第十一章　鲍德里亚的拟像秩序论………………………………（291）
　　一、符号与拟像的理论探索…………………………………（291）
　　二、符号价值体系的彰显……………………………………（294）
　　三、消费社会的差异化逻辑…………………………………（297）
　　四、符号的政治经济学批判…………………………………（302）
　　五、拟像秩序与象征交换……………………………………（307）
第十二章　卡斯特的网络社会学…………………………………（313）
　　一、信息主义的立场与追求…………………………………（313）
　　二、信息时代的经济网络化…………………………………（318）
　　三、网络社会的流动空间……………………………………（323）
　　四、网络社会的时间变化……………………………………（328）
　　五、信息时代的文化共同体…………………………………（332）
　　六、席卷全球的社会运动……………………………………（336）
　　七、权力重构与新世界的曙光………………………………（340）
初版后记……………………………………………………………（345）
再版后记……………………………………………………………（347）

第一章

现代社会学的冲突与困境

现代社会学在19世纪上半叶剧烈的社会变革中形成,各种社会矛盾引起了社会学奠基者们的深入思考。尽管孔德、迪尔凯姆和韦伯等人都留下了许多令后人赞叹的经典著作,他们博大精深的思想为现代社会思想史增添了辉煌,然而,就是在这些为社会学理论大厦奠基的著述中,包含着社会学理论的尖锐矛盾。这些理论矛盾引发了不断的思想冲突,使社会学陷入了只有开展自身革命才能摆脱的困境。

一、实证社会学对形而上学的超越

社会学从反对形而上学传统出发,立志建立一门客观而准确地认识社会现象的科学。当孔德把社会学的实证原则称为人类历史上三种思维方式的最高阶段时,他认为自己经完成了人类思维方式的一场最有意义的革命。孔德兴奋地宣称:"现代社会性使工业生活越来越占优势,因而它应有力地支持伟大的精神革命。今天,这种精神革命已将我们的才智最终从神学制度提高到了实证制度阶段。这种每日每时实际改善人类条件的积极趋势,在一神论条件下不仅总是与宗教定见(它总是和另一种截然不同的目的有关)格格不入,而且这种活动必然最终激起人们彻底地自发地普遍反对神学哲学。"[①]

---

① 孔德:《实证精神讲话》,引自雷蒙·阿隆:《社会学主要思潮》,葛智强等译,华夏出版社2000年版,第87页。

迪尔凯姆也像孔德一样，认为社会学是一门克服了哲学偏见的科学，社会学要想成为一门成熟的独立的学科，必须明确无误地同思辨的形而上学思维方式划清界限，否则就无法完成社会学面向社会事实，达到对社会现象客观的、准确的科学研究。迪尔凯姆指出："社会学无须使用那些使形而上学者们发生意见分歧的重要假说。它既没有必要肯定自由，又没有必要肯定决定论。"①在迪尔凯姆看来，不使用形而上学命题的理由在于它是包含超现实的理想或具有政治要求的价值判断，是用玄秘语言来说明社会的抽象逻辑，它不仅无助于人们认识客观的社会事实，而且会使人们远离实际存在的社会。

其实，无论孔德和迪尔凯姆用何种判断来说明社会学同形而上学的对立，也无论他们用何种修辞来显示社会学的革命意义，说到底不过是把物理学的客观性原则移到了社会科学研究中。把社会现象看作外在于研究者的客观对象，用确定的方法追究社会现象的客观规定性，这是社会学初创时期据以区别形而上学以及政治学、伦理学和心理学的主要根据，也是社会学创始人为社会学规定的本质特征。迪尔凯姆说："关于应当把社会事实视为物这个命题，是我的方法的基础，……实际上，我不是说社会事实是物质之物，而是说社会事实是与物质之物具有同等地位但表现形式不同的物。"②可见，迪尔凯姆时时注意同哲学的对立，当他把社会事实归结为物时，他担心别人把他同唯物主义归到一起，申明自己所说的物不是物质之物，而是把社会事实当作物一样的外在存在来看待。

被迪尔凯姆当作外物来看待的社会事实，主要是指风俗、习惯、生活方式、制度和集体意识等文化现象，而不是仅指被其他思想家也承认具有客观性的经济生活或物质关系。这就更明确地说明，把社会事实当作物来看待，不是一个本质判断，而是一个方法论命题，是表明必须把社会现象作为外在于研究者的客观现象、客观关系或客观规定性。迪尔凯姆和孔德、斯宾塞等其他实证主义者一样，不是否认社会生活中有精神的或思想意识的主观因素，而是主张要把这些进入社会学视野的主观因素当作客观因素来看待。因此，实证主义者实质上是在强调自己建立了一种新的思维方式。

实证主义自诩为精神革命的实证思维方式并不新，它不过是由柏拉图创始，中间经基督教神学绝对化，由笛卡尔明确的主观与客观二元对立的思维方式在19世纪的翻版。柏拉图把世界区分为可见世界与可知世界，认为这两个世界都是外在于人们思想意识的客观世界；基督教神学把世界划分为上帝之城和世俗

---

① 迪尔凯姆：《社会学方法的准则》，狄玉明译，商务印书馆1995年版，第152页。
② 同上书，"第二版序言"，第7页。

之城,世俗之城实质是教民的个人心理世界,上帝之城则是外在于人们心理的客观本体世界;笛卡儿认为主观世界和客观世界是并行不悖的,人们可以通过松果腺的作用,实现主观世界对客观世界的认识,达成二者的统一。其实,无论这些论述多么精彩、严密、复杂,只不过在强调一个原则:客观世界是自在的,主观世界是自明的,主观世界可以认识客观世界。而这个原则展开的基本关系:主观同客观的对立,以这个对立为前提追求二者的统一,这就是在欧洲延续了两千多年的哲学思维方式,也是科学的和生产的思维方式。

孔德要比迪尔凯姆坦率得多,他认为社会学就是用物理学的方法建立起来的,物理学发现自然规律,社会学发现社会规律,其实质都是主观对客观必然性的认识。模仿物理学的方法,不仅是对实证科学的搬运,而且也是对哲学的继承。笛卡儿、洛克、斯宾诺莎等近代哲学家的思维方式,都包含着强烈的科学精神,都体现着科学的思维原则。因此,模仿物理学的方法,实质上是对实证科学和传统哲学思维方式的同时继承。也正是因为这个缘故,当迪尔凯姆以坚持实证科学方法自居时,人们认为他的思想观点是唯物主义的。

迪尔凯姆嘲讽那些把他当作唯物主义者看待的人,他认为自己所说的物不是物质之物,而是一种在思想之外的客观性。其实,迪尔凯姆这个申辩,仅仅能表明在本体论上,亦即在世界的本质和本原上他不是唯物主义者,因为他不仅未作出这样的判断,而且还常常在人们的思想意识中寻找事物发生的原因。在本体论上不是唯物主义者,不等于在方法论上也同唯物主义无关。无论是朴素唯物主义者还是机械唯物主义者,他们都一方面认为世界的本原是物质的,另一方面还都认为世界是外在的,是作为客观领域能够被人们反映的。也就是说,唯物主义既承认世界的物质本质,也肯定世界的客观外在性。在后一方面,迪尔凯姆显然同唯物主义没有根本区别。

这里我们不是非要把迪尔凯姆划到唯物主义阵营,而是要指出他并没有超越传统的哲学或形而上学思维方式,仍然是在哲学限定的主观与客观二元分立的思维方式中提出问题和回答问题。进一步说,迪尔凯姆不断强调的社会学思维方式,不仅同唯物主义有共同之处,而且同某些唯心主义也有共同点。柏拉图、黑格尔等唯心主义者也都把世界看成是外在于人们的主观意识的,他们因此而被称为客观唯心主义者。

主观同客观二元对立的思维方式,不是哲学家们凭空臆造的,它有着深刻的现实基础和久远的历史根源。当人类刚刚从自然界中站立起来的时候,自然界在人类面前不仅是外在的,而且是强大无比、神圣可畏的。即使人类有了可以向自然宣战的能力,自然界自身的运行规律及其各种运行机制,也并非人类可以轻易把握的。几千年的文明史,确如马克思所言,最基本的是一部人类认识自然、开发自然的历史。主观同客观二元对立的思维方式,植根于人类认识自然和开发自然的实践活动之中。主观同客观的对立,说到底是人与自然的对立。主观同客观二元分化的思维方式就是在人与自然的矛盾关系中建构出来或概括出来的。

如果这些分析是成立的,那么紧接着面临这样一个问题:植根于人与自然关系之中的主客二元对立的思维方式是否可以用来思考社会问题,是否可以像孔德、迪尔凯姆那样,严格地把社会学的方法规定为单纯追究客观性的物理学方法。简言之,研究自然之物的方式能否用来研究人类社会?这是李凯尔特、狄尔泰、尼采、海德格尔等现代哲学家一再提出,并且作出否定性结论的问题。迪尔凯姆提出社会学的实证思维方式后,随即遭遇这样的质疑。他为了论证自己的有效性,不得不抽离掉社会生活中的一些本质特征,而强调它同物理现象的共性。借用人本主义的批评来说,这是在把人性物化、主观性客观化、社会生活自然化。

以孔德、迪尔凯姆为代表的实证主义思维方式不仅通过社会学表现出来,19世纪初以来,经济学、政治学、法学甚至史学和哲学等人文社会科学中也都掀起了实证主义的思潮,在社会生活中发现客观规律,寻找客观真理,创造普遍公认的社会科学理论,成为人文社会科学领域里愈演愈烈的倾向之一。尽管这种倾向受到了浪漫主义、历史主义和存在主义的激烈抨击,但是,因为有物理学迅速发展并给生产技术带来巨大促进的诱惑,模仿物理学等实证科学的热望难以抑止。

并且,实证主义或主客二元对立的思维方式受到孔德和迪尔凯姆等法国学者热烈推崇,与他们所处的法国的历史背景有关。法国是欧洲政治革命的中心,摇撼欧洲传统社会结构的强大动力源于法国。而当法国确立资产阶级政治结构之后,它又先于其他欧洲各国要求社会迅速稳定下来,以便巩固资产阶级政权,实现资产阶级推进工业化进程的理想。把社会看作一个外在现象,发现它的客观规定性,提出像控制自然一样的控制社会的方案,既是法国资产阶级的政治要求也是它的社会要求。孔德和迪尔凯姆的实证思维方式不过是法国资产阶级社会政治要求的理论概括,正像恩格斯说黑格尔辩证思维方式是当时德国资产阶级矛盾心理的理论表达一样。

用主客二元对立的思维方式来建立社会学,是社会学奠基者们在19世纪的时代背景下,在几千年传统的欧洲哲学思维方式中作出的形式上有变化而实质上无新意的选择。同德国古典哲学相比,实证社会学发生的变化不过在于:明确提出从经验事实出发而不是从概念出发的原则,所有结论的根据不是逻辑推论而是经验事实,理论的结果是不脱离社会事实的有条件限制的命题,而不是普遍有效、不受时空限制的玄思。说这些变化是形式上而不是实质上的,是针对社会学奠基者们自以为社会学思维方式引起了精神史革命的结论而言的。也就是说,实证社会学同传统哲学的不同之处谈不上是精神史中的革命,更不是思维方式的变革,它仅仅是在传统思维方式的限制中开展的经验主义和客观主义的追求。

否定实证社会学主客二元对立思维方式的革命性,并不意味着断定它没有任何意义。正如孔德和迪尔凯姆把社会学思维方式等同于物理学思维方式,有其科学的、政治的和时代背景的意义一样,它在作为社会学研究对象的社会事实中也能找到根据。社会事实确有其外在性、客观性和确定性的一面,诸如人口出生率、死亡率、自杀率、迁移率等等社会事实,确实可以进行客观性的、外在性的定量研究。因此,完全否定物理学方法或主客二元对立思维方式在社会研究领域中的适用性也是不可取的。问题在于不能把实证的二元论的思维方式绝对化,不能认为它是可以取代其他任何思维方式的精神革命。实证的二元论思维方式在研究社会现象时有一定程度的适用性,但是用这种思维方式看社会时,必须清楚地意识到这不是对社会现象展开的完整的研究,而是从社会的某一个侧面开展的研究,并且这种客观化的研究是以把人及其社会当作物去看待的研究方式。但是这仅仅是"当作"而已,人的社会终究是有人性的,必须把社会中的人当作人去对待,也必须把人类社会放在人而不是物这个根本视点上作出最终的论断。

实证的二元论社会学思维方式,可以作为社会学研究的一种形式、一种手段或一种环节,而不应是社会学研究方式或思维方式的全部。韦伯提出研究社会行动首先必须用理解的方式去理解人的行动意愿,实现同被研究者的意义沟通,然后才能开展有效研究。毋庸多论,这种注重主观性的理解论研究方式无疑也是一种重要的社会学思维方式。研究人的社会也可以先把它对象化,"当作"一个外在于自己的客观现象,去观察它,测量它,描绘出一个具有外在规定性的社会模式。实证主义者以为至此就可得出关于社会事实或社会问题的科学结论,其实,这仅仅是一些初步的研究。如果要追求真正"科学的"话,还应继续前行,起码应当把韦伯主张的重视主观性的理解方式吸收进来,在主观与客观的统一中观察人们的社会行动、认识社会生活运行变化的结构与过程,否则看到的只能是人及其社会行为的表面现象。

二、解释社会学对实证社会学的批判

韦伯不赞成迪尔凯姆把社会现象当作外在之物看待,认为社会现象同物理现象不同,它不能用物理学的原则简单地追究其客观性。社会现象的实质是社会行动的表现,而社会行动的本质属性是行动者们在主观意向上的关联性。因此,在韦伯看来,社会现象同物理现象或自然现象的本质区别不在于它的客观性,而在于它的主观意向性,所以社会学研究必须把主观性作为根本问题去对待,必须承认社会学的研究对象是那些具有主观意向关联性的社会行动。一般说来,这表明韦伯同迪尔凯姆等客观主义实证论是截然对立的,因为迪尔凯姆认为社会学的研究对象是物,而韦伯认为社会学的研究对象是人,所以,人们都认为韦伯代表了西方社会学史上同实证主义对立的另一个传统——人本主义社会学。这种结论是很容易得出的,因为韦伯关于行动类型、行动的理性根据、权威类型、社会分层、新教伦理和资本主义现代化等一系列论述,都把关于人的主观意识的解释置于根本地位。

韦伯同孔德和迪尔凯姆等实证主义者的对立,是人本主义传统同科学主义传统的对立在社会学领域里的表现。人本主义传统同科学主义传统的对立源远流长,如果说孔德和迪尔凯姆的实证论同笛卡儿的二元论和洛克的经验论有联系的话,那么同实证论对立的思想源头可以追溯到反对二元论和经验论的浪漫主义思潮和历史主义思潮,而这两种思潮的共同源头可以看作是意大利思想家维柯(G. Vico,1668—1744)提出的新科学思想。

维柯所处的时代,正是自然科学刚刚兴起并以其勃勃生机不断取得快速进展的时代。伽利略等人概括的科学原则被笛卡儿和洛克等人提升为普遍性的科学理性,不仅被实证科学和经验论哲学推崇至极,而且对经济学、政治学和史学等人文社会科学也产生了越来越大的影响。科学理性是二元论、经验论和实证论的思想核心或理论基石。科学理性的基本内容是:外部世界是客观自存的,人们可以通过经验的观察和逻辑的思考,掌握客观世界的普遍本质与永恒规律,形成可以控制和征服自然与社会的力量。把科学理性作为普遍原则的科学主义,成为在各种文化形式中都被高高举起的旗帜,科学理性原则成为控制人们思想与生活的基本原则。维柯认为这是欧洲人走向精神误区的普遍表现,他向人们疾呼,不要片面地相信实证科学的原则,人们无法获得关于自然的确切知识,真正可信的知识是人们通过研究语言、神话、艺术和文学而达到的对自己的理解。维柯不仅坚决反对用科学理性的原则来理解人生和社会,而且认为自然科学的方法和原则从根本上就是靠不住的。维柯主张用文学艺术的形象思维,在历史过程中理解人生、追求生活的意义,尽早地从科学主义的迷幻中逃脱出来。

维柯的思想首先受到了浪漫主义的响应。德国狂飙运动先驱赫尔德(J. G. Herder,1744—1803)反对法国启蒙主义对科学理性的推崇,主张哲学应当从整体上关心人、爱护人,寻求人的全面发展。认为只有从历史主义的美学观点看待人及其生活,才能真正理解人生的意义。歌德(J. W. Goethe,1749—1832)和席勒(F. Shiller,1759—1805)作为狂飙运动的主将,更坚决地反对科学理性专断,反对科学主义思潮泛滥。他们宣布:科学思维方式只能机械地认识自然对象,而不能理解有目的、有创造性的人生;只有用具象性的、整体性的美学思维方式才能在整体中真实地理解人生及其意义,才能弥合被主客二元论撕裂的鸿沟,才能把人生引向对自我最高价值的追求,才能培养完整人格,实现人生美满与社会和谐。

维柯的新科学主张在德国历史主义思潮中得到了更加充分的体现。历史学家德罗伊森(J. G. Droysen,1808—1884)强调历史研究是对具有价值理想和意义追求的人生过程的研究,应当高度重视社会历史中的主观性因素,并有效地开展具有主观性的历史理解,而不是像实证主义史学家兰克(L. Ranke,1795—1886)那样用"剪刀加糨糊"的方法去研究历史。他认为,兰克的追求历史客观性、"历史本来面目"的研究方法,是对自然科学的模仿,不仅无法理解历史,相反却会湮没历史、误导人生。在德罗伊森看来,不仅历史行为或历史事件都是在人们的思想意志支配下形成与展开的,而且全部历史事实或历史文本也是学者们根据特殊的主观价值编写而成的,因此,试图对历史开展实证的客观研究,只能把史学研究引向误区。

历史主义的主要代表人物狄尔泰(W. C. L. Dilthey,1833—1911)把德罗伊森开启的历史理解论提升为一般的人文科学方法论。狄尔泰认为人类生活是具有价值追求和意义追求的过程,与按照自在必然性运行的自然过程有本质的区别,因此,以自然科学原则为根本基础的科学认识论无法理解人生的价值与意义,必须建立一门有别于自然科学认识论和实证方法论的具有一般意义的人文科学。人文科学研究人类生活的基本方法是理解,理解的基本形式是体验(experience)和移情(empathy),它通过内部而达至人的心灵深处,而不是像经验主义认识论那样主张外部观察。理解被认为是人的生命存在,人只要存在就一定在理解,因此概括理解的形式与过程,就可以建立符合人类生活过程、真实理解生命现象的人文科学方法论,或曰人文理解论。

韦伯继承了从维柯到狄尔泰这样一个反对二元论和客观经验论的传统,特别是直接继承了德罗伊森和狄尔泰的历史解释学或人文理解论,建立了直接反对孔德和迪尔凯姆实证社会学的解释社会学。韦伯同实证社会学的对立,是文艺复兴之后在欧洲长期存在的人文主义同科学主义的对立在社会学内部的表现,这种对立对于深入研究社会问题,明晰社会学的理论欠缺,促进社会学理论与方法的深化,无疑都具有十分重要的意义。

然而,韦伯同迪尔凯姆等人的对立是不彻底的,在对社会现象最终形成何种判断或何种知识的问题上,韦伯甚至同迪尔凯姆等人站在同一个立场上,韦伯的价值中立原则充分说明了这一点。在韦伯看来,由于人们的社会行动都是在特定的主观意愿支持下开展的,而人们的主观意愿又是在特定的风俗习惯、文化传统、心理结构、理想选择等因素的作用下形成的,因此,要想真正理解人们的社会行动,就必须首先理解人的主观意愿,理解人们主观意愿存在于其中或限制、规定着主观意愿的那些文化因素,并且特别要理解主观意愿及相关文化因素中的价值因素。只有这样才能实现对具有不同价值的主观意愿及其支配下的社会行动的理解。这就是韦伯的社会学研究中的"价值相关性"观点。

韦伯肯定社会学研究中的"价值相关性",目的在于实现更可靠的社会学研究的"价值无涉性",亦即"价值中立性"。承认社会行动的主观意向性,并肯定"价值相关性"研究的意义,既是因为韦伯关于主观意识在社会学研究对象中的地位和作用的判断与迪尔凯姆不同,又是因为韦伯意识到:只有通过有别于物理学认识方法的理解方法,才能达成同被研究对象——在社会中行动着的人的沟通;只有知道人们的意愿、目的和选择,才能了解被人们的某些行为掩饰着的心理活动。韦伯对此作出了大量的论述,使人们看到他同实证主义者的对立是多么鲜明。但是,这些仅仅是初步的手段,甚至可以说是入手处或切入口,而在进一步的研究中和最终的目的上,韦伯就难以同迪尔凯姆等人区分开了。因为韦伯主张,在一定价值判断的引导下选择了研究对象,用"投入""体验""同情"和"沟通"等方法对被研究对象的主观意愿达到一定程度的理解后,就要上升到客观的和因果性的解释,而这时研究者必须排除自己价值观念的影响,避免使用表达自己感情色彩和理想选择的价值判断,即要保持价值中立。

韦伯反对迪尔凯姆等实证主义者的不彻底性,深刻地表现了社会学初创时期面临矛盾的复杂性。韦伯认识到,把由人的活动而形成的社会现象当作物来看待,这种坚持单纯客观性的研究方式完不成社会学的承诺,因此必须用把人当作人的理解方法来接近人、理解人,然后才能开展更深入的社会学研究。但是,关于社会学的承诺,或者说把社会学建成什么样的学科,社会学能为人类肩负何种使命,韦伯同迪尔凯姆等人没有根本的区别,即他们都要把社会学建成科学,建成能认识社会规律,管理和控制社会活动的科学。无论是社会物理学,还是关于人的社会科学,只要是科学就必须能为人类提供具有客观性和普遍性的知识,这是至今一直被追求科学的人们坚持的一个基本准则。韦伯的"价值相关性"同"价值中立性"两个原则的矛盾,既可看作他同实证主义的对立与统一在自己思想理论中的表现,也可以看作社会学初创时期面临的研究对象与学科承诺或学科定位矛盾的理论折射。

韦伯反对实证主义的不彻底性,是维柯以来欧洲人文主义反对科学主义的共性,除了歌德和席勒等浪漫主义者从文学和美学的立场上比较彻底地反对了科学主义客观论以外,维柯、德罗伊森和狄尔泰等人在批判科学主义、实证主义和主客二元论思维方式时,都表现了明显的不彻底性。维柯在指责自然科学方法不能形成正确的真理认识时,却主张通过对语言、神话和文学、艺术的思考而形成关于人类社会的新科学,新科学能为人类提供关于人类社会和人类历史的真理,是对人类社会历史客观必然规律的认识。因此,尽管维柯举起了反对科学主义的旗帜,并自觉地质疑了实证科学方法的普遍性和客观性,但是他并没有彻底抛弃科学主义和实证主义的主客二元对立的思维原则,而是把这个原则移植于社会历史的研究之中。

虽然德罗伊森和狄尔泰的历史理解论和人文理解论比维柯的思想深化得多、丰富得多,但是他们同样存在反对科学主义和实证主义不彻底的问题。德罗伊森和狄尔泰都尖锐地揭示了科学主义、实证主义和客观主义的失误,然而他们都是在指责对方之后,又接过了对方的原则,试图建立一个关于"历史普遍规律"或"真正历史客观性"的历史科学和人文科学,一句话,他们并没有跳出科学的篱笆,而是在坚持主客二元论立场之上反对自然科学或实证主义的理论原则与研究方式。自然科学和实证主义的理论原则与研究方式,不过是主客二元对立思维方式的展开形式。由于维柯、德罗伊森、狄尔泰等人没有彻底批判长期统治欧洲思想文化和社会生活的主客二元论思维方式,没有从这个深层根据来批判科学主义的实证主义理论局限,所以,尽管他们提出了超越科学主义和实证主义的某些主张,也指出了科学主义和实证主义的许多失误,但是当他们建构自己的理论时,没有找到新的立足点,主客二元论的思维方式又把他们重新拉回到科学的窠臼之中。

对于韦伯来说,科学情结更是根深蒂固。当人们说韦伯作为人本主义社会学的代表反对实证社会学传统时,很容易认为韦伯像尼采、海德格尔、萨特等人本主义者那样反对科学专断、张扬人性。其实,在韦伯思想中存在的人本主义精神是十分有限的,就其学术思想的总体趋向而言,他是一个坚定的科学主义者,客观主义原则是他从事学术研究长期坚持的一个准则。韦伯在其著名的《以学术为业》的演讲中反复申明,无论是自然科学还是社会科学,都必须把尊重事实、追求客观性知识作为立身之本,而不应把那些个人好恶、理想选择等价值要求掺入科学的事业之中,不仅科学研究者应当如此,而且传播科学的教师或以学术为业的学者,都必须坚定不移地信守这条原则。他说:"作为'职业'的科学,不是派发神圣价值和神启的通灵者或先知送来的神赐之物,而是通过专业化学科的操作,服务于有关自我和事实间关系的知识思考。它也不属于智者和哲人对世界意义所做沉思的一部分。"①这段话仿佛在复述孔德和迪尔凯姆等人的实证主义原则。李凯尔特评论韦伯的科学观或学术观时指出:"他很正确地只限于让自己宣布,专业研究者必须使自己同一切伦理的、艺术的、宗教的,尤其是所有政治的价值判断保持距离。对于披着学术外衣做出的'预言',特别是教授在讲台上做这种预言,韦伯是深恶痛绝的。"②

马尔库塞曾指责韦伯站在实证主义立场上鼓吹工具理性,认为韦伯不是一个人本主义者,而是一个用工具理性和科学理性来压抑价值理性的实证主义者。从韦伯的科学立场和客观知识追求上看,他确有实证主义之嫌。但是,把韦伯同实证主义等同起来又过于简单。应当说,韦伯是从具有人本主义倾向的起点出发,走上了追求客观的社会科学知识的道路。这种起点和过程的矛盾,既是韦伯社会学研究切入点和理论展开形式的矛盾,也是社会学无论在哪个流派那里都存在的学科承诺和学科定位的矛盾。

三、现代社会学的困惑

韦伯晚年曾陷入关于科层制的困惑之中。作为社会管理模式的理论,科层制是韦伯对工具理性在资本主义现代化过程中作用的肯定,特别是对按照工具理性原则建构起来的企业和社会组织的管理模式的概括。韦伯不仅对科层制管理模式十分欣赏,认为它是现代社会理性化的标志之一,只有坚持科层制管理方式,企业与社会组织才能高效而规范地运行,而且还对自己概括的科层制理论也很满意,认为它客观地概括出工业化过程中出现的高效的管理模式,可以指导现代社会进一步理性化。然而,晚年的韦伯深深地感到,虽然科层制能够规范、严

---

① 韦伯:《学术与政治》,冯克利译,生活·读书·新知三联书店1998年版,第45页。
② 李凯尔特:《马克斯·韦伯的科学观》,引自韦伯:《学术与政治》,冯克利译,生活·读书·新知三联书店1998年版,第135页。

格、高效地管理企业与社会,但是这种管理模式实施的结果,虽然在一方面促进了社会理性化进程,但在另一方面也使现代人陷入了被严厉制约、丧失自由的境地。他认识到科层制对欲实现现代化的所有民族来说,都是一个进退维谷的两难选择。只有按照科层制来管理社会才能高效化、理性化,现代化的目标才有可能达到,社会的落后与贫穷状态才能改变;然而一旦执行了科层制管理,社会生活获得了高效性和规范性,现代人就受到了严格的、非人化的控制,高效性和规范性的意义也就随之湮没。因此,韦伯把科层制看作现代人不得不进去的"铁囚笼"。

韦伯关于科层制的困惑,不仅在于科层制在资本主义现代化中的必要性及其负面效应的矛盾,而且还在于他的社会学理论承诺同科层制的负面效应亦即他的社会学理论负面作用的矛盾。韦伯以人的社会行动和行动的主观意愿作为社会学研究的出发点,其中表达了韦伯关心人,从真实活动着的人出发的基本愿望。韦伯在关于行动类型、权威类型和资本主义现代化的研究中,一贯注意研究人的意愿、目的和理性根据,尽管研究这些问题的目的是形成客观性科学知识,但是也明确地表现了从人出发、理解人、推进人的现代化进程的理论承诺。然而,在这种理论承诺支配下开展的社会理性化研究,特别是他概括出来的科层制理论,却起到了压制人的活动、扭曲人的本性的作用。韦伯晚年时发现,科层制理论不仅是对西方官僚制度的理论概括,而且起到了引导西方官僚制度向更加层级化、非人化的方向发展的作用。这种作用与韦伯从人出发、以理解人的主观意愿为切入点的社会学研究的初衷是不一致的。

孔德也遇到了类似韦伯的困惑。孔德是一个严格的客观实证主义者,他以很多笔墨批判形而上学从价值理想出发,用玄秘语言来解释世界,认为这是中世纪神学在近现代社会的翻版,是用抽象逻辑代替了神学崇拜,实质也是远离社会、把人类引向不实的虚空的理论神话。因此,孔德一再呼吁要用排斥情感、排斥价值判断的物理学方法来研究社会现象。"只问是什么,不问应当是什么",这是孔德实证原则的最简明表达。然而,晚年的孔德却深深沉入"人道教"的表象之中,他不仅淡化了实证原则的客观性,而且把情感体验、价值理想等主观因素抬举到至高无上的地位,热烈地歌颂宗教情感和道德伦理。人们都说晚年的孔德坚决而彻底地反对了中青年孔德。为什么孔德自己反对自己,为什么动摇了自认为精神革命的实证主义信念,为什么从排斥主观情感的实证原则转向了以主观情感为基础的宗教立场?人们对此感到困惑,孔德自己也常常因为这种变化而困惑。

韦伯的困惑是对自己理论的作用的困惑,孔德的困惑是对自己理论原则变化的困惑。虽然这两种困惑在内容上不同,但是,这两种困惑都是自己怀疑自己,自己反对自己,并且更深入地看,引起这两种理论困惑的原因也是相同的,即理论承诺与理论原则的矛盾。理论承诺是指一个学科或一种学说的理论目标或理论追求,它表现为理论给自己规定的研究对象、研究程度、为社会或人生创造的价值与意义等。这种理论承诺不论是明显自觉的还是隐含自在的,对于任何门类的学科来说都是存在的。自然科学和人文社会科学都以特有的理论承诺为产生或存在的前提,否则,一个学科就提不出自己的理论任务,也明确不了自己的学科地位。理论原则是指一个学科或一种学说为了实现自己的理论承诺而选定的方法原则、运思规则、表述方式和操作程序等等。可见,理论原则是为实现理论承诺而选定的方法或手段,二者应当是协调一致的。这种一致性对于初创时期的新兴学科尤为重要。

社会学的创始人和奠基者们在社会学的理论承诺和理论原则上遇到了无法排除的矛盾。这种矛盾在孔德那里表现得最突出、最明显。作为一门新学科的创始人,孔德雄心勃勃地向世人宣布:社会学是一门立足经验事实的、从整体上研究社会的科学。孔德的宣称包含着社会学最基本的理论承诺和理论原则:其一,社会学必须立足经验事实,它不能脱离经验事实而抽象地逻辑推论,以此而有别于形而上学;其二,社会学要把社会看作一个整体,对社会开展综合性研究,社会生活的方方面面都要进入社会学的理论视野,并且社会学要揭示出社会各种构成因素的结构联系和变迁趋向,以此区别专注社会个别层面或个别关系的其他社会科学;其三,社会学要像实验科学那样研究社会,即用客观性的观察、实验、思考的方法揭示社会生活的必然规律。

从经验事实出发,对社会开展整体性研究,这个理论承诺同用客观的方法把社会学建成科学的理论原则有着难以解决的矛盾。即使不明确提出要从整体上研究社会生活,仅从经验事实出发这个主张就决定了社会学一定要把社会生活的主要方面都纳入自己的理论视野。因为只有理论是片面的,而经验事实一定都是整体的。在现实的经验过程中,不仅难以看到纯粹的经济、政治或文化现象,而且也无法找出传统哲学和实证科学所说的,处于分离状态的客观事实和主观意识。经验是整体,经验是综合,经验是主观性和客观性的统一。从经验事实出发,以经验事实作为研究对象,这就从出发点和立足点上决定了社会学不应当仅在社会生活的哪一个特殊方面或主观意识与客观事实哪一个方面作出片面的选择。然而,孔德根据其建立客观的科学知识的理论原则,还是自相矛盾地选择了(应当说"切割出")经验中的客观方面。

至于从整体上研究社会这个理论承诺同社会学理论原则的矛盾就更加显而

易见。当人们把一个事物当作整体来看待时,就要求人们不仅要从全貌、全局、全部因素上来把握这个事物,而且还要从这个事物的历史过程中来把握它。一个完整的、作为整体而存在的事物一定是具体的、有其历史展开形式的,社会生活更是如此。一个社区或一个民族,如果不是仅仅分析其中的某个事件或某个方面,人们看到的一定是在特定历史条件中存在的具体形式,一定是从过去走向未来的可变化的历史过程。具体的具有历史形式和历史过程的整体,不可能是孤立的、片面的和分离式的,更不可能是仅有客观性而无主观性的。因此,除非放弃对社会生活的整体性研究,要么就不可能把社会学仅仅建成追求客观性的科学。

经验性、整体性的研究对象和研究任务同客观性分析、亦即同主客二元论的理论原则的矛盾,在其他社会学家那里也有所表现,甚至更尖锐、更复杂。斯宾塞也明确强调社会学研究的经验性和整体性,并且同时把客观性原则推向了极端。斯宾塞认为,他和孔德一样都从整体上来研究社会生活,都反对脱离经验事实的哲学推论,但是,孔德是不彻底的,因为孔德并没有真正坚持经验研究的客观性,而是仅仅"对人的概念的进步作出完整的回答",所以,孔德不仅没有把握到经验性、整体性的社会,而且未建立真正的客观知识。斯宾塞认为,只有他才真正地从经验事实出发,在社会生活的有机联系中,建立了真正的客观性知识。他不是研究概念的进步,而是研究社会有机体的系统功能。像生物体一样的社会有机体,确实比孔德的知识类型具有实在性和客观性,但是当斯宾塞强调有机体的系统功能和整体联系时,社会有机体就不能仅仅被看作客观的,而且应当看到它的主观性。斯宾塞把产业资本家看作社会的精神系统,这已经表明他难以否定社会生活的主观意识因素。但是,他的严格的客观性原则不允许他对主观性作出让步,主观性因素在他的理论中被客观化了。

孔德和斯宾塞从经验事实出发,以物理学和生物学的方法对社会开展整体性研究,这种理论承诺和理论原则在迪尔凯姆那里有更严格的表现形式,这点无须多论。韦伯在许多方面反对迪尔凯姆,但是在社会学的理论承诺和理论原则方面他们却大同小异。正是因为坚持从经验事实出发,在韦伯和迪尔凯姆的著作中能看到大量的关于群体组织、分层流动、风俗时尚、宗教伦理等各种经验现象的研究;也正是因为对社会学研究作出了整体性的承诺,他们的著作涉及社会生活的所有方面,经济、政治、文化、教育、宗教等社会层面无不在其理论视野之中;并且,又正是因为他们都试图用客观性的理论原则去建立科学,所以他们都在自己展开的经验性、整体性的理论视野中自相矛盾,常常陷入难以解脱的困惑之中。

在社会学创始人和奠基人那里表现出的理论承诺和理论原则的矛盾，在一个半世纪的社会学发展史中贯彻始终，直至今天，这种矛盾仍然困扰着大多数从事社会学研究的人。稍加思考就会很清楚地发现，理论承诺和理论原则的矛盾在社会学领域里有多么丰富的表现。譬如：社会学至今也未能清楚地界定自己的研究对象，也没有哪位社会学家能够提出既适合自己又不违背自己理论承诺和方法原则的研究对象。对社会学研究对象问题思考最多、最深入的是迪尔凯姆，他把社会学的研究对象界定为外在的具有强制性和普遍性的事实，应当说他关于社会学研究对象的论述是十分严谨的，并且，他针对社会学研究对象而设计的力求客观性的研究方法，就其直接性而言，是适合他对研究对象所作的那些规定的。然而，当考虑到社会学从经验事实出发，从整体上把握社会现象的理论承诺之后，人们就会发现迪尔凯姆的观点是经不起推敲的。

如果真从经验事实出发，人们找不到像迪尔凯姆说的那种外在于研究者心理活动的社会事实，社会现象一旦作为观察、思考的对象，就已经进入研究者的心理过程之中；如果真从整体上研究社会，那么就不能仅仅研究具有外在性的社会事实，因为从整体上看到的社会，不仅仅是具有外在性的客观过程，而且还是具有内在性的主观过程。韦伯试图用从价值相关性研究进入价值中立性研究的方法来克服迪尔凯姆排斥主观性研究的缺陷，但是因为韦伯奉行的主要原则是价值中立原则，所以当他把社会行动中的主观因素理想型化之后，就放弃了对主观性因素的进一步研究，社会成员作为被研究的对象，他们之间的情感交流、意识沟通，研究者与被研究对象之间的交往互动关系，都在韦伯的视野之外。因此，尽管韦伯不同意并试图克服迪尔凯姆社会学研究中忽视主观性的局限，但是因为追求客观性的主导原则，使他未能坚持对主观性因素开展进一步的研究。

时至今日，大多数从事社会学研究的人不愿去论及社会学研究对象这个令人烦恼的问题，人们纷纷指向特殊的社会问题，人口、婚姻、家庭、社会化、社会分层与社会流动，似乎每一个领域都有人建立了一个分支社会学。不用翻阅什么资料，很容易就可以列数出几十个分支社会学。人们或许以为这是社会学的繁荣，其实这是社会学表面上的繁荣而实质上的混乱。翻开那些五花八门的分支社会学，哪里有什么社会学，不过是某些方面材料的汇编。凡是能称上某门学科的知识，总应该有些基本范畴和基本原理，并非有些标题和材料就能构成一个学科。能有这么多人敢于轻而易举地在社会学中编造分支学科，其原因之一还是在于社会学理论承诺和理论原则的矛盾。

理论承诺和理论原则的矛盾还导致了社会学研究的平庸化。社会学在一个半世纪的历史中确实出现了许多足以同其他相近学科媲美的博大精深的学术成果,然而,随着社会学在社会生活中的影响日益扩大,社会学研究的平庸化现象也越来越普遍。社会学研究平庸化不仅表现为一些社会学论文、论著缺少理论思维,往往是事实陈述和数据罗列,而且还表现为许多社会学实地研究或社会学调查的直观化和简单化,一些人往往以为只要面向经验事实,接触实际社会问题,就是开展社会学的调查研究了,对经验研究的理论前提却不屑一顾。

四、超越困境的可能性

20世纪是人类社会发生了空前深刻变化的历史时期,面对社会的复杂变化,社会学在艰苦探索中发展了自身。然而,无论社会学发展有多快,不解决理论承诺与理论原则的矛盾,它就要不断产生困惑、陷入困境。因此,当社会学同人类一起走入新世纪之际,社会学应当深刻地反省自身存在的理论矛盾,以便寻找出超越困境的可能途径。但是,社会学的理论承诺和理论原则不是社会学的先驱们任意杜撰出来的,正像黑格尔所言:"凡是现实的都是合理的",社会学的理论承诺和理论原则也一定有其发生的原因和存在的根据,只有将这些根据分理清楚,才能有针对性地探寻解决矛盾的途径。

面向经验事实,建构一个不脱离经验事实的新学科,这是社会学最简单,也是最基本的理论承诺,正是这个承诺使社会学同形而上学划清了界限。社会学是在反对形而上学的呐喊中问世的,然而,正是这种对立、排斥的关系使社会学首先在传统形而上学中获得了自身规定性。孔德提出社会学应当立足经验事实的观点时,正是形而上学以其最抽象的形式——黑格尔辩证哲学,发展到思辨的极限,人类社会的全部历史、全部活动都被黑格尔抽象为与日常语言分离的哲学概念,并以远离现实生活的逻辑推演展示其运动过程。物极必反,这是一个不仅在感性经验中反复实现的规律,而且是在思想理论中不可扭转的趋势。如果革命是对立、冲突的转化,那么可以证明孔德自称实现了精神领域革命的根据,也就是他以立足经验事实的承诺来对抗黑格尔哲学的逻辑玄思。只有这一点才表明孔德创立的社会学确实同传统形而上学有鲜明的区别,并且只有这一点是社会学获得自立、自存的根据。

如果社会学的经验性承诺具有思维逻辑的必然性,那么整体性承诺则因经验性承诺而获得了现实的必然性。因为经验一定是综合性、整体性的,这一点已为实用主义充分论述。当社会学立足经验事实、面对经验事实、分析经验现象间的必然联系时,社会学视野里呈现的都是感性的、具体的多元性,社会生活的各个方面在其现实过程中不可能是相互分离的,一定是经济、政治和文化的综合联系,是主观性和客观性的整体统一。实用主义者曾依据经验一元论亦即经验整体论批评传统哲学对物质与意识、自然与精神的二元划分,提出了事实、效用、价值与选择多元综合的真理观。马克思虽然没有直接论述经验的整体性,但是他依据实践的综合性提出了社会生活是经济、政治、文化的统一,是主观和客观相互作用的动态过程的观点,实质上也论证了经验事实的整体性,并且,马克思关于社会有机体的观点也是对社会生活整体性的理论概括。因此,经验性同整体性是内在联系而不可外在分割的,经验就是整体,整体也一定在经验之中。社会学选择了经验视野,就必然要承诺整体性的研究对象或研究任务。

整体性承诺不仅有经验性承诺而引入的现实基础,而且有来自社会学学术背景的思维逻辑。社会学创建之时,正值人文社会科学在自然科学的影响下实现了充分分化,不仅新学科纷至沓来,展开了一个又一个相对独立的研究领域,而且一些传统学科内部也开始不断分化,产生了立场各异的专注不同层面的学术流派。社会学先驱者们面对这种对社会生活采取分析方式,学术视野不断分化的趋势,要想创建一个与众不同的新学科,最佳选择莫过于反其道而行之,即从分析走向综合,以整体性的理论视野来看待实际原本是整体的社会过程。孔德认为这种选择不仅可以超越其他学科对社会现象的分裂式研究,而且可以使社会学总括所有人文社会科学的视野,替代传统哲学统治地位而成为其他学科的统领学科。

如果社会学的经验性承诺和整体性承诺有思维逻辑和现实基础的双重必然性,那么这表明这两个承诺是不可缺失的。事实上也是如此,社会学自产生以来,在社会历史的剧烈变化和自身理论矛盾冲突的多重作用下,社会学形成了许多相互对立的流派或互相否定的观点,但是无论社会学的变化多么复杂,也无论社会学各种流派之间的对立多么尖锐,经验性和整体性这两个基本承诺没有改变。从历史与逻辑的双重关系看,经验性和整体性承诺应视为社会学作为一个具有特殊地位的学科的两个基本规定性。在这两个基本规定性的前提下,社会学形成了一套有别于其他学科的把握社会结构与社会过程的概念框架。时至今日,经验性和整体性两个基本承诺,连同与之直接联系的概念框架,成为判别一种学说是否属于社会学学科的明确标志。

既然经验性与整体性两个理论承诺是不可放弃的,那么这是否意味着与之相矛盾的、追求客观性的二元论理论原则,一开始就是一个错误的选择呢?应当说,社会学采用客观的二元论理论原则来研究社会现象,其必要性不像经验性承诺和整体性承诺那样充分。社会学创建之初,在作出了经验性和整体性两个承诺的前提下,没有必要非得照搬物理学追求客观性的原则,而应当针对社会现象的特殊性，提出一些有别于物理学的原则。不过，孔德和迪尔凯姆等人那样坚定地坚持追求客观性的理论原则，也有其社会发展的现实基础和理论演化的逻辑根据。

社会学初创时期，正是资本主义工业化已经取得了显著成就，并且新兴资产阶级急欲加速其进程的历史时期。工业化的本质之一是人类征服自然，是人类以空前的力量掠夺自然资源的社会过程，用哲学的语言说，主观同客观的矛盾关系在其中达到了空前明朗、空前尖锐的程度。在主观与客观对立之中追求客观规定性的理论原则，实质上是人与自然亦即主体与客体的对立关系在思想理论中的反映。孔德一再申明他的实证理论是在工业社会基础之上建立起来的，这已经表明他确立的追求客观性的理论原则是以工业实践为基础的，主客二元对立、追求客观性的理论原则，可看作是人在工业生产中征服自然、控制自然的实践原则的理论表达。

从理论演化的逻辑关系来看，在主客二元对立的关系中追求社会生活的客观规定性，这个理论原则主要有两个原因。首先是社会学初创时期有必要把社会生活首先作为一个外在对象加以研究，这似乎可以用皮亚杰关于人的认识能力成长过程理论来证明：当人们选定一个事物开展认识活动时，首先展开的是对象性认识，在关于对象的认识活动达到一定发展程度之后，人们才开始在自我与对象的关系中反思自我，并进一步思考自我与对象的关系。社会学初创时期严格坚持客观性原则，仿佛是皮亚杰论述的认识发生的初始阶段。其次，在主客二元对立中追求客观性的理论原则，还与社会学初创时期的理论发展程度有关。尽管孔德等人明确提出要把社会学建成一个在精神史上具有革命意义的新学科，但这不是轻易就能实现的愿望。从概念思辨和逻辑推论转向经验事实的考察，这是研究层面或研究程序的转变，同理论原则的转变相比，前者显得简单多了。理论原则的转变实质是思维方式的转变，当社会学先驱们把目光转向经验现实后，他们目不暇接地看到大量的、处于剧烈变化中的新社会现象，还未来得及对理论原则作出深入思考，更谈不上建构新理论原则或新思维方式，就被日新月异的社会现象弄得眼花缭乱了。没有别的办法，只好按照延续千年的主客二元论思维方式确立社会学的理论原则，顶多是披上了科学的外衣，换上了一些科学的词句。

综上所述，可以得出一个初步结论：经验性和整体性的理论承诺是不可抛弃的，否则社会学就会失去自己的特殊规定性而被其他学科吞没；在主客二元对立中追求客观性的理论原则是应当受到质疑且可以调整的。尽管这个原则有其社会现实根据和思维逻辑根据，但是，这个原则同社会学的两个不可放弃的基本承诺存在尖锐矛盾,并且是社会学理论发展不充分的产物,它严重限制了社会学研究走向进一步的发展。应当突破这种限制,为社会学研究确立一种新的理论原则。剩下的问题是:如何在维持经验性和整体性两个理论承诺的前提下,转变或确立社会学研究的理论原则呢?这里,真的要面对孔德所提出的由社会学来实现的精神革命了,因为理论原则的转变就是思维方式的变革,而思维方式的变革才是人类精神领域中最深刻的革命。

孔德自以为实现了精神革命,但是他建构的实证社会学理论原则同他坚决反对的形而上学思维方式,在展开结构、运思环节和理论追求等基本方面是一致的,因此,他仅仅是呼喊了革命的口号,并未实现人类精神史上的革命。试以下图来对比孔德的理论原则同传统形而上学思维方式的关系:

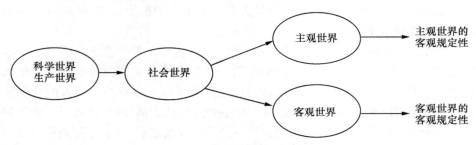

图 1-1　实证社会学的理论原则

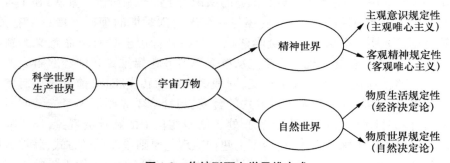

图 1-2　传统形而上学思维方式

当然,这两个图不可能概括实证社会学和 19 世纪上半叶形而上学的全貌,它们仅仅能显示其中最基本的原则。这两个图的语言表述是:其一,孔德创立的实证社会学同他反对的 19 世纪的形而上学传统一样,是从生产世界和科学世界出发的,这两个世界展开的基本矛盾关系就是人与自然、主观与客观的关系。因此,由之出发来观察社会和研究社会,必然要沿用主观与客观分离的二元论思维方式,社会世界在这种思维方式中被分解为主观世界和客观世界。作为研究者主观世界的社会运思原则和方式,被实证主义作为自明的观念隐而不论,作为被研究者主观世界的重要内容——个体心理活动,被实证主义悬而不谈,实证社会学仅仅研究可以普遍化、客观化的集体意识和社会文化,并且不是揭示它的主观意义与价值,而是分析它的客观规定性。在实证主义视野里,社会生活主要是一个客观的过程,可以通过社会结构与社会过程等概念框架来揭示社会生活的客观规定性。这是实证主义社会学的基本理论追求。

其二,实证社会学的理论原则同19世纪形而上学的思维方式在基本构架和展开过程上并无实质区别。形而上学思维方式的出发点或立足点实质上也是生产世界或科学世界,尽管哲学家们的抽象概念掩盖了这一点,但是形而上学思维方式的主客二元对立原则就是对生产世界和科学世界基本矛盾关系的体现或概括。哲学家们的视野要比社会学家们广阔,他们看到的不仅有外部的社会世界,还有自然界和内部的心理世界,他们思考的是宇宙万物的本质,因此他们展开的理论视角和论述的理论内容要比社会学家宽泛得多。在理论概括的范围上讲,传统哲学和实证社会学之间具有包含与被包含的关系,但是,二者在理论原则和思维方式上却找不出本质区别。

如果社会学既不改变对社会开展经验性和整体性研究的承诺,又想实现孔德等人提出的精神史上的革命,那么社会学就应当改变自己的理论原则,也可以说要改变自己的思维方式。而社会学要实现这种革命,它应当在立足点或出发点,在思维的基本构架、展开过程和理论目标上都有实质的变化,试以下图表达这种设想:

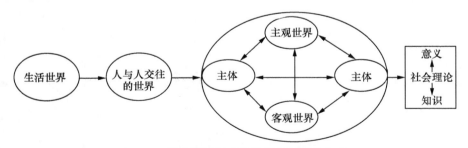

图 1-3　社会学的新理论原则或新思维方式

图 1-3 的基本涵义是:社会学不应当仅从生产世界和科学世界出发,而应当从生产世界和科学世界的母体——生活世界出发。生活世界是人们的原初世界,生产世界和科学世界是从生活世界中分化出去的,并且它们无论发展到何种

程度，其根基仍然在生活世界。因此，从生活世界出发，不仅使社会学立足点更真实、更基本，而且从根本的意义上涵盖了从生产世界和科学世界出发的意义。

生活世界是一个未分化的世界，既没有各种专业领域的分化，也没有主体和客体对立的分化，是一个人们自在地交往着的世界，因此，从生活世界出发去认识社会生活，不是在主观同客观的对立中展开思维，而首先是在人与人的直接交往关系中来理解人生、看待世界。从生活世界出发，按照生活世界的本性来认识人类社会，并非简单否定人类在生产领域、科学领域以及政治、文化、教育、伦理、道德等各种领域形成的理论原则和思维方式，或者简言之，从生活世界出发不是完全抛弃主客二元对立的思维原则，而是要求把在主客二元关系中追求客观性的原则，建立在人与人的关系上，亦即把主客关系建立在主体间关系上。

这种转变要求社会学在研究社会问题时，首先从人与人的交往联系中来思考世界，认识社会生活的客观规定性时，不要脱离人与人的主观关系，要在人与人、人与物的两种关系中，以及在这两种关系的关系中理解人生、认识社会。按照这种原则建构的社会学知识，不应当仅仅是时下作为主流的实证社会学知识，它的典型形态应当是当代正在流行的社会理论，是包含着经验事实、原则概括、意义阐释和价值追求的具有总体性视野的社会理论。

第二章

后现代社会学的兴起

理论承诺与理论原则的矛盾,不仅使现代社会学陷入了种种困境,同时使现代社会学蕴含着自我否定的张力。20世纪中叶逐渐兴起的后现代社会学,在当代各种学术思潮的影响下,立足后工业社会来临的现实基础,对现代社会学包含的矛盾展开了深入思考,为摆脱社会学的理论困境作出了丰富的探寻。

一、走向生活世界的哲学呼唤

虽然孔德、迪尔凯姆等人一再强调从经验事实出发、以经验事实为根据这个理论承诺,经验事实不仅成为社会学的立足点,而且是社会学的研究对象和理论归宿,但是,社会学的创建者及其后继者们,通常未能对经验事实的本质特点作出更深入的思考,而仅仅把它当作外在的客观性去观察、描述和分析。至于从经验事实出发,以经验事实为研究对象,将会引起理论根据、理论原则、思维方法、问题论域和理论追求等一系列变化,都被置于社会学的理论视野之外。应当指出,从逻辑推论转向经验事实,不仅是实证社会学的基本主张,而且是19世纪后期在哲学中发生的一种带有普遍性的理论转向,并且,实证社会学提出这个转向后而未能思考的问题,在实现了经验事实转向的哲学中得到了深入探究。

在19世纪后期兴起的哲学思潮中,对经验事实思考最深入、最丰富的莫过于以皮尔士(Charles Sanders Peirce,1839—1914)、詹姆斯(William James,1842—1910)和杜威(John Dewey,1859—1952)等人为代表的实用主义。在美国兴起的实用主义同实证主义有着密切的联系,皮尔士作为实用主义的创始人,曾把实用主义归结为实证主义,他说:如果要承认实用主义,那么"哲学所剩下的将是一系列可以用真正的科学观察方法来研究的问题……从这方面说,实效主义是一种真正的实证主义。"①可见,实用主义创立之初受到实证主义的影响是不可低估的。正是接受了从经验事实出发这个基本主张,实用主义才在经验中发现了行动与效用的真实意义,并以之为根据确立了实用主义的基本观点。

美国哲学家 M. 怀特曾对皮尔士的实用主义哲学作出如下概括:"皮尔士所提出的学说,是由三个主要原素合成的,对此我们应当分别指出。首先是它的假设主义,这就是说,它坚持:我们应先将单称陈述翻译成假设的形式,然后才能发现其实用主义的意义。其次,是它的动作主义,或者说,强调在'假如'的子句中,要提到人的一项动作,提到实验者所做的某种事情。第三,是它的实验主义,或者说,强调在'那么'的句子中,要提到实验者在试验条件安排之后,所经验到或者观察到的某种事情。"②如果怀特的这三点概括是准确的话,那么可以看出:实用主义同实证主义如出一辙。把单称陈述翻译成假设,就是要求在特定的条件限制中来观察经验事实,并且要研究某种条件的存在将会引起何种后果;所谓"动作主义"同社会学的行动理论直接联系,亦即在人们的社会行动中把握经验现象;实验主义亦即对经验过程及其存在条件的强调。这些原则都是实证主义者们早已注意并有许多论述的。就实用主义同实证主义的这种联系而言,以反对传统形而上学为起点的实证主义社会学,在 19 世纪后期又引起了新的形而上学思考,这种新的形而上学在实证主义社会学的兴奋点上引发了一场思维方式的革命。

皮尔士等实用主义者接受了经验论主张,但是没有就此止步,而是在经验原则基础上建立一种"科学的形而上学"。皮尔士说:"实效主义者不像其他真正的实证主义者一样仅仅嘲笑形而上学……,而是从中吸取精华,用来给宇宙论和物理学以生命和光辉。"③正是因为实用主义没有简单地嘲笑传统形而上学,对传统形而上学的思维方式进行了批判性思考,才使它有能力对理论思维作出具有革命意义的贡献。这种贡献在詹姆斯那里得到了明确的表现。

詹姆斯是一位"彻底的经验主义者",他对彻底经验主义作出如下解释:"我的论点是:如果我们首先假定世界上只有一种原始素材或质料,一切事物都由这

---

① 《皮尔士文集》,英文版,第 5 卷,第 423 段,转引自全增嘏:《西方哲学史》,上海人民出版社 1985 年版,第 547 页。

② M. 怀特编著:《分析的时代》,杜任之主译,商务印书馆 1981 年版,第 139—140 页。

③ 《皮尔士文集》,英文版,第 5 卷,第 423 段,转引自全增嘏:《西方哲学史》,上海人民出版社 1981 年版,第 548 页。

种素材构成,如果我们把这种素材叫作'纯粹经验',那么我们就不难把认识作用解释为纯粹经验各个组成部分相互之间可以发生的一种特殊关系,这种关系本身就是纯粹经验的一部分,它的一端变成知识的主体或负担者、知者,另一端变成所知的客体。"①这是实用主义在向主客二元对立的传统形而上学思维方式宣战,在詹姆斯看来,不仅唯物主义把世界本原看成是客观的物质是错误的,而且唯心主义把世界本原解释成主观的(或客观的)精神也是错误的,世界最基本的或原始的元素既不是物质也不是精神,而是把二者统一起来的纯粹经验。"同一段'纯粹经验'……既可以代表一个'意识事实',又可以代表一个物理实在,就看它是在哪一种结构里。"②③

暂且不论詹姆斯的纯粹经验论是否有主观唯心主义倾向,仅就他把经验主要看作行动和效果而言,他说的经验同17世纪的经验论和19世纪的实证主义所说的经验并无本质区别,是指人们的社会行动或社会实践过程。当詹姆斯论断经验是主观和客观的统一,是派生二者的最初原素时,他是从行动或实践的结果看待经验的实质的,这与他的实用主义方法论完全一致,他说:"实用主义的方法,不是什么特别的结果,只不过是一种确定方向的态度。这个态度不是去看最先的事物、原则、'范畴'和假定是必需的东西;而是去看最后的事物、收获、效果和事实。"④这就是说,实用主义的视点不是在现实事物的本原而是在现实事物本身。

"最后的事物、收获、效果和事实",实质就是人们通过经验活动构成或创造的现实世界,实用主义的视野不去光顾这个现实世界之外的终极本质和万物之原。彻底突破本体论或本原论追求,直接面对人们经验活动的现实世界,实用主义在这一点上超越了经验论和实证论。17世纪的经验论和19世纪的实证论,在谈及经验的时候,限于二元论的思维方式,往往是热衷于坚持世界的物质性、感觉经验的原初真实性、经验过程的客观必然联系和经验现象的外在规定性等等,实质上都是二元本体论思维方式的结果。

实用主义实现了关于经验过程的视角转换,从本体论和二元论的视角转向了效果论或结果论的视角,这不仅使实用主义站在直接现实的经验过程之上,明确了超越主客二元论思维方式的现实基础,而且还使实用主义看到了一个丰富

---

① 詹姆士:《实用主义》,陈羽伦、孙瑞禾译,商务印书馆1979年版,第159页。
② 詹姆斯:《彻底经验主义论文集》(英文版),第4页,转引自全增嘏:《西方哲学史》(下卷),上海人民出版社1981年版,第557页。
③ 詹姆士:《实用主义》,陈羽伦、孙瑞禾译,商务印书馆1979年版,第31页。
④ 同上。

的、真正可以称为整体的经验世界,不仅主体和客体、物质和意识在这个世界里是统一的,而且事实与价值、知识与信念、真理与意义,对象、过程和感受等等原来在传统形而上学和实证主义思维方式中被对立起来或拆分开来的因素,都被融为一体。

  杜威的经验概念的外延十分丰富,他认为自己的经验观真正超越了统治欧洲两千多年的主客二元论思维方式,是哲学史上的一场"哥白尼式的革命"。他的经验概念包括两个方面,一方面是人们经验的事物,是作为经验对象的、人们做的、遭遇的、追求的、爱的和信仰的各种事物,另一方面是人们接触这些对象或这些事物的过程。这两方面统一起来就是完整的经验活动。在杜威看来,如此看待经验活动,并把它作为人们认识世界、介入世界的立足点,就不会再有经验与自然、主观与客观、精神与物质等等因素在存在论上的区别,而只能有在机能论上的区别,亦即这些原来被对立起来的方面都不能单独地存在,是一个统一的整体,它们只能作为统一整体中的不同因素而存在,它们的区别仅仅在于它们处于整体中具有不同的机能。

  实用主义的经验观受到了许多批判,但是无论来自哪方面的批判,往往都是在传统的二元论思维方式中展开的,这正说明把经验看作一元的整体过程是对传统思维方式提出了尖锐挑战。如果把实用主义的经验观同实证主义的经验观加以对比,可以清楚地看到,实证主义虽然也认为从经验事实出发将与形而上学划清界限,并引起精神领域的革命,但是由于实证主义没有认识到形而上学主客观对立思维方式的实质,以至未能自觉地立足经验事实而改变思维方式,因而不具有革命意义。相反,实用主义并未主张抛弃形而上学,而是抓住形而上学思维方式主客二元对立这个根本问题,依据经验事实的综合性或整体性,自觉地提出了超越主客二元对立思维方式的任务,不论它是否完成了这个任务,它能明确地将之作为一个根本性问题提出来,就已经表现了十分重要的革命意义。

  实用主义哲学在实证主义社会学的影响下把理论视野聚集在经验事实上,并以之为基础提出了超越主客二元对立思维方式的革命主张,这对于社会学在20世纪的发展具有十分重要的影响。在20世纪中后期流行的各种社会学理论中,但凡主张反对主客二元论思维方式的,都从不同方面受到了实用主义思潮的影响。然而,仅仅明确立足经验事实、反对主客二元对立思维方式是不够的,因为这对社会学来说毕竟还是抽象的,而社会学要深入社会生活去提出问题和回答问题。因此,即便是拒斥了主客二元对立的思维方式,社会学仍然面临一些根本性的问题,譬如,社会学在研究社会现象时,如果不把它作为客观对象看待,那么应当把它看作什么?再如,人类全部现实生活都是经验事实或经验过程,它展开于不同层面,生产实践、科学实践、政治斗争和日常生活,都是经验过程,它们还能否进一步区分呢？社会学的基础或立足点应当是人类全部经验呢？还是其中的一部分？如果是一部分经验,那么应当是哪一部分经验？等等,这些问题都是在社会学研究中不可回避的。这些在实用主义哲学中没有触及的问题,在胡塞尔(E. Husserl,1859—1938)为代表的现象学中得到了启发。

胡塞尔的现象学是精神现象学,虽然胡塞尔也把经验作为核心论题深究,但是他说的经验是意识层面的"直接经验"。与实用主义不同,现象学没有接受实证主义关于面向作为行动和事件的经验过程的主张,而是坚决反对实证主义仅仅客观描述经验事实,明确肯定主观意识对经验现象的构造作用。在胡塞尔看来,人们所经验的世界十分复杂,包括各种层次、区域、结构和关系,仅仅被动地、分析式地观察这些因素没有任何意义,只有通过意识的能动活动将经验现象的不同方面综合起来,经验世界才能向人们呈现意义。实证主义忽视主观意识对经验现象的能动构造作用,仅仅强调被动的客观性观察、描述和统计,只能流于对经验现象的表层认识,导致理论思维的浅薄。

胡塞尔强调主观意识对经验现象的构造作用,无疑受到康德先验意识论的影响。他认为,意识的能动构造作用是先于经验的,是那些特殊实体的经验得以统一的必要条件,是一切经验得以成立并具有意义的必要前提。但是,这不等于说意识创造了经验现象,而仅仅是类似于康德所谓时空形式和知性范畴的规范机能、形式化机能。由于意识的构造活动被认为是先验的,所以胡塞尔明确地把它称为"先验的主观性"或"先验的意识"。应当说,胡塞尔确实抓住了实证主义的要害,实证主义不仅以强调经验现象的客观自在性和排斥主观意识的能动作用而自鸣得意,而且也正是因为无法排除意识能动作用在经验现象中的实际存在,而不断陷入自相矛盾之中。然而,胡塞尔在反对实证主义这一片面性时却滑向了另一种片面性,他过度强调意识对经验的主观能动作用,而轻视了经验现象的自存性和现实性,由此使自己的意识理论表现出脱离实际的超验性。

胡塞尔的理论观点不仅在欧洲学术界产生了广泛影响,而且受到了许多批判,很多人指责他脱离现实,具有神秘主义倾向。面对学术界的批评,胡塞尔调整自己的理论观点,力图使自己的学说更加完善。特别是到了晚年,胡塞尔在对第一次世界大战和法西斯主义给人类带来沉重灾难的痛苦思考中,反省了自己追求纯粹科学的非现实性,认识到追求真理的理论思维应当关注现实,在真实的生活中寻找人类精神的家园,寻找哲学思考世界的原初根据。而这个家园和原初根据就是他所说的"生活世界"(life world)。

生活世界又被胡塞尔称为周围世界。这是一个人们自在地生活于其中的世界,是人以自主的地位、自主的意识和自主的选择,同其他具有同样自主性的人们交往的世界,因此,它展开的是人与人的主体间关系,而不是像在生产世界和科学世界中那样的人与物、人与征服对象、控制对象的主体与客体关系。这是一个原初的、未分化的世界,这里没有主题、没有明确的工作目的,人们凭着对生活的直接感受,追求着直接的生活利益。这里虽然简单、平淡无奇,但却是人类生活的原初地,人性在这里直接地表现着和展开着,因此,哲学理论思维以及人类的行为,都应当从这里出发,以之为根据确立最基本的态度和原则。

虽然胡塞尔仍然在精神现象的意义上解释生活世界概念,他常常把生活世界称之为"视界",但是,他也指出生活世界是由人组成的社会共同体,是由不同的社会单位构成的,因此,生活世界也就是社会学视野里的社会世界。胡塞尔指出:"我们应该如何确定本质上原始的态度,即人类生存的基本历史样态呢?回答是:人在生殖的基础上自然而然地生活于共同体——在家庭、血统与民族之中,而这些共同体本身又被不同程度地细分为具体的社会单位。那么,自然水平上的生活就被刻画为一种朴素的直接生活,它沉浸在世界之中。在某种特定的意义上说,这个世界作为普遍的视界被意识到是持久在那儿的,但仅仅根据这个事实,它还不是作为主题的东西。"[①]可见,生活世界并非仅仅被理解为精神指向和精神结构,胡塞尔也论及了它的社会存在形式。在这个意义上,现象学同社会学发生了视野重合。这也许是当代社会学不断同现象学对话,并接受了生活世界概念的一个重要原因。

不过,胡塞尔的生活世界概念同实证社会学的经验世界概念具有重要区别。虽然这两个概念都指谓我们生活于其中的周围世界,但是正如胡塞尔所言,这两个概念在现象学和实证社会学那里实质上是展开了两种精神结构。现象学的生活世界概念是一种要求把周围世界当作人与人日常交往、共处的互为主体的世界,亦即从人的自在的、原初的本性去看待人、理解人和评价人;实证社会学的经验世界概念也是一种精神结构,但它与现象学的生活世界概念正相反,它要求把人们的周围世界当作自然界、当作外在于人的物的世界,亦即把人当作客观的物去看待,人的主体性在这个概念中都被抽象掉了。

因此,现象学和实证社会学分别在自己的精神结构中展开了周围世界或现实世界的不同层面,一个是在主体间关系中展开的日常生活世界,一个是在主客关系中展开的对象世界、客观世界,实质上是人们在科学和生产中所面对的世界。现象学和实证社会学不仅要观察和理解这两个世界,而且分别把它们作为

[①] 胡塞尔:《现象学与哲学的危机》,吕祥译,国际文化出版公司1988年版,第149—150页。

自己的立足基础,并以之为根据确立思维方式、人生态度和价值尺度。现象学以生活世界为基础,在互为主体的人际关系中去理解人生,实质是要用主体间性的思维方式取代实证主义乃至整个欧洲传统文化的主客二元对立的思维方式,它要求人们以主体间关系为根本、为前提去思考一切、透视一切,把在科学、生产、政治等等主题化领域中的原则和结果都移到生活世界中来衡量、检查和评价,也就是要用人的最基本的生活形式和生存本性来审视一切。

胡塞尔关于返回生活世界思考哲学与欧洲人的危机的主张,在海德格尔的《存在与时间》中得到了充分的展开。海德格尔把在日常生活中的人看作最基本的存在,人的基本存在的表现形式是烦、畏、恐惧、沉沦、领会等心理状态或心理活动,而这些基本的表现形式又是在对话、交谈、沟通等日常活动中发生的。从海德格尔论述的丰富内容可以清楚地看出,以日常生活世界为基础,在主体间关系中看到的人生现实,同实证主义在主客关系中看到的客观世界正好相反,是一个直接体验周围世界,理解内在世界的主观世界。也就是说,现象学从生活世界出发看到了一个主观的心理世界,而实证社会学则从它限定的经验世界出发看到了一个客观的物理世界。

实际上,主观的心理世界和客观的物理世界都是现实世界的不同层面,是从不同角度观察到的不同层面。这两个在现实中统一在一起的不同层面,本应都纳入理论思维的视野之中,但是限于思维方式的片面性,它们在人们头脑里一直处于被分裂的境地。不过,当现象学和实证主义分别以对立的极端形式将这两个层面深入展开后,也就为人们在一个更高思维层次上将二者融合起来作了必要准备。

二、社会学理论转向的先声

实用主义的经验一元论主张,现象学返回生活世界的哲学呼唤,在舒茨(Alfred Schutz,1899—1959)的现象学社会学中得到了响应。舒茨以韦伯的理解社会学为基础,把实用主义和现象学的一些原则吸收到社会学研究中,建立了在主体间关系中研究生活世界的现象学社会学。虽然舒茨在20世纪30年代阐述的现象学社会学在相当长时间里并无太大影响,一些社会学家提到他的观点时,不过把他看成韦伯的继承者和发挥者,但是,舒茨的社会学思想同韦伯又有许多区别,并且从社会学一百七十多年的历史来看,舒茨的思想观点具有很特殊的地位。可以说,现象学社会学是现代社会学向后现代社会学发展的一个中间环节,它既延续了传统社会学的一些基本原则,又显示了超越传统社会学的崭新变化,并预示或孕育了社会学在当代的理论革命。

顾名思义,现象学社会学的主要特点在于对现象学原则的吸收。正是接受了胡塞尔返回生活世界的主张,在人们的主体间性和人对社会生活的意向性建构中开展社会学研究,现象学社会学才获得了特殊地位。然而,作为现象学社会学理论基础的基本原则和基本方法却不是现象学,而是韦伯的理解社会学。在1932年发表的《社会世界的现象学》中,舒茨对韦伯的社会学给予了高度的评价:"韦伯的论述绝对是令人叹服之天才的独特科研成果。他指出当代德国社会学的方向,让人们了解社会学是一门科学,而不是意识形态,韦伯还提供了达成社会学任务所需具备的工具。"①在舒茨看来,韦伯的学术思想在德国社会学史上最有奠基性的地位,舍勒(M. Scheler, 1874—1928)等后来一大批德国社会学家的理论也都是在韦伯的学术基础上发展起来的。

舒茨继承了韦伯的注重意义分析的社会行动理论、价值中立原则和个人主义方法论等学术思想,其中对舒茨影响最大的是以意义分析为主要特征的社会行动理论。舒茨赞成韦伯关于社会学应以人们的社会行动为研究对象的观点,认为确如韦伯所言,只有在具有意向关联性的社会行动中,才能发现社会生活的基本联系,并且也只有用从解释学那里继承来的理解论方法,而不是用物理学的单纯观察方法,才能建立关于社会现象的科学理论。因此,舒茨以极大的兴趣深入研究韦伯的社会行动理论,作出了许多丰富的说明与解释。就此而言,舒茨现象学社会学同韦伯解释学社会学的联系不仅是密切的,而且是直接的。

然而,舒茨在对韦伯的社会行动理论的深入研究中,发现了韦伯社会学理论在许多方面不甚清楚,他提出了许多深感困惑的问题:"韦伯坚持唯有使用理想型,社会科学才可能有客观性,但理想型的概念如何进入个体的主观意义?'企业家'概念如何使我们了解一位18世纪的波士顿商人购买船只的想法?……假使我们不暂停观察者的角色而成为社会关系的参与者,是否就不能界定行动科学的研究对象单位?这种角色的改变有哪些得失?如果我们变成参与者,是否会丧失客观性?如果我们一直作为观察者,那么是否会漏失掉科学研究的对象,也就是行动主观意义?"②舒茨对韦伯社会学理论提出的这些问题的核心是:怎样才能更真实而正确地理解社会行动中的主观意义?

舒茨认为韦伯虽然提出了社会行动的本质是主观意识的关联性,但是韦伯

---

① 舒茨:《社会世界的现象学》,卢岚兰译,台湾桂冠图书股份有限公司1997年版,第3页。
② 华尔斯:《社会世界的现象学》,英译本序言,引自舒茨:《社会世界的现象学》,卢岚兰译,台湾桂冠图书股份有限公司1997年版,第xix页。

对这个根本性问题的回答是模糊抽象的,只是流于对社会行动主观意识问题的表层理解。应当说,舒茨在韦伯那里看到的不仅仅是关于主观意识论述的模糊性问题,实质上是看到了传统社会学经验性、整体性的理论承诺同坚持客观性和科学性的理论原则的冲突。经验性和整体性理论承诺从逻辑上要求社会学一定要研究社会生活、社会行动及其主观意识,但是韦伯同实证主义社会学一样坚持客观性和科学性原则,又要求把主观意识当作客观现象来观察,并且像物理学和数学那样在充满了偶然性、特殊性的主观意识活动中概括出有普遍性和客观性的理想类型。概括就是抽象,普遍就一定要舍弃特殊,而舍弃特殊的理想类型就不可能不是模糊的。可是,社会学作为一门经验科学又不能满足于模糊,它一定要在模糊中捕捉到真实的具体。这就是韦伯连同其他传统社会学共同的理论矛盾,也是舒茨一定要越出传统社会学去寻找解决矛盾途径的原因。

现象学关于主观意识的深入思考,为舒茨回答在韦伯社会学中发现的问题提供了丰富启发。舒茨十分赞成胡塞尔关于生活世界的论述,他认为胡塞尔抓住了欧洲科学与文化危机的根本,即遗忘了生活世界这个人类一切活动由之出发的原初地,只有返归生活世界,在人性及人生未展开、未分化的原初层面上,才能真实而具体地认识社会、理解人生。沿着胡塞尔的思路,舒茨对生活世界作了更进一步的思考,他用社会学的方法去分析生活世界的结构,他发现生活世界具有多重结构,其中不仅有现实的日常生活,而且还有理想的和梦幻的世界。生活世界中的不同构成说明它是一个具有多重意义的世界,人们从不同的角度出发,在不同的情境中可以体验到生活世界的不同意义。

舒茨不仅把生活世界区分为直接经验和间接经验的世界,还把它区分为前辈人的世界和后辈人的世界。他说:"因为我们拥有相同的直接经验之社会真实世界:此时此地我的周围世界,相当于此时此地你的周围世界;我的此时此地包括你,以及你对我的世界的认识,就如同我和我的意识内容属于你的此时此地世界。直接经验的社会真实领域(或界域)只是众多社会领域中的一个而已。就如同我实际觉察到的世界只是我的整个经验世界中的一个片段而已,而这又是所有我可能经验到的世界之一部分,所以社会世界(是'整个世界'的一部分)只是我于每一刹那间能直接经验到的片段。""除了这两个世界以外,我还认识一个过去存在的世界,这个世界和我的生活之间并无任何的重叠。这个领域就是前人的社会世界,又称之为历史,在这个世界里,我只是观察者而不可能成为行动者。"①

---

① 舒茨:《社会世界的现象学》,卢岚兰译,台湾桂冠图书股份有限公司1997年版,第166—167页。

在舒茨对生活世界多重结构的分析中,首先体现了胡塞尔的主体间性观点,从主体间性观点出发,舒茨把生活世界看成是你与我、人与人直接交往的经验世界,大家没有主次或主客之分地共处于同一个周围世界之中;其次体现了韦伯的历史主义原则,即生活世界不仅仅是直接现实性,而且还呈现为一种时间延续性,是通过回忆和阅读而接触到的历史过程;再次体现了实用主义的经验一元论原则,无论是直接的还是间接的生活世界,也无论是现实的还是历史的生活世界,都在人的经验基础上联系起来了。由于舒茨像实用主义那样既把一切归结为经验,又强调经验形式的多样性,所以舒茨不仅用经验概念的内涵统一了生活世界,而且也用经验概念的外延多样化了生活世界。

舒茨对生活世界多重结构的分析,还体现了他用实用主义经验论原则对现象学超验论原则的改造。虽然舒茨的生活世界概念仍然含有现象学超验原则的一些影响,但是他在讨论生活世界的多重结构之间的关系时,十分明确地指出现实的日常生活是生活世界中的"最高现实"(paramount reality)。最高现实这个概念是从詹姆斯那里借用来的,舒茨用它来说明日常生活在生活世界中的根本地位。在生活世界的多重结构中,日常生活是最直接的、未分化的经验现实性,无论人们介入何种领域的活动,日常生活都是人们的出发点和归宿,所以日常生活不仅是直接现实的,而且是人们都一定要经验的、共存的,所以又是普遍的。并且因为日常生活的普遍性,人们可以在这个基础上交流、沟通在不同领域和不同层面上捕获到的生活意义。

这里,我们无意进一步评述舒茨社会学理论的细节,我们的主要目的是想指出:舒茨的现象学社会学在西方社会学发展中引起的变化。可以说,舒茨社会学理论的主要贡献不在于他提出了新范畴和新原理,而在于他勇敢地打开了向哲学关闭多年的大门,公开地把社会学创始人一再拒斥的形而上学重新引入了社会学理论,在解释社会学的基础上,融合了现象学和实用主义哲学的方法原则,实现了社会学研究立足基础的转移,以主体间性的思维方式冲淡了主客二元论的思维方式。尽管舒茨在这些方面还表现了一定程度的摇摆性或不彻底性,但是,舒茨毕竟在主流社会学中引入了新思路,表达了理论转向的先声。

社会学创始人对形而上学传统的拒斥是社会学欲作为独立学科的努力,并且也正是拒斥了德国古典哲学的抽象玄思,才使社会学能直面经验事实。然而,也正是在直面经验现实中又承诺了对社会生活的整体性研究,这使社会学又难以真正同形而上学一刀两断。社会整体中存在大量靠经验观察而无法认识的复杂问题,特别是关于社会整体的理论概括和方法原则建构,离开形而上学层面上的哲学思考是难以解决的。舒茨作为一位有丰富社会阅历的非专职的社会学

第二章 后现代社会学的兴起

家,在对韦伯社会学理论作出深入研究之后,突破了禁锢西方社会学一个多世纪只注重经验事实、反对形而上学思辨的教条,公然以高度抽象的形而上学——现象学来称谓自己的社会学理论,这在20世纪前叶的西方社会学中无疑具有开风气的意义。

社会学在拒斥形而上学中彰显了自己学科的特殊性,然而如前所述,社会学也正是在这种拒斥中同形而上学结下了不解之缘。拒斥也是一种联系,并且,实证社会学是在未能把握传统形而上学思维方式的实质的前提下拒斥它的,因此,这种拒斥一开始就决定了二者的联系是不可能断裂的。当实用主义用经验一元论反对传统形而上学的主客二元论,现象学以生活世界概念昭示最基础的经验过程之后,形而上学领域发生了革命,这是哲学思维方式和立足点的革命,是实证社会学提出了口号但是未解其实质的革命。舒茨的功绩在于把哲学或形而上学领域里的革命引入了社会学,使长期禁锢于经验层面研究的社会学家认识到,哲学革命将给社会学带来意义重大的深刻影响。

舒茨把现象学和实用主义的方法原则引入社会学,向人们显示社会学将发生一种根本性的变化:社会学的立足点将转向日常生活世界。无论是实证社会学声言要以经验世界为立足点,还是现象学提出返回生活世界,实用主义主张经验一元论,这些观点本身都具有一定程度的抽象性。然而,当舒茨把社会学同现象学和实用主义的视野重合在一起后,情况发生了实质的变化,生活世界不仅被区分为不同层面和不同形式,而且更重要的是指出现实的日常生活世界是最根本的、最真实的基础,社会学研究社会、理解社会都应当立足这个基础之上。

在胡塞尔提出返回生活世界主张之后,有许多学者论述了生活世界问题,但是人们赋予这个概念的内涵是大有区别的,因此对理论立足点、思维方式和问题论域等方面意义的理解也是不同的。卢卡奇对生活世界也有许多论述,但他的生活世界概念主要是指人们的劳动实践或生产实践,这与舒茨把日常生活理解为生活世界最基本、最重要层面的意义大相径庭。当卢卡奇把生活世界归结为劳动或生产时,其中展开的基本矛盾关系一定是主体与客体相互作用的关系,而以之为基础来认识世界、理解生活,所采取的思维方式就一定是传统的主客二元论思维方式,讨论的问题也仍然在传统理论视野之中。所以,卢卡奇关于生活世界的讨论上不仅没有任何推进,反而湮没了胡塞尔提出的生活世界概念的重要意义。

舒茨把日常生活看作生活世界最根本的层面,认为它是最重要的现实,要求理解生活世界的各种层面都要立足于日常生活之上,这就更明确地把主体间性提到了重要的理论地位。因为主体间性的实质就是人际交往关系,是互为主体的日常生活关系,这种关系在生产、科学和政治等主题化、专业化领域都是被遮蔽的,是经过种种权力关系、制度关系和专业分工关系而被扭曲的。只有在没有明确目标、规则、任务和分工等日常生活领域,人们才能作为一个自在的、完整的人而存在,才能把他人当作同自己一样的主体。所以,人们只有在日常生活领域才能真正深刻体验到主体间性,以之为基础的理论思维才能脚踏实地地向主客二元论思维方式挑战,才能从日常生活出发提出同传统理论不同的新问题。

三、社会学思维方式的革命

舒茨虽然明确了社会学研究社会问题或社会世界的立足点,并因此而把主体间关系问题作为社会学研究的基本矛盾,这在社会学理论与方法上引起了重要变化,但是这种变化的革命性不是明确的。当人们评价某种学说是否引起了革命性的变化,最重要的是要看它是否在思维方式上发生了转变,舒茨现象学社会学的贡献只能说是社会学思维方式转变的先声,但还未能开始真正意义的思维方式转变。因为,由孔德、迪尔凯姆包括韦伯在内的社会学创始人和奠基人,为社会学确立的思维方式是传统的主客二元对立思维方式,舒茨虽然接受现象学和实用主义观点,强调在人与人或主体间性的关系中看待生活世界,但是更进一步的也是更实质的问题没有提出来:即社会学同生活世界是什么关系? 具体说,如果生活世界是人与人交往的主体间关系,那么这个主体间关系在社会学面前是被作为客体看待呢? 还是作为主体看待呢?

当舒茨仅仅谈论生活世界时,他无疑是把生活世界的基本矛盾关系解释为主体间关系,而当他涉及社会学同生活世界的关系时,也就是涉及社会学同生活世界二者之间是何种性质的关系时,他不仅止步不前,而且受韦伯价值中立原则影响,认为生活世界是作为社会学研究的客观对象而存在的。这就是说,现象学社会学在研究生活世界时,就生活世界本身而言,它是一个主体间或人际的关系;而当生活世界作为社会学研究对象时,生活世界就是一个客观性,是社会学研究的客体。因此,现象学社会学同生活世界的关系是主观同客观或主体同客体的关系。这说明现象学社会学仍然保持着主客二元论思维方式,它仅仅是通过对生活世界中主体间关系的强调而预示了社会学思维方式即将发生革命。

真正开始社会学思维方式革命是常人方法学(ethnomethodology)。加芬克尔(Harold Garfinkel)为代表的常人方法学是在舒茨现象学社会学的直接影响下形成的,但它在社会学理论上引起的变化要远远深刻于现象学社会学。常人方法学是西方社会学理论中最早、最明确、最坚决地向孔德、迪尔凯姆、韦伯和帕森斯等人为代表的传统社会学或主流社会学提出挑战的,它不仅坚定地把社会学的立足点移到日常生活之中,而且明确主张要用日常人或普通人处理日常生活的方法、人与人交往互动的方法来研究社会现象,不仅社会学最基本的研究对象是日常生活,而且社会学本身也是一种日常活动,社会学同日常生活的关系也是一种日常关系,也应当用日常人的眼光和方法去理解。

把社会学本身也看作是一种日常活动,它的革命意义是十分深远的。首先,这个观点使社会学放弃了作为客体对立面的主体地位,社会学家及其社会学研究活动不再具有二元论思维方式中的那种主体性,他不仅仅是在社会生活之中的观察者、反映者、辨析和评判者,是社会生活的构造者、整理者和实践者,而且更为重要的他还是一个在日常交往关系中的受动者,在其开展研究的过程中不断接受来自对象主动作用的被作用者,是一个被研究对象能动地指向、理解和评价的对象。这个变化非同小可,不用说在实证社会学那里社会学家是作为站在社会世界之外的观察者、描述者出现的,而且在韦伯甚至舒茨那里,他们也没有把社会学家放在社会世界之中,社会学作为与研究对象相对立的主体的身份没有改变。

在常人方法学中,社会学不再是绝对的主体,而是日常生活中的常人。常人总是在具体条件中存在的,常人既是能动者又是受动者,既能思又被思,既他思又我思。社会学若是真把自己看成常人,那就应当在常人的环境、常人的地位和常人的心态中反思自己,应当认识到社会学面临着自然科学不具有的许多限制,应当在反思自身的限制中展开社会现象的认识或理解。社会学创建后一个多世纪,一直缺乏对自身的批判性反思,这既是二元论、实证论思维方式的结果,也是这种思维方式在社会学中长期占统治地位的原因。常人方法学把社会学看成常人活动,不仅明确地提出社会学要在研究社会现象中不断反思自身,而且大张旗鼓地向传统社会学宣战,拉开了社会学批判自身、反省自身的序幕。

常人方法学对传统社会学的反省与批判,引起了社会学从神化到人化的转折。孔德曾嘲讽前实证的思维方式都是神学的,是把自然与社会神化的活动,而只有实证社会学按照物理学的原则观察和描述社会现象,才停止了理论思维对社会现象的神化。其实,孔德及其后继者们都没有超越理论思维的神化活动。神化不仅仅是神话中的虚构、神学中的偶像崇拜,脱离事物的具体条件去强调它的功能与作用,也是神化的表现。实证社会学不反思社会学的主观局限性,把自己看成不证自明的主体,看成在对象之外的反映者、描述者,这与外在于人世的神并无本质的区别。常人方法学把社会学看成常人或常人的活动,迈开了社会学从神化转向人化的一步。当代越来越多的社会学家在论述社会问题时不断反思社会学的局限,甚至出现了布迪厄为代表的反思社会学,其思想源头都可以追溯到常人方法学。

在社会学的视野里,只有社会学作为主体,社会现象作为客体才能成立,而当常人方法学消解了社会学的绝对主体的地位后,社会现象的外在的、受动的客体性也随之被消解。虽然社会现象的客体化,或者说把社会现象看作外在于研究者的客观对象,并非始于实证社会学,但实证社会学把它推向了一个新的阶段:客观化→非人化→自然化。也就是说,在实证社会学那里,社会现象不仅是客观的,而且也是去人性的、是被当作物一样去看待的自然化的。社会现象客观自然化是与社会学主观神化同时发生的,并且是互为前提的。只有把人的社会看作非人性的自然,社会学家及其活动才能绝对化为神,并且只有社会学自认为是外在于社会的神,社会学才能否认社会的人性而将其看作自然。而当常人方法学要求社会学承认自己是常人时,社会学被置于社会世界之中,置于常人的交往联系之中,社会学不仅不再把自己看作外在于社会的主体,而且找不到像自然一样的社会客体,于是,神一般的主体和自然一般的客体都在常人的生活世界中消失了。

概言之,常人方法学把社会学及其研究对象都常人化了,在它的理论视野里,一切都要放到日常人的生活中或日常人的关系中才能得到理解。常人方法学由此把一个真正的常人生活世界展开在社会学视野之中,也展开在社会学的整个活动之中。常人生活世界是一个被科学、生产、政治乃至宗教、经济、哲学遗忘的世界,因为这些文化形式或专业形式都是主题化的活动,它们只有从非主题化或未主题化的常人生活世界中选取某一方面作为自己的研究对象或追求目标而"提升"出去,它们才能获得这些文化形式或专业形式的资格。传统社会学一直在模仿其他文化形式,也试图从生活世界中主题化某一个方面,成为一个独特的学科亦即特殊的文化形式,然而,社会学的经验性、整体性承诺却一再把它拉回未分化的、原初的日常生活世界。但是,传统社会学一直未能清楚地认识到这个日常生活世界才是自己真正的立足点,是自己最主要的研究对象,也是确立自己独特地位的基础。

日常生活世界或常人世界是真实的人的世界,这里没有科学世界、生产世界和其他主题化世界里的主体和客体二元对立关系,甚至也没有主体与主体的关系。主体与客体一样,都是在相互对立中才能界定、才能成立,不论哪一方,只要有一方的界定发生变化,另一方也必然随之变化。在常人方法学里,主体与客体都变成了常人,不仅在社会学面对的生活世界、社会世界中是人与人的存在、人与人的关系,而且社会学同这个生活世界之间也是人与人的接触、人与人的交流

第二章 后现代社会学的兴起

和沟通。因此,互为主体性或主体间性(intersubjecty),应称之为互为人性。事实上,subject 的最基本含义是人,而不是主体,subject 只有在与 object(客体)的对立关系中才具有主动性、支配者的主体含义。

进入日常生活世界,面对互为人性的常人活动,常人方法学的问题论域发生了变化,许多在传统社会学中是主要内容的问题被抛弃了,而许多传统社会学无暇顾及的社会问题被提了出来。其中最重要的表现在两个方面:其一,作为传统社会学主要关注内容的客观的社会结构问题不仅逐渐淡化,而且关于这个问题的主要理论——帕森斯的结构功能理论也遭到了批判。常人方法学反对结构功能主义把社会结构看作客观的、具有必然性的秩序,认为这是把社会关系和人际关系物化和神秘化。于是,常人方法学提出了对结构功能理论的"去物化"(de-reification)主张,也就是要求抛弃物理学的原则,把社会结构的研究转变为关于人际关系、人际交往的研究。其二,当常人方法学以平常人的心态去面对日常生活时,发现日常生活中呈现的不是结构、模式等抽象形式,而是可以直接感知的并且发生最普遍的"交谈行为"(conversational behave),并认为只有研究人们在日常生活中的交谈行为,才能真正进入生活世界,真正接触到人们的日常经验过程。因此,关于交谈的研究成为常人方法学的主要理论内容之一,常人方法学称之为"交谈分析"(conversational analysis)。

常人方法学阐述了丰富的交谈分析理论,对交谈规则、交谈秩序、交谈中的制度、符号、意义等等问题都作了深入讨论。可以说,常人方法学的交谈理论是当代社会学开始语言学转向的标志。语言学转向是由哲学开始并波及伦理学、史学、美学等各种学科中的重要学术变化,它的意义也许比欧洲近代哲学中发生的认识论转向还要深远。哲学通过认识论转向由本体论转移到观念论,通过语言学转向由观念论转移到生存论,人们的社会存在与社会交往在语言学转向中进入了哲学,很多哲学流派由此而融入社会理论,而社会理论成为当代最有生命力、最有影响力的新哲学;常人方法学开始的语言学转向无疑是在哲学的语言学转向影响下发生的,维特根斯坦(Ludwig Wittgenstein,1889—1951)的日常语言学,奥斯汀(John Langshaw Austin,1911—1960)的言语行为理论,都是常人方法学的理论来源。常人方法学通过交谈分析理论开始了社会学的语言学转向,其结果是:由观念论转移到生活论。人们在常人方法学的交谈分析中看到了孔德期望的具体的、真实的经验现象研究,也看到了斯宾塞呼吁的对观念论的超越。

常人方法学的主要价值是在方法论上的贡献,并且是在方法论中最根本的问题——思维方式上实现了转变。虽然常人方法学对社会问题的研究没有当代流行的各种社会学流派那样丰富,但是当代社会学的许多理论观点却是在常人方法学实现的思维方式转变的基础上建立的。常人方法学掀开了社会学理论的新篇章,它在社会学视野里实现了孔德希求的精神革命。因此,可以把常人方法学看作社会学史上的一个新里程碑,它是传统的现代社会学转向反传统的后现代社会学的重要标志。

第三章

后现代社会学的理论革命

常人方法学开启的社会学思维方式变革,在当代已经演化成波澜壮阔的社会学理论革命,各种反传统的社会学理论风起云涌,在短短的几十年内谱写了无数令人震撼的学术篇章。一部部别有洞天的振聋之作接踵而来,一篇篇另辟蹊径的发聩之说呼应而至。社会学进入了万紫千红、繁花似锦的春天,似乎到处都是新风景、新境界。生机盎然的社会学学术之春,不仅有深厚的现实基础,而且有崭新的知识基础,概观其中的丰富变化,是进入新世纪社会学研究的重要环节。

一、社会学现实基础的巨变

社会学因其理论承诺同方法原则的矛盾,导致它终究要突破主客二元对立的思维方式,脚踏实地地对经验世界进行整体性思考,这是社会学在思维逻辑上的必然结果。但是,在20世纪60年代由加芬克尔等人以常人方法学实现的社会学思维方式的转变,并进一步促进广泛的社会学自我反省、自我批判,反对现代社会学传统的后现代社会学流派此起彼伏,到80年代已经汇集成巨大的社会学新潮流,这绝非仅仅是思维逻辑所致,更重要的是社会学的现实基础在60年代发生了空前巨变,不仅为社会学实现自己的思维逻辑明示了深刻的现实根据,而且为社会学转换视野、建构新学说注入了强劲的兴奋剂。

加芬克尔的常人方法学在60年代公开问世,1962年召开了第一次常人方法学研讨会,1967年出版了加芬克尔的代表著作《常人方法学研究》。说来也巧,丹尼尔·贝尔的后工业社会理论也是在60年代公开问世的,1962年他发表了《后工业社会:推测1985年及以后的美国》,1967年又发表了《关于后工业社会的札记》。现在看来,这种巧合的原因十分明显,即以美国为代表的西方发达工业社会在60年代发生了触及社会各个层面的科学技术革命。可以说,贝尔以后工业社会理论直接概括和揭示了科技革命引起西方社会的深刻变化,而加芬克尔则是以社会学思维方式变革的理论主张和原则建构,间接地表达了对科技革命引起社会变革的理解和体验。

贝尔的后工业社会理论对社会学的主要贡献不在于对科技革命引起各种新社会现象的描述与统计,而在于揭示了这些令人耳目一新的社会现象中蕴含的新矛盾和新变革。贝尔认为,战后科技革命不仅极大提高了物质生产力,而且降低了物质生产在社会生活中的地位。因为物质生产力极大提高的结果是物质生活资料匮乏问题基本解决,物质产品或商品由缺少变为剩余,物质生产由此不再成为社会生活的中心任务,它逐渐退居后台,不仅在规模上没必要再像以前那样不断地扩大,而且从事物质生产人员的数量和地位也要降低。相反,一向被置于次要地位的服务业或第三产业逐步走向前台,不仅规模扩大,而且地位迅速上升,为人服务的产业逐渐成为社会的主体产业,从事服务业的从业人员也成为社会就业结构的主体。

当服务业成为社会中心任务,并且,在美国等发达国家的服务业的主要内容是信息产业,这就意味着社会基本结构发生了根本变化。社会基本结构亦即社会构成要素之间的基本矛盾关系。在工业社会和前工业社会,社会中心任务是工业生产和农业生产,二者都是物质生产,展开的基本矛盾关系是人与自然的关系;而当以信息产业为主要内容的服务业成为中心任务,社会的基本矛盾就不再是人与自然的关系,而是人与人的关系,因为服务业就是直接为人服务的活动,而不像工业和农业是直接面对自然物的活动。

关于社会基本矛盾在社会生活中的地位和作用,毛泽东有充分的论述。他继承马克思主义经典作家的观点,把生产力和生产关系、经济基础和上层建筑两种矛盾关系解释为社会基本矛盾,认为这两种矛盾关系规定和制约着社会生活中的一切要素和关系,是贯穿所有社会形态的矛盾关系,其他矛盾关系可以随社会形态的更迭而消失或新生,但这两个社会基本矛盾是永远存在、永远发挥作用的。列宁虽然没有直接论述社会基本矛盾这个概念,但是他曾明确地指出:可以把上层建筑归结为经济基础,可以把生产关系(经济基础)归结为生产力,而生产力又是人与自然相互作用的关系。因此,按照列宁的推论,毛泽东说的社会基本矛盾关系可以简化为生产力,简化为人与自然的关系。

第三章　后现代社会学的理论革命

如果社会基本矛盾可以归结为生产力,或者归结为人与自然的关系,那么对此论述最充分的应当是马克思。马克思认为物质生产是人类历史活动的第一个前提,只有不断地进行物质生产,人类的生命和历史过程才能世代延续下去。所以,马克思认为物质生产不仅是社会存在和历史发展的根本动力,而且也是衡量社会进步程度的根本尺度,社会生活的一切变化都能在物质生产中找到根本原因。西方某些学者依据20世纪后半叶的社会现实,批评甚至责难马克思这个历史唯物主义的根本观点。应当说,依据当代社会现实对马克思的这个观点提出某些不同意见是可以理解的,因为当代社会现实同马克思那个时代的社会现实相比已经发生了根本变化,应当面对今天社会现实的新变化作出新的理论概括,这是实事求是的学术作风。但是,脱离历史条件去责难马克思,既是抽象的,也是短视的。

20世纪60年代科技革命在西方发达国家引起的深刻社会变化,是在马克思、列宁和毛泽东等人视野之外的,特别是社会中心任务从物质生产转为服务业,社会基本矛盾由人与自然的矛盾转为人与人的矛盾,这更是他们料想不到的。因此,不能原封不动地用他们关于工业社会和农业社会的理论观点来解释发生了根本变化的后工业社会。不过,他们关于社会基本矛盾在社会生活中的地位和作用的论述,是可以作为方法原则来分析后工业社会问题的。在马克思主义看来,人类社会是一个无数矛盾关系构成的统一体,在这个统一体中,矛盾所处的地位是不平衡的,一定有些矛盾是基本的,而另一些矛盾则是从属的。社会基本矛盾是社会生活最基本的关系,它不仅规定着人们的物质生活,而且也规定着人们的精神生活,当社会基本矛盾运动变化时,社会生活的各种层面都要受到影响。

用马克思主义关于社会基本矛盾的理论原则来分析后工业社会现实,会提出许多值得进一步思考的问题。社会基本矛盾是通过人类在不同时代的主要实践活动展开的,在农业社会和工业社会,人类的主要实践活动都是处理人与自然关系的物质生产。人类的主要实践活动不仅表现为人类的主要行为方式和经验过程,而且还规定着人类的思维方式和价值观念。由于物质生产展开的基本矛盾关系是人与自然的关系,用传统哲学的话语说是主体同客体的关系,所以在漫长的前农业社会、农业社会和工业社会,人类的基本思维方式都是主客二元分化或二元对立的,人类的基本价值观念是征服自然、控制客体、争取物质利益和摆脱生活困境。后工业社会的基本矛盾是通过处理人际关系的服务业展开的,是人直接面对人的服务关系,用哲学的话来说就是主体间的关系。这种主体间的关系也必然要影响人们的思维方式和价值观念,原来与物质生产相适应的主客二元论的思维方式和价值观念失去了存在的现实基础,而新的现实基础要求人们在人与人的交互关系中去理解他人、理解生活,也就是说人们要用展开为主体间关系的新思维方式去进入变化了的现实。与此相关,人们的价值观念也应发生相应的变化,寻求人际和谐、领悟生活意义成为人们最基本的价值追求。

人们的思维方式和价值观念,是人们日常意识活动中最基本的方面,它不仅规定着人们在什么样的矛盾关系中去思考、去评价,按照什么尺度去鉴别真伪善恶,而且还规定着人们怎样去感受、去体验,也就是说,人们日常意识活动的各种层面都要受思维方式和价值观念的影响。当然,日常生活中的人们很少在理论层面上对自己的思维方式和价值观念作出反思,但是,不论人们是否自觉到自己的思维方式和价值观念,它们在每个人头脑中都是存在的,都影响和规定着自己的认知、评价和体验等各种层面的意识活动。西方在60年代出现了让人们难以理解的反社会现象和反文化现象,其实质内容和表现形式都受到了思维方式和价值观念变化的直接规定。

虽然人们在日常生活中的大部分意识活动处于心理层面或感性层面,但是当它们发生重要而广泛的变化时,一定会通过各种文化形式或理论形式表达出来。60年代迅速泛起的后现代主义文化思潮和学术思潮,从根本上讲是对后工业社会深刻变革的体验和理解,从直接性上讲则是对广大社会成员在后工业社会中复杂心理感受的表达与概括。贝尔在关于后工业社会变化的另一部著作中十分丰富地揭示了各种形式的后现代主义思潮。在文学艺术中,怪诞派、先锋派、魔幻派、超现实派……各种令人瞠目结舌的新艺术纷至沓来,很多形式离奇、内容怪异的艺术,往往是昙花一现,来去匆匆。这转瞬即逝又令人困惑的文学艺术,既表达了西方人在后工业社会迅速来临之际,对迅速变化的现实未能理解其实质而迷惘、浮躁和不安的心理感受,也以热烈的情绪和激进的姿态向传统文化展开了挑战。

60年代以来在西方发达国家兴起的各种反传统的社会思潮、文化思潮和学术思潮,也是引起社会学理论革命的现实基础。一般说来,人们谈论某种理论现象的现实基础时,往往仅注意作为经验活动层面的实际社会过程,而不注意作为心理层面或精神层面的文化现象和学术现象。这种考察理论现象现实基础的视野,也是主客二元论思维方式的表现。事实上,现实基础从来不可能把心理过程或思想文化从中抽离出去,不包含心理因素和理论观念的现实基础是不存在的。社会学承诺对社会现象开展整体性研究,现实生活中的心理因素和思想文化因素对它来说,不仅是一个必须去体验、观察和思考的对象性层面,而且是时时都要接受其影响、进行自觉或不自觉交流的交往层面。同时又因为社会学是一个承诺开展经验研究的学科,经验中的心理活动和思想观念必然生动地刺激着社会学的神经,引发社会学形成新的理论观点。

总之,无论从现实生活的哪个层面上看,社会学都被置于一个变化剧烈、面目全新的基础之上。对现实基础变化的反应,社会学比其他学科更具体、更敏感,因为它不仅直面生活现实,而且自己就在生活现实之中。正是后工业社会亦即信息社会的来临,引发了产业结构、就业结构、阶级结构以及心理结构和文化结构的深刻变化,引起了社会学兴奋而艰苦的丰富思考,层出不穷的新理论和新流派,使当代社会学呈现了崭新的局面。

二、社会学知识基础的转移

任何学科都不是孤立地平地而起的,往往都是在相关学科的知识基础上建立并发展起来的。特别是后来从其他学科中分化出来,或者在其他学科有了比较充分发展后才建立起来的新学科,把相关学科作为自己的知识基础的依赖性就更为明显。然而,迄今为止人们除了讨论哲学的知识基础之外,却几乎没有人讨论其他学科的知识基础,似乎因为哲学是各种人类知识的概括和总结,其他学科的知识都是哲学抽象出更一般理论观点的材料,因此哲学有知识基础问题,而其他学科都是直接面对自然现象或社会现象的,所以就无所谓知识基础的问题了。稍加思考就会认识到这种判断是难以成立的,尤其对于社会学来说,知识基础问题更为重要。

虽然社会学强调要直面经验现实,但是它要从整体性上面对人类经验现实,而这对于任何一位社会学家和任何一种社会学研究来说,都是难以实现的。社会学要想实现对人类经验现实的整体性研究,不仅要借鉴甚至借用其他相关学科的研究成果,而且要引用相关学科的概念范畴去分析和解决一些复杂的社会问题。因此,社会学一定要把与社会研究相关各学科的知识作为自己的基础。另外,与其他相关学科相比,社会学是建立较晚的学科。当社会学针对某些社会现象建构自己理论时,其他学科关于这些社会现象已经有了很多研究并形成了许多思想理论,社会学家是在接受了其他学科的某些已有思想理论后开展社会学研究的,无论这些其他学科的知识是作为知识背景,还是作为思想来源,都具有作为社会学创建和发展的基础意义。

一般说来,所有人文社会科学都是对社会生活的理解和概括,都从不同方面研究了社会学要作为整体开展综合性研究的人文社会现象,因此都有资格成为社会学的知识基础。然而,情况却不是这样简单,社会学在其发生和发展过程中并没有把全部人文社会科学知识都作为自己的基础,实际上是在依靠了某些学科知识的同时排斥了另一些学科的知识。这首先是因为,虽然社会学创建之初就作出了对社会生活开展整体性研究的承诺,但是社会学却从来没有真正实现这个承诺,它实质上也是像其他学科那样抓住社会生活的某一方面开展研究,所以它只能依靠那些与它选择的研究对象有关的学科作为自己的知识基础。

在社会学创建之初,社会学所立足的知识基础非常明确,即以自然科学知识和社会科学知识为自己的知识基础。孔德作为现代社会学的创始人,首先以物理学的眼光来观察人类社会,他不仅明确提出要用物理学和数学的方法建立一门"社会物理学",而且还从"知识类型"的历史演化中,概括出人类社会发展三阶段,认为以科学知识为基础的工业社会是人类社会发展的最高阶段,按照科学原则和科学方法建立起来的社会物理学则是人类文化发展的最高形式。

比孔德稍晚些的斯宾塞,则从生物学的角度来研究人类社会。他把社会看成和动植物一样的生物有机体,认为社会的各种构成不过是有机体的细胞、组织、肌肉和骨骼,而社会运动和发展正是有机体的呼吸、循环或新陈代谢。至于物竞天择、适者生存等生物进化论用语,更是其社会学理论的基本命题。如果孔德的社会学可以称为社会物理学,那么斯宾塞的社会学则可以称为社会生物学。

被誉为社会学之父的迪尔凯姆,一再强调社会学有自己独立而明确的研究对象——社会事实,认为社会事实既不同于外界的物理现象,也不同于内在的心理现象,坚持在社会层面展开社会学研究。西方学者一般称迪尔凯姆主张的是社会学主义,似乎他真正使社会学同其他学科划清了界限。然而,当他进一步界定社会学的研究对象——社会事实时,人们就会发现:他的社会学理论是建立在数学基础之上的。因为他讲的社会事实,是由数学计算出来的各种比率,而不是那些真实而具体存在的社会现象。离开了数学的统计分析,社会事实就不可能存在,社会学也就因此失去研究对象而成为空中楼阁了。

在德国社会学家那里,哲学味道似乎浓了一些,但是作为齐美尔和韦伯等人社会学知识基础的不是哲学,而是数学、经济学、政治学和法学,他们至多不过从哲学中借用了辩证分析方法。齐美尔试图把社会学建成社会几何学,他关于社会交往形式的分析,表明数学或几何学是他构建社会学理论的重要基础。齐美尔关于货币、经济现象的社会学思考,说明经济学知识在其社会学研究中的基础地位。韦伯关于行动类型、权威类型和科层制等方面的论述,显示了他立足的经济学、政治学和法学等方面的社会科学知识基础是多么深厚。

美国社会学家更明确地从经济学、政治学和法学等领域中提出问题。霍曼斯和布劳在其交换理论中,直接用"代价"与"报酬"、"成本"与"回报"等经济学术语解释社会现象;帕森斯把经济、政治和法律等学科的问题融入其宏大的结构功能理论中,结构功能主义社会学的知识基础也由此而清晰可见。

由上述可知,现代社会学是在物理学、生物学和数学等自然科学基础上建立起来的,后来又增加了经济学、政治学和法学基础。概而言之,现代社会学的知识基础是科学,是物理学、生物学、数学等自然科学和经济学、政治学、法学等社会科学。虽然经济学、政治学和法学同物理学和生物学有明显区别,前者研究人与社会,后者研究物或自然,但是二者在思维方式和理论追求上是一致的。

物理学和生物学等自然科学以自然为对象,它们的思维方式是人与自然、主观与客观的二元对立,它们的理论追求则是以这种二元对立为前提,使主观正确反映客观,形成为征服自然、控制自然服务的科学知识;近代建立起来的政治学、经济学和法学等社会科学,把自然科学的思维方式移至社会研究领域,具有主观性的人类社会被当作客观性对象去观察和认知,它们不仅像自然科学那样极力从人类社会中揭示出本质和规律,而且还认为人类社会同自然界一样具有不依人的意志为转移的客观必然性,揭示出这些本质、规律和客观必然性,就能够为控制社会提供有效的原则与策略。

现代社会学以自然科学和社会科学为自己的知识基础,除了与社会学创建者的知识结构和他们所处的时代正是科学蓬勃发展的年代有关,另一个更为重要的因素在于他们生存的社会是迅速发展的工业社会。工业社会是人类利用机器大力开发自然、掠取自然的社会,它展开的基本矛盾是人与自然的关系,它要实现的中心任务是获取更多的物质财富。工业社会的基本矛盾和中心任务都要求直接为它服务的现代社会学要在人与自然、主观与客观二元对立的思维方式中建构自身。顺应工业社会的要求,社会学站立的知识基础就一定是面对人与自然、主观与客观关系的自然科学和社会科学,而不是面对人际关系或主体间关系的人文学科。

如果现代社会学以自然科学和社会科学为自己的知识基础,同它所立足的工业社会的要求是一致的,那么这就说明现代社会学的知识基础同它的社会基础是统一的。根据历史唯物主义的观点,进一步的推论应当是:有什么样的社会基础就应当有什么样的知识基础,社会基础的发展变化决定了知识基础的发展变化。

从19世纪30年代到20世纪50年代,社会学的工业社会基础没有发生根本变化,社会学的知识基础也没有发生变化。然而,经过20世纪60年代的平稳发展,特别是以计算机为代表的新科技革命,使西方社会获得了巨大的物质财富,并发生了一系列空前深刻的变化。用丹尼尔·贝尔的话说:工业社会即将结束,后工业社会已经来临。

人类历史上的任何变化都没有后工业社会带来的变化深刻。人们一般认为原始社会、奴隶社会、封建社会、资本主义社会和社会主义社会五大社会形态的变化是最深刻的,因为在五大社会形态的转变中,生产力、生产关系和上层建筑都发生了变化。然而,同后工业社会带来的变化相比,这种看法却应当进一步反思。五大社会形态的转变固然重大,但是其中无论哪一次转变,社会的中心任务和基本矛盾都没有变化,都是在人与自然关系中获取物质财富。而后工业社会却使这种从未转变的社会中心任务和社会基本矛盾发生了转变。所以,应当说,后工业社会带来的变化是空前深刻的。

以直面社会现实、在经验事实中提出问题和回答问题为己任的社会学,不可回避地要对后工业社会来临引起的复杂变化作出一系列反应。最根本的反应是:根据社会中心任务转移和社会基本矛盾变化而转变思维方式和理论追求,即从主客二元对立的思维方式转变为在主体之间亦即在人际关系中思考社会生活的思维方式,从通过社会本质、规律和结构模式的本体论追求而为控制社会服务,转向关注人生具体存在、在语言交流和意义沟通中寻求人类的真正自由与彻底解放。

语言交流、意义沟通和自由与解放等当代人类生存的突出问题,不仅处在按照主客二元思维方式展开的现代社会学论域之外,而且在它立足的知识基础——自然科学和社会科学视野之外。当社会学转变思维方式和理论追求,面向这些被排斥在现代社会学视野之外的社会问题时,在自然科学和社会科学中移接来的那些概念、原则和方法已经无能为力。社会学只有在社会基础发生如此重大变化的同时,及时调整自己所立足的知识基础,才能回答原有理论视野和概念框架所容纳不了的那些新问题。

处于当代社会学前沿的很多学术流派,顺应后工业社会或信息社会、网络社会来临引起的空前变化,不仅转变了思维方式和理论追求,而且也调整了自己的知识基础,社会学理论在这种转变与调整中发生了一场理论变革。福柯(Michel Foucault)、詹明信(Fredric Jameson)、马尔库塞(Herbert Marcuse)、布迪厄(Pierre Bourdieu)、鲍德里亚(Jean Baudrillard)、卡斯特(Manuel Castells)等一大批后现代社会学家是这场理论变革的积极推进者。

后现代主义者们首先举起尼采"重新估价一切"的旗帜,从文学艺术中汲取思想来源,向现代社会学的科学知识基础发起了冲击。后现代文艺思潮中的许多新奇话语,成为后现代社会学家们突破现代社会学传统的武器。在他们看来,后现代主义文艺中的新术语,不是艺术家们的怪诞呓语,而是现实生活的真实写

第三章 后现代社会学的理论革命

照,社会学家只有借助这些术语才能达到对社会现实的真实理解。丹尼尔·贝尔在评论这个现象时指出:"在米歇尔·福柯和R.D.兰恩这些社会学家的著作里,甚至连疯狂本身也被当作是真理的优越形式!新的感觉以及与之相关的行为方式,是在矢志于创新的艺术小圈子创造出来的。"①

福柯等人不仅在文学艺术领域里吸取新思想,提出新问题,而且还把社会学问题放到历史过程中去考察,历史学也因此而成为社会学的知识基础。在《疯狂与文明》中,福柯通过对欧洲精神病史的考察,揭示了科学理性对近现代人的疯狂压抑,提出了为解救现代文明困境而重建人类新理性的主张。在《知识考古学》中,福柯通过对西方知识类型亦即思维方式和知识基础演化的历史考察,概括了人类思维方式变革的实质和知识基础演化的趋向:超越词与物、主观与客观二元对立,从"自然中心主义"同"人类中心主义"的对立走向二者的消融,在全新的知识基础上建立新社会学。

罗蒂和哈贝马斯在当代哲学中有很重要的学术地位,他们的一些著述阐述了深刻的哲学理论,但这不排斥他们在当代社会学领域的学术地位。他们展示给世人的哲学不是传统形而上学,而是紧紧把握后现代社会生活的新实用主义和交往行为理论。罗蒂在新实用主义立场上建构的"社团中心论",是对后现代社会高度组织化,群体、社团关系成为社会主要矛盾的社会学思考;哈贝马斯在批判哲学、解释学和语言学等知识基础上建立的交往行为理论,是对人际交往关系成为后现代社会基本矛盾和中心任务的社会学理论概括。在罗蒂、哈贝马斯以及利奥塔、布迪厄等一大批站在当代世界学术前沿的思想家的著述中,能看到超越了传统形而上学,在新哲学基础上阐述的崭新社会学理论,这些后现代的新社会学理论,不是像现代社会学那样简单拒斥传统哲学,实质却被牢牢束缚在传统哲学中,而是在批判传统哲学基础上实现了同后现代主义哲学的联姻。

对当代哲学有重要影响的鲍德里亚,首先是一位社会学家,他被看作后现代社会学最典型的代表。然而,令人遗憾的是,这位产生了广泛影响的法国社会学家,尽管一直在社会学领域中提出和论述问题,但很多把社会学当作科学去坚持的实证社会学研究者,对这位社会学家的思想理论却不屑一顾。究其原因,并非鲍德里亚论述的问题与实证社会学无关,而是他的大量论述是对实证社会学的客观原则或科学原则的否定。在鲍德里亚看来,人类社会已经进入丰盛社会,人们的消费行为已从对商品使用价值的追求转向对商品符号价值的追求,而科学

---

① 丹尼尔·贝尔:《资本主义文化矛盾》,赵一凡等译,生活·读书·新知三联书店1989年版,第80、198页。

的客观性原则和传统经济学的理性选择原则在这个符号化时代都已经失效了，相反倒是文学、史学和哲学注重的形象模仿、符号价值和意义领悟等有了更强的解释效力。因此，尽管鲍德里亚仍然在讨论实证社会学关注的社会结构、社会逻辑和行为方式，但其知识基础已经开始向人文学科转移，呈现了与实证社会学不同的概念系统。

高举信息主义旗帜、直面信息社会或网络社会的卡斯特，表现了更加强烈的人文主义精神，他的著述已经明确突破了传统社会学的界限，在人文主义关怀与科学事实分析的统一中展开了自己的理论视野。虽然在其代表作《信息时代三部曲》中还表现了明显的注重依据经验事实论证理论观点的实证原则，但当他深入分析信息时代的社会生活网络化、以社会认同凝聚起来的各种文化共同体和形形色色的社会运动时，他更加注重不同地区、不同民族的文化传统、价值信念和观念共识的深层影响，强调从广大基层社会成员的主观意愿、信息沟通、语言交流、抗拒性认同和对自由、民主、平等的追求等方面去理解信息化时代、网络社会的社会矛盾与社会冲突。

社会学的知识基础由自然科学和社会科学移向文史哲等人文学科，包括一些学者或学术流派注重人文精神与科学精神的综合，是西方社会学由现代走向后现代的基本标志之一，这不仅是西方社会学思维方式和理论追求转变的直接结果，而且也是真正实现这两种转变的文化支撑。从西方社会学知识基础的转移可以看到：社会学的理论视野、问题论域、概念术语、表达方式和研究方法等很多学术研究的基础方面都发生了变化。这对历史较短、理论建设不足的社会学来说，无疑具有十分重要的意义。然而，在肯定后现代社会学知识基础转移促进了社会学的创新和发展时，还应看到在这种知识基础的转移中，也存在一些轻视客观性、夸大主观性的片面性。

现代社会学以自然科学和社会科学为知识基础，建立了一系列旨在把握社会本质结构和客观运作模型的理论，实质上是站在客观立场上抓住了社会生活的客观规定性，同时否定了社会生活的主观规定性；而某些后现代社会学理论以文史哲等人文学科为知识基础，建立了一系列旨在肯定人的情感意志、价值信念和理想选择的新社会学理论，实质上是站在主观立场上抓住了社会生活的主观规定性，同时淡化了社会生活的客观规定性。

社会生活在本质上是实践的，而实践展开的是人与自然、人与人的二元互动、双向统一的辩证关系。要想真实而完整地把握社会生活，就不仅要在自然科学和社会科学基础上理解人与自然、人与人的矛盾关系，而且还要在人文学科基础上理解人与人、人与文化的关系。用马克思的话说：要把"对象、现实、感性……当作实践去理解"①,要从异化的实践和思维中超越出来,实现自然科学和人文学科的结合,"自然科学往后将包括关于人的科学,正像关于人的科学包括自然科学一样:这将是一门科学"②。

社会学是对社会展开综合性和整体性研究的学科,这种学科性质决定了它不可能不以其他学科为自己的知识基础,否则社会学将无法保证自己的学科性质,更无法实现自己面对社会现实、回答社会问题的使命。当然,社会学另一个特点是从经验事实出发,但这并不妨碍它确立自己的知识基础。事实上,社会学所面对的经验事实都是在不同文化形式中的社会现象,是不同学科从不同角度才能显示出来和分析清楚的多层次社会过程。以综合性、整体性和现实性自居的社会学,不借助其他学科的理解和解释,就只能看到笼统而模糊的社会轮廓。

因此,社会学不能没有自己的知识基础,并且,社会学只有像马克思所言,实现自然科学、社会科学和人文科学的结合,才能真正获得自己完整的知识基础,才能以综合性、整体性的眼光实现对社会问题的现实性研究。对于中国社会学来说,把自然科学、社会科学和人文学科都作为自己的知识基础尤为重要。因为中国社会是农业社会、工业社会和后工业社会的多元统一体,各种社会问题和社会矛盾在中国社会都有表演的舞台。像现代社会学那样仅仅立足于自然科学和社会科学基础来观察社会,同后现代社会学仅仅立足人文学科基础来理解社会,都不可能不陷入两极对立的片面性。

三、社会学的语言学转向

人们的经验过程离不开语言,语言就在人们的日常生活之中。当社会学作出直面经验现实的理论承诺时,语言现象或语言问题应当在社会学的视野之内。然而,事实却正相反,不仅孔德、斯宾塞和迪尔凯姆等实证社会学奠基人没有注意社会生活中的语言学研究,而且韦伯和帕森斯等人以社会行动作为社会学研究对象,也未能重视同人们的社会行动不可分离的语言学研究。

语言学在社会学视野里失落的根本原因是思维方式问题。实证社会学用主客二元论思维方式追究社会现象的客观规定性,提出"只问是什么,不问应当是什么"的主张,其要害不仅排除了人们的价值判断,而且无视了人们的主观性,

---

① 马克思:《关于费尔巴哈的提纲》,载《马克思恩格斯选集》第一卷,人民出版社 1995 年版,第 54 页。

② 马克思:《1844 年经济学哲学手稿》,人民出版社 2000 年版,第 90 页。

看到的是同物理现象一样的非人、非社会过程。正因如此,他们在创立社会学时,虽然极力强调直面经验现实,但是这个现实是非经验的,现实在他们面前是抽象的,因为现实中的主观因素被净化了。作为人们亲身经历和体验着的现实不仅有客观性,而且具有主观性。现实的主观性和客观性在语言中得到了最充分的表现。社会学抽象化了经验现象,忽视了日常语言,因而仍然游离于经验现实之外。

韦伯从历史主义立场批判了实证主义社会学的抽象性,认为社会学只有以具有主观意愿的人的社会行动为出发点或根本研究对象,才能把握到真实存在的社会生活。同孔德和迪尔凯姆相比,应当说韦伯已经进了一大步。当韦伯把社会行动作为研究的出发点,并且强调行动者的意愿时,他看到的社会是人的社会,而不是被当作物看待的社会,也正因如此,韦伯的社会学被视为人本主义社会学。然而,韦伯研究社会行动,不是研究它的现实经验过程,而是研究它的理想类型和理性根据,并通过工具理性和价值理性的划分,而把社会行动的研究上升到社会理性结构、制度结构和权威结构,以及社会控制模式层面上。这就是说,韦伯的社会学是进入现实生活又离开现实生活的过程。

韦伯的社会学实质是对社会现实开展的理性批判,或者说是对社会生活理性结构的分析与概括。理性批判是启蒙运动以后,特别是德国古典哲学的主题。理性批判的根本目的是揭示人、社会和自然存在的根据,这是一个由经验表层现象而深入其内在本质的过程。因此,理性批判建立的理论是内在论和本质论,它的理论结果是对现实生活的抽象。韦伯虽然有意识地抑制了本质论,但他并没有超越本质论,他的理论著述仅仅在表现形式上同传统本质论不同。韦伯的核心范畴是理想类型,是具有超现实性的理论概括。虽然理想类型具有现象学色彩,但是理想类型不是经验现象本身,是一般性和普遍性的形式化概括。其实,形式也具有本质论意义,特别是韦伯论述的这些具有一般性的理想类型,就更具有本质论意义了。追问内在根据和普遍类型的理论,不可能驻留于经验现实,也不可能对日常语言给予关注。因此,语言学问题未被纳入韦伯的社会学视野便是顺理成章的了。

把语言学问题引入社会学首先应当归功于实用主义。实用主义强调经验一元论,坚持经验过程的不可分离性,要求对经验生活的研究应当是完整的和具体的。在社会学领域里,首先把语言问题作为社会学研究对象明确提出的是米德,而米德(G. H. Mead)正是在詹姆斯和杜威等人的实用主义理论影响下开展社会学的语言学研究的。按照实用主义的经验一元论原则,不仅理性根据、情感意志、价值要求和感性活动等已被传统哲学认识到的因素属于经验过程不可缺失的要素,而且人际交往和语言沟通等因素也因此被充分注意,因为这些因素在经验过程中都是同时存在的。于是,在米德的社会学视野里,经验过程被作为包含着多种因素具体地联系在一起的过程,他对姿势对话、符号互动、意义象征等概念以及围绕这些概念展开的讨论,都具有这种含义。

米德虽然把语言问题引入了社会学研究,但是他并未实现语言学转向,而是通过语言学研究转向了心理学,即创立了社会心理学。米德的理论追求是,把语言沟通和符号互动看作外在现象,通过对这些现象观察而透视出其内在的心理过程,特别是揭示出自我意识的分化与成长。如果说孔德、迪尔凯姆的经验研究是物理主义的,那么米德的经验研究则是心理主义的。心理主义的专注同物理主义的渴求一样,最终都将导致对经验生活整体性理解的片面化,二者的区别不过在于:物理主义执着于物的世界,而心理主义则执着于心的世界,而心与物在经验现实中本是同一个世界。

尽管米德对语言学问题的研究称不上社会学的语言学转向,但是他把语言问题作为研究社会心理问题的基本层面,为社会学的语言学转向吹响了前奏曲。在米德之后,符号互动论、人际交换论、结构功能论和社会冲突论等社会学理论都在不同程度上论述了语言问题,这与米德对语言问题研究的影响是分不开的。以帕森斯(T. Parsons)为代表的结构功能主义,对语言问题也给予了一定程度的重视,在结构功能模式论和社会现代化过程论中,帕森斯都论述了语言的功能和作用。但是,帕森斯关于语言的论述却被复杂而庞大的结构功能模式理论湮没了。

社会学的语言学转向开始于20世纪60年代,在加芬克尔等人的常人方法学、利科(Paul Ricoeur)等人的解释学社会学、哈贝马斯的交往社会学、布迪厄的反思社会学、福柯和利奥塔等人的后结构主义社会学以及鲍德里亚的消费社会学或符号社会学中,能够清楚地看到语言学问题已经成为当代社会学主流的主题。

加芬克尔把社会学的视野转向日常生活世界之后,立刻发现语言在日常生活中的重要地位。他在对日常语言的研究中发现了日常生活的一个重要特点:索引性(indexity),即表面上孤立的或者间断的语句及其表达的行动,都是被一条无尽的索引链联结在一起的,分析人们的日常语言就可以发现人们思想意识和经验行为的无尽连续性,这不仅说明人们要在联系中看待人们的日常生活,而且也不要试图去追究这些话语和行为的终极本质。常人方法学的另一位代表人物萨克斯(H. Sacks)把日常语言看作实践活动,不仅联系话语行为的外部环境和文化氛围讨论了谈话过程中的内在环境或心理活动,而且还揭示了谈话作为社会活动的社会组织作用、交往实践关系。谢格洛夫(E. Schegloff)通过分析谈话的交换系统和言语轮次,讨论了谈话中蕴含的社会习惯、规范和制度等方面问题。常人方法学的这些谈话分析理论同其开启的社会学思维方式革命一样,对社会学理论的发展具有重要意义。

解释学起源于对语言的释义,在神学解释学、史学解释学和哲学解释学那里,解释学的研究对象都没有离开语言文本。当韦伯把解释学引入社会学时,语言问题的研究却被行动类型的概括和主观意识的理解遮盖了。当代解释学大师伽达默尔(H-G. Gadamer)阐述的是哲学解释学,他的主要工作是对语言给予哲学解释。然而,正是在伽达默尔的哲学解释学中,语言问题回到了经验世界。像海德格尔(M. Heidegger)一样,伽达默尔认为语言是人类最基本的存在。在生活中,语言不仅展开了自我,而且把自我带入了社会。人们不仅在谈语言,而且更为重要的是语言在说我们。伽达默尔说:"语言和世界的基本关系并不意味着世界成为语言的对象。倒不如说,知识和陈述的对象已经包括在语言的世界中。"①这就是说,语言同现实世界是内在统一的,不是主观同客观的对立关系,而是统一过程,因此,研究现实世界就应当关注语言。

利科从文字文本的解释转向对行动文本的解释,把解释学的语言学研究同社会学的社会行动研究直接统一起来。利科指出:"解释学不仅必须表现语言学(谈话的语言学,对语言的语言学),而且必须表现说话行动的理论。"②在他看来,活生生的语言在行动之中,同时现实的行动一定是言谈着的行动。因此,研究语言应当面向社会行动,而研究社会行动又必须面对语言。面对言谈着的行动,解释学不仅在研究对象上同社会学达成了视野融合,而且也使解释学的社会学理论发生了内容上的变化,解释学社会学不再像在韦伯那里那样注重理性根据的追问和理想类型的划分,而是注重行动的意义、行动的沟通,注重语言在行动中的存在、交流和共识。

受解释学的社会学影响,哈贝马斯把自己的理论视野集中于以语言沟通为主要内容的交往行为上,建立了别开生面的交往社会学。1960年,伽达默尔出版了哲学解释学的重要代表著作《真理与方法》,全面阐述了哲学解释学的基本观点和基本方法。哈贝马斯赞成把语言理解为人的生命活动,但是,他反对伽达默尔在语言问题上的保守性,他主张语言学的批判性。在他看来,语言作为生命形式和存在形式,是在特定的历史条件中存在的,是受特定意识形态控制并扭曲

---

① 伽达默尔:《真理与方法》,王才勇译,辽宁人民出版社1987年版,第408页。
② 保罗·利科:《解释学与人文科学》,陶远华等译,河北人民出版社1987年版,第208页。

的,因此把语言作为社会学研究对象,必须开展批判性的研究。他指出:"语言也是社会控制或社会权力的媒介,它服务于有组织的权力关系的合法化。只要权力控制表现为合法的语言就是意识形态。在这种情况下,问题不是语言中包含欺骗,而是用语言进行欺骗。"①

哈贝马斯从意识形态批判开展对语言问题的社会学研究,开始了他对社会学理论的重建。在后来回顾《论社会科学的逻辑》一书的基本精神时,哈贝马斯指出:"我的讨论不仅是继续阿多诺(T. W. Adorno)对实证主义的批判,同时直接注意非传统的途径——包括后期维特根斯坦(L. Wittgenstein)语言分析哲学、伽达默尔的解释学和舒茨(A. Schutz)所建立的现象学的俗民方法论——这些,正如伯恩斯坦(Richard Bernstein)在十年后所说的一样,产生了'社会理论的重建'。"②可见,哈贝马斯关于社会学理论的重建是在吸收了六七十年代哲学社会学的重要成果基础上开展的。后期维特根斯坦的日常语言哲学在社会学的语言学转向中影响很大。日常语言是生活世界中的对话,是与日常经验生活直接统一的。当维特根斯坦把语言学研究带入日常生活中时,他实质上已经进入社会学的研究视野或理论境界。舒茨在其现象学社会学中,把语言同日常生活紧密结合在一起,对日常语言进行了丰富的社会学研究,其中关于对话、沟通、意义、行动等方面的论述,都是哈贝马斯重建社会学的思想来源。

汇集各家学说精华,哈贝马斯建构了以语言学的社会学研究为主要内容的交往行为理论。所谓交往行为是指以语言沟通为主要内容的日常生活行动,因此,交往行为理论也就把语言沟通问题作为最基础的部分加以研究。哈贝马斯把自己的语言学理论称为"普遍语用学",他指出:"普遍语用学的任务是确定并重建关于可能理解的普遍条件(在其他场合,也被称为'交往的一般假设前提'),而我更喜欢用'交往行为的一般假设前提'这个说法,因为我把达到理解为目的的行为看作是最根本的东西。"③这就是说,哈贝马斯要通过语言学研究解决以达到理解为目的的交往行为的前提条件问题。本着这个宗旨,哈贝马斯论述了日常语言与生活世界、语用行动的显示功能、表达功能和人际功能、语用学的经验性与规范性、言语沟通的有效性基础、以言行事的意义等等,这些都是进入社会学视野的语言学研究的一系列重要问题。

---

① Jürgen Habermas, *On the Logic of the Social Sciences*, Cambridge, Massachusetts: The MIT Press, 1988, p. 172.

② 哈贝马斯:《论社会科学的逻辑》,杜奉贤、陈龙森译,台湾结构群文化事业有限公司1991年版,"作者序"。

③ 哈贝马斯:《交往与社会进化》,张博树译,重庆出版社1989年版,第1页。

哈贝马斯还把语言学的研究同人们的思维方式、社会制度和行为规范系统联系了起来，进而触及社会生活的各种层面。以语用学或语言行动理论为主要内容，哈贝马斯发表了《论系统扭曲了的交往》(1970)、《语言的破坏与再建》(1970)、《解释学的普遍性要求》(1971)、《什么是普遍语用学》(1976)、《交往与社会进化》(1976)、《交往行为理论》(1981)等重要著作，开展了语言行动或言语交往问题的系统研究。可以说，社会学的语言转向在哈贝马斯的论著中得到了最充分、最深入的表现。

福柯、利奥塔和布迪厄等人为代表的法国后结构主义社会学，在60年代以后也开始了语言学转向。米德关注语言问题的思想基础是实用主义，哈贝马斯转向语言学研究的思想基础是解释学和马克思的意识形态批判理论，而福柯等法国社会学家转向语言学的思想基础则至少要追溯到索绪尔(F. Saussure)的结构主义语言学。索绪尔认为语言是符号体系，语言的意义只有在符号体系亦即语言结构中才能理解。索绪尔仅仅停留在语言文法分析层面上的语言结构理论，被列维-斯特劳斯(L. Strauss)运用于社会现象的研究，建立了把语言文字分析、心理分析同社会结构分析统一起来的结构主义社会学或人类学。他曾预言：这种结构主义语言学研究，"不仅会使语言学发生革命，而且会使人类学和一切社会科学都发生革命。"①拉康(J. Lacan)、利科等人都对法国结构主义的语言学研究作出了很大贡献，但是真正通过语言学研究而使社会学发生革命的首先是福柯。

福柯的语言学研究，既不注重语言的语义学分析，也不注重语言的心理学分析，而是把语言看作人们的基本生命形式，要通过语言达到对人们生存困境的解释。他指出："我们生活的这个历史世界不可能脱离话语的各种因素，因为话语已经扎根于这个世界而且继续存在于这个作为经济过程、人口变化过程等等的世界中。"②与哈贝马斯不同，福柯不去追问现实交往活动的内在根据或交往行为理性化，而是在历史过程中揭示由语言表现出的"知识型"的演化过程，进而揭示当代人类异化的生存方式是如何演化而来的。简言之，福柯注重的是通过语言而把握人类基本生存方式的历时性研究，正是在这个意义上，他把自己的社会学理论称为"知识考古学"。

福柯的语言学研究具有激进的批判性。虽然福柯的语言学研究同索绪尔开创的结构主义语言学传统有着直接联系，但是这种联系不是简单的继承，而是彻

---

① 伊·库兹韦尔：《结构主义时代》，尹大贻译，上海译文出版社1988年版，第5页。
② 引自刘北成：《福柯思想肖像》，北京师范大学出版社1995年版，第157页。

第三章　后现代社会学的理论革命

底的否定。福柯也像结构主义语言学那样注重语言的结构分析,但不是认可分析出来的语言结构,而是要摧毁日常语言中的结构,亦可称之为"拆构"或"解构"。福柯在语言学研究中提出的中心任务是"打破中心,即不给任何中心以特权"。福柯要打破的中心是"人类中心主义"和"逻辑中心主义"。他认为,人本主义者过度强调人的主体地位,科学主义者过度强调语言的结构规则和外界事物的逻辑规律,二者实质是在主观同客观的二元对立下思考问题和回答问题,这种传统的思维方式不仅不能真实地解释现实生活,而且作为千年不变的思维模式禁锢着人们的社会行动,引起社会生活各种层面的普遍异化。所以社会学理论的根本任务在于摧毁结构和拆除中心,而不是再揭示出什么新结构,确立某种新中心。

布迪厄像福柯一样用否定的眼光审视语言与社会生活的关系。他认为,社会生活中的矛盾冲突越来越突出地通过语言表现出来,不仅社会生活的变化改变着语言,而且语言的变化也改变着社会生活。各种趋向特定政治目的和控制形式的语言,变成越来越有力的统治工具,"语言的暴力"已经成为扭曲人生的最严重因素。因此,布迪厄指出:"社会学家的真正任务是描述控制词语的斗争的逻辑,……社会学家对他必须使用的语词应该抱有疑问。"[①]这就是说,社会学不仅应当批判地审视语言对社会生活的控制,而且因为所有的语言都对社会生活有控制作用,所以社会学也要反思自己的语言,要批判地反省自己的语言是怎样介入社会、参与生活的。

布迪厄把自己的社会学称为"反思社会学"(reflexive sociology),其宗旨在于:一方面从社会行动或实践活动出发,超越主观同客观二元对立的思维方式,在摧毁语言中心论的旗帜下重新审视社会生活;另一方面,把研究社会生活的这些原则同样贯彻到对社会学理论自身的反思中,在开展社会问题的研究中不断反思社会学语言的偏失或误区。这种"反思社会学"标志着西方社会学理论进入了学科建设的更高层次。自19世纪30年代社会学问世以来,西方社会学新流派不断产生,但却很少提出社会学理论的自我反省问题,这与实证主义强调客观对象的自在性和主观观念的自明性是直接相关的。当布迪厄提出反思社会学理论时,这意味着社会学开始怀疑自身,批判的原则不仅针对社会生活,而且也针对社会学理论本身。布迪厄能够这样明确地提出社会学反思任务,同他把语言问题作为社会学研究对象是分不开的。

另外,马尔库塞、鲍德里亚和吉登斯等许多社会学家也对语言中的社会问

[①] 布迪厄:《文化资本与社会炼金术》,包亚明译,上海人民出版社1997年版,第138页。

题,或社会学视野里的语言问题作出了十分丰富而深刻的论述。语言的社会学研究在当代已经蔚然成风,几乎那些具有一定影响的社会学理论都包含了语言学方面的内容。社会学转向语言与其现实基础和知识基础的转移是直接相关的。如前所述,后工业社会是以处理人际关系为中心任务的社会,而日常生活中的人际关系是在语言交往中成为现实的,所以立足后工业社会的后现代西方社会学就一定要面对语言、研究语言,否则就无法直接研究最真实的后工业社会中的日常经验事实。人文学科作为后现代社会学的主要知识基础,对语言学研究的意义也是十分重要的,哲学率先开展了语言学转向,社会学的语言学转向的许多思想来源于哲学的启发,至于文学和艺术的本质就是运用和创造新的话语形式或象征符号来表达对生活意义和人生价值的追求和想象。因此可以说,人文学科为社会学的语言学转向提供了观念启发和运思空间。

  思维方式的变化对社会学的语言学转向是最重要的。社会学自诞生之日起就以回答社会生活中的问题为己任,人际关系一直在社会学的理论视野之中。然而,问题的关键在于以什么样的思维方式看待社会生活和研究人际关系。只有到了20世纪60年代,产业结构发生了重大变化,人们对社会中心任务和基本矛盾的转变有了清楚认识之后,必须从人际关系出发,在人与人、人与社团、社团与社团关系中认识人类社会,才能成为越来越多社会学家的共识。在主客关系中,社会学看到的社会现象是客观化的、剔除了人们的情感意志和理想选择的自然过程;在人际关系中,社会学看到的社会现象都是具有自身存在价值和主体地位的人与人的交往过程。不仅作为社会学研究对象的人际交往关系是主体间关系,而且社会学家或社会工作者同他们的对象之间也是主体间关系。社会研究者不是站在社会生活之外的观察者,而是同他的研究对象一样,都是有选择、有意志的现实的人,研究者与被研究对象也是一种主体间的交往关系。

  正像哈贝马斯所指出的那样,人们的交往关系最基本的形式是语言沟通,最核心的内容是通过语言沟通而达致理解、形成共识。正是明确地认识到人际关系是当代社会基本矛盾,处理人际矛盾是当代社会中心任务,后结构主义社会学、新实用主义社会学、解释学社会学、反思社会学等当代重要社会学流派,同交往行为理论一样纷纷把语言学问题作为自己学术研究的主题,社会学的语言学转向才全面展开。这一点充分说明,社会学语言学转向既有后工业社会来临的现实基础,也有适应后工业社会基本矛盾和中心任务变化而发生的思维方式变革的思想基础,亦即世界观的基础。

四、趋向新世纪的后现代社会学

后现代社会学不是名义上的求新,而是对当代社会学发生的深刻的、实实在在变化的概括。不仅许多学者早已使用这个概念,而且社会学在思维方式、现实基础、知识基础和语言学转向等方面的变化也充实地支持着这个概念,并且,更进一步阅读丹尼尔·贝尔、福柯、利奥塔、布迪厄、马尔库塞、哈贝马斯和吉登斯等人的著作,会发现不仅有上述理论原则、理论背景和理论对象等方面的变化,而且在许多基本的理论观念方面也存在着同现代社会学的尖锐对立或重大的理论转向。

从本体论转向生存论,是后现代社会学同现代社会学明显而突出的对立。传统哲学本体论是实证社会学创立之初坚决反对的理论观点和理论追求,但是实证社会学因为没有抓住传统哲学本体论的实质,仅仅喊出了反对本体论追求的口号,却未能从精神实质和理论深处清理本体论的局限,其结果是从哲学本体论滑入了社会学本体论。本体论的实质是否定现象的真实性,主张透过现象看本质,在现象之后寻找事物的本原、本质、根据和规律,理念、实体、物质和自然之物等概念是本体论的最明确表达。孔德等人虽然自觉地抛弃了这些概念,但是他们没有意识到:社会秩序、经验现象中的必然联系、社会运动变化的铁的必然性、外在社会事实的普遍性等,也是本体论的概念表达,因此他们自觉地反对了哲学本体论,却不自觉地滑入了社会学本体论。

韦伯不同意实证社会学追求纯客观的外在必然性,强调在人们的主观意识中寻找社会行动的理性根据。他论述的工具理性、价值理性、理想类型等概念,的确不是外在于人们的主观意识的,但是当韦伯在人们思想意识中作出这些概括后,他就按照价值中立的原则把它们客观化了。实际上,韦伯在主观现象中追求内在的、作为本质的客观规定性,这在思路和概念形式上同实证社会学不同,但在理论追求的根本目标上同实证主义并无实质区别。至于帕森斯的结构功能模式理论,以及后来其他社会学家关于社会结构和社会规律的论述,也都保留着本体论的痕迹,或者说是本体论思考的结果。

后现代社会学在对日常生活和语言交往的关注中,像胡塞尔所主张的那样,悬置了本体论概念,在直接面对日常生活的社会学研究中,不再去追究现象之下的根据和本质,而是在人们的日常生活中提出问题和回答问题。贝尔论述的就业结构和生活方式变化的理论,福柯的全景监视和话语暴力理论、利奥塔的具体叙事和知识分子使命、布迪厄的惯习、位置、场域等方面的理论,哈贝马斯的语用学和交往资质理论等等,都是一种在非本质论思维中形成的新社会学观念,是对具体的日常生活的理论概括,它不是来自剥离经验后挖掘出的内在本质,而是对生活过程、生活方式、生存状态和生存环境的生存论表达。

生存论是经验论,是关于人们真实、具体生活的经验论。面向真实而具体的经验生活,看不到抽象的概念、判断和推理,也看不到感觉、知觉和表象,看到的只是人们的实际交往过程,而这个过程是语言过程,是对话、沟通、理解和寻求共识的过程,因此生存论把社会学引向了更丰富、更具体的语言过程。社会学在对语言学的研究中超越了观念论。观念论同本体论是不可分的,本体论的关注要靠观念的抽象,本体论建立的本原、本质、规律和结构等一系列概念体系,都只有通过达到一定思辨程度的理论观念才能表达出来。因此,本体论的思考必然涉及或演化为观念的反省。观念论在以人的认识过程为对象的反思中,建立了一套与本体论相对应的概念系统,例如:概念与本质、逻辑与规律、真理与必然、感性认识与经验实存、理性认识与深层结构等等概念间的关系,都体现了观念论同本体论的内在联系。

观念论同本体论的内在联系在韦伯和帕森斯那里有明显表现。当韦伯试图揭示各种类型社会行动的理性根据时,实质上是一种本质论亦即本体论追求,但是韦伯是通过研究人们在工具行动和价值行动中的思维原则、价值尺度、理想目标、理性类别等思想观念来实现这种追求的。帕森斯像韦伯一样把社会行动作为社会学研究的基本层面,而研究社会行动首先要研究行动者的各种观念。他通过社会行动各种主观取向之间关系的研究,建立了实质是观念论的社会行动模式变量理论。在此基础上,帕森斯进一步的学术进展是社会系统的普遍结构理论,作为全部人类历史、世界各个民族都共有的结构功能模式理论,实质上是追求共同本质的本体论研究。因此,帕森斯是从社会行动的观念论进入了社会系统的本体论。

观念论和本体论关注的对象正是二元论思维方式中的主观方面和客观方面,所以观念论和本体论的确立是以二元论思维方式为前提的。当后现代社会学超越了主客二元思维方式,在展开为人际关系的生活世界以及与之对应的新思维方式中提出问题和回答问题时,不仅生存论取代了本体论,而且语言学也取代了观念论。语言可以表达观念,但是语言远比观念丰富。观念是心理过程,而语言却是实践过程;观念只能依靠抽象思辨才能把握,而语言却可以对话、聆听和观察;观念可以隐含于个人心内,而语言却一定要进入交往过程;捕捉观念具有猜测性、推论性,而交流语言却具有直接性和现实性;观念是抽象的,语言却是丰富的,语言可以呈现为声音、字符,语言夹着情感、意志、态度和选择,语言是在现实的、具体的环境中发生的。所以，社会学超越观念论转向语言学，是同传统形而上学思辨的真正分野，并且真正地面向了真实存在的经验现实，面向了活生生的生活世界。

具体的经验现实和真实的生活世界，都是变动不居的过程，只有在观念中呈现的抽象本体，才可以被解释为超越条件限制的稳定的确定性和不可改变的必然性，所以传统的本体论和观念论往往都是绝对论。而真正转入经验的生活世界中的后现代社会学，在超越传统本体论和观念论时，随之也否定了绝对论而肯定了相对论。承认具体条件的真实性、肯定特殊关系的限制性，强调要在具体的、特殊的并且是不断变化的境遇中研究事物、理解事物，放弃永恒论、普遍论亦即绝对论的追求，也是后现代社会学的共同特征。加芬克尔论述的"行动权宜性""特殊的场景组织"和"局部索引性"，布迪厄的"场域""位置"和"策略"，利奥塔的"具体叙事"和"具体知识分子"等等理论，都是反对绝对论、走向相对论的代表。孔德曾经提出的相对性经验研究，在后现代社会学中得到了十分充分的体现，然而在他的著述中，他却由相对论的主张走向了绝对论的道路。孔德关于社会发展三阶段的论述，关于实证原则普遍有效性的论述，都具有绝对论的色彩。

后现代社会学的另一个重要变化是意义论追求。实证社会学反对价值评价，反对关于事物的意义讨论，只问是什么，不问应当是什么，这是对意义问题的绝对排斥。韦伯虽然以重视社会行动中的意义问题而同实证社会学对立，但是他仅仅讨论作为研究对象的社会行动中的主观意义，主张限制研究者的意义追求，要求研究者坚持价值中立原则以获取研究结果的客观性，这实质是把已经提出的意义又湮没在无意义之中。意义不可能是纯客观的，意义起源于人们的理想欲望和价值追求，只有在价值观念中才有意义，价值中立就等于排斥意义。后现代社会学的各种流派几乎没有不追求意义的，因为他们都接受了实用主义关于事实真理和价值真理统一性的观点，都不否认社会学的意义追求，不排除社会学论述的意义评价和意义阐释。

在后现代社会学中，对意义追求最热烈的是福柯、利奥塔和布迪厄等法国社会学家。福柯关于疯狂与文明、监禁与惩罚、话语与权力、知识考古学等震撼世人心灵的论述，都明确地显示出作者的意义追求，即反对理性专制、反对权力强暴、反对话语控制，要求人性解放、人生自由与社会和谐；利奥塔关于话语方式或叙事方式转变的意义、知识图景变化与现代社会选择的论述，布迪厄关于反思社会学语言暴力的论述，都包含了鲜明的价值取向和意义追求。哈贝马斯和吉登斯等人则以冷静的理论分析，对意义的生成、意义的沟通和意义的表现形式作出了深入的讨论。意义的追寻与探究,是后现代社会学理论中最引人注目、也最鲜明区别于现代社会学的场景,它使后现代社会学获得了更丰富的内容,也获得了更有发展前途的生命力。

　　对生活意义和生命价值的追求,使后现代社会学具有了强烈的人本主义色彩,并由此从现代社会学的控制论研究转向了解放论研究。传统的实证社会学坚持科学主义原则,严格排斥意义阐释和价值评价,其根本目的是试图在社会生活中发现像自然规律一样的铁的必然性,建立对社会关系、社会组织、社会制度和社会变迁进行客观描述的理论,以此为控制社会生活、稳定社会秩序提供理论根据。马尔库塞在批评孔德关于社会秩序的一些论述时,明确地指出了实证社会学为当权者提供控制社会的理论根据的实质和作用。韦伯虽然关注了人及其主体性意义,但是受其科学情结和价值中立原则的影响,他的一些理论也具有明显的控制论要求,他的科层制理论和社会理性化理论,都表现了他要求社会成员按照工具理性原则规范自己行为,保持社会组织和社会制度科层性和高效性的控制性原则。

　　现代社会学的控制论追求是对两次世界大战前后社会秩序紊乱的理论反应。从社会学建立之日起,西方社会就被抛入连续不断的战争之中,此起彼伏的社会危机不仅造成了广大社会成员的恐怖与悲观,而且引起了知识分子特别是社会学家的困惑与紧张,他们希望争夺得到调和、战乱得到平息,种种具有控制论要求的理论就是这种心态的表达。第二次世界大战之后的西方社会进入了长期平稳发展时期,社会统治者依据社会学、政治学、行政学、法学、经济学和心理学等社会科学有关社会控制的理论,实施了越来越技术化、越来越严密高效的各种社会控制方案,不仅社会秩序处于长期稳定的局面,而且人们的社会行为和心理活动也都逐渐进入全方位的严格规范和全景监视之中。马尔库塞、福柯、利奥塔、吉登斯、鲍德里亚和卡斯特等人对当代社会这种广泛的深度控制作出了尖锐批判,认为这是在物质生活走向富裕的后工业社会中发生的新极权专制主义,是幸福虚光掩盖下的人性扭曲和社会异化。后现代社会学在社会生活的不同层面对社会异化开展了激烈的批判,表达了反对深度社会控制、为社会成员争取更多自由的解放论主张。

　　以上论述既是对后现代社会学同现代社会学不同特点的概括,也是对后现代社会学在新世纪进一步发展趋势的揭示。由于后工业社会的发展刚刚开始,特别是信息社会和知识经济的强大生命力,必将使后工业社会走向变化更深刻、前途更广阔的道路,以之为现实基础的后现代社会学也一定会展开更丰富、更深入的理论建构,并且将出现更有创造性、更有生命力的新学术流派。后现代社会学标志着社会学进入了快速而成熟的发展时期,它以自觉的反思性梳理自己的学术神经,以广阔的胸怀吸纳其他学科之精华,以直接现实性的学术视野在真实的生活世界里揭示出人生和社会更深刻的真谛。

第四章

丹尼尔·贝尔的后工业社会理论

在一些关于当代西方社会学理论的著作中,丹尼尔·贝尔的后工业社会理论并未引起人们的重视,通常没有专章评介,或者仅仅在论述别人的学说时把贝尔及其后工业社会理论作为背景材料稍加叙述。这实在是埋没了贝尔对当代社会学或后现代社会学的杰出贡献,可以说,不了解贝尔的后工业社会理论,就难以清楚地了解后现代社会学的现实基础,也无法理解在这个基础上形成的各种后现代的社会学理论。

一、展开社会学新视野

加芬克尔等人在常人方法学中确立了社会学的新思维方式,为超越现代社会学解决了思想原则或方法论原则问题,但是,加芬克尔对社会现实新变化的论述同迅速变化的现实相比,却显得视野有限。与加芬克尔同时扬名的丹尼尔·贝尔,虽然没有专门讨论社会学以何种思维方式认识社会现象问题,但是他在十分广阔的学术论域中,深刻揭示了后工业社会来临的实质,为社会学实现思维方式变革和理论观念革命明晰了现实基础,并且他遍及社会生活各种领域的丰富论述,为社会学研究展开了崭新的理论视野。

贝尔主要的学术著作是:《后工业社会的来临》(1973)和《资本主义文化矛盾》(1976)。这两部著作的主要内容是对工业社会即将终结、后工业社会即将来临的预测,从经济、政治、文化等各种方面揭示了从工业社会转向后工业社会发生的复杂变化。贝尔给《后工业社会的来临》一书加的副标题是"对社会预测

第四章 丹尼尔·贝尔的后工业社会理论

的一项探索",其实,这不仅仅是探索性的预测,因为就书中列举的大量事实而言,后工业社会在该书发表时在美国已经成为现实。贝尔实质上是在运用社会学、哲学、经济学、政治学和文化学等多重视角,对已经展开的后工业社会变化作出社会学理论概括。当时有许多人像贝尔这样对社会发生新变化有敏感的觉察,并发表了一些论著。但是人们却都未能达到贝尔对社会新变化如此全面而深刻的洞视。贝尔的优越之处大概在于综合性、开放性的新社会学视野和新社会学方法。

贝尔对后工业社会研究的广阔性和深刻性,与他的社会经历与学术经历直接相关。贝尔出生于纽约一个来自东欧的犹太移民家庭,父亲早年去世,自幼随母亲过着贫寒的生活。青少年时期对艰苦生活有深刻体验,不仅憎恨排斥犹太人的法西斯主义思潮,而且对贫富两极分化也深怀不满。20世纪30年代遍及欧美的经济危机,使年轻的贝尔处于更为艰苦的环境之中。1934年,贝尔在当时十分活跃的共产主义运动的影响下,放弃了宗教信仰,加入了社会主义青年团。在青年团组织的社会活动中,贝尔表现出激进的革命情绪和对马克思主义理论的浓厚兴趣。他怀着研究社会问题,推进社会进步的愿望选择了社会学专业。但是,这一段与马克思主义有密切联系的经历并没有使他变成马克思主义者,相反在30年代中期的右倾思潮中,贝尔同一大批美国青年知识分子一样,猛烈抨击斯大林在苏联采取的专制政策,认为国际共产主义运动已经窒息,断送了继续发展的前途。

在放弃共产主义理想之后,贝尔开始拥护罗斯福新政。赞成富兰克林·罗斯福针对经济危机采取的"银行紧急法令""国家产业复兴法""农业调整法"等一系列新政策,呼吁进一步发扬美国政治的民主传统,为学术界和知识界创造一个宽松的文化氛围。第二次世界大战之后,贝尔积极参加美国学术界关于历史反省和文化问题的大讨论,在倡导"新自由主义"的同时,总结30年代美国左翼运动失败的经验,提出了"意识形态终结论",认为激进主义和社会革命理想均已告败,欧美知识分子已经普遍淡化革命愿望,激动的情绪已经逐渐平息,福利国家、权力分散、混合经济和多元政治等观念深入人心,关于意识形态的争论已经失去了意义。

意识形态终结论表现了贝尔试图走中间道路的理想。一方面,贝尔不赞成麦卡锡反对共产主义、反对民主政治的极右思潮,认为美国知识分子应当冷静地对待各种政治倾向,维持美国社会宽松、平和的局面;另一方面,贝尔反对在战后继续倡导社会主义革命,认为这种不切实际的乌托邦理想是没有意义的,只能导致社会秩序混乱。他主张循序渐进的经济调整和政治改革。贝尔这种试图在社会主义和资本主义之间,亦即在右倾主义和左倾主义之间,寻找第三条道路的做法,被人们称为政治上的自由主义和经济上的社会主义。

所谓政治上的自由主义,是基于这样的基本判断确立的:政治活动领域的主体是个人,而非家族、公司、教会等集体,参与政治生活的个人之间应当是平等的。在平等关系中展开的政治生活变成了一种公开的大众交往,或者政治活动变成了按一定规则行事的公众行为。在公众参与的政治生活之外,是个人自决、自愿、自利的私人领域,对于私人领域国家不应过多干预,只要人们在争取自己的利益时不妨碍他人和公众领域,就没有必要像中央集权国家那样无限制地干涉他们。简言之,贝尔强调公众领域人人平等,私人领域个性自由,但是都应当有一定的规则与制约。

所谓经济上的社会主义,是强调国家或政府在制定经济政策、调控社会经济运行时,不能仅仅考虑经济效益、经济制度和经济行为,而应充分考虑经济活动中的社会因素、经济活动结果和经济调控政策的社会影响。在贝尔看来,经济活动同政治活动不同,政治活动的主体是个人,个人按一定规则保持平等关系就可维持政治公正和社会稳定,而经济活动的主体是公司、企业等集体,在经济活动中集体的作用大于个人,群体的价值也高于个体,因此,在制定经济政策时,应充分考虑到集体或群体之内和群体之间的社会关系,争取集体内部和集体相互间的协调关系,以便保持个体的良性社会联系,不至威胁集体的有效运行。贝尔还强调必要的社会保障,保证个体能安全地在经济集体中参与经济活动。可见,贝尔的经济社会主义实质是从社会学的视角来分析经济活动现象,而不是在社会主义制度中开展经济活动。

贝尔在文化方面的立场被称为新保守主义。新保守主义是60年代后期青年左派造反运动之后兴起的一股思潮,一方面是对青年激进行动作出的反应;另一方面是美国社会向传统回归、寻求社会秩序稳定少变的社会心理和学术主张。新保守主义强调国家对社会生活的干预,鼓励经济领域的自由竞争,维护美国的传统道德规范和价值观念,抵制具有刺激性和煽动性的文化现象。虽然贝尔同新保守主义者有许多交往,但是他对新保守主义的一些政治主张又持有十分谨慎的态度,并且反对别人以新保守主义者称呼他。

贝尔的新保守主义主要表现在文化方面。在后来发表的《后工业社会的来临》和《资本主义文化矛盾》两部著作中,文化方面的保守主义倾向是十分明显的。面对60年代的青年造反运动,贝尔告诫青年不要采取过激行为,在他看来,资本主义文化传统中是有值得批判的因素,但是文化传统是不可能完全抛弃的,应当维护文明的延续性,承认文化传统在历史过程和现实存在中的作用,并且文化观念的稳定性也利于人们的精神生活和社会生活的健康发展,而不应当不顾一切地冲击文化传统,不分良莠地否定各种文化观念,标新立异地制造缺少根基和内容贫乏的新文化形式,导致文化领域精神混乱和言路断裂。

政治上的自由主义、经济上的社会主义和文化上的保守主义,这三者统一在贝尔的学术思想中,似乎是自相矛盾的。然而,贝尔却明白无误地声明自己就是以这三种立场或三种学术观点分别面对社会生活的三个主要领域。贝尔的这种思想结构一方面表现了他用马克思主义的矛盾分析方法来分析资本主义社会,把资本主义社会看成在经济、政治和文化等方面充满矛盾的统一体,认为这个统一体不同方面的发展变化是不平衡的,不应当不加区分地一概而论,应当面对实际存在的主要问题,分别采用不同的原则、方法和策略。另一方面,贝尔的思想结构也表现了他坚持社会学用整体性原则看待社会生活,在研究社会问题时兼顾经济、政治和文化各种因素,在不同领域不同层面展开对社会生活的整体性研究,所以,在贝尔的著述中,人们所看到的学术场景不仅是崭新的,而且也是宏大而丰富的。

另外,虽然贝尔没有谈到要反对社会学传统,但是他的社会学思想同传统社会学是有明显区别的。不仅他论述的社会现象是传统社会学没有见到的,而且他论述的方式和方法与传统社会学也是有区别的。首先一个明显的区别是:贝尔在陈述后工业社会现象,包括开展一些量化分析的同时,也注意利用一些哲学方法开展对社会现象的理论批判,他关于社会中心任务转移和社会主要矛盾转变的分析,发挥了马克思的历史唯物主义方法和法兰克福学派的理性批判方法。另一个明显的特点是:贝尔不隐藏自己在分析社会问题时的价值主张,不像传统社会学那样仅以客观的立场去观察和描述,而是在陈述大量事实的同时,充满激情地表达出对时弊的鞭挞和对未来理想目标的憧憬。

贝尔的社会学视野是崭新而广阔的,他的丰富论述不仅给社会学展开了一片新视野,也为文史哲、政经法等其他学科明示了一种新生活,特别是为飘若浮云的后现代主义思潮找到了后工业社会基础。在贝尔的后工业社会理论问世后,不仅学术界从中获得了具体现实而又鞭辟入里的启示,而且广大社会成员也恍然大悟地意识到一个空前的新时代已经到来。在贝尔用后工业社会理论对深刻变化的社会现实梳理后,后工业社会开始了更快速的后工业化进程。贝尔在20世纪70年代发表《后工业社会的来临》时,还谦虚地称这仅仅是对未来社会的探索性预测,而三十年之后立于新世纪之初,再看西方发达社会及全球社会的信息化、知识化或后工业化的现实,怎能不为贝尔预测的准确性和深刻性而叹服?

二、"中轴原理"方法论

丹尼尔·贝尔反复强调：他关于后工业社会的理论不是对社会现实的简单反映，而是关于社会结构变化的概念性图式，形成后工业社会概念图式的方法论基础是"中轴原理"。

贝尔认为，并不存在纯客观的社会结构，"社会结构不是一种社会现实的'反映'，而是一种概念性图式的'反映'。历史是事件的变迁，而社会是许多不同关系织成的网，这些关系是不能只靠观察来认识的"①。在他看来，社会历史包含着无限复杂的矛盾关系，从不同的角度可以观察到不同的矛盾关系，概括出不同的社会结构。社会学家们所说的社会结构，都是依据特定的原则，选取了特定的观察视角，对特定社会矛盾关系所作出的理论概括。那些被称为社会结构的实质上就是这样产生的"概念性图式"。这种形成概念性图式的方法或原则就是"中轴原理"。

具体说来，"中轴原理"首先强调社会现实的复杂性，决定了观察视角的多元性。因为社会现实是无限复杂因素相互联系而织成的矛盾关系网，仅从单一视角把握不了社会各种矛盾关系。而从特定视角把握到的矛盾关系，实质上是抓住了观察者所面对的诸种社会矛盾关系中的一种主要因素，然后以此为轴心去概括和解释他所面对的社会矛盾。贝尔指出："一个概念性图式从一个复杂的现实中选择特殊的属性，并按照共同的成规把它们分类，以辨其同异。"②"对经验来说，事实顺序是第一位的；对意义来说，逻辑顺序是第一位的。"③

其次，中轴原理在强调社会研究或社会观察与解释的多元性同时强调了重点性原则。"作为一种逻辑顺序的方法，概念性图式并无真伪之别，而只有有用与无用之分。"④由于贝尔否认社会研究的纯客观性，承认社会研究中包含着主观选择，因此，他认为人们在选择社会研究的视角和对矛盾关系作出理论概括时，总是受某种价值目标或意义追求的影响，突出那些比较重要的方面作为研究的轴心。于是，中轴原理在肯定社会矛盾关系复杂性、多元性同时，强调人们可以根据其主观需求，在复杂的矛盾关系中选择一种最重要的关系或最重要的因

---

① 丹尼尔·贝尔：《后工业社会的来临》，高銛等译，新华出版社1997年版，第8页。
② 同上。
③ 同上。
④ 同上。

第四章　丹尼尔·贝尔的后工业社会理论

素作为轴心开展社会研究。

应当指出,贝尔的重要性原则仅仅是在特定观察视角中成立的,即在特定视角中的诸种社会矛盾关系中,有一种因素是重要的,而在不同观察视角中,会看到不同的重要因素与重要矛盾关系,它们之间无所谓重要与非重要之分。"人们确定了一系列分系统——教育的、职业的、政治的、宗教的和社会的——它们相互影响,然而没有迹象说明哪一个是最重要的,或者为什么它是最重要的。一切都分解为相互作用的力量。"①

贝尔认为中轴原理是否定因果论的方法论,其目的在于揭示贯穿联结在一起的社会结构中的中心结构或中心因素。"中轴原理和中心结构的思想力图说明的不是因果关系(这只能用经验关系论来说明),而是趋中性。在寻找社会如何结合在一起这个问题的答案时,它设法在概念性图式的范围内说明其他结构环绕在周围的那种组织结构,或者是在一切逻辑中作为首要逻辑的动能原理。"②这里清楚地说明:中轴原理方法揭示的中轴因素作为一种矛盾关系实质上是一种中心结构,它可以把其他结构联结在自己的周围,它展开为一种可以由之出发去解释其他逻辑顺序的首要逻辑,它具有对其他矛盾关系、组织结构或逻辑联系的功能制约性。因此,从中轴原理来把握社会结构,能够掌握中心结构同其他社会结构的功能性联系。但是,中心结构同其周围与之联系的社会结构,不是决定与被决定、根据与派生的关系,而仅仅是人们为了解释某种现象在特定视角中把握到的某种中心环节,它与非中心的那些环节或结构是相互作用的关系。

中轴原理具有突出的问题意识。贝尔指出:"我确实认为,社会的主要秩序或领域可以通过识别中轴体制或原理而得到最好的研究,因为这些体制或原理是其他体制结构汇聚的主要路线,它们是社会要解决的主要问题。"③问题意识是美国实用主义传统的突出特点之一,贝尔无疑受到了杜威等人实用主义问题意识的影响,他在《后工业社会的来临》一书中明确肯定了实用主义关于问题意识重要性的论述。可见,中轴原理提出了社会学研究的针对性和功效性。

贝尔认为,从中轴原理观察到的主要问题应当随视野不同而发生变化。"每种社会所面临的各种结构性问题也有巨大不同。在工业社会里,主要的经济问题,始终是资本问题";"在后工业社会里,主要的问题是科学的组织以及进

---

① 丹尼尔·贝尔:《后工业社会的来临》,高銛等译,新华出版社1997年版,第9页。
② 同上书,第127页。
③ 同上书,第129页。

行这种工作的大学或研究所等基础结构。"①理论视野的转换导致面对主要问题的转换,同时必然引起理论观念的变化。因此,中轴原理不追求稳定不变的普遍性原则,而是在动态变化中不断概括和回答各种新问题。在这个意义上,贝尔把自己的方法称为"旋转着的中轴"。

贝尔指出,用这种"旋转着的中轴"研究社会问题,可以避免决定论。决定论同因果论在实质上是一致的,二者都强调社会现象的决定与被决定的因果联系。由于贝尔认为社会因素或社会结构是中心与环绕的相互作用关系,不能判断一种因素是另一种因素的决定因素。在他看来,马克思试图用经济因素对社会其他因素的决定作用来解释整个西方社会是片面的。他指出:社会"每一个方面都有一个不同的中轴原理起支配作用。在现代西方社会里,社会结构的中轴原理是经济化,……现代政体的中轴原理是参与管理。……文化方面的中轴原理是实现自我并加强自我的愿望"②。不同的社会层面中有不同的中心因素或中轴原理,因此,不能用同一种因素作为解释各种社会层面存在、变化和发展的根据。

贝尔用财产关系和技术水平两种中轴的转换来说明中轴转换导致的变化及其必要性。他指出:"如果我们以技术的横轴来划分一些国家,美国和苏联就都是工业社会,而印尼和中国都不是工业社会。然而,如果我们以财产关系的纵轴来划分一些国家,情况就有差异,美国和印尼是资本主义社会,而苏联和中国则都是'社会主义'社会或国家集体主义社会。"③(参见图4-1):

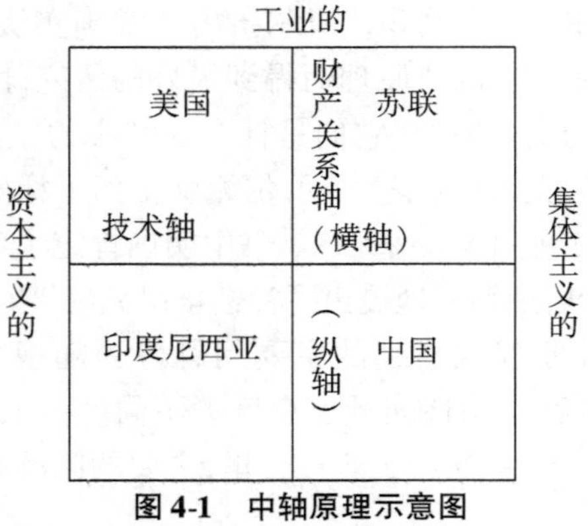

	工业的	
资本主义的	美国 技术轴	苏联 财产关系轴(横轴)
	印度尼西亚	中国(纵轴)
		集体主义的

图 4-1 中轴原理示意图

---

① 丹尼尔·贝尔:《后工业社会的来临》,高銛等译,新华出版社 1997 年版,第 12 页。
② 同上书,第 7 页。
③ 同上书,第 8 页。

第四章　丹尼尔·贝尔的后工业社会理论

由图可见,用不同的中轴可以把同样事物划分为不同类别,作出不同性质的判断。这说明中轴原理强调社会研究的条件性、具体性和相对性。不过,中轴原理强调条件性和相对性有别于后现代主义思潮中的相对主义,它肯定在特定中轴关系中判断的确定性,而后者则否认特定条件下的确定性。

贝尔认为,用不同的中轴观察、解释同类事物,不仅可以获得更丰富的意义,而且可以克服社会科学研究中的严重错误绝对论。他说:"没有单线顺序的社会变迁,也不存在'社会发展规律'。社会科学中最严重的错误是想通过一个凌驾一切的单一概念(不论是资本主义或极权主义)去观察一个社会的特点,使得人们对现代社会复杂的特征(重叠的、甚至矛盾的特征)产生误解,或者设想某一社会制度必然不可避免地接替另一社会制度的所谓'社会发展规律'。任何社会都混合了各种不同的经济、技术、政治和文化体系(有些特征是所有体系所共同的,而有些特征则是历史的和特殊的),要根据人们心中的问题,从不同的有利点加以分析。我的重点在于技术的影响,我并不把它作为一种独立的因素,而作为一种分析的因素,以观察新技术出现以后会产生什么样的社会变迁,以及社会及其政治制度必须设法解决什么样的问题。"[①]

中轴原理在贝尔社会学理论中最重要的意义在于:为划分工业社会与后工业社会、研究后工业社会中的主要问题提供了基本尺度和方法原则。从中轴原理出发,贝尔关于工业社会向后工业社会发展的研究,是关于主要问题的提出和中心结构的阐述,而不是对两种社会不同现象的观察描述,它给出的是如何看待以美国为代表的当代发达资本主义社会的一种新视角和提出问题与回答问题的新方式。并且,由于这是一种具有理想型的理论概括,因此它又能立足现实给出前瞻性的预测。

三、后工业社会的变革

贝尔对后工业社会来临引起的一系列社会变革作出了十分丰富的论述,而在这些丰富论述中,贝尔不断讨论的问题首先是"后工业社会"的概念问题。

贝尔一再强调:"后工业社会的概念并不是一幅完整的社会秩序的图画;它是描述和说明社会上社会结构(即经济、技术和等级制度)中轴变化的一种尝试。"[②]这是说:后工业社会概念不是对社会生活新变化的全面描述,而是对因为

---

① 丹尼尔·贝尔:《后工业社会的来临》,高銛等译,新华出版社1997年版,第7页。
② 同上书,第132页。

知识和技术在生活中地位和作用发生变化而导致中轴变化并针对重点问题作出新的概括。因此,后工业社会概念是用中轴原理研究美国为代表的发达资本主义社会主要变化的理论思维的结果,它作为一种概念图式,不去全面描述社会生活的各方面的具体变化,而是抓住当代社会发展变化的核心问题,"它代表社会组织的一种新的中轴原理,并规定日益成为后工业社会的社会所必须面对的一些共同的核心问题。"①

在对后工业社会概念作出清楚限定基础上,贝尔揭示了美国为代表的后工业社会发生的一系列重大变化。他指出:"后工业社会的概念是一个广泛的概括。如果从五个方面,或五个组成部分来说明这个术语,它的意义就比较容易理解:

1. 经济方面:从产品生产经济转变为服务性经济;
2. 职业分布:专业与技术人员阶级处于主导地位;
3. 中轴原理:理论知识处于中心地位,它是社会革新与制定政策的源泉;
4. 未来的方向:控制技术发展,对技术进行鉴定;
5. 制定政策:创造新的'智能技术'。"②

贝尔认为这五点变化是后工业社会来临的主要标志。关于从产品经济向服务经济转变的概括,贝尔指出是受科林·克拉克关于经济构成理论的影响而形成的观点。克拉克曾把经济分为三类——农业、制造业和服务业,他认为在工业化过程中,劳动力的大部分都将流入制造业,但随着工业化程度不断提高,国民收入也有显著增加,社会对服务业的需求将会增大,劳动力的流向也一定会随之变化。贝尔说:"按照这个标准,后工业社会第一个最简单的特点,是大多数劳动力不再从事农业或制造业,而是从事服务业,如贸易、金融、运输、保健、娱乐、研究、教育和管理。"③实际上,贝尔是从就业结构的变化来把握产业结构乃至整个社会结构的变化的。在贝尔作出这种预测时,世界大多数国家的就业结构还是以农业和工业为主,只有美国等发达国家的劳动力有60%以上进入了服务业。

贝尔认为美国这个变化对于后工业社会来临具有决定性的意义。因为美国服务业就业人数的增长,不是单纯的就业劳动力行业转移问题,而是社会结构中产生了新成分,这具有根本的、决定的意义。他指出:"如果我们把服务业分类为个人性质的(零售商店、洗衣店、汽车修理、美容店),企业性质的(银行业和金

---

① 丹尼尔·贝尔:《后工业社会的来临》,高銛等译,新华出版社1997年版,第127页。
② 同上书,第14页。
③ 同上书,第15页。

融业、房地产、保险业),运输、通信和公用事业,以及保健、教育和管理,最后这个类别的增长对于后工业社会是具有决定性意义的。因为这是表示一个新的知识界——在大学、研究机构、各种专业以及管理部门——不断扩张的类别。"①

在农业社会也有较大比例的劳动力从事服务业,但那是像家庭奴仆一样的属于为个人服务的职业;在工业社会,运输和销售等服务业也能不断增长,但都是作为工业生产辅助部门而存在的;而在美国出现的变化却与农业社会和工业社会都不同:这里随着服务业就业人数的增长,以知识为人服务的阶层不断壮大,它已经成为有自己相对独立的活动方式、活动领域和存在组织的知识阶级,并且它是一个具有空前发展潜力和巨大创造能量的新阶级。这也就是贝尔所概括的后工业社会的第二方面变化:"专业与技术人员阶级处于主导地位。"

可见,贝尔不仅重视知识阶级作为服务业新成分在就业结构中比重的变化,而且更重视它在社会中的地位的变化。在这个方面,贝尔强调了后工业社会来临引起社会权力的转移。随着知识阶级或白领工人在就业结构中的比例迅速扩张,他们已经成为社会的主体,并且控制了支配社会运行变化的权力。

知识阶级成为后工业社会的主导力量,一个重要根据在于:理论知识上升到首要地位。贝尔认为这是划分和研究后工业社会的中轴。"当然,知识现在对于任何社会的运转都是必不可少的。后工业社会所不同的是知识本身性质的变化。对于组织决策和指导变革具有决定意义的是理论知识处于中心地位——那就是:理论与经验相比占首位,而且在知识编纂成抽象符号的系统以后,可以同任何规律体系一样用来说明许多不同领域内的经验。"②

在贝尔看来,理论知识超越经验而上升到首要地位是由两种过程共同促成的。一方面,科学技术的发明创造形式与性质发生了变化。19世纪的工业技术,"炼钢、电力、电报、电话、汽车、航空……它们基本上都是发明家的创造,或者是那些聪明而有才干的工匠的发明,他们对于科学和研究工作所依据的规律都不大注意"③。而到了化学工业发展起来的时候,情况则发生了重大变化。"由于同科学、技术具有错综复杂联系而堪称第一个'现代'工业的是化学工业,因为要进行化学合成——化合物的再组合和转化——就必须具备高分子理论方面的知识。"④于是,化学工业推动理论知识在工业技术的发明与应用上逐步占

---

① 丹尼尔·贝尔:《后工业社会的来临》,高銛等译,新华出版社1997年版,第16页。
② 同上书,第21页。
③ 同上。
④ 同上书,第22页。

据了支配地位。

另一方面,经济学领域的两种革命空前提升了理论知识的地位。30年代经济大危机期间,法国等许多国家的经济学家都持被动的保守的经济学观点,在波及世界的经济危机面前消极地束手无策。罗斯福政府虽然比较积极地探索走出经济危机的道路,但是仅仅用经验性的试验方法来不断改换药方,也未能找到摆脱困境的有效途径。"在很大程度上,正是由于理论和政策的结合,才使人们对经济管理问题有了比较正确的理解。凯恩斯为政府以干预经济作为弥合储蓄与投资之间的差距的手段提供了理论依据。"①凯恩斯经济学理论的实际作用极大地刺激了人们对理论的注意力,并且使经济学由被动描述的经验性研究转向经济理论的建构性研究。

"经济学的另一个重要革命,是一直有人试图运用一种日益严格的、数学化的经济理论体系。"②尤其有了计算机,为规范而复杂的经济理论体系整理或提供了大量数学统计,使经济理论在精确而庞大的量化分析中获得了充分论证,获得了更强的说服力,并因此而具备了直接同社会政策和经济发展战略统一起来的操作性或可行性。

关于技术控制和技术鉴定问题,贝尔论述了在后工业社会中,人们自觉地从自身利益鉴别、规划和控制技术的发明与发展的可能性。在工业化初期,人们为了追求更高的生产效率,忽视了技术发明的一些有害的副作用,以致工业技术给人类社会造成了许多诸如环境污染的危害。随着工业化程度和科学发展水平的提高,"新的预测方法和'探测技术'的发展,有可能在经济史上开辟一个崭新的阶段——有意识、有计划地推动技术变革,从而减少对经济前途的'不确定性质'。"③

贝尔对在后工业社会中利用技术分析与预测来制定发展战略作了充分肯定,他称之为"一种新的智能技术的兴起"。他指出:"20世纪下半期方法论的发展前途在于:对有组织复合体的管理(庞大组织和体系的复合体,包含大量变数的理论复合体);识别和运用合理选择的战略来指导与自然界的竞争,以及人与人之间的竞争;发展一种新的智能技术,它到本世纪结束时有可能像机械技术在过去一个半世纪中那样在人类事务中占有同样突出的地位。"④贝尔对社会预

---

① 丹尼尔·贝尔:《后工业社会的来临》,高銛等译,新华出版社1997年版,第24—25页。
② 同上书,第25页。
③ 同上书,第29页。
④ 同上书,第30页。

测、管理与控制技术作出如此信心十足的预言,与当时广泛传播的信息论、控制论、系统论、博弈论等新科学方法论的影响是分不开的。

总之,贝尔从社会结构变化入手,揭示了后工业社会来临所引起的一系列重要社会变革。他说:"后工业社会的概念首先涉及社会结构方面的变化,就是经济改造和职业体制改组的方式,而且也涉及理论与经验,特别是科学与技术的新型关系。"① 这种从经济生活入手来分析社会结构的变化,应当说是受到马克思的影响,但是贝尔认为自己的观点同马克思是有很大区别的。贝尔认为,马克思关于资本主义的生产力与生产关系,经济基础和上层建筑两种矛盾关系的论述,是在抽象了许多因素的"纯粹资本主义模式"中得出的因果决定论。"我并不认为社会结构的这些变化决定着政治或文化的相应变化。而是社会结构的变化从三个方面向社会的其余部分提出了问题。"② 这些问题是:

"首先,社会结构——尤其是社会结构——是一个旨在协调个人行动以达到特殊目的的职能结构。"③ 这些受科学知识作用影响的新职能结构将重新划分社会各阶层,但是人们是否自觉到这种划分,或是否接受这种划分,这是值得追问的。

"第二,社会结构的变化对政治制度提出了'管理'问题。"④ 即社会知识化和理论知识地位的提高,都提出了如何用理论知识指导和控制政治活动的问题。

"第三,强烈依靠认识能力至上和理论知识至上的新的生活方式,不可避免地要与文化发展的趋势相冲突。"⑤ 依靠科学知识管理政治和指导生活,是理性主义精神或现代主义精神的继续,可是后工业社会中涌现出来的各种后现代主义思潮却是反理性主义或反现代性的,怎样去认识和理解这种文化冲突。

概而言之,贝尔得出的这三方面问题实质就是后工业社会中的社会结构(其中包含了产业结构和就业结构)、政治结构和文化结构中的问题。而这三个结构都是在马克思社会结构范畴之内的,马克思也从不同角度对三种结构之间的联系或作用作了丰富论述。差别不过在于:马克思更注意生产力发展水平的变化对社会结构、政治结构和文化结构的根本决定作用,而贝尔则突出强调科学知识对三种结构的轴心作用。

贝尔同马克思在社会结构理论上的根本对立,是关于社会基本矛盾关系和

---

① 丹尼尔·贝尔:《后工业社会的来临》,高銛等译,新华出版社1997年版,第12页。
② 同上。
③ 同上。
④ 同上书,第13页。
⑤ 同上。

社会中心任务的观点。如前所述，马克思认为生产力与生产关系、经济基础与上层建筑，这两对矛盾是贯穿所有社会形态中的最基本的社会矛盾，社会生活中的其他矛盾都可以消失，而这两对矛盾却永远存在下去。在马克思那里，这两对矛盾中第一对矛盾中的生产力是最根本的，列宁据此指出：可以把上层建筑归结为经济基础或生产关系，可以把生产关系归结为生产力，而生产力是人与自然的矛盾关系，因此，也可以说人与自然的矛盾关系是社会结构中的实质或根基。列宁的这种概括同马克思的观点是一致的，马克思在《德意志意识形态》等著作中不断强调：物质生产是人类第一个历史前提，人类社会要想维持下去，就一刻也不能停止物质生产，因此应当从解决人与自然矛盾关系——物质生产的发展变化出发来理解一切社会的存在与变化。

贝尔恰恰是在马克思历史唯物主义的这个根本的立足点上得出了否定性的结论。贝尔为了更加明晰后工业社会的基本特点，把它同工业社会和前工业社会进行比较，概括了三种社会中心任务和基本矛盾关系的不同特点，进而否定了历史唯物主义关于人与自然关系是社会最基本的、始终处于支配地位的矛盾关系的结论。贝尔指出："在前工业社会里——这里仍然是今日世界上大多数国家的情况——绝大部分劳动力从事采掘和提取自然资源的工业：矿业、渔业、林业、农业。生活主要是同自然竞争。""工业社会——主要是那些北大西洋沿岸国家，加上苏联和日本——是商品生产的社会。生活是与经过加工的自然界进行竞争。""后工业社会是以服务业为基础的。因此，它是人与人之间的竞争。这里主要考虑的不是纯粹的体力或者能源，而是信息。主要人物是专业人员。"[①]这里，虽然贝尔没有沿用历史唯物主义社会基本矛盾概念，但是他讨论的问题在内容实质上就是历史唯物主义所指的社会基本矛盾问题。

无论怎样说，社会的主要任务或社会基本矛盾在社会生活中都是居于基础地位的，这一点我们在前一章已有论述。如果贝尔关于后工业社会的主要任务或社会基本矛盾关系发生变化的结论能够成立的话，那么则意味着社会生活的一切方面都要发生变化。前工业社会和工业社会在本质上是相同的，即都把解决人与自然的矛盾作为主要任务，人们的生产方式、经济制度、生活方式和政治制度都是以完成这个主要任务为前提或以之为基础建立起来的，在这一点上，马克思关于生产力决定生产关系、经济基础决定上层建筑的观点是正确的。然而，当处理人与自然的矛盾不再是社会主要任务，而处理人与人的矛盾成为社会主要任务时，正像贝尔所论述的那样，为人服务的产业取代了农业生产和工业生产

---

① 丹尼尔·贝尔：《后工业社会的来临》，高銛等译，新华出版社1997年版，第136—138页。

第四章　丹尼尔·贝尔的后工业社会理论

的主体和主导地位,并且原先建立在农业生产或工业生产之上的经济制度、政治体制和文化观念都要发生相应的变化,整个社会结构都将发生一场根本的、空前深刻的革命。虽然贝尔没有作出这样明确集中的理论概括,但是他在《后工业社会的来临》和《资本主义文化矛盾》等著作中从各种角度谈到了这些观点。

因此,贝尔关于后工业社会来临引起社会变革的一系列论述,实质是向人们宣告,一种从根本性质和展开形式上都是全新的社会形态已经出现,社会结构发生了革命性转变。

四、后工业知识社会学

贝尔论述的后工业社会问题涉及发达资本主义社会的经济、政治、文化等各种层面,令人感到视野宏阔,内容十分丰富。在其宏大而丰富的理论论述中,始终贯彻着一个明确的核心——知识发展变化的社会作用。正如他指出的那样:"我在本书中所要论述的是社会的结构变化——在科学与技术关系方面革新方式的变化以及在政府政策方面的变化——其主要根源是知识性质的变化:知识的指数增长和科学的分支,新的智能技术的出现,使用研究与发展预算来创立系统研究,所有这些变化归纳起来便是理论知识的汇编整理。"[①]除了知识的性质与作用的变化,贝尔还论述了知识的结构、知识分子、知识社会、知识发展战略等知识社会学的一系列重要问题,因此,贝尔实质上勾画了后工业知识社会学的雏形。

关于知识性质的变化,最根本的是理论知识成为后工业社会的首要的主导因素,成为作用于其他社会层面的中轴。而这个根本性的变化是通过知识增长、知识分化、新智能技术和知识参与决策、作用社会过程等方面表现出来的。贝尔指出,人类社会一百多年来发生了越来越快的加速度变化,生产技术不断革新,生产能力不断增长,人类认识世界的能力不断提高,人口加速度增长。人类社会在发展速度和存在规模上的变化,"并不只是简单地表现为原有结构的放大。任何生物有机体或人类组织的体积变化以及其后的规模变化都会使它们的形态也发生变化"[②]。

迪尔凯姆、韦伯和帕森斯等人曾高度重视现代社会发展速度和规模变化引起社会结构分化问题,建构了丰富的社会结构分化与整合的理论。然而,他们的

---

① 丹尼尔·贝尔:《后工业社会的来临》,高銛等译,新华出版社1997年版,第49页。
② 同上书,第188页。

注意力主要集中在劳动分工和生产技术专业化导致的职业分化,而对知识发展速度和规模增长引起社会结构变化却未作深入研究。"如果有什么标志能够把20世纪下半叶与上半叶加以区分的话,那就是职能的专业化从经济领域扩展到学术领域。"①因此,必须越出传统社会学视野,从知识发展对社会的作用来进一步开展新的研究。

贝尔认为在讨论知识对社会的作用之前,必须对知识有一个明确的界定。人们通常把知识解释为通过口头流传和书面记载而知道的一切,贝尔对知识的界定与这种宽泛的理解不同,他说:"我下的定义是:知识是对事实或思想的一套有系统的阐述提出合理的判断或者经验性的结果,它通过某种交流手段,以某种系统的方式传播给其他人。"②这里,贝尔突出强调了知识的系统性、合理性和传播性,借此把知识同口头传说、日常交流等现象区分开。实质上,贝尔首先把知识的内涵与外延限制在理论知识范围内。

由于贝尔要探讨知识的社会作用,因此,他更注意的是从知识的功能与作用来给知识下定义。"从这个意义上说,知识是社会基础设施投资的一部分;它是书籍文章中有条理的内容或者甚至是录写下来有粗略计算的供传递的计算机程序。"③强调知识的功能与作用,使贝尔的知识观同以往哲学和社会学的知识观有了明显不同,他由此不注重讨论知识形成的社会背景、认识论基础和逻辑过程,而是着重研究知识转化为技术怎样推动社会结构变化,理论知识成为社会发展中轴如何引起阶级结构以及后工业社会科学精神变化。

20世纪60年代,西方一些学者高度重视科学知识的发展变化,发表了许多论著,他们试图通过对知识发展变化的量化分析来概括知识发展的程度、速度、规模和趋向。贝尔认为,这种单纯注重描绘数学曲线来研究知识的方法是简单而浅层的,其结果将掩盖知识发展变化产生的更重要的意义。他主张:"为了探讨这些问题,我们必须转而对知识发展的特点进行不太'精确的',但从社会学来看却是更加有意义的观察。"④

贝尔首先概括了技术发展引起的社会变化。在他看来,技术是知识在生产中的运用,技术更新提高生产能力,促进经济增长,进而引起整个社会生活变化。面对第二次大战后新技术革命引起西方工业社会各种复杂而深刻的变化,贝尔

---

① 丹尼尔·贝尔:《后工业社会的来临》,高銛等译,新华出版社1997年版,第190页。
② 同上书,第191页。
③ 同上书,第193页。
④ 同上书,第204页。

第四章 丹尼尔·贝尔的后工业社会理论

从社会学的视野作出五个方面的概括：

第一，"通过以较少成本生产较多商品，技术就成为提高全世界生活水平的主要火车头。"①各种新技术不仅降低了商品的成本，使下层社会成员也能享用低价高质的生活用品，缩小了同上层社会成员的生活水平差距，而且还使社会财富迅速增加，使物质生活资料匮乏状态有可能从根本上得到解决，西方社会由此而进入富裕社会，阶级矛盾和阶级冲突都会从根本上得到缓解。

第二，"技术已经产生了一个过去社会上从未有过的工程师和技术人员的新阶级，他们不在工作场所，但是他们是工作活动的'参谋部'。"②这点被认为是新技术革命引起的一个最重要的变化，新阶级或白领阶层，虽然不直接进入物质生产过程，但是他们以其理论知识创造和控制着生产技术与生产过程，是生产过程和整个社会生活过程的神经中枢。

第三，"技术已经为合理性创造了一个新定义，一种新的思想方式，它强调功能关系和数量。"③这里蕴含着贝尔对传统合理性的批判。传统合理性强调思维与行为的有效性根据在于合逻辑性与合规则性，而忽视思维与行为的实际功效。新技术的迅速发展，不仅使人们享受到技术强大功能带来的各种利益，而且也使人们越来越重视功能与效益在思维和行动中的意义，亦即把思维与行动的根据从逻辑合理性转变为功能效用性，这种新的合理性原则也就是在技术革命推动下形成的新思维方式。

第四，"运输与通信革命作为技术的一个后果，已经使经济上产生了新的经济相互依存和新的社会相互影响的情况。"④交通运输和通信技术的飞速发展，不仅使各种经济往来更加迅速、密切和高效，促进了各民族乃至全球经济一体化，而且也使人际关系或社会关系发生了变化，职业关系和专业分工关系取代了亲属关系在社会生活中的地位。

第五，"美学感觉，尤其是对空间和时间的认识已经发生了激烈的变化。"⑤交通运输和通信技术的发展，既开阔了人们的视野和生活空间，也使人们能够经历越来越多、越来越复杂而快速的变化，人们的时空观、审美体验和评价尺度都随之而发生变化。

贝尔的上述概括说明，他认为新技术引起社会生活的变化是深刻而复杂的，

---

① 丹尼尔·贝尔：《后工业社会的来临》，高铦等译，新华出版社1997年版，第207页。
② 同上书，第208页。
③ 同上。
④ 同上。
⑤ 同上。

不仅仅是新生产技术在形式和数量上的变化与增长,更重要的是它引起了人们的生活方式、思维方式、审美方式以及社会关系和社会结构性质上的变化。这里可以清楚地看到贝尔高度重视定性分析在社会学研究中的作用。

关于理论知识成为社会中轴引起的后工业社会结构的变化,贝尔首先分析了阶级结构的变化。他指出:在后工业社会中,"已经展现出三个阶级:有创造性的杰出科学家和高层专业管理人员(可以按科尔里奇的术语,称他们为'新职员'吗?);工程师和具有教授地位的中产阶级;以及由技术员、低级教职员和教育助理人员组成的无产阶级"①。贝尔是以美国阶级结构为对象作出这种概括的。经过统计分析贝尔发现:20世纪30年代以来,知识阶级的三种构成在数量上都出现了快速增长,其中科学家是知识阶级中增长最快的部分。

贝尔认为,应当高度重视科学家在数量上以最快速度的增长,因为他们不仅是理论知识的创造者,而且还通过理论知识的作用控制了越来越大的社会权力,其中包括对知识阶级中其他两个阶层即工程师、教师和一般专业技术人员的控制。贝尔称科学家是知识阶级中的上层阶级,到1964年,美国已有科学家47.5万人,他们受到了联邦政府的资助,被视为美国社会中的最重要资源,他们的发展代表了美国社会发展的总体趋势。

就科学家集团人数较少但能量最大、地位最高而言,贝尔称之为科学精英人士。贝尔发现科学精英人士或科学家集团有两点值得注意:其一,"他们之中半数以上在自然科学领域,而只有17%在社会科学领域(其中半数是心理学家)"。这种情况表明,尽管美国进入后工业社会,社会中心任务已由处理人与自然的矛盾转向处理人际矛盾,社会科学也应随之在科学中占主要地位,然而实际情况并未发生这种合逻辑的变化,究其原因可以说是后工业社会来临是一个渐进地替代工业社会的过程,工业社会的许多原则还将以其巨大惯性在后工业社会表现出来。贝尔认为:"然而,对社会政策的必不可少的关心,必然会促进美国经济学家和社会学家人数的增加。"②

其二,"受过教育的科学精英人士的就业场所同一般人相比是非常不同的。他们就业于企业界的不到1/4,就业于大学的占一半以上"③。贝尔认为这种变化的主要原因在于科学精英的气质特点和大学宽松的学术环境的统一。一方面,科学精英为了发展创造新科学知识,需要不断否定现有结论,提出推进科学

---

① 丹尼尔·贝尔:《后工业社会的来临》,高銛等译,新华出版社1997年版,第236页。
② 同上书,第254页。
③ 同上书,第256页。

向前发展的新见解,由此而养成了批判性的、只有在自由的活动氛围中才能发挥作用的性格特征和气质类型,亦即特殊思维方式与行为方式;另一方面,大学不是专为创造利润而开办的企业,一向自由、宽松的学术环境和文化氛围,适应了科学家发展、创造科学的要求。

在科学家集团或科学精英同大学的关系上,贝尔进一步指出:大学是科学家集团作为新阶级发展壮大和自主地作用于社会的基地。他说:"对任何新阶级来说,必要的基础是在旧的统治秩序之外有一个独立的体制基地。对科学家来说,这个基地就是大学。"①在工业社会,主导社会的是资本家阶级,它的体制基地是工业企业;而在后工业社会,主导社会的是科学家集团。那么按照一个新的阶级,特别是主导阶级,必须找到自己新的体制基地。所谓体制基地即系统或制度存在的现实基础。当科学集团把大学作为自己的体制基地,也就意味着这个新阶级有了自己存在与发展的根基。

贝尔对大学在后工业社会的地位给予了很高的评价,认为大学将成为后工业社会的主要机构。他指出:"我认为,大学日益成为后工业社会的主要机构。""今天,在基础研究领域从事研究工作的大多数科学家都在大学里;大学成了政府和公共组织所需要的专门知识人才的来源;甚至大多数批评家和政治家今天也都在大学就业。大学已经成为政治集团文化的中心。""战后社会的一个重要方面,不是教育制度依附于政体,而是在美国历史上前所未有地出现一个代表政府、科学和大学交相融合的'科学行政综合体'。"②

贝尔高度重视大学在后工业社会中的作用,还在于他认为大学将为后工业社会培养大批一般的知识分子,进而为后工业社会形成自己的社会主体作出根本性的贡献。贝尔认为,大学在今后将作为美国重点发展目标。他指出:"到2000年,需要重点发展的首先是在城市地区的社区大学和综合性大学。"③因为后工业社会是以知识为人服务的社会,需要大批社会成员从事医疗卫生、信息咨询和文化教育等知识含量较高的服务性工作,所以应当发展大学为社会培养知识分子。"总的说来,到2000年时,美国将成为一个群众性的知识社会。"④

贝尔还从科学的精神气质、科学的组织形式和活动方式等方面,进一步揭示了科学知识在后工业社会中作用的变化,提出了许多新结论。

---

① 丹尼尔·贝尔:《后工业社会的来临》,高銛等译,新华出版社1997年版,第256页。
② 同上书,第272页。
③ 同上书,第268页。
④ 同上。

贝尔所论科学精神气质概念，相当于人们通常所讲的"科学理性"概念，即科学活动和科学知识中包含的基本原则或基本主张。贝尔在一般意义上阐释精神气质时说："精神气质就是铭记在信条中的价值观、确定的奖励条件以及体现在特点结构中的行动准则。"①而他关于科学精神气质的理解，不过是在这一般性理解前面加上了科学的限定词罢了。

贝尔认为科学精神气质的核心是独立性。他提出："尽管科学时常在国家体系内部活动——在德国和法国，大学和科学院都是国家机构，教授是公务人员——科学的首要事实则是：科学界在决定进行什么研究、辩论什么知识正确有效、承认科学成就以及赋予地位和尊重方面具有自我定向的独立性。这个独立性就是科学的精神气质(和组织)的核心。"②这就是说，虽然科学家、科学组织和科学活动都常常同政治机构联系在一起，但是它有一套自己相对独立的思维与行为准则。

贝尔进一步提出的问题是：科学精神气质在后工业社会是否发生了变化？第二次世界大战以后，科学不仅在其队伍、组织和知识成果等方面发生了空前变化，而且科学家、科学组织和科学活动都同政府行为和社会政策发生了日益密切、错综复杂的联系，这同科学发展之初的情况是大不相同的。因此，科学的传统精神气质和形象是否会在后工业社会里具有不同的功能？

关于科学的传统精神气质，贝尔借用默顿的概括加以说明。默顿认为科学在其运行和发展过程逐渐形成了四个方面的精神气质：普遍性、社团性、不谋私利、有组织的怀疑。科学的普遍性是指科学知识、科学事业不受阶级、民族和国家的限制，任何有能力的人都可以参与、接受和享用；科学的社团性是指科学在群体中创造、在社会中传播，科学知识是在公开交流的社会过程中产生和发展的；不谋私利被认为是科学活动的基本规范，实质是讲科学活动的超个人功利原则；有组织的怀疑是指科学知识要经得起质疑和批判，科学研究不简单接受现成结论，并且这种质疑和批评是在非意识形态而又有一般通则的前提下进行的。

贝尔认为，默顿概括的科学精神气质基本内容，在后工业社会遇到了新的社会条件，它的表现形式、基本规定和作用方式都发生了重要变化。首先，随着科学突飞猛进地发展，科学的社会存在形式发生了变化。"今天，科学既是人群集体又是人群社会。"③作为人群集体，它是通过传统和习惯的力量来调节自身的、

---

① 丹尼尔·贝尔：《后工业社会的来临》，高銛等译，新华出版社1997年版，第420页。
② 同上书，第412页。
③ 同上书，第417页。

第四章 丹尼尔·贝尔的后工业社会理论

紧密联系的初级集团;作为人群社会,"即不以个人为转移的次级社团的大型社会,它由官僚科层来调节,由开除的约束力联系在一起"①。贝尔用"职业社团"来称谓科学的人群社会。

科学职业社团的特点表现在内部为官僚科层化,在外部为同政府机构密切联系。科学职业社团的官僚科层化限制了科学创立初期的自由创造性和怀疑性思维的批判精神,科学活动被置于严格的规章制度和分层管理之中。科学同政府机构密切联系:一方面使科学接受政府的资助和政策的扶持;另一方面也使科学进入更广阔的社会领域,发挥更大的社会作用,使自身获得更大规模的发展和更广的社会性。然而,随之而来的是科学精神气质的核心——独立性逐渐地丧失,科学精神气质和科学活动方式都发生了深刻变化。在后工业社会,科学精神气质和科学活动方式的变化主要表现为:科学的意识形态化和科学的政治化。

贝尔认为,科学同新教伦理和社会主义思想一样,在其形成之初都具有一种超意识形态和超时代、超阶级的独立性,但到后来都演化成特定时期、特定社会制度的意识形态。"新教道德和社会主义思想都成了意识形态,成了一套掩盖现实的正式理由,而不是行动守则。所以,科学的精神气质也可能这样。它是在更早的天真时代里形成的,冒着成为后工业社会意识形态的危险:这一信条确定不谋私利的知识的准则,但是,这不符合于一个新的官僚科层——技术秩序的现实,那适合于力求管理一个复杂的部分的中央集权政治制度。"②

思想意识的意识形态性的突出表现是:它包含特殊社会团体的价值原则或政治要求。实际上,科学观念和科学活动在其发展之初也包含着一定的价值原则和目标要求,但由于最初的科学活动是科学家的个人行动,其中的价值原则和目标要求尚未明显地表现为特定社会团体的原则和要求,因此,人们以为科学具有超意识形态性。而到了后工业社会,不仅经济领域和政治领域普遍社团化了,而且科学领域也普遍社团化了。当科学活动只能在职业社团中存在和发展时,而职业社团又有自己特殊的利益原则和价值观念,并且职业社团的官僚科层化又使其内部具有特定的等级和规范,科学的意识形态性就明朗化了。

科学的意识形态性最突出的表现是科学活动的政治化。由于后工业社会中的科学同政府机构联系越来越密切,科学的政治色彩越来越浓。"事实上,技术问题很难同政治问题分开,而进入政治舞台的科学家们必须既是鼓吹者又是技术顾问。但是这一方面不能掩护另一方面。对于影响到国家安全、保健、经济或

---

① 丹尼尔·贝尔:《后工业社会的来临》,高铦等译,新华出版社1997年版,第417页。
② 同上书,第420页。

生活方式的问题——不论是反弹道导弹体系或超音速运输工具——都必须在公开和详尽的政治辩论后才能作出技术决策。"①

五、后工业社会文化矛盾

1976年,丹尼尔·贝尔发表了《资本主义文化矛盾》。在这部著作中,他分析了资本主义社会转入后工业社会所出现的各种社会矛盾,重点深入分析了后工业社会文化矛盾的实质、内容和表现形式,并且试图探寻摆脱文化矛盾的途径。

贝尔认为,从最基本的意义上看,资本主义是一个按照工具理性原则运行的经济社会系统,社会的主要目标是最大限度地追求经济效益。因此,许多社会理论像马克思那样以经济因素为中心来解释整个社会生活过程。贝尔不赞成这种做法,在他看来,虽然经济系统在社会生活中起着基础性作用,但是,社会的其他系统并不完全同经济系统保持一致,更不一定受经济系统的决定,相反是按照自己的原则和目标去运行的。

如同其他后现代主义者一样,贝尔反对把社会看成围绕一个中心而组成的一体化结构,认为必须面对已经分化而且充满了矛盾对立的资本主义现实,用分析的眼光来看待这个后工业社会。他指出:"与社会统一观相反,我认为较有益的方法是把现代社会(我此刻不管它与以往社会的继承联系)看作由三个特殊领域组成,每个领域都服从于不同的轴心原则。我把整个社会分解成经济—技术体系、政治与文化。它们之间并不相互一致,变化节奏亦不相同。它们各有自己的独特模式,并依此形成大相径庭的行为方式。正是这种领域间的冲突决定了社会的各种矛盾。"②

为了明确而深入地揭示后工业社会的矛盾,贝尔从类型学和历史学两个视角来开展他的分析。他指出:"我透过两个焦点来破译其中矛盾。其一是人工设计的'理想类型'(ideal type)。这种'非历史'的封闭模型可以用来作为'虚拟演绎'研究,并标明研究对象的局限。"③通过理想类型研究,可以对复杂多样的社会现象进行分类概括,然后在相对区分中对同类现象的"轴心原则"和"轴

---

① 丹尼尔·贝尔:《后工业社会的来临》,高銛等译,新华出版社1997年版,第438页。
② 丹尼尔·贝尔:《资本主义文化矛盾》,赵一凡等译,生活·读书·新知三联书店1989年版,第56页。
③ 同上书,第25页。

心结构"作出界定,以此来保持对社会问题研究的具体性或相对确定性。

另一个视角是历史考察和现实经验描述。借助抽象概括方法而展开的理想类型分析,具有远离现实的抽象性。为了克服这种局限,贝尔认为回溯历史和描述现实都是不可缺少的。因为历史和现实的研究,不仅可以保证研究内容和所述观点的具体性和丰富性,而且还能通过历史研究而把握社会矛盾的演化线索和发展规律,通过观察现实经验而展望和推测未来社会。

在对后工业社会的理想类型研究中,贝尔根据冲突理论的方法揭示了三大领域的矛盾。他首先分析了技术—经济领域,他指出:"首先得看技术—经济领域,它在资本主义早期阶段就是关键部门。目前所有工业化社会都将这一部门建筑在有效经营基础之上:即为获取效益,尽量把工作分解成按成本核算的最小单位。"[①]最大限度地追求经济效益是这个领域的根本目的,工具理性是这个领域的根本原则,科层制则是这个领域的组成形式和管理模式。在由这些因素限定的技术—经济领域中,"其中的个人也必然被当作'物',而不是人来对待(用社会学术语说,此处人的行为受到'角色要求'的调节),成为最大限度谋求利润的工具。一句话,个人已经消失在他的功能之中"[②]。

其次,贝尔分析了政治领域。他认为,"政治领域是调解冲突的部门。其中起轴心支配作用的是平等原则:法律平等,公民权利平等,以及最近提出的社会与经济权利平等"[③]。在对政治现象的分析上,贝尔继承了马克思的一些观点。一方面,贝尔认为政治的实质是统治者的意志的表现,各种政治活动尽管十分复杂,但其核心都是按照统治者意志行事;另一方面,政治宣称追求平等,并借此而介入社会生活各种领域,以图达到对全社会的控制。为了保证实现自己的目的,政治要借用大量的技术手段开展活动,由此而具备了现实的、复杂的活动形式。政治作为统治者意志的体现,采用各种技术形式向整个社会介入,造成了一种普遍的紧张形势。

贝尔认为文化领域是最复杂的领域。他指出:"文化领域的特征是自我表现和自我满足。它是反体制的,独立无羁的,以个人兴趣为衡量尺度。在这里,个人的感觉、情绪和判断压倒了质量与价值的客观标准,决定着文艺作品的贵贱。"[④]表现自我,满足自我,是资本主义文化领域的轴心原则。这个原则通过资

[①] 丹尼尔·贝尔:《资本主义文化矛盾》,赵一凡等译,生活·读书·新知三联书店1989年版,第26页。

[②] 同上。

[③] 同上。

[④] 同上。

本主义各种文化形式和文化作品表现出来,标榜个性化,不断刷新独创性,以及用各种形式展开的反主流文化,使这个领域与经济领域和政治领域的对立日益明显,冲突日益激烈。而且与此同时,否认结构,无视中心的激进情绪,使这个领域变得越来越轻浮,躁动不安的新文化现象纷至沓来,往往是朝兴夕衰地在人们面前呈现出一幕幕扑朔迷离的场景。人们不仅越来越难以理解这个飘忽不定的领域,而且也更加深切地体会到这个领域已陷入了空前复杂的矛盾冲突之中。

贝尔在韦伯和桑巴特关于资本主义社会矛盾的理论基础上,进一步从历史演化的角度分析了三大社会领域分裂与冲突的根源。在《新教伦理和资本主义精神》中,韦伯深入讨论了宗教观念变革同资本主义精神的关系,"韦伯强调加尔文教和清教伦理——具体指严谨工作习惯和对财富的合法追求——是促使以理性生产与交换为特征的西方文明兴起的基本原则。然而资本主义有着双重的起源。假如说韦伯突出说明了其中的一面:禁欲苦行主义(asceticism),它的另一面则是韦尔纳·桑巴特长期遭到忽视的著作中阐述的中心命题:贪婪攫取性(acquisitiveness)"①。贝尔把韦伯所说的"禁欲苦行主义"称为"宗教冲动力",而把桑巴特所说的"贪婪攫取性"称为"经济冲动力"。

贝尔认为,在资本主义自由竞争时期,"宗教冲动力"与"经济冲动力"紧密相联,具有相互亲和、相互促进的关系。一方面,"宗教冲动力"孕育了资产阶级精打细算、节俭经营的行为方式;另一方面,"经济冲动力"鼓动着资产阶级奋力开发、勇敢进取的勃勃雄心。虽然这两种冲动力在资本主义上升时期都发挥着促进资本主义发展的积极作用,但是这两种冲动力的作用是不同的。"宗教冲动力"节制了资产阶级的贪欲,使资产阶级在物质利益的诱惑面前能保持一些冷静;"经济冲动力"却按照尽力追求最大效益的原则,要求不断地突破各种限制,竭尽全力地向一切有利可获的领域进军。因此,这两种冲动力在本性上又是根本对立的。不过,正是这种对立保持了资本主义在上升时期的相对平衡。

在科学技术进步的推动下,资本主义工业生产迅速发展,"经济冲动力"不断亢奋,而限制物欲的"宗教冲动力"却越发显得苍白无力。在"经济冲动力"的冲击下,"宗教冲动力"节节败退。最后,"经济冲动力"把"宗教冲动力"抵消得无影无踪,在科学技术和工业生产长足发展的欢庆声中,"经济冲动力"成为唯一支配、推动和统治资本主义社会运行变化的力量。原来由两种冲动力相互制约而保持平衡的局面已不复存在,资本主义打着发展和创造的旗帜,向着争夺更

---

① 丹尼尔·贝尔:《资本主义文化矛盾》,赵一凡等译,生活·读书·新知三联书店1989年版,第27页。

第四章 丹尼尔·贝尔的后工业社会理论

大物质利益的目标而不顾一切地奔去。

在"宗教冲动力"还发挥作用的时代,资本主义文化中还有歌颂勤俭、认真、负责和守信等道德规范和人生态度的内容。而当"宗教冲动力"完全耗尽了自己的能量,"经济冲动力"开始放荡奔腾于资本主义社会各种层面时,文化也发生了深刻的变异,它彻底撕掉资本主义自由竞争时期披在身上的理性主义虚光,以极端偏狭、无比怪诞、变幻莫测的形式展现在人们面前。贝尔通过对现代主义思潮的分析批判,揭示了资本主义文化走向极端、扭曲异变的历史与现实。

贝尔认为,虽然作为文艺思潮的现代主义发生于19世纪末20世纪初,但是,它作为一种价值原则或精神追求却同资本主义发展的历史直接联系。他指出:"现代主义精神像一根主线,从16世纪开始贯穿了整个西方文明。它的根本含义在于:社会的基本单位不再是群体、行会、部落或城邦,它们都逐渐让位给个人。这是西方人理想中的独立个人,他拥有自决权力,并将获得完全自由。"① 这种在文艺复兴运动中生成,后来由浪漫主义运动不断推进的现代主义精神,实质上是促进资本主义现代化进程而张扬的个人主义和理想主义,试图通过提倡个人自主、自立、自我实现的价值观而为社会塑造一代新人。

现代主义呼唤的"'新人'的发展体现在两个方面。首先,经济领域出现了资产阶级企业家"。"而在文化领域,我们看到了独立艺术家的成长。"② 企业家代表着"经济冲动力",艺术家则代表着"宗教冲动力"。这两股势力曾经拧在一起,合力掀开了资本主义现代化进程。"然而违背常理的是,这两股冲动力很快变得提防对方,害怕对方,并企图摧毁对方。资产阶级企业家在经济上积极进取,却不妨碍他成为道德与文化趣味方面的保守派。资产阶级的经济冲动力被导入高度拘束性的品格构造,它的精力都用于生产商品,并形成一种惧怕本能、自发和放荡倾向的工作态度。""相反,文化冲动力却同时展开了对资产阶级价值的愤怒攻击。"③ 现代主义的艺术家们把资产阶级企业家推崇的工作纪律、效益原则或工业理性,视为套在人身上的枷锁,认为他们控制的企业和整个经济活动中都充满了对人性、自我和本能的强烈压抑,必须以猛烈的形式彻底颠覆资产阶级企业家操纵着的工业秩序,掀起一波又一波狂潮巨澜,彻底荡涤压抑人性、扭曲人生的伦理规范。

---

① 丹尼尔·贝尔:《资本主义文化矛盾》,赵一凡等译,生活·读书·新知三联书店1989年版,第61页。
② 同上书,第62页。
③ 同上书,第63页。

贝尔认为，来势汹涌的现代主义，其生成原因首先在于现代工业化进程导致了文化变迁，扰乱了人们原有的时空秩序和社会整体意识，人们对社会现实的感受陷入迷惘和混乱之中。同时，在剧烈的社会变化面前，人们一方面感到原有的信仰已无法寄托自己的生活希望，而新的信仰目标又未形成，取代了神的统治地位的个人自我，陷入了感觉混乱和价值观念断裂之中。因此，现代主义文艺思潮不仅是对社会现实发生深刻变革的反映，而且是在这个基础上形成的信仰危机、价值观念冲突的表现。

现代主义思潮以其新、奇、特且不断变换的形式，势不可当地向各种文化领域进军，结果是现代主义同大众文化发生了广泛的结合。贝尔认为，这是当代资本主义文化一个非常重要的变化。因为，当现代主义渗透到各种文化领域，广泛地同大众文化结合时，它已不像传统文化那样高浮于社会的上空，而是直接进入人们的日常生活之中，宗教冲动力及其控制下的传统文化彻底被挤出了生活世界。"19世纪中叶宗教权威的破产引发了向松弛方向的心理转变。结果是文化——尤其是现代主义文化——承接了同魔鬼打交道的任务。可它不像宗教那样去驯服魔鬼，而是以世俗文化（艺术与文学）的姿态去拥抱、发掘、钻研它，逐渐视其为创造的源泉。"①现代主义同反抗资本主义工业秩序的"魔鬼"结合以后，夺得了原先由宗教把持着的文化霸权，成为资本主义社会的文化统治者。

现代主义掌握了文化霸权，但是其内部蕴含的危机却决定了它最终要从统治地位上滑落下来。现代主义宣扬个性、自我和本能，以此来对抗以工业和科学为基础的工业秩序和工具理性，实质上是以特殊性对抗普遍性，以非理性颠覆理性，这是难以取得稳定胜利的。于是，现代主义必须不断改变自己的形式，更新自己的内容，借以保持对工业社会秩序和工具理性原则的不断冲击。然而，现代主义此起彼伏，在不断更替地向它的对立面冲击的同时，实际上也在不断地进行着自我否定、自我毁灭。因为个性、本能和自我都是特殊的，都是在特定境遇中存在的，其中无法形成一种普遍的价值原则和理想信念，仅以不断更新自己的形式来赢取或否定具有强大经济基础的工业秩序，不过是新浪漫主义的空洞幻想。

现代主义是后现代主义的前奏，甚至也可以说，现代主义是当前正在流行的后现代主义的早期表现。贝尔指出："人们企望从文学艺术中寻求刺激和意义，以此顶替宗教的作用。这种努力已使现代主义又变成了当今的文化模式。然而

---

① 丹尼尔·贝尔：《资本主义文化矛盾》，赵一凡等译，生活·读书·新知三联书店1989年版，第65页。

第四章　丹尼尔·贝尔的后工业社会理论

现代主义已经衰竭。各式各样的后现代主义(它们以幻觉拓展意识的无穷疆界)仅仅是在对个性的抹杀中努力地分解自我。"①后现代主义沿着现代主义的思路继续前行，它不再像现代主义那样单纯地褒扬自我，而是更进一步地深入自我，分解自我，借用各种奇异的词句来表达深层本能中的自我。后现代主义奋斗的结果是导致了资本主义文化更深刻的危机，贝尔通过分析资本主义文化中的"(1)角色和人的断裂;(2)功能专门化，或者角色与象征表象之间的断裂;(3)词汇从隐喻向数学的转变"②，进而揭示了资本主义文化分裂与冲突。

文化是追求意义的领域，当资本主义文化在经历了现代主义向后现代主义的嬗变，已经分裂得支离破碎时，它再也承担不起为人们昭示意义的使命。那么，人们到哪里去寻找意义呢？贝尔提出了创立一种新宗教的设想。在他看来，为了寻找意义，人们不能没有信仰，并且反省自我、弥合言路、协调人际关系，也都离不开宗教。不过，贝尔主张的宗教与传统宗教不同，它是摆脱传统宗教严格戒律束缚的新宗教，是建立在人们自觉自愿、自主信仰基础上的文化崇拜。

新宗教或文化宗教最大特点是认识到人生的有限性，其实这是保留了传统宗教中某些意义的内容，例如对神圣力量的敬畏，对原罪的忏悔，对人性的冷峻认识等等。贝尔说:"我们正在摸索一种语言，它的关键词看来是'限制':对发展的限制，对环境开发的限制，对军备的限制，对生物界横加干预的限制。可是，如果我们对经济和技术实行一系列限制，是否同时也限制一下那些超出道德范围，同魔鬼拥抱并误认这也属'创造'的文化开发活动？我们是否要对'自大狂'加以约束？回答这个问题便可以解决资本主义的文化矛盾及其自欺欺人的孪生现象——现代主义文化。"③可见，这种新宗教要限制人类的一切行为，无论是经济、政治、还是文化，都在新宗教的限制之内。

新宗教的表现形式是"公众家庭"，其基本构想是:个人在民主社会中，既积极参加政治活动，但又不唯我独尊，能够自觉地以社会公德和公众意识限制自己;由于社会富裕程度将不断提高，个人会得到越来越多的财富，但个人会自觉地限制自己的欲望，不至于像以往那样，为了个人利益而不择手段地同别人争夺，甚至坑害别人，应当尊重他人，甚至愿意维持公众利益而限制和牺牲自己的

---

① 丹尼尔·贝尔:《资本主义文化矛盾》，赵一凡等译，生活·读书·新知三联书店1989年版，第75页。
② 同上书，第140页。
③ 同上书，第40页。

利益；在文化上，人们将平息焦躁浅浮的情绪，本着新宗教的价值理想而追求更丰富的人生意义，不仅面向新生活而创造出新的文艺作品，更重要的是尊重传统文化，保持文化的连续性，以此避免文化的分裂。

当新自由主义在西方政界、学界甚至社会各界广泛流行之时，贝尔等人举起了新保守主义的旗帜，他们激烈批判新自由主义片面鼓吹个体私利、市场竞争和效益最大化的理性选择，提倡公平正义和稳定持续，试图以社会团结和稳定秩序来化解新自主义泛滥引发的各种社会问题。作为新保守主义的代表，贝尔阐发了很多有所启发的思想观点。

在《资本主义文化矛盾》中，当贝尔向以美国为代表的发达资本主义国家的各种文化现象开展激烈批评时，就已经明确地表现出他的保守主义倾向。贝尔不赞成文化激进主义不遗余力地向文化传统发起冲击，更不赞成在文化大众化过程中出现的形形色色且不断转换面目的文化场景，认为这些无限浮躁的文化变换实质上是精神空虚、思想贫乏的表现，它不仅会造成文化传统的断裂，而且还会把社会生活引入颓废与消极。贝尔坚持保守主义的立场，认为不能轻率地对待文化传统，试图断裂文化传统的左倾激进活动将给人类社会带来灾难。贝尔指出：

> 每个社会都设法建立一个意义系统，人们通过它们来显示自己与世界的联系。这些一一规定了一套目的，它们或像神话和仪式那样，解释了共同经验的特点，或通过人的魔法或技术力量来改造自然。这些意义体现在宗教、文化和工作中。在这些领域里丧失意义就造成一种茫然困惑的局面。这种局面令人无法忍受，因而也就迫使人们尽快地去追求新的意义，以免剩下的一切都变成一种虚无主义或空虚感。①

虽然贝尔认为自己主要是在卡西尔的意义上理解文化，即主要是从思想观念的角度来讨论文化，但贝尔在直接面对五彩缤纷的文化现象时，他却强调文化的感性特征。"就社会、团体和个人而言，文化是一种借助内聚力来维护本题身份(identity)的连续过程。这种内在聚合力的获得，则靠着前后如一的美学观念、有关自我的道德意识，以及人们在装饰家庭、打扮自己的客观过程中所展示的生活方式和与其观念相关的特殊趣味。文化因此而属于感知范畴，属于情感与道德的范围，属于力图整理这些情感的智识的领域。"② 从感性的角度来观察

---

① 丹尼尔·贝尔：《资本主义文化矛盾》，赵一凡等译，生活·读书·新知三联书店 1989 年版，第 197 页。

② 同上书，第 81—82 页。

第四章 丹尼尔·贝尔的后工业社会理论

大众文化生活的变化,这不仅是一种文化社会学的基本视角,更重要的也体现了保守主义注重社会生活的感性基础的基本原则。

正是因为注重文化生活的感性特征和感性形式,贝尔在20世纪七八十年代的文化变迁中发现了一种崭新的趋势:视觉文化的崛起。在贝尔看来,大众的文化生活首先是视觉文化,诸如传统的马戏和杂耍等,但到了当代,视觉文化已经展开了广阔的空间和更加复杂的形式。一方面,迅速发展的城市化使人们在日益扩展的城市世界中看到了五光十色的生活画面,人们的视觉经验在不断变换的城市空间中被持续地更新。"在新的空间概念上,有一种固有的距离的销蚀。不仅新型的现代匀速手段压缩了自然距离,引起了对旅游、对见大世面的视觉快乐的新的重视,而且这些新艺术的各种技巧(主要是电影和现代绘画)缩小了观察者与视觉经验之间的心理和审美距离。"①

另一方面,已同市场逐利行为同流合污的现代艺术,为了赢取经济效益,不遗余力地变换自己的形式,挖空心思地以各种奇特的色彩和形象去刺激人们的感官,以便引起大众的视觉注意和感觉兴奋。现代艺术"刻意地选择形象,更变视觉角度,并控制镜头长度和构图的'共鸣性'。现代性的主要特征——按照新奇、轰动、同步、冲击来组织社会和审美反应——因而在视觉艺术中找到了主要的表现"②。

在城市化和现代文化的双重推进下,视觉文化获得了快速发展,并逐渐取代了文字文化的统治地位。"我相信,当代文化正在变成一种视觉文化,而不是一种印刷文化,这是千真万确的事实。这一变革的根源与其说是作为大众传播媒介的电影和电视,不如说是人们在十九世纪中叶开始经历的那种地理和社会的流动以及应运而生的一种新美学。"③贝尔在20世纪70年代作出的当代文化已经变成视觉文化的论断,在21世纪初期已经成为更加广泛的事实,互联网、手机通信和其他数字媒体,以更广泛、更生动、更快捷的方式把琳琅满目的图片和影像瞬间传至世界各个角落,更加充分地证明视觉文化已经不可否认地取代了印刷文化或文字文化的统治地位。

应当承认,贝尔对视觉文化的论述有真实的文化变迁基础,但同时也应看到,贝尔能够如此敏感地发现视觉文化发展趋势,与他的文化保守主义立场直接

---

① 丹尼尔·贝尔:《资本主义文化矛盾》,赵一凡等译,生活·读书·新知三联书店1989年版,第155页。
② 同上。
③ 同上书,第156页。

相关。自由主义强调理性进取,而保守主义重视感性存在。视觉文化的发展离不开理性技术的支持,但视觉文化的表现形式却是生动的感性形象。贝尔站在保守主义的感性论立场上面对视觉文化展开的万紫千红的感性形象,不仅作出了视觉文化占统治地位的时代已经到来的论断,而且还形成了当代社会生活已经呈现了"感觉革命"的观点。[①]

感觉革命不仅是人们的感觉在视觉文化时代发生了变化,感觉由迟钝变得敏感,由被动变得主动,由简单变得复杂,更重要的是感觉的地位发生了变化。依据传统社会形成的各种认识理论或心理学说,通常把感觉看成是被动的、简单的认识形式或心理过程,但在视觉文化时代,这些判断已经日益明显地同现实不符。在视觉文化日新月异的刺激下,人们的感觉能力、感觉形式和感觉经验获得了无限生机和持续更新的动力,感觉的地位也发生了变化。感觉不再像传统社会那样迟钝地从属于理性的控制,理性逻辑也失去了在文字文化时代的普遍控制能力。

[①] 丹尼尔·贝尔:《资本主义文化矛盾》,赵一凡等译,生活·读书·新知三联书店1989年版,第135页。

第五章

福柯的"知识考古"社会学

在后现代社会学理论中,福柯的思想观点是最富有刺激性的。他以法国思想家素有的浪漫主义风格,向欧洲文化传统发起了激烈挑战,在对欧洲人理性观念、话语方式和行为方式的尖锐批判中,阐发了振聋发聩的后现代主义观点,从很多方面动摇了现代西方社会学理论的根基。

一、恐惧与扭曲中的超越

米歇尔·福柯(Michel Foucault,1926—1984),1926年10月15日在法国维埃纳省普瓦捷市出生。曾祖父、祖父、外祖父都是当地很著名的医生。父亲保罗·福柯(Paul Foucault)不仅是医术高超的外科医生,而且是拥有两个私人诊所的大学教授,因此享有一般医生无法比拟的显赫声望,家庭生活也十分富裕。

米歇尔·福柯是长子,有一个姐姐和一个弟弟。母亲安娜·马拉派尔(Anne Malapert)主持家务,是位精明、勤恳、节俭的女人。在母亲的管理下,尽管家庭很富有,一家人仍然过着朴素、简单的生活。福柯在父母那里经常接受的训导是"生活要简朴,行为要规矩,做事要勤奋"。少年福柯有一个自己的书房,室内简陋,冬天都不生火,他每天有很长时间在这里独自读书。福柯后来回忆自己的少年生活时,常常泛起阵阵深沉的压抑感,所以,他对自己的家庭生活并没有太好的印象,经常以批评的口吻追忆少年的往事。

4岁那年,福柯同姐姐一起到普瓦捷亨利四世公立中学的小学部读书。刚开始,福柯被当作非正式学生安排坐在教室的最后一排,没有明确的学习任务。

从6岁起,福柯开始在这所学校里正式读书。十二年后,福柯从这所学校毕业,如同对家庭生活的印象一样,福柯对小学和中学的学习生活也没有什么好的记忆,他甚至认为这一时期的学习生活对他是一种痛苦的折磨。关于中小学的学习经历,福柯临终前在医院里回忆起三个可怕的印象。

第一个可怕的印象:有一次父亲为了锻炼福柯的胆量,把他带到了自己的手术室,让他在一旁观看截肢手术。看到患者的肢体被父亲血淋淋地割下来,福柯十分惊恐。小福柯不仅没有在老福柯的"锻炼"中提高胆量,相反却感到人生残酷无情,一向以慈祥面孔出现在自己面前的父亲,却毫不留情地割下患者的肢体,实在令小福柯迷惑、惊恐。

第二个可怕的印象:1901年,警察在普瓦捷市的一家医院里发现了一个被囚禁了几十年的妇女。这个富裕家庭出身的女人,年轻时偷情怀孕,孩子出生后被溺死。家人为了掩盖丑闻,把她当作精神病人送进了医院,关在一间用草帘遮盖的黑屋子里。福柯从报纸上看到这条引起强烈社会反响的新闻后,在内心引起了剧烈震撼,每当他路过医院时,他就感到无限的恐惧。

第三个可怕的印象源于福柯在生活中遇到的第一次挫折。福柯在中学读书时一直是班里的好学生,许多课程的成绩在班里都是名列前茅,他常常以此而自豪。可是,因为德国军队入侵,一些犹太学生随父母迁居到普瓦捷中学插班读书,这些学生学习成绩优异,福柯在班级里的排名很快被挤到了后边。并且,这些犹太学生都很自负,在福柯面前趾高气扬,这使福柯的自尊心受到很大挫伤,福柯因此非常厌恶他们,甚至恶毒地诅咒他们。然而时隔不久,这些犹太学生都被法西斯侵略者关进了集中营,福柯不仅同情他们的遭遇,而且因以前对他们的责难而产生了深深的内疚。

用弗洛伊德精神分析的观点看,福柯在青少年时期的这些经历,作为强烈的心灵刺激已经深深地积淀到他的深层心理结构之中。如此说来,福柯后来关注的社会问题和提出的许多理论观点都与这些心灵刺激有关。诸如疯狂与压抑、惩罚与训诫、人的死亡和自我的消解等论述,或许都与青少年时期的这些经历有着深层的心理联系。

1943年,福柯中学毕业,他没有按照父亲的意愿报考医学专业,而是根据自己的兴趣要学习文学、史学和哲学。福柯立志要考入当时法国最有名气的学府巴黎高等师范学院。由于报考这所学校的学生很多,竞争十分激烈。虽然福柯参加了预备班学习,作出了非常艰苦的努力,但是也未能首考成功。1946年,福柯又经过一年预备班的学习,才以优秀的成绩考入了他心驰神往的学校。

巴黎高等师范学院是法国大革命时期建立起来的,它不仅为法国培养了很多有成就的大学教授和中学教师,而且许多著名的思想家也在这里毕业,如柏格森、列维-斯特劳斯、梅洛-庞蒂、雷蒙·阿隆和萨特等。福柯来到这所学校时,正是战后学校学术氛围非常活跃时期。福柯很快被这里涌流的各种学术思潮所吸引,他不仅对战后迅速流行的以萨特为代表的存在主义有浓厚兴趣,而且对黑格尔哲学和马克思主义也倾注了极大热情。福柯如饥似渴地钻研这些思想家或理论流派的著作,为后来的学术研究奠定了深厚的基础。

黑格尔哲学对福柯的影响主要体现在对理性问题的思考上。理性概念是黑格尔哲学的核心,黑格尔把哲学称为对理性的反思。无论福柯对传统理性批判得多么激烈,也无论福柯在对理性的评价上同黑格尔有何等程度的尖锐对立,福柯关于理性的深入研究和丰富论述都是受到黑格尔哲学启发的。黑格尔以其庞大的哲学体系,从逻辑、历史和现实生活的各个方面充分地肯定了理性在人类进步和社会发展中的根本地位。福柯正是接受了黑格尔关于理性是人类思想与行动根据的基本观点,结合第二次世界大战前后的欧洲社会现实,牢牢抓住一切社会现象的根本——理性,开展了广泛而深入的批判。

同时,黑格尔哲学对理性问题的论述具有强烈的历史辩证性,这一点对福柯的影响也是十分深刻的。福柯关于精神病诊断、话语统治、监禁与惩罚方式等许多社会现象的研究,都是在对历史演化的不断追思中,在矛盾冲突的辩证过程分析中展开的。像黑格尔的哲学理论那样,福柯的思想观点也具有丰富的历史感。这种历史辩证性研究,极大地扩展了研究社会问题的理论视野,有效地突破了某些现代社会学理论流派仅仅关注当下发生的社会问题的局限性。

马克思主义对福柯的影响主要表现在理论对现实的批判性上。马克思主义的突出特点之一是:认为既存现实在意识形态的控制下往往是被扭曲的不真实存在,必须以否定的眼光来审查和批判现存,以便促进不合理现存转变为合理的现实。在福柯的著述中,这种否定现存,批判现存,要求现存改变既有状态的革命精神是非常强烈的。几乎福柯所论述的社会现象都被他看作是异化的、与人性相悖的存在,他都以某种理想原则评价和斥责这些社会现象的虚假性。

福柯接受马克思主义的某些观点同现象学对他的影响是分不开的。第二次世界大战之前在德国兴起的以胡塞尔(Edmund Hussel,1859—1938)和海德格尔(M. Heidegger,1889—1976)等人为代表的现象学,在欧洲学术界产生了广泛影响。梅洛-庞蒂、萨特等法国哲学家把现象学引入了法国,并同马克思主义理论相融合,使现象学思潮更加关注现实,而且以否定性的态度批判现实。战后,这种同马克思主义结合的现象学很快在法国形成了热潮,尤其是在巴黎高等师范学院这样一些著名大学里,青年知识分子对这种现象学的追求更为热烈。

现象学在海德格尔那里就已经从一般哲学方法论的讨论转向了对人生现实的直接关注。海德格尔通过对两次世界大战期间欧洲人基本生存状态的思考，论述了"恐惧""烦""畏""沉沦""被抛"和"言谈""领悟"等问题，实质上这些概念都是从不同角度对当时欧洲中产阶级心理状态和日常生活的概括与阐释。梅洛-庞蒂和萨特等人将现象学的这种变化向前推进了一步，他们更加关注各种社会现象的历史演化，并且把许多社会问题都放到语言学的视野里展开，这使现象学更加接近社会、切近生活。

从福柯思想理论同现象学的联系中会发现，福柯讨论的许多核心问题来源于现象学，特别是来源于梅洛-庞蒂和萨特等法国的同马克思主义结合的现象学理论。福柯关于理性专断、话语断裂、情感扭曲、社会异质性等方面的论述，在萨特和梅洛-庞蒂那里就已经是被反复论述的话题了。

另外，第二次世界大战后在法国兴起的结构主义对福柯也有很大影响。福柯是后结构主义者，但是他的后结构主义观点是从结构主义立场转变而来的。以索绪尔（F. Saussure, 1857—1913）为代表的结构主义语言学，以列维-斯特劳斯（Cloude Levi-Strauss, 1908—2009）为代表的结构主义人类学，以阿尔都塞（Louis Althusser, 1918—1990）为代表的结构主义的马克思主义，战后在法国曾发生广泛影响。福柯最初对结构主义的许多观点和方法很感兴趣，但是他后来发现，结构主义寻求现象的内在本质，认为所有事物都有规定其存在的稳定结构，并且同类事物有共同的本质结构。福柯越来越感到结构主义的基本观点同多样复杂、变动不居的现实是不相符的，而且承认结构主义的观点就面临着重蹈传统形而上学思维方式覆辙的危险。因此，福柯后来以反对本质主义、拆解结构主义的后结构主义立场来阐述自己的一系列学术观点。

福柯发表了许多学术著作，其中主要有：《精神病和心理学》（Mental Illness and Psychology, 1954）、《疯狂与文明》（Madness and Civilization, 1961）、《临床医学的诞生》（The Birth of the Clinic, 1963）、《事物的秩序》（The Order of Things, 1966）、《知识考古学》（The Archaeology of Knowledge, 1969）、《词与物》（The Order of Discourse, 1971）、《规训与惩罚》（Discipline and Punish, 1975）、《性史》（The History of Sexuality, 1976）等。

福柯的这些著作发表后，在哲学、社会学和文学艺术等领域掀起了阵阵波澜，他的不断创新的观点拨动着各种学科的理论神经，人们惯常的思维遭受一次又一次强烈刺激，震撼、兴奋、省悟、拒斥、责难，各种反应在四面八方此起彼伏。这一方面说明人们对福柯的理论褒贬不一，其中有许多观点并未得到人们的共识；另一方面也说明福柯的理论不仅包含着崭新的思想，能够引起人们进一步思考,而且因其涉及众多领域而引起了广泛反响。

如同福柯的著述中有许多奇谈令人难以理解,他的生活经历中也有许多奇闻让人不可思议。在巴黎高等师范学院读书期间,福柯以"学习狂"著称,他学养深厚、才识广博,同学们都很佩服他的能力。然而,福柯很难与周围的同学和谐相处,他性格孤僻,脾气暴躁,待人傲慢,言谈尖刻,同学们都以为他精神不太正常避而远之。

福柯曾两度自杀未遂。人们把他自杀的原因归结为同性恋倾向受到了压抑。据福柯自己回忆,他在进入巴黎高等师范学院的第一年就遇到了同性恋伙伴。不过,福柯当时迫于环境的压力,一直十分隐蔽地进行同性恋活动。尽管当时同性恋在大学里并不罕见,但是政府和校方对此事严格禁止,这迫使同性恋者不得不限制自己的行为,并因此而承受巨大的心理压力。福柯在大学学习期间还吸过毒,他回忆自己吸毒的经历时,曾十分愉快地说:"有些毒品(药品)对我十分重要,因为它们是达到我所追求的,我所无法体验的那种不可想象的极度快乐的媒介。"①这种体验同福柯追求同性恋一样被视为病态心理的表现。

1950年,福柯大学毕业参加"教师资格会考",受挫失败。翌年再上考场,获得成功。按规定,会考合格后应先到公立中学教书,福柯不愿赴任,幸好得到梯也尔基金会的资助,留在学校搞了三年学术研究。后经阿尔都塞的朋友推荐到里尔大学任教。

1955年,福柯应聘到瑞典的乌普萨拉大学任教。此间,他不仅从事法语教学,而且还讲授法国文学与戏剧,同时被任命为法国外交部文化交流处在瑞典设立的"法国之家"主任。在这里福柯开展了十分活跃的社会交往,同许多著名思想家发生了广泛的接触。1958年10月,福柯离开瑞典前往波兰在法国驻波兰大使馆代理文化参赞。福柯对这个职位很有兴趣,雄心勃勃地想干番事业,但是因为他一直不断的同性恋活动引起了法国政府和大使馆官员的反感。尤为严重的是,在法国驻波兰大使馆即将报请正式任命福柯为文化参赞时,他中了波兰情报局的美男计,同一个男青年发生了同性恋。大使得知此事十分生气,命令福柯24小时之内离开波兰。至此,福柯彻底中断了在仕途上有所进取的幻想,别无选择地重返学术生涯。

后来,福柯在德国汉堡逗留了一段时间,1960年返回巴黎,到克莱蒙费朗大学任心理学讲师。1961年,福柯通过了博士论文《疯狂与非理性——古典时期的疯狂史》的答辩,并获得了博士学位,职位也由讲师提升为教授,当年他才

---

① 刘北成:《福柯思想肖像》,北京师范大学出版社1995年版,第29页。

34岁。

  1966—1968年,福柯到突尼斯大学任教。1968年,在法国五月风暴中福柯由突尼斯返回巴黎,亲身感受这场来势汹涌的学潮对社会各方面的冲击。1970年,福柯经过激烈竞争被选为法兰西研究院的"思想哲学史教授"。这是一个具有很高学术地位的职位,也是福柯多年追求的目标。

  从20世纪70年代初开始,福柯的学术活动十分活跃,《词与物》《规训与惩罚》和《性史》等著作相继发表。同时,福柯在70年代频频出访美国,尤其是到加州大学的访问,他不仅在学术思想上引起许多新的兴奋,而且在生活上也遇到了很多强烈刺激。在种种同性恋活动的"终极体验"中,福柯染上了艾滋病。

  1983年,潜伏已久的艾滋病开始发作,各种艾滋病的症状在福柯身上不断地表现出来。福柯敏感地意识到剩下的时间已经不多了,他忍受着内心的折磨和身体的痛苦,完成了《性史》二卷和三卷的写作。

  1984年6月2日,福柯晕倒在厨房里,他的同性恋伙伴德菲尔发现时,福柯因后脑磕破不省人事地躺在血泊之中。6月25日,福柯病情恶化,抢救无效而离开了人间,年仅58岁。

二、知识考古方法论

  福柯的思想理论无疑在后现代社会学理论中占有重要地位,但是从社会学角度系统论述福柯学说的并不多,其原因之一大概是他的许多著述往往是在久远的历史视野中开展的一种知识"考古"式研究,因此,人们觉得不适合把这种关注过去的理论纳入以面向现实为特点的社会学理论中。然而,福柯对历史知识的考古与考古学对历史的发掘不同,他的目的不像考古学那样在今人的世界里挖掘古人的遗迹,而是在对古人知识的追忆中揭示现实世界存在、异变和扭曲的根源。如是观之,福柯的"知识考古学"是一种追根溯源地研究现实生活的新社会学,亦可称为在时间过程中理解现实的"历史社会学"(historical sociology)。

  福柯把现实放到历史过程中考察,这与他对现实的历史本质的理解是一致的。福柯像狄尔泰和伽达默尔等解释学家一样,认为现实不过是历史的延续,现实中存在和变化着的事物在历史中能捕捉到它嬗变的踪影。并且,现实中越是复杂的事情在历史中展开得越充分,演化得越丰富。只有把当今世界那些被层层迷障所遮蔽的现存事物放到历史过程中去考察,才能真实地理解积淀了十分丰富历史因素的现实存在。

第五章 福柯的"知识考古"社会学

与解释学强调现实同历史不可分的一般论述不同，福柯认为无论现实还是历史，都是以扭曲的异化形式存在着和联系着。因此，对现实和历史都不能不加怀疑地理解和解释，而要在种种矛盾关系中开展批判性地阐释。就此而言，福柯的学说又包含着马克思或法兰克福学派的辩证原则和批判方法。与解释学不同，福柯不是在承认现实存在的前提下通过语言来理解生活中的意义，而是像马克思和法兰克福学派那样，在否定现实的前提下揭开遮盖于其上的种种假象，找出被人们忽视的真实规定性和复杂联系。并且，个性、自由、解放等价值理想从未被隐没，一向锋芒毕露地成为评判现实的标尺，对现实的激烈抨击都是以这些理想原则为根据而提出的。

福柯不仅要求现实按照理想原则发生变革，而且认为现实在历史中也是通过种种断裂性变化而展开的。因此，福柯虽然注重在历史过程中考察现实存在的根据，但是他不像解释学那样过度强调历史的连续性和传统的不可超越性，亦即反对历史仅仅是量变的进化过程的观点，而是在量变中看到了质变，在演进中看到了飞跃。福柯关于精神病史和知识型的研究都体现了这种肯定变革，推进变革的革命精神。

与19世纪那些崇尚社会质变的革命理论不同，福柯在肯定变革的激烈言辞中追求多样异质性，而不是普遍规律性。凯尔纳（D. Kellner）和贝斯特（S. Best）在评论福柯崇尚差异性的方法原则时指出："福柯著作深层的主导动机就是要'尊重……差异'。这种动机影响了他的历史学方法、社会观点以及政治立场，并展现出各种各样的形式：意图抓住话语的特殊性和不连续性的历史学方法；对弥漫于多重的社会场域中的权力的反思；把'普遍知识分子'重新界定为'特殊知识分子'；以及对整体性和总体化思维模式的批判等等。"①

在《词与物》《知识考古学》等著作中，语词、陈述、话语、档案、文体等都是福柯讨论的主要内容。通过这些论述，福柯建立了丰富的语言学理论，但这不是一般的语言学理论，而是以语言为对象展开的社会学理论。福柯讨论语言问题，不是分析语言的结构和规则，也不是分析语言作为概念、判断同其所指物的关系，而是揭示语言如何构造了事物之间的关系。通过对语言的研究，揭示语言所指的物与物之间的关系是怎样被语言建构起来的，又是怎样在语言的控制下存在、断裂和异变的，福柯称之为"话语实践"。他指出：话语研究"揭示了另外一项任务。这个任务在于不把——不再把——话语当作符号的整体来研究（把能指成

---

① 道格拉斯·凯尔纳、斯蒂文·贝斯特：《后现代理论》，张志斌译，中央编译出版社1999年版，第51页。

分归结于内容或者表达),而是把话语作为系统地形成这些话语所言及的对象的实践来研究"①。

研究话语实践,福柯提出了一系列人的存在与实践同语言的关系问题。他说:"谁在说话?在所有说话个体的总体中,谁有充分理由使用这种类型的语言?谁是这种语言的拥有者?谁从这个拥有者那里接受他的特殊性及特殊地位?反过来,他从谁那里接受如果不是真理的保证,至少也是对真理的推测呢?"②福柯还提出了说话者所处的群体、地位、角色、权力等等人际或群体间的网络关系问题。因此,福柯的语言学研究是由语言触及人的社会行动或社会实践的社会学研究,是在社会学视野里展开的语言学研究。

话语实践是人们面向实际的经验过程,福柯因此称之为"实证性"(positivity)。他指出:"话语实践开始个体化和获得自律性的时刻,因此也是陈述形成的唯一和同一系统起作用的时刻,或者还有当这个系统被转换的时刻,我们将这些时刻称为实证性的界限。"③所谓话语实践个体化,是指陈述指向特定的经验现象,按照特殊的规则组织陈述去说明、表达某种经验现象。此时,话语实践并没有形成科学知识,但是,这种处于实证性或经验性层面上的陈述,却是科学知识或思想体系得以建立的前提和基础。

科学知识和思想体系是观念系统,是思想史的研究对象;而实证性的话语实践不是观念系统,因此是被思想史忽视的而由知识考古学关注的研究对象。知识考古学"分析实证性,是要指出话语实践根据什么规则可形成对象群、陈述整体、概念定义、理论选择体系"④。知识考古学在话语实践中揭示的规则被福柯称为:"它们是一致(或者不一致)的命题得以立足,相对准确的描述得以发挥,验证得以进行和理论得以展开的基础。它们构成诸如知识或幻觉,公认的真理或被揭穿的谬误,最终的成果或被克服的障碍那样起作用的东西的先决条件。"⑤如果知识考古学要在话语实践中揭示理论和知识形成的基础和先决条件,那么它同思想史的区别似乎仅仅在面对的对象上,而要达到的理论结果是相同的。因为思想史也不是仅仅分析思想观念的演化线索,它也要揭示各种知识或理论立足的基础和发生的先决条件。其实不然,福柯认为二者的区别不仅在于面对的对象上,而且在于理论概括的结果上。

---

① 福柯:《知识考古学》,谢强、马月译,生活·读书·新知三联书店1998年版,第61页。
② 同上书,第62页。
③ 同上书,第241页。
④ 同上书,第234页。
⑤ 同上书,第235页。

第五章 福柯的"知识考古"社会学

概括地说,知识考古学要在实证性的话语实践中揭示出具有差别性的规则,而思想史要在有差别的思想理论中揭示出无差别的普遍规律。知识"考古学只是力图认真对待这些差别;力图理清这些差别,确定它们怎样分配,怎么样相互包容,相互依附和相互隶属,它们属于怎样不同的种类,简言之,就是要描述这些差别,并在它们之间建立它们的差别的系统"①。"对于思想史来说,差别,正像它所呈现的那样,是谬误或者是圈套。分析的洞察力不应为差别所迷惑,而应该试图分解差别,即在差别之下,再发现一个更小的差异,而在这个更小的差异之下,再发现另一个更有限的差异,以此类推,直至找到理想的界限,这个界限可能是完美的连续的无差异性。"②

在肯定差别同否定差别的对立中,福柯不仅把知识考古学的研究方法同思想史区别开,而且也同哲学认识论和各种科学史区别开。在福柯看来,思想史、认识论和各种科学史,实质都是追求共同的无差别的普遍规律和连续性线索,形成这种错误追求的原因之一是它们都停留在观念层面的研究上。知识考古学可以避免这种错误追求,因为它不去玄思那些观念,而是面对在特定条件、特定环境和特定关系中的话语实践,研究人们说出来的话语,亦即"说出来的事件"。福柯把那些尚未成为哲学概念系统和科学知识体系的"说出来的事件"称为"档案"。

知识考古学的宗旨是要翻阅、审理那些以说出来的事件构成的档案,虽然这些档案收藏的资料不是哲学认识论和科学发展史的正文,但是它们蕴含着哲学认识论和科学发展史展开的前提。翻阅这些档案就是对现在人们面对的各种思想观念和科学知识的"考古"。"在确定可能的句子构造系统的语言和被动地收集说出的词语的资料体之间,档案确定着一个特殊的层次,即:某种实践的层次,这种实践使陈述出现多样性,就像同样多的有规则的事件,就像同样多的提供给研究和操作的事物那样。"③

福柯不断地指出知识考古学要面向实践,要在实践层次上开展研究。这似乎一再表现马克思和法兰克福学派对福柯的影响。众所周知,在马克思和法兰克福学派那里,实践是一个被视为思想认识发生和发展的基础,只有在实践中才能找到各种感性认识和理性认识的来源。福柯讨论语词、陈述、话语和档案等方面问题时,都不断地强调它们的实践性,这无疑与马克思主义的影响有关。但是

---

① 福柯:《知识考古学》,谢强、马月译,生活·读书·新知三联书店1998年版,第220页。
② 同上。
③ 同上书,第167页。

应当指出:马克思和法兰克福学派讲的实践是以生产劳动和社会斗争为主要内容的社会行动过程,而福柯讲的实践是言谈、对话和书写的语言表达与交流过程。如果比较二者的区别,作为社会行动的实践具有较强的感性或物质性色彩,而言谈对话的实践则具有较强的理性或精神性色彩。不过,福柯不是这样看的,他认为话语实践不同于纯粹观念或意识层面上的精神活动,因为言谈和对话是说出符号,书写是记录、写出符号,不仅言谈、对话、记录和书写都是可感知的具有物质性的活动,而且符号也是思想内涵和物质形式的统一。因此,福柯一向认为面对话语实践的知识考古学也具有超越形而上学思辨的感性现实性。

福柯强调知识考古学方法的实践性的同时,也强调了知识考古学方法的功能性,这两个方面是内在地联系在一起的。因为实践一定是要作用于某种对象的,并且要产生一定的结果。福柯在知识考古学的话语实践研究中,不仅揭示出各种具有特殊性的规则和网络关系,而且揭示了它们对所言之物的控制,也就是福柯学说的主题之一:训诫与控制,亦即语言和权力的问题。

三、理性的疯狂

知识考古学的方法是在《知识考古学》中被深入、系统阐述的,但是,它的许多基本原则在较早的著作中就已经得到了运用。在1961年出版的《疯狂与文明》中,福柯考察了不同时期欧洲精神病患者和精神病医生的话语实践,清理了理性压抑人性的档案,得出了"疯狂不是一种自然现象,而是一种文明产物"的结论。在《知识考古学》中,话语实践分析的侧重点是揭示陈述或话语系统的构成规则;在《疯狂与文明》中,疯狂及其治疗的考察侧重于实证性或经验性的文化现象,核心在于揭示理性对人性的扭曲。

《疯狂与文明》的副标题是"理性时代的疯狂史"。这个副标题不仅明示了福柯研究疯狂现象的核心问题是理性与疯狂的关系,而且表示出他要在历史过程中展开疯狂的知识考古学。本着说明特殊、揭示断裂的原则,福柯不是去描述欧洲精神病及其治疗的历史演化线索和一般规律,而是在不同的时代,不同的历史背景中,概括出不同的精神病类型和治疗方式,以此来具体地、实证性地说明理性对人性的压抑。

福柯为《疯狂与文明》写了一个内容提要:"在蛮荒状态下不可能发现疯狂。疯狂只能存在于社会之中。它不会存在于分离出它的感受形式之外,既排斥它又俘获它的反感形式之外。因此,我们可以说,从中世纪到文艺复兴,疯狂是作为一种美学现象或日常现象出现在社会领域中;17世纪,由于禁闭,疯狂经历了一个沉默和被排斥的时期。它丧失了莎士比亚和塞万提斯的时代曾经具有的展现和揭示的功能(例如,麦克白夫人变疯时开始说出真理)。它变得虚假可笑了。最后,20世纪给疯狂套上颈圈,把它归为自然现象,系于这个世界的真理。这种实证主义粗暴占有所导致的,一方面是精神病学向疯人显示的居高临下的博爱,另一方面是从奈瓦尔到阿尔托的诗作中所能发现的抗议激情。这种抗议是使疯狂体验恢复被禁闭所摧毁的深刻有力的启示意义的努力。"①

这个内容提要精辟地概括了《疯狂与文明》一书的基本内容。如提要中所概括的那样,福柯把欧洲精神病病史或疯狂史区分为三个时期:(1)从中世纪到文艺复兴的序幕时期;(2)从17世纪开始的古典时期;(3)20世纪以来的现代时期。在这三个不同时期,由于理性对人性压抑的程度和形式不同,欧洲人的疯狂概念和治疗疯人的手段也不同,三个时期不仅表现了三种疯人类型和治疗疯人的三种形式,而且表现了理性对人性的压抑越来越深入、越来越残酷的过程。

福柯从麻风病入手来研究疯狂。福柯发现,近代疯人的遭遇同中世纪麻风病患者的遭遇是相同的,可以把近代疯人看成是中世纪麻风病患者的替代角色。因此,要深入理解疯人现象,应当从研究麻风病的遭遇开始,在中世纪,麻风病在欧洲蔓延成灾,社会各界都为之而无限恐惧。为了对付麻风病,欧洲各地建立了很多麻风病院,形成了庞大的麻风病院网络。当时对待麻风病的手段不是如何医治这些病人,而是大肆宣传麻风病是一种罪恶的表现,是上帝惩罚罪恶的神圣证明,于是必须像惩罚罪犯那样把麻风病人关押在与常人隔离的场所。当时,欧洲各地的麻风病院就是麻风病人的监狱。

后来,麻风病逐渐消失了,但是各地的麻风病院还存在。这些麻风病院存留下来,不仅是一些建筑设施的存在,而且还是一套习俗的延续。在麻风病消失两三个世纪后,欧洲人开始在麻风病院或用对待麻风病人的手段管理圈禁"精神错乱者"。精神错乱者或疯人受到的处置仍然是隔离,最典型的方式是文艺复兴时期的"愚人船",那时,人们像对待麻风病一样,并未想到如何医治疯人,而是用船把疯人运到由江海湖泊隔离开的荒野或孤岛上。"意义是全新的,文化也非常地不同,形式却残存下来。本质上,这是一种大型的严格划分——它是社会层面上的排斥,灵性层面上的重新回归。"②

愚人船的出现反映了欧洲人对疯人的不安的心理体验。通过对文艺复兴时期文学艺术和哲学理论的考察,福柯概括了欧洲人对疯人或疯狂的两种体验:一

---

① 引自刘北成:《福柯思想肖像》,北京师范大学出版社1995年版,第67页。
② 福柯:《古典时代疯狂史》,林志明译,生活·读书·新知三联书店2005年版,第9页。

方面是悲剧性的疯狂体验,另一方面是被理性驯服的日常疯狂体验。悲剧性的疯狂体验反映在博斯、杜勒和勃鲁盖尔等人的绘画中,疯狂被描绘为放荡、骚扰、危险等形态,显示出人类的粗野天性和隐秘心理;被理性驯服的日常疯狂体验被描述在文学和哲学作品中,疯狂被描述为愚蠢、狂妄、贪婪、自恋、迷幻等非理性状态,理性不仅警惕地同疯狂保持一定距离,而且同疯狂对话,嘲讽和讥笑疯狂。

到了17世纪,这两种疯狂体验在戏剧中交替表现。莎士比亚和塞万提斯等人的戏剧中所描绘的疯狂体验属于悲剧式的,而《聪明误》之类戏剧中的疯狂体验却体现了理性对非理性的战胜,是驯服性的疯狂体验。福柯认为,这两种疯狂体验的出现,不仅说明了欧洲人对疯狂现象理解的分歧,而且说明欧洲人的文化意识已经发生裂变。但是,无论关于疯狂的体验分裂到何种程度,疯狂最终都成为理性的控制对象而必须安静下来。

到了17世纪开始的古典时期,欧洲进入了理性主义时代。随着科学理性或工具理性登上了欧洲文化的王位,一切文化观念都臣服在科学理性的脚下,欧洲人的疯狂观念和对待疯狂的方式也发生了巨大变化。在中世纪和文艺复兴运动时期,疯狂是各种非理性精神状态的总称,而到了古典时期,疯狂连非理性的资格都被取消,非理性仅指那些反对当时流行的思想原则和法律制度的封建贵族以及一些知识分子的精神状态。疯狂则被看作在非理性范畴之外的情感品性,是人的非人的兽性表现。这说明,疯狂现象在欧洲受到了更严重的歧视和更沉重的压抑。

古典时期对疯狂的更进一步压抑,最根本的是由科学理性走上垄断地位造成的。笛卡儿、牛顿等人把科学理性和逻辑原则抬到无以复加的地位,要求人们的思想和行为都要遵循科学理性,否则都是不合理的、无效的。在这种以科学为典范的理性主义统治下,人们的情感、意志、理想、选择都受到了贬低和压抑,科学理性在哲学和科学的哄抬下,升到一切文化形式之上,简直如同烈日当空,普照人间。被等同于兽性发作的疯人,面对热烈而耀眼的阳光,不仅无力再像中世纪和文艺复兴时期的疯人那样放荡形骸、狂妄自傲,而且被强烈的理性之光照射得连真实的世界也看不清了。看到的只是在理性压抑下而产生的种种幻象,疯人以为那些怪诞的幻象就是真实的世界,他们根据自己的幻觉发出谵妄话语。此时,尽管疯狂被视为兽性的发作,但是它已不具有中世纪疯狂的奇异形态和兴奋表现,谵妄话语成了古典时期疯狂的基本形式。

古典时期对待疯人的另一个变化是把疯人同穷人和罪犯不加区分地禁闭在一起,即以1657年法国总医院建立为标志而开始的"大禁闭"。法国总医院是由法国国王下令建立的,是一个收容穷人、罪犯和疯人的行政机构,不是当代意义的医院。它是资产阶级打着救济穷人、兴办福利事业的旗号,同王权合谋对抗神权,试图在欧洲建立新社会秩序的表现。疯人被收容到总医院这个事实说明,疯人承受的不仅仅是中世纪和文艺复兴时期来自日常生活的排斥和歧视,而且进一步受到了政治权力的压迫。疯狂不再是一种文化现象,而且同政治现象联系到一起。并且,在总医院中,疯人同穷人和罪犯一样要参加劳动,政府负责总医院的经济支持,因此,疯狂现象又同经济现象联系起来。

福柯指出,在总医院之外出现的治疗疯狂的方法,主要有两种:一种是单纯的物理治疗,另一种是物理治疗同心理治疗同时进行。虽然这两种治疗方法有一些区别,前者把疯狂视为人体自然本性或身体中物理因素的紊乱,侧重从生理调节和躯体运动方面治疗疯人(精神病患者);后者把疯狂视为非理性因素侵扰了理性因素,导致人的神经系统错乱。但是,当时对疯狂的治疗都把调节神经元气运动作为主要方法,单纯的心理治疗或精神治疗尚未形成。这说明,尽管疯狂被看作兽性的发作,但是疯人的灵与肉在医生那里还没有被分离开,疯人还是被作为精神和肉体的统一体看待的。

疯狂的古典时期结束于禁闭的解除。18世纪后期,欧洲知识分子开始批判禁闭制度。被禁闭的知识分子同与他们关押在一起的封建贵族共同发出抗议,指责政府把他们同疯人禁闭在同一个收容院里,将逐渐使他们丧失理智,要求把他们同疯人分开。一些精神病学家和历史学家也呼吁把疯人同罪犯分开,认为疯狂不是犯罪,是生理和心理现象,像对待罪犯一样对待疯人是不公正的。福柯在这种抗议中首先看到的是政治斗争,因为关押在总医院中的疯人是禁闭制度最充分发挥效力的对象,也是维持禁闭制度最充分的理由。反对把疯人关押在总医院中,实质是否定禁闭制度,要求建立新秩序。其次,批判禁闭制度还是经济危机的表现。经济危机使政府财政收入面临严重影响,大批疯人、罪犯和持不同政见的知识分子、贵族被禁闭起来,需要耗费巨额资金维持收容院的存在,政府越来越无力支付这笔巨大的财政支出。因此,释放禁闭人员、解散总医院也是对付经济危机的一种措施。

疯狂的现代时期开始于法国皮内尔(Philippe Pinel)和英国图克(Samuel Tuke)创立的新型精神病医院。他们被称为疯人的解放者,然而福柯却不同意这种赞誉。在福柯看来,皮内尔和图克建立的精神病院不是解放疯人的科学的医疗机构,而是从道德和心理上对疯人施行更残酷压迫的改造所。

图克的精神病院以给疯人提供休养的名义对疯人施行心理治疗,实质上是把宗教和道德融为一体对疯人实行恐怖性惩罚。图克在精神病院里制造神圣的宗教氛围和严厉的道德秩序,要求疯人在宗教戒律和道德监视下严守各种行为规范,否则将被赶出医院,重回社会受折磨。这种做法使疯人在心理上持续地处于恐怖状态,不断地保持自己的负罪感。强大的心理压抑,使疯人感到自己比罪犯更需要深入地悔过自新,只有永远按照宗教伦理规矩自身,心甘情愿地接受各种严酷管制,才能重新成为自主、自由的正常人。

皮内尔的精神病院没有把宗教作为治疗手段,但是那里施行了更严厉的道德惩罚。皮内尔的原则是:应当对疯人实施综合性的道德教育,使疯人在不断的刺激中向理性世界的道德标准屈服,而理性世界的一系列道德标准即是资产阶级的基本价值准则。皮内尔医院对疯人进行全面的无休止的审判,让疯人不断地意识到自己的行为都是错误和罪过,在道德戒律无处不在的世界中,只有老老实实地俯首听命,改变自己的一切所作所为,才能获得自由,否则将遭到无法逃脱的终身惩罚。

福柯认为,图克和皮内尔的精神病院是资产阶级确立的社会秩序的代表,是张扬和示范资产阶级价值观和道德准则的舞台。同中世纪文艺复兴时期和古典时期不同,现代精神病院披上了科学的外衣,在科学治疗技术的掩盖下实施更严格的道德和心理惩罚。中世纪和文艺复兴时期对付疯人的手段是一般生活世界中的做法,即把疯人同正常人隔离开。古典时期对疯人实行禁闭,这种关押的手段虽然看上去残酷,但比起现代精神病院的做法尚显宽容,因为它仅仅是外部形体的惩罚和活动空间的限制。而在图克和皮内尔的精神病院中,疯人们遭到的不仅是隔离,形体惩罚和活动空间限制,而且更严重的是深入到他们的心理底层进行全方位的道德责难和心理制裁,逼迫疯人们从灵魂深处认可资产阶级的政治制度、社会秩序、道德准则和价值观念。

总之,福柯对疯狂现象的分析既是其知识考古学方法运用的一个范例,也是用知识考古学方法批判欧洲理性主义文化传统的开始。福柯把人们习以为常地认为是不正常精神状态的疯狂放到欧洲政治制度、经济条件和宗教、伦理、文学艺术等文化形式中去考察,得出了同人们惯常观念相反的结论,即疯狂不是单纯的生理学、心理学和医学问题,它首先是政治、经济和伦理道德问题。疯狂及其遭遇都是特定历史条件和意识形态的产物,向来被认为应当受到理性治疗的疯狂,是理性压迫的结果,疯狂的内涵和外延都应当受到重新审查。而在对不同时期疯狂的审查中,人们将发现,真正疯狂的是理性!理性凭借着科学与工业的成就,变得越来越蛮横、越来越残酷,它对人性的压抑已经由外部环境和活动空间深入到人的心理底层。而且它并未就此而止,还在继续寻找着新途径,压迫人性的新层面。因此,理性是真正的、应当得到限制的疯狂。

四、话语的深层结构

话语的结构一直是福柯论述的主题之一,在《临床医学的诞生》和《词与物》两部著作中,这个主题得到了充分展开,不仅论述了语词或话语如何构造了事物,而且揭示了话语随社会条件变化而演化出的历史性结构。

在《临床医学的诞生》中,福柯论述的核心问题是:科学话语如何制约或构造了人们的感性经验。福柯首先列举了两个病例:一个是古典时期波姆的病例,另一个是现代时期贝勒的病例。医生波姆在18世纪中期论述了这样一个病例:一位癔病患者按照医嘱每天在浴盆泡10到12个小时,经过十个月的治疗,医生看到:患者神经系统中的干燥的膜性组织开始脱落,随小便排出,逐渐地肠道、食道、血管和舌头等部位也发生了内膜脱落,甚至患者咳嗽时都能排出各种碎片。医生贝勒在1825年记述了另一个病例:医生贝勒在解剖脑部病灶时真正看到了病灶形成的"假膜"。

这两个病例所记述的都是医生的观察经验,但是,现代人看到这两个病例时却仅仅认为后者是真实的,而认为前者是编造的。福柯提出的问题是:"是什么样的基本经验致使我们在我们确定性知识的层面下、在产生这些确定性知识的领域里确立了这样明显的差异呢?我们怎么能断定,18世纪的医生没有看到他们声称看到的东西,而一定需要经过几十年的时间才能驱散这些幻想的图像,在它们留下的空间里揭示出事物真实的面貌?"①也就是说,为什么波姆认为自己看到的是真实的,而我们却认为他的观察是虚假的?为什么我们都相信贝勒关于脑病灶形成假膜的报告呢?

福柯认为,这里的原因在于话语对感性经验的制约作用。波姆是在古典时期分类医学的话语中来展开自己的临床观察,他自然要用不同组织发生的变化来描述自己的观察,并且像林奈(Linnaeus)的生物学分类方法那样对疾病分类,甚至把疾病看成与身体不一样的实体——内膜;而贝勒是在现代时期解剖医学的话语中来展开自己的临床观察,他也必然用解剖学的话语来说明自己的观察。而我们则是用贝勒一样的解剖学话语来鉴别这两种观察经验的真伪,那么也一定会站在贝勒一边,接受贝勒的描述。更进一步说,福柯认为感性经验的变化归因于话语系统的变化。福柯生动地指出:"十八世纪医生总是以这样一个问题开始与病人的对话——'你怎么不舒服?'(这种对话有自己的语法和风格),但

---

① 福柯:《临床医学的诞生》,刘北成译,译林出版社2011年版,第2页。

是这种问法被另一种问法所取代:'你哪儿不舒服?'我们可以从中看到临床医学的运作及其全部话语的原理。从此开始,在医学经验的各个层次上,能指与所指的全部关系都被重新安排:在作为能指的症状与作为所指的疾病之间,在描述与被描述者之间,在事物与它所预示的发展之间,在病变与它所指示的病痛之间,等等。"①

在福柯看来,很多人欢迎临床医学的诞生,但却不知道临床医学诞生的真正意义,认为临床医学的重要意义在于它单纯注重经验,以排斥语言作用的观察而形成朴实的经验。事实上,"临床医学的真正重要性在于,它不仅是医学认识的深刻改造,而且改造了一种关于疾病的话语的存在可能性"②。关于疾病的话语就是临床医学知识,这种临床医学知识规定和支配了临床医学经验。因此,"在人们所说及的事物中,重要的不是人们想的是什么,也不是这些事物在多大程度上反映了他们的思想,重要的是究竟是什么从一开始就把它们系统化,从而使它们成为新的话语无穷无尽地探讨的对象并且任由改造"③。因此,必须重视对医学知识或医学话语对医学经验作用的研究,而医学话语一定要在特定历史条件中展开,于是变化着的历史条件必然制约着医学话语对医学经验的关系,或者说医学话语是在特定历史条件中构造医学经验的。所以,要把医学话语或医学知识对医学经验的作用放到历史条件和历史过程中去研究,福柯考察了从18世纪到19世纪历史条件变化对医学话语同医学经验之间关系的影响。

福柯认为,18世纪的分类医学同当时的政治和经济条件密切相关。分类医学把疾病看成可以同人体分离的实体,可以离开人体到处传染,而在医院里疾病获得了更为便利的传染空间。因此分类医学像当时的经济学一样,认为医院对医治疾病并不有益,相反倒是为疾病蔓延提供了途径和空间。经济学从政府为医院开支而承受巨大经济负担的角度看,认为应当废除医院,把节省下来的钱直接发给那些有病的穷人。而这需要医生来鉴别谁是有病的穷人,于是,医生在经济问题的驱动下,获得了批准谁能获得医疗资助的经济权力和政治权力。当时,医生在医疗实践中都怀有浓厚的政治理想,即支持国家对社会的干预,以便建设一个"健康的社会"。

到了法国大革命期间,统一的政治信念和价值要求,以及按照统一追求剧烈变化的现实,都有力地推动着医学实践发生深刻变化。迫于大革命期间军事和

---

① 福柯:《临床医学的诞生》,刘北成译,译林出版社2011年版,第12页。
② 同上。
③ 同上。

政治的压力,革命政府开放了诊所,但是与当时的政治形势和价值理想紧密联系,开放的诊所具备了新的形式与功能。新诊所不再仅是过去诊所的那种教学单位,而是把理论与实践、教学与治疗统一起来的医疗单位。新诊所要在国家的直接控制下,不仅为病人治病,而且要严格遵守道德、保护病人。新诊所的建立形成了新的医学范式,在新的医学范式里,"不仅疾病的名称、系统分类发生变化,而且应用于病人身体的基本感知符码,观察的对象领域,医生目光扫视的表面和深层,这种目光的整个定向系统也都发生了变化"①。

在新的医学范式里,分类医学转变为症状医学(临床医学的第一个阶段)。症状医学认为疾病是动态的非实体,是各种症状的综合性表现。这种疾病概念引起了疾病的象征符号化和语言结构化。在症状医学中,呈现在医生面前的疾病不再是确定的客观实体,而是表现病理发展的象征符号,对症状或疾病的观摩与解释都被融进特有的语言结构中。福柯认为,症状医学有四种认识上的迷误:其一,疾病犹如语言的字母表,医生可以看到这些有限的因素;其二,疾病作为非实体的符号象征,体现一系列病理关系,只要了解了这些语言符号之间的关系,就能理解各种病理的关系;其三,疾病如同化学化合物,医生可以用目光之"火"来分辨;其四,医生的目光被特定的话语结构限制着,但是医生却无法自觉。

从18世纪末开始,症状医学的这些迷误在一种新的感知方式的推动下被消解。福柯认为这种新的医疗感知方式是"洞视"(glance),它同症状医学中的"注视"(gaze)不一样。"注视"是关注疾病表面现象的感觉方式,它的功能是捕捉各种象征符号,实质上存留于语言世界之中;"'洞视'不是扫视一个领域,它切入一点,一个中心点或关键点,因而超出了它所看见的东西。它不被直接的感觉方式所迷惑,⋯⋯它实际上具有破除迷信的能力"②。可见,洞视已将医生的目光引向了病人身体的内部,试图探视人体的内部结构。这不仅是症状医学被超越的标志,也是医学在当时的科学话语,即在专注各种现象内在结构的科学知识的作用下发生了由表及里、由现象及结构的变化的标志。概言之,症状医学发展到了解剖医学(临床医学的第二个阶段)。

解剖医学的出现,引起医学发生一系列重要变化。首先是死亡观念的变化。在分类医学中,死亡是疾病和生命的终结;在解剖医学中,死亡是一种特殊的生命过程,它不仅被确认为病人已经死亡的某种标志发生以前就已存在,而且在这

---

① M. Foucault, *The Birth of the Clinic*, (A. M. Sheridan, Trans.), London: Tavistock Publications, 1973, p. 54.
② Ibid., p. 121.

种标志出现以后仍然在继续,即死亡是一个时间过程,而不是瞬间的时间点。其次是空间概念的变化。解剖医学要求医生将其目光由时间的一维性展开为空间的三维性,因为解剖医学只有通过对人体各种构成的直接分割与组合才能完成其任务,所以它必然要求医生把自己的医疗对象展示在空间概念之中。再次是医学的知识标准也发生了变化,它追求的不再是具有理想性和政治色彩的"健康"状态,而是器官和组织的"正常"状态。最重要的变化被福柯认为是:解剖医学使人成为科学的对象。解剖医学敢于用手术刀来切割死亡了的人,把人体的五脏六腑都展示在医生面前,这是对亚里士多德关于科学不能应用于人这个古训的突破,人第一次被置于科学的利刃之下。

从福柯关于临床医学、特别是解剖医学的诞生过程的论述中可以看出,人最初在科学视野之外——人体同疾病是两种实体(分类医学);然后,人体通过语言符号呈现在科学之中——疾病是人体病理变化的外在表现,医学语言描述了这些表现(症状医学);最后,人体完全被抛入科学视野之中,并且被置于科学利刃之下——疾病是人体病变,可以通过解剖人体来明晰病情(解剖医学)。可见,福柯论述临床医学的诞生过程,不仅要剖析科学话语如何在特定历史条件中改变人们的感觉经验,而且还要揭示科学话语是如何入侵人体,并进而进入人生的。

在《临床医学的诞生》中,福柯展开的是对话语与事物的案例性研究,而在《词与物》中,福柯则在一般的经验层面上展开对话语与事物关系的普遍性概括。在《词与物》中,福柯提出了一个基本范畴——知识型(episteme)。这个范畴类似于库恩(Kuhn)的"范式"(paradigm),共同点都在于揭示因条件的变化而引起了话语系统的变化,而话语系统变化的实质是思维方式的变化,这种变化表现为连续性的断裂,并且也是科学、知识乃至社会的跃进。知识型同范式的区别在于:库恩在科学理论的层面上论述范式的转换,而福柯则主要在经验层面上,在话语实践中讨论知识型的转换。因此,一个是面对科学知识或理论思维的发展变化作出的哲学概括,另一个则是面对人们在社会生活过程发生了何种话语方式和思维方式变化而作出的社会学或历史社会学概括。

福柯概括出四种知识型。第一种是16世纪文艺复兴时期的"词与物统一的知识型";第二种是17—18世纪古典时期的"以词的秩序再现物的秩序的知识型";第三种是19世纪产生的现代的"以词的秩序表现人对物的关系的知识型";第四种是当代的"词的秩序同物的秩序分离的知识型"。福柯在16世纪到当代的历史过程中考察了这四种知识型不同特点和演化关系。

第一种知识型即文艺复兴时期的知识型,福柯认为它的主要特点是追求相

第五章 福柯的"知识考古"社会学

似性。福柯在文艺复兴时期的话语实践中区分出四种相似性。第一种是空间联系的相似性——适合(la convenientia)，即关于动物与植物、大地与海洋、灵魂与肉体等在距离和运动关系上的相似性，"它们彼此充分靠近，处于并置之中；它们的边界彼此接触，它们的边缘彼此混合，一物的末端意味着另一物的开头。以此方式，运动，还有影响、激情和属性，都相互传递着。这样相似性就出现在两物之间的这一结合处"①。

第二种是关于形象相仿的相似性——仿效(l'aemulatio)，这是注重表面形象相像的相似性，例如太阳和月亮像人的两只眼睛。"是一种不受位置束缚的'契合'，并能够静止地在远处起作用。看上去有点，空间的默契被打破了，这样，链条的环节不再相联，并依照没有联系的相似性，在相互远离的情况下，复制自己的循环。"②

第三种是关于类比关系的相似性——类推(l'analogie)，即联系密切、可以作类比或类推性描述的相似性，例如星星与天空、植物与大地、矿藏与岩石等相似关系，或者可以称之为相关性。"类推的力量是巨大的，因为它所处理的相似性并不是事物本身之间的可鉴的实体的相似性；它们只需较为微妙的关系相似性。这样得到消释以后，类推就可以从一个点拓展到无数的关系。"③

第四种是关于事物之间吸引和共振关系的相似性——交感(des sympathies)的相似性。这个概念可在心理学、生理学和物理学几个层面上理解，其最基本的含义是："交感是运动性原则：它让重物吸引泥土的浓重，让轻物吸引没有重量的以太，它驱使根伸向水，它使向日葵的巨大的黄色花盘随着太阳曲线转动。"④

在心理学上，交感(sympathy)意指人们相互同情，在某些或某个事物上形成同感，达成一致意见；在生理学上，sympathy 意指人体的感应能力；在物理学上，sympathy 意指共振、共鸣等物理现象。因此，当福柯用这个词来说明第四种相似性，并称之为最强大的相似性时，是把它看成一种包含了心理、生理和物理各方面相似性，或者说是在身心关系和心物关系上来论述这种相似性的。并且，当福柯论述了 sympathy 的反题 antipathy "反感"时，更多强调的是它的主观意识性。实质上是在指出：文艺复兴运动时期，人们注重根据自己的主观感受把世间有关

---

① 福柯:《词与物——人文科学考古学》，莫伟民译，上海三联书店2001年版，第24页。
② 同上书，第26页。
③ 同上书，第29页。
④ 同上书，第26页。

系的事物联系在一起,用一种统一性的眼光看待世间的一切。

福柯认为,文艺复兴时期人们寻求统一性的心理更重要的是表现在词与物的关系上。当时,人们以为自己建立的各种关于对象的话语,都是各种对象的"记号"(signature)。这些记号同对象是完全相符的,人们说出和写出的话语与文字,都直接表达或描述着外在事物,并且无论哪种视野里的话语,也无论学术语言还是神学语言,都依循能指、所指和联结项构成,这意味着:人们在各种领域里都在追寻着相似性,因为联结项就是表示相似性的。这种词与物的相似性关系,实质上就是人们在文艺复兴时期追求主观世界与客观世界统一性乃至整个世界统一性的世界观或思维方式。因此,文艺复兴时期是人类寻求共同性、统一性,用笼统、模糊、未分化的眼光来看世界、理解人生的时期。

第二种知识型是从寻求共同性转入寻求特殊性的古典知识型,这是一种否定相似性、注重把握事物的特征与差异的知识型。具体表现为:在古典时期,人们用分析方法取代了类比方法。这使人们能够区分不同类别的事物,并且对这些事物进行分门别类的研究,达到了对不同事物的特殊性和个别性的把握。这种知识型的典型表现形式是数学、起源学和分类学。[①] 数学是计算各种类别事物之间秩序的科学,起源学是追溯事物秩序的发生和演化的科学,分类学则是在数学与起源学基础上揭示事物的同一性与差异性的科学。没有数学难以达到对事物确定性的认识,没有起源学难以达到对事物来龙去脉的把握,而分类学则是在数学和起源学对事物的规定性、秩序性和发生、发展过程有了基本了解的基础上展开的。

福柯还分析了三种分类学话语:自然史话语、财富分析话语和一般语法的话语。自然史话语最明显地表现了分类学特征。自然史明确地排除了文艺复兴时期夹杂在自然知识中的艺术因素和历史因素,一切话语都被限制在单纯描述自然对象之中,自然史的使命不过是对自然对象的命名,一切具有主观性和历史性的因素都被排斥在外,形状、数量、空间分布及相对规模是自然史的基本视角,掌握了这些规定性就可以对事物进行诸如物种性的分类。

由于话语在古典时期已经突显了它的作用,特别是话语的运用规则直接关系到对事物的分类学研究,于是语法研究具有了突出的地位。福柯指出:"普通语法是对与同时性相关的词语秩序的研究,表象这一同时性,正是普通语法的任务。因此,普通语法的适合对象,既不是思想,也不是任何个体语言,而是被理解

---

① 福柯:《词与物——人文科学考古学》,莫伟民译,上海三联书店 2001 年版,第 96—99 页。

为一系列词语符号的话语。"①语法研究是话语秩序与事物秩序分离的开始,因为正是语法研究使人们从词与物的直接统一性中分离出语言,专注于语言的规则,使语言作为一个可以离开事物而且表现出自身规则的系统。

财富分析使语言真正成为一个可以被独立看待的符号系统。福柯指出:"所有的财富都可以用钱币表示,通过这种手段而进入流通——正如任何自然生命都可以用特征表示,从而在一种音节语言中找到位置;任何再现都可以用符号表示,从而能在一种特性与差异的系统中找到位置,使人理解。"②货币、符号和语言的联系,不仅说明人们可以在语言分析——语法研究中把话语同事物分析开来,而且由于货币在财富流通中的运用,说明人们在生活实践中可以把话语同事物分析开来。话语系统被分析出来后,它获得了独立自在、自成系统的特权。

第三种知识型是19世纪开始的现代知识型,它的特点是崇尚历史、关注人性。福柯认为,这种从古典知识型向现代知识型的转变是通过两个阶段实现的。第一个阶段大体上是1775年到1795年,在这个时期,朱西厄(A-L. de Jussieu)、拉马克的器官结构理论,亚当·斯密的劳动价值系统,威廉·琼斯的语言学理论,都体现了不再单纯注重空间类比分析,而是注重时间过程的历史分析的新方向。第二个阶段是从1795年至1825年,这个时期的变化沿着第一阶段出现的新趋向继续发展,并且出现了更明显的变化。李嘉图(David Ricardo)、居维叶(Georges Cuvier)和葆朴(Franz Bopp)分别在他们的政治经济学、生物学和历史比较语言学中代表了第二阶段的发展趋向。

在政治经济学中,李嘉图把自己的目光集中于生产过程的分析,这意味着政治经济学不再像从前只注意分析流通过程,专注于货币流通和商品价值兑现,而是开始注意生产者及其活动过程,即注重人的生存与活动在经济领域里的地位和作用。福柯指出:"最重要的是,在19世纪初,一种新的知识格局建立起来。它同时包含着经济(在生产方式方面)的历史性、人类存在(在短缺和劳动方面)的有限性,以及一种历史终结的实现——无论是不确定的减速还是根本的颠倒。根据一种图式,历史、人类学和发展的中断三者被联系在一起。这种图式决定了19世纪主要思想网络之一。"③

在生物学中,居维叶率先越出古典分类学视野,不再孤立地、静止地研究生

---

① 福柯:《词与物——人文科学考古学》,莫伟民译,上海三联书店2001年版,第110页。
② M. Foucault, *The Order of Things*, New York: Vintage Books, 1973, p. 175.
③ Ibid., p. 262.

物的各种器官,而是注重研究器官结构的功能,研究生命过程的变化。在古典分类生物学中,生物学家们注意的是各种生物的存在类别,通过列表等方式给各种生物分门别类。居维叶在比较解剖学中不仅注意到生物有机体内部的连续性,而且注意到不同有机体之间的不连续性,从生命过程有始有终的特点断定了生物有机体之间的分离性。与一般历史的目光不同,福柯在历史过程中强调的不是历史事件的连续性,而是间断性。因此,居维叶在生物学中以生命过程的起始和终结断定生物有机体的分离性,福柯对此十分赞成,他指出:"在居维叶的时代,还不存在进化论所描述的生物史;但是一开始就是从使之能够拥有历史的条件来考虑生物了。"①

在历史比较语言学中,注重历史性因素的变化最为明显。在葆朴之前,语言学家更多的是注意研究语言如何表达思想,按什么样的规则和方法才能使语言更有效澄明思想观念,这就是古希腊以来的语言逻辑学。葆朴突破了这种语法结构和逻辑规则的研究方式,他把语言视为在一定的系谱关系上建立起来的有生命的形式。语言作为一种声音现实,它有自身的变化规律,有自己的演变历史,没有必要非得把它同外界事物对应起来考虑。葆朴把世界各种语言放在一起比较,发现印欧语言有共同祖先,今天的分化状态不过是历史演化的结果,因此,语言获得了自己的历史。

政治经济学、比较解剖学和历史比较语言学是现代知识型的具体表现或典型代表,它们的共性不仅在于把时间、过程和历史引入了科学知识,引入了现代人思考自然、社会和人生的思想境界之中,更重要的是:它们在现代知识中明示了人,张扬了一种能够自我意识、自我展现,并且在理性主义和启蒙主义指引下去作用自然、创造世界的现代人。福柯认为,现代知识型中呈现的人,既是一个主体的人,又是一个客体的人;既是一个认识世界的人,又是一个等待认识的人;既是一个无限之中的理想的人,又是一个在有限中被限定的具体的人……总之,是一个在二元分立的思维方式中被理解的人,所以,也是一个在人类自我意识里被分裂的人。

现代人的二元分裂性是由现代哲学三种二元性思维方式导致的。福柯指出:"在对有限者的分析中,人是一个奇怪的经验——先验二元体。"②这是现代哲学第一种二元论思考。一方面,现代哲学把人看成一定历史条件中存在的具体的人,在人所经历的各种经验过程中,人是一个受限制的被动的有限的存在;

---

① M. Foucault, *The Order of Things*, New York: Vintage Books, 1973, p. 276.
② Ibid., p. 318.

另一方面，现代哲学又纷纷认为人是具有先验性的，人没有先于经验过程的理性范畴，就不可能有目的地、有意识地去主动地创造世界。在对人性这种二元对立的思考中，孔德的实证主义最明确地从经验过程出发，把人们的先验观念说成是对经验事实的归纳；马克思主义则指出存在客观真理，可以先于个别的人的经验而存在，实质上是肯定了人的先验性的成立。

现代哲学的第二种二元论思考是"我思"和"无思"的矛盾关系。福柯认为，笛卡儿提出的"我思故我在"，这明确地肯定了现代人的主观自觉性，现代人可以在自明的理性观念和积极的自我意识支配下开展活动。然而，由于人一定是经验过程中的，因此，人一定具有被动的、受到种种限制的方面，这些对人来说是"从来不能被他的思考，甚至是他的意识所接近的东西：晦暗的机制、无形的决定因素、阴暗的领域……即无意识"①。因此，人又具有无思、未思或无意识的那一面。然而，由于人是在理想性的先验观念支配下开展实践，人具有探察这些未知因素包括自己无意识层面的欲望，人因此而成为"我在故我思"。实际上，福柯揭示的这种"我思"与"无思"的对立，是理性观念和经验行动的冲突。

现代哲学的第三个二元论思考是关于历史起源的后退与回归的矛盾关系。历史性引入现代知识之中，一定要关系到起源问题。因为历史是回顾，不断地回顾遥远的过去实质就是追溯起源。但是仅凭思想的回顾无法探寻历史的起源，于是，人们的目光不得不转向现实经验，在现实经验中寻找历史的踪迹。这种做法的结果是把目光由历史起源拉回现实，而在现实中追问起源，实质是起源问题的现实回归。荷尔德林、尼采和海德格尔等人在对现实生活缺失与异化的追问中不断地触及起源问题，很多现实生活中的缺失，往往是起源之后在历史过程中产生的。也就是说，现实的经验过程并非起源后的历史的无缺损继续，而是历史不断丧失自身、不断压抑和异化自身的结果，人们只有在缺乏历史或起源的现实中不断地追问那些缺失，才能真正回归那未分化、未异化、未扭曲的起源。

总之，福柯通过对现代哲学二元论思维方式的三种形式的批判，不仅说明现代知识因为引入历史而形成了现代人的观念，而且还说明：现代哲学为人们确立了二元分裂的思维方式，在这种两极对立思维方式中思考与生活的现代人由此也变成了分裂的二元人。不仅人的思想意识是分裂的，而且人的历史过程和经验过程也是分裂的。所以，现代人的诞生，或者说现代人自我意识的生成，并不是理性主义所认为的那样是一幕令人兴奋的喜剧，而是如同尼采所言，是悲剧的诞生。

---

① M. Foucault, *The Order of Things*, New York: Vintage Books, 1973, p. 327.

第四种知识型是当代的"词的秩序同物的秩序分离的知识型"。简而言之,这是一种话语或话语同现实分裂的知识型。在这种知识型中,语言符号和话语实践形成了一个自我运行的领域,有自己的运行规则和运行秩序,它不仅不像文艺复兴时期那样,语言或话语同事物直接统一,而且语言符号作为一种新的自存领域,同现实世界产生对立、分离、异化。语言难以表达现实世界,生活在现实世界中的人也无法理解无限繁杂而又不断分崩离析的语言符号。即便掌握了某种语言,也因为那是一些专业化或主题化的语言,在布满鸿沟的语言世界中寸步难行,分裂的语言,分裂的世界,这就是福柯的结论。

更为严重的问题是:像尼采宣告的那样,人杀死上帝后,人又杀死了自己,现代知识型树立的现代人的形象也随着现代性的瓦解而消逝了。福柯最后宣告:"无论如何有一件事是确实的:人并不是已向人类知识提出的最古老和最恒常的问题。让我们援引一个相对短暂的年代学和一个有限的地理区域——16世纪以来的欧洲文化——我们就能确信:人是其中的一个近期的构思。并不是在人和人的秘密周围,知识才在黑暗中游荡了好长时间。……(人的出现)是知识之基本排列发生变化的结果。诚如我们的思想之考古学所轻易地表明的,人是近期的发明。并且正接近其终点。……人将被抹去,如同大海边沙地上画的一张脸。"①

五、权力征服身体与控制社会

权力问题始终是福柯讨论的主题之一,在《规训与惩罚》一书中,他充分地论述了权力的构成与施行,不仅提出了把知识与权力统一起来的新权力观,而且也考察了历史上的三种惩罚模式:(1) 中世纪末期和旧制度时期的酷刑;(2) 18世纪反对酷刑的改革者的刑法;(3) 现代纪律约束、监视技术和监狱设施等。通过对这三种惩罚的历史形式研究,福柯一方面揭示权力的实现形式——惩罚在不同历史时期的表现方式和运行特点,另一方面也在历史记载的各种经验事实中显示了权力及其表现形式,都是受某种知识的影响而发生变化的。

《规训与惩罚》通常被看成是福柯采用谱系学(genealogy)研究方法的代表作。Genealogy 的基本含义是:系谱、家谱、宗谱,或血统、家系、世系,被译为系谱学或谱系学等。福柯在《规训与惩罚》中的谱系学方法同在《知识考古学》等著作中的知识考古方法有明显区别,但很多学者在讨论二者的区别时并没抓住关

---

① 福柯:《词与物——人文科学考古学》,莫伟民译,上海三联书店 2001 年版,第 505—506 页。

第五章　福柯的"知识考古"社会学

键,一些学者常常认为二者的区别在于:知识考古学重点在于揭示语言同其存在历史条件的关系,而谱系学重点在于揭示权力同知识的关系。其实,这种观点只不过说明了《知识考古学》和《规训与惩罚》两部著作的不同研究内容,并没有清楚概括知识考古学和谱系学在方法论上的根本区别。

在《知识考古学》中,福柯开篇就开宗明义地指出:"历史学家们对长时段予以了更多的关注,犹如他们从政治事件的变幻不定中和有关它们的插曲背后揭示出一些稳固的难以打破的平衡状态、不可逆过程、不间断调节、一些持续了数百年后仍呈现起伏的现象、积累的演变和缓慢的饱和以及一些因传统叙述的混乱而被掩盖在无时间之下的精致和沉默的巨大基底。"①然而,这种追求连续性、确定性和基础性的研究方式正在被另一种研究方式取代:"人们的注意力却已从原来描绘成'时代'或'世纪'的广阔单位转向断裂现象。——在某种类型、某种形式、某项科学、某项理论活动的持久性中,探测中断的偶然性。这些中断的地位和性质多种多样。"②简言之,福柯在《知识考古学》中采取了有别于历史主义和本质主义异中求同、变中求不变的研究方法,即在同中求异,在不变之中求变,揭示差异,展示断裂。

明确了知识考古学研究方法的本质特点,也就容易理解谱系学方法的基本视角和主要原则了。如果说,知识考古学的重点是在共同中揭示差异,在连续中揭示断裂,那么谱系学的重点则是在差异中揭示共同,在断裂中揭示连续。进一步说,福柯在《规训与惩罚》中运用谱系学方法揭示了17世纪和18世纪不同形式的惩罚中的权力、知识和身体的历史演进、本质联系和谱系关系,论述了在不同历史条件下权力与知识的结合对身体的迫害与压抑,说明了社会控制体系如何在历史演化中逐步积累、强大、深入和体系化。因此,从研究内容上说不清知识考古学和谱系学两种研究方法的区别,能把二者区分开的是追求断裂还是揭示连续的两种方法原则。

事实上,福柯对自己采用的谱系学方法有清楚的概括。福柯说:"本书旨在论述关于现代灵魂与一种新的审判权力之间相互关系的历史,论述现行的科学—法律综合体的系谱。在这种综合体中,惩罚权力获得了自身的基础、证明和规则,扩大了自己的效应,并且用这种综合体掩饰自己超常的独特性。"③为了实现这个宗旨,福柯坚持了四个基本原则:第一,把惩罚视为一种复杂的社会功能;

---

① 福柯:《知识考古学》,谢强、马月译,生活·读书·新知三联书店1998年版,第1页。
② 同上书,第2页。
③ 福柯:《规训与惩罚》,刘北成、杨远婴译,生活·读书·新知三联书店1999年版,第24页。

第二,把惩罚方式看作权力的行使技术和政治策略;第三,在权力与知识的结合中分析身体遭到的惩罚;第四,揭示惩罚方式的变化是权力关系干预肉体方式变化的结果。①

  福柯还把他对惩罚权力的研究称为"微观物理学",进而强调其研究的现实性。"在某种意义上,国家机器和各种机构所运用的是一种权力的微观物理学,其有效领域在某种意义上是介于这些重大功能运作与具有物质性和力量的肉体之间。"②按照谱系学的观点,人体不仅是知识的反映、分析对象,而且也是权力的具体作用对象,人体由此而获得一种权力与知识的中介关系。把人体引入权力——知识结构的意义在于,使权力与知识的讨论超越传统认识论或传统知识论。如果仅就权力与知识两种因素开展讨论,难免限于一般观念论和知识论的视野,而引入了人体因素,就会使权力与知识关系不可回避地展开于社会过程之中。福柯所谓人体是社会生活中具体的人,作为人的感性存在展开为种种经验活动,并且折射出各种历史条件和社会环境的影响。所以,在权力—人体—知识的三维结构中讨论权力—知识关系,不仅展开了知识社会学的视野,而且也触及了政治社会学的话题。

  与一般的政治理论不同,福柯首先不是从权力的作用来讨论它的支配方式或控制形式,而是从权力的构成因素来揭示它同知识的关系。在权力与知识的关系上,福柯又与一般的知识论或知识社会学不同,他不是力图说明权力如何限制知识,而是着力揭示知识同权力的正相关关系,进而阐明权力如何在知识的建构与传播中,变成把整个社会包漏无遗地笼罩起来的纪律之网。福柯指出:"若没有一个沟通、记录、积累和转移系统,任何知识都不可能形成,这系统本身就是一种权力形式,其存在与功能同其他形式的权力紧密相连。反之,任何权力的行使,都离不开对知识的汲取、占有、分配和保留。从这种层次上看,不存在知识与社会的对立,也不存在科学与国家的对立,而是存在着各种'权力—知识'的基本形式。"③

  福柯提出的观点包含三个层面:其一,知识是在权力的制约中形成与发展起来的,没有脱离权力关系的抽象知识;其二,权力离不开知识,不仅权力在特定的知识背景、知识结构中形成,而且知识本身就是权力;其三,权力同知识不可分,只有在权力与知识的联系中才能把握权力的实质与作用。福柯的这些观点同其

---

  ① 福柯:《规训与惩罚》,刘北成、杨远婴译,生活·读书·新知三联书店1999年版,第24—25页。
  ② 同上书,第28页。
  ③ 转引自刘北成:《福柯思想肖像》,北京师范大学出版社1995年版,第219页。

第五章　福柯的"知识考古"社会学

关于话语控制作用的观点是一致的。因为,福柯一向认为知识是以话语形式表现和展开的,话语的存在形式和实践过程都是在特定历史条件中存在的,都受与某种历史条件统一的社会制度、文化传统和价值取向的制约,所以话语摆脱不了某种支配力量的作用。同时,由于某种支配力量作用而形成的话语系统——知识,一旦获得其相对稳定的存在形式,就会以其内蕴于其中的支配力量,并且在知识形成的负载下发生对社会生活的控制作用。于是,在福柯那里,权力与知识的关系实际上是一个持续的相互作用过程。

福柯对权力惩罚人身和社会的现象作了大量考察,他首先描述了一个叫达米安的人因谋刺国王而被车裂分尸的酷刑:"用烧红的铁钳撕开他的胸膛和四肢上的肉,用硫磺烧焦他持着弑君凶器的右手,再将熔化的铅汁、沸滚的松香、蜡和硫磺浇入撕裂的伤口,然后四马分肢,最后分尸扬灰。"①福柯依据文献记载讨论了很多类似的酷刑,进而揭示了酷刑的一些共同特点。福柯指出:"惩罚要成为酷刑的话,必须符合三条基本标准:首先,它必须制造出来某种程度的痛苦,这种痛苦必须能够被精确地度量,至少能被计算、比较和划分等级。其次,死刑也是一种酷刑,因为它不仅剥夺了人的生存权,而且它也是经过计算的痛苦等级的顶点——最后,极刑也是一种延续生命痛苦的艺术,它把人的生命分割成'上千次的死亡',在生命停止之前,制造'最精细剧烈的痛苦'。"②对人身肉体施以残酷摧残的酷刑,在形式上是一种政治仪式,它不仅表现了权力的威力,而且还展示了肉体经受的残忍折磨,表现了触犯权力而应付出的代价,以及社会成员应当从中受到的警示和震慑。

福柯不同意仅从野蛮和恐怖的角度去把酷刑理解为不正常状态,而是把它理解为一套按照明原则建立起来的技术。他认为,支持酷刑建立和实施的基本原则有三条:其一,酷刑是一套受控制的、有差别地制造痛苦的技术。它不仅明确地把酷刑引起人体的痛苦直接同罪行联合起来,而且还要区别等级。其二,酷刑是一种惩罚仪式,通过它来展示罪行真相以及罪行轻重应当遭到的惩罚程度,具有训诫与警示的作用。其三,酷刑要大张旗鼓地进行,目的不仅在于炫耀统治者的权威,而且表现统治者扬善除恶的价值观念。所以,酷刑是理智行为的表现,而不是非理性的恶作剧;是统治者维护权力地位和权力控制的一种方式,而不是历史中的个别事件。

到了18世纪后期,在断头台和各种公开的刑场中的酷刑遭到了日益强烈的

---

① 福柯:《规训与惩罚》,刘北成、杨远婴译,生活·读书·新知三联书店1999年版,第2页。
② 同上书,第36—37页。

反对,改革者们打着"人性"的旗号提出了改革惩罚形式的主张。"排除酷刑的惩罚,这种要求最先被提出来,因为它是出自内心的或者说是出于义愤的呼喊。即使是在惩罚最卑劣的凶手时,他身上至少有一样东西应该受到尊重,亦即他的'人性'。"①废止酷刑无疑是一种进步,禁止车裂分尸、凌迟处死和以各种残忍手段摧残身体的暴力形式,确实把罪犯的身体从鲜血淋淋的屠刀下挽救了出来,"人性"由此而得到了资产阶级的尊重。但是,资产阶级的改革并没有改变惩罚是权力统治和社会控制技术的性质,所达到的不过是在"人性"的旗帜下改变了惩罚的技术和控制的手段。

为了说明改革者推动的刑罚改革,福柯列出了19世纪中期巴黎少年犯监管所的作息时间表,这张表对少年犯从起床、进餐、祈祷、学习、劳动、休息等每天生活的各个环节都作了周密细致的规定。②福柯把少年犯监管所的作息时间表同达米安的车裂分尸酷刑作了比较分析:"一次公开处决和一份作息时间表。它们惩罚的不是同一种罪行或同一种犯人。但是它们各自代表了一种惩罚方式。"③也就是说,对作息的规定和对身体的车裂,不过是惩罚方式的变化,而权力对身体的惩罚的实质没有变。"尽管它们并不是用粗暴的、血腥的惩罚,尽管它们使用紧闭或教养的'仁厚'方法,但是,最终涉及的总是肉体,即肉体及其力量、它们的可利用性和可驯服性、对它们的安排和征服。"④

福柯认为,由资产阶级改革者推进的刑罚改革,虽然在形式上使惩罚变得不像酷刑那样残暴了,但它却使惩罚变得更加有效、更加普遍、更加深刻了。因为酷刑体现的是君主同犯人的敌对关系,无论酷刑多么严厉和惨烈,它反映的是统治者同个体之间的直接对立。而改革后的刑罚,虽然隐去了君主统治者个人,似乎看不见统治者冷酷残忍的个体形象,但是刑罚依据各种纪律、制度或法律条款,以普遍性原则把统治者的惩罚权力扩大到了全社会,权力对人们的控制与惩罚不是削弱了,而是趋向普遍化地加重加深了。福柯指出,资产阶级打着人性旗帜的改革的首要目标是:"使对非法活动的惩罚和镇压变成一种有规则的功能,与社会同步发展,不是要惩罚得更少一些,而是要惩罚得更有效些;或许应减轻刑罚的严酷性,但目的在于使惩罚更具有普遍性和必要性;使惩罚权力更深地嵌入社会本身。"⑤

---

① 福柯:《规训与惩罚》,刘北成、杨远婴译,生活·读书·新知三联书店1999年版,第82页。
② 同上书,第6页。
③ 同上书,第7页。
④ 同上书,第27页。
⑤ 同上书,第91页。

福柯进一步指出,刑罚改革的实质是以理性化和技术化的手段加深权力对社会的控制。理性化是古典时期资产阶级向封建贵族挑战并为确立自己的地位与秩序而举起的一面普遍适用的旗帜,无论在经济、政治、文化领域,还是在社会生活的各种领域,理性被看作是人性的代名词,资产阶级要求现存的一切都要用理性的标准加以重新衡量和重新建构。虽然理性被高度抽象化为普遍性,但其基本原则还是清楚明确的。概言之,理性要求效率、精于计算、能够操作、普遍适用、符合科学、明确规则等,这些都是理性的基本原则。理性的这些基本原则实质上是资产阶级为了推进工业化、科学化和市场化而建立的生产管理和社会控制的行动策略。这种行动策略在刑罚改革中得到了实施,其结果是形成了一套符号化的惩戒技术。

符号化的惩戒技术具有面向全社会的普遍作用,因此它具有经济性或高效性,并且由于符号可以让人们从中领悟意义、形成表象和产生联想,所以这种惩戒技术能够引起人们的广泛认识,进而实现对全社会的控制。"惩戒不再是一种展示的仪式,而是一种表示障碍的符号,这种惩罚符号的技术倾向颠覆整个现世性的刑事活动领域。改革者认为,他们通过这种惩罚符号的技术而赋予惩罚权力一种经济而有效的手段,这种手段可以适用于整个社会,能够把一切行为编成符码,从而控制整个弥散的非法活动领域。"①福柯概括了符号化惩戒技术的六方面原则:②

1. 最少原则。传统的惩罚原则是处决应当与犯罪一样强烈,而符号化的惩戒技术能"使避免刑罚的愿望稍强于冒险犯罪的愿望",这就达到了目的,因为这可以避免犯罪。

2. 充分想象原则。惩罚应当引起人们的清醒记忆和明确表象,以便能够使人们形成自我警示的避免犯罪的心理效应。

3. 侧面效果原则。刑罚不仅要惩治犯罪者,而且还要使那些没犯罪的人们也能从刑罚中受到教育或影响。

4. 绝对确定原则。应该把犯罪可能得到的好处同可能受到特定的惩罚确定地联系起来,以便使人们能够自觉遵守纪律、避免犯罪。

5. 共同真理原则。确定、审判和惩罚罪行时,必须遵照适用于一切真理的普遍性标准,要有事实根据和合逻辑的真理性论证,避免主观臆断。

6. 详尽规定原则。应当有一部明确规定罪行和刑罚的法典,这不仅可以使

---

① 福柯:《规训与惩罚》,刘北成、杨远婴译,生活·读书·新知三联书店1999年版,第104页。
② 同上书,第104—108页。

人们具体认识罪行,而且可以根据实际情况去处理犯罪事实。

可以比较明显地看出,福柯概括的这六条原则,不过是理性化原则的具体落实。正是根据这样一些分析,福柯对资产阶级的刑罚改革作出了总结判断,认为刑罚改革不过是建立了一种惩罚权力经济学,是把符号化惩罚技术推及整个社会,实现了对全社会的表象化的精神压迫和灵魂控制。"我们可以发现,在这种刑罚人道化的背后,所隐含的是所有那些认可,或更准确地说是要求'仁慈'的原则,是一种精心计算的惩罚权力经济学。但是这些原则也引起了权力作用点的变化:不再是通过公开处决中制造过度痛苦和公开羞辱的仪式游戏运用于肉体,而是运用于精神,更确切地说,运用于在一切人脑海中谨慎地但也是必然地和明显地传播着的表象和符号的游戏。"①

把惩罚的对象由肉体转向精神、转向灵魂,从对肉体的摧残转向对表象的构建,这并非惩罚脱离了身体,而是转向了身体的内在性——观念。惩罚对象乃至惩罚方式的这种转变,实质上同17世纪和18世纪欧洲哲学发生的认识论转向有很重要的联系。笛卡儿、洛克、莱布尼茨、休谟等哲学家都从不同立场肯定了观念在人们行为和社会生活中的根本作用,只有观念正确了才能有健康而合法的社会行为。因此,两个多世纪的欧洲哲学一直把如何澄清人们的观念,形成正确的、合乎逻辑规则的认识过程作为自己的不倦追求。18世纪的改革者主张把司法过程表象化或观念化,显然同当时在思想领域和政治领域占统治地位的观念论哲学有内在联系。

刑罚改革的根本目的在于对全社会的权力控制,而指向表象或观念的控制最终一定要落实到人们的行动之中,否则,停留在表象和观念层面的权力控制就无法落到实处。然而,行动必定是身体的动作,无法不同人的肉体联系起来。于是,具有社会控制普遍性要求的刑罚,在经历由酷刑残害肉体转向注重表象控制的变化之后,又不可避免地重新转向对肉体的控制,而其具体的表现就是监狱的诞生。"总之,在二十年间,制宪议会明确阐述的原则——及刑罚应当是特定的、适当和有效的,应在每一次实施后都对一切人有所教益——转变为除必须以死刑制裁的罪行外应用于一切违法行为的拘留的准则。18世纪所梦寐以求的、能够对公众的心灵产生重大影响的惩罚剧场,被这种庞大统一的监狱机器所取代。由巨大的监狱建筑所组成的网络很快就遍布法国和欧洲。"②

监狱以其牢固的建筑和严厉的制度对犯人实行人身监禁,身体的行动和肉

---

① 福柯:《规训与惩罚》,刘北成、杨远婴译,生活·读书·新知三联书店1999年版,第109页。
② 同上。

体存在都在监控系统中受到严厉控制。"这里有一种深思熟虑的对犯人肉体和时间的责任观念,有一种借助权威和知识系统对犯人活动和行为的管理,有一种齐心协力逐个改造犯人的矫正学,有一种脱离社会的共同体,也脱离严格意义上的司法权力的独立行使的刑罚权力。监狱的出现标志着惩罚权力的制度化。"①酷刑摧残肉体,表象化刑罚控制观念,而监狱不仅监禁人身、规训肉体,而且还改造观念、重塑心灵、矫正行为,所以,监狱是比酷刑和表象化刑罚更有效、更深入、更强大的权力惩罚,是从存在空间和延续时间对犯人的整体控制与深度改造。

与监狱类似的规训监管机构还有很多,例如拘留所、收容所和教养院,甚至工厂、兵营和学校也都努力实现对工人、士兵和学生的有效监管与纪律规训。于是,"层级监视""规范裁决"和"检查机制"三种监控技术被创造出来,并且,由这三种技术支持的"纪律权力"(discipline power)也得到了加强和实施。"层级监视"是纪律权力得以实现的首要技术,这实质上是模仿自然科学观察自然、控制自然的方法来监视人、控制人。在古典时期,军营、医院、学校和工厂的建筑设计都考虑到了如何对士兵、患者、学生和工人进行有效监视,并且在这些建筑中的群体中出现了各种层次或级别的监视者,如军队中的班长、排长、连长,工厂里的工头和监工等,都体现了监视技术的层次性和等级性。

"规范裁决"是通过"内部惩罚"来维持"纪律权力"的手段。由于"纪律权力"是十分深入的,它要对人们的各种行为都作出约束,这仅凭纪律的普遍原则是难以做到的,因此有必要根据各种机构或体制的特殊要求,制定一些"内部规则"来实行超纪律的"内部惩罚"。虽然这些"内部规则"具有特殊性,但是为了保证它的效力不被限制,"纪律权力"一定要使它获得一般原则性,并称之为"规范"(norm)。福柯指出,自18世纪以后,标榜"规范"已成为推行或实施"纪律权力"的基本形式。

"检查制度"(examination institution)被福柯视为"层级监视"和"规范裁决"的结合。福柯指出:"检查显示了被视为对象的人的被征服者的对象化。权力关系和知识关系的介入在检查中异常醒目。……在这种有限的技术中可以发现一个完整的知识领域,一种完整的权力类型。"②检查之所以能够达到这种效果,依靠于"观察权力""书写权力"和"个案技术"。被检查者一定要被置于可观察状态或可监视环境中,"纪律权力"可以包漏无遗地审视被检查者。并且,检查过程中有不断的书写记录,建立了可以对个人进行有效分类、复审、核对的档案,

---

① 福柯:《规训与惩罚》,刘北成、杨远婴译,生活·读书·新知三联书店1999年版,第146页。
② 福柯:《规训与惩罚》,刘北成等译,台湾桂冠图书有限公司1992年版,第184页。

个人被投入文件控制之中。"个案技术"是档案管理的表现形式,每个被检查者的文字记录都要被整理归案,形成了可以不断积累、翻阅、评审的个案资料,使检查和档案管理具体地落实到个人身上。

福柯还论述了"全景敞视监狱",认为它是古典时期纪律权力普及蔓延的产物,是一个纪律权力无孔不入的"纪律社会"产生的标志。这种监狱的主要特点是把监狱的一切犯人、看护和各种设施都置于中央监视塔的监视视野里,整个监狱呈现为围绕中央监视塔而展开的环形结构。福柯把这种监狱的设计原则称为"全景敞视主义",认为它充分表示了纪律机制的极度扩张,具体表现为:① 纪律机制扩展为各种机构的普遍性运作方式;② 纪律功能不仅具有惩罚的消极功能,而且具有促进的积极功能;③ 纪律机制渗透到一切非制度化的社会层面,使社会在更为广泛的层面上得到控制;④ 纪律机制成为国家控制社会的基本手段或基本形式,监狱成为国家机器就是最有力的说明。

福柯论述"全景敞视监狱"的目的在于批判整个资本主义社会。他把纪律控制无处不在的资本主义社会称为"监狱金字塔""监狱群岛",认为全社会进入监狱系统的结果是:纪律控制确立起一种渐进的、连续的、不易觉察的等级秩序;越来越庞大的纪律惩罚系统建立起来,全社会在不断制造人们的纪律惩罚经历;人们面对不断强化的纪律控制变得越来越麻木,纪律权力在越来越广泛的层面上得到了容忍;纪律权力不断深入和膨胀,并且在越来越广的层面和越来越多的群体中具体化,出现了"规范权力";监狱体系确保纪律权力对身体的实际控制,为产生控制人的科学奠定了现实基础;监狱体系或监狱化的社会获得了难以动摇的根基。

第六章

利奥塔的知识社会学

知识问题是后现代社会学家们共同关注的话题,这首先归因于后现代社会学的现实基础——后工业社会,而后工业社会正如丹尼尔·贝尔所言:它是一个知识社会。在后现代社会学关于知识问题的丰富论述中,最系统的应当是利奥塔的知识社会学,他在知识的立法原则、知识的话语方式、知识图景的变化和现代知识分子的地位与作用等方面,都作出了卓有创见的论述。

一、从否定现存到批判传统

利奥塔(J. F. Lyotard)于 1924 年出生,少年时代经历了第二次世界大战,在德国法西斯占领法国期间,目睹了法西斯暴徒对犹太人的大屠杀。当时德国法西斯建立的"奥斯威辛"集中营,其中的残酷暴行给利奥塔留下了久久不能忘却的恐怖印象。在中学读书期间,利奥塔曾对德国古典哲学特别是黑格尔哲学很感兴趣,不仅相信社会历史是按一定规律发展的,而且认为黑格尔关于"凡是存在的都是合理的"命题既正确又深刻。然而,"奥斯威辛"集中营的事实无情地粉碎了他对德国古典哲学的信仰,他发现:现存不仅不是合理的,而且是充满罪恶的。

罪恶的现存没有把利奥塔推入悲观与失望之中,而是激起了他否定现存、批判现存,并且试图建造一个真正合理的现存社会的坚定理想。他在大学期间就积极投入当时的一些社会政治活动,为寻求公正、合理的社会而奔波呼吁。1950年,利奥塔从巴黎大学哲学系毕业,获得了哲学教师资格。由于他较早建立了家庭,毕业后又面临战后法国求职困难时期,一时找不到合适工作,迫于家庭生活的压力,他只好到法属殖民地阿尔及利亚康斯坦丁市的一家中学任教。

在阿尔及利亚期间,利奥塔曾加入阿尔及利亚左翼社会主义组织,其成员大部分来自战后脱离"第四国际"的欧美学者,他们开展四面出击的思想批判活动,不仅批判了当时欧洲和北非流行的各种社会主义思潮,批判无政府主义、托洛茨基主义和斯大林主义,还批判在资本主义社会发生的各种社会异化现象。

1953年,利奥塔从阿尔及利亚返回法国,继续从事中学教师工作。回国后,利奥塔没有脱离在阿尔及利亚加入的左翼社会主义组织,直到1966年他才退出这个组织,从政治运动的激流中退出。

20世纪60年代中期,利奥塔辞去中学教师职位,参加了拉康(Jacques Lacan)主持的研究班,立志潜心学术生涯。然而,利奥塔的政治热情并未就此褪尽,1968年的"五月风暴"又把他卷入左派学生运动之中。巴黎政府平息了"五月风暴"之后,利奥塔的政治幻想彻底破灭,转而更深入地怀疑或否定启蒙主义的左翼政治主张,甚至对左翼团体的政治言论展开了无情的批判。从此之后,利奥塔真正踏上了学途,专心致志地研究当时在欧美流行的各种学术问题。1971年,利奥塔获巴黎大学哲学博士学位,以后长期在巴黎第八大学哲学系任教。

利奥塔首先应当被视为一个哲学家,然而,他的哲学同注重思辨逻辑的传统哲学相比,已经在思想内容和表达形式等方面发生了重大变化,简单地说,像许多后现代主义哲学家那样,发生了从本体论到生存论、从观念论到语言学、从抽象思辨的逻辑王国走向活生生的生活世界的理论转向,而这些转向集中表现在他的后现代知识理论中。

翻开利奥塔的成名作《后现代状态:关于知识的报告》,就会清楚地发现,这里讨论的知识问题都与社会现实密切相连,呈现给人们的不是康德在《纯粹理性批判》中展开的那种讨论知识形成的观念逻辑,而是像曼海姆那样阐述知识发生、发展的社会条件,知识中包含的社会关系,知识成立的社会根据,知识运行的社会作用,知识分子的地位与使命等等知识社会学理论。因此,把利奥塔关于知识的丰富理论称为知识社会学是有充分根据的。

不过,尽管利奥塔的知识社会学理论同传统哲学相比有很大的变化,但是传统哲学对他的影响还是十分重要的。如同孔德批判德国古典哲学时同哲学保持着密切联系一样,利奥塔在批判康德、黑格尔时也不断地从德国古典哲学中吸取思想精华,并且直接沿着德国古典哲学中的一些理路行进,只不过得出的结论不同罢了。

利奥塔的著名话题之一是"叙事方式"问题,其实质是在讨论知识的建构方式,而这个问题正是康德在《纯粹理性批判》《实践理性批判》和《判断力批判》中提出的问题。康德揭示科学知识成立的认识论根据或理性根据,在人们的思维逻辑中分析出认知理性、实践理性和审美理性,并且认为三种理性分别是科学知识、道德伦理和美学艺术成立的根据,而以三种理性为根据的展开形式不仅是科学、伦理和美学的三种知识形式,而且是意识活动追求的三种境界。利奥塔把康德这种为知识立法、划界的观念论和基础论研究推向了社会生活,他提出的问题是:人们在社会生活中的基本话语方式是什么?这些话语方式的合法性是什么?它们揭示了人们何种交往方式、生存方式和思维方式?可见,尽管利奥塔和康德在问题形式上有明显区别,在理论追求上却是一种承接继续的关系。

以思辨哲学顶峰而著称的黑格尔辩证法对利奥塔的影响也是很明显的。不仅利奥塔求学期间对黑格尔辩证法思想有浓厚的兴趣,而且利奥塔在学术活动活跃时期也不断地接触黑格尔辩证法的一些重要话题。利奥塔对话语实践和叙事方式中包含的各种矛盾冲突的揭示,甚至他对德国思辨叙事方式追求抽象普遍性、脱离实际陷入重重危机的批判,都从不同方面说明了他在黑格尔辩证法那里受到的深刻影响。

在利奥塔的著述中,巴黎弗洛伊德学派创始人拉康的影响也清晰可见。虽然利奥塔不像拉康那样专注于精神分析和无意识结构问题,但是拉康强调分析语言的结构,认为对语言形式结构和运用机制展开分析,可以揭示更深层的意识活动,这对利奥塔的影响是明显的。利奥塔在思辨叙事方式和政治叙事方式的结构分析上,尽管超越了一般语言学和结构主义的本质论追求,但是面向语言、分析语言的不同构成方式和展开结构,同拉康对他的影响是分不开的。

作为福柯同时代的人,不断地刺激着法国乃至整个欧美广大学者神经的福柯知识考古学,尤其是福柯的权力—知识论,对利奥塔有很大吸引力。利奥塔像福柯那样研究知识与权力的关系,并且着重揭示在后现代社会出现的新知识结构和新权力结构之间的关系。虽然利奥塔不像福柯那样强调在历史中研究现实,甚至主张用现时体验法代替历史回忆法,借此实现对传统思维方式的否定,但是,利奥塔在批判传统现代性中重建现代性,仍然表现了类似福柯的深厚历史感。

利奥塔的主要著作有《话语,图形》(1971)、《力比多经济学》(1974)、《后现代状态:关于知识的报告》(1979)、《公正游戏》(1979)、《歧论》(1983)等。

二、叙事知识的意义

  1979年发表的《后现代状态:关于知识的报告》,在欧美学术界引起了广泛影响。这不仅因为利奥塔站在当时学术前沿,在同哈贝马斯、丹尼尔·贝尔等著名思想家的对话中回答了当时人们普遍感兴趣的问题,而且更重要的是因为他立足于后现代社会现实,对后现代知识展开了深入分析,在人们批评科学知识的负面影响时,透过科学知识出现的危机,追问到另一种知识危机——叙事知识危机,进而促使欧美学术界对后现代知识问题的研究进入更深的层面。

  利奥塔反对把知识(knowledge)等同于科学(science)的一般观点,他认为:"知识不限于科学,甚至不限于认识。"①认识一定是主观对客观的观察、描写和陈述,可以用真或假来检查和评价认识。科学也属于认识活动的一种形式,利奥塔称之为"认识的子集",因为科学认识要比一般的认识活动更确定、更规范和更集中,并且由两个明确的条件限定它:"一是这些陈述所涉及的物体可以重复得到,即这些事物处在明确的观察条件中;二是人们可以判断每一个这样的陈述是否属于专家们认定的语言。"②

  在对科学知识作了界定之后,利奥塔论述了知识的另一种重要形式:叙事知识(narrative knowledge)。在利奥塔看来,人们平时所理解的知识远远超出科学知识的范畴,"人们使用知识一词时根本不是仅指全部指示性陈述,这个词中还掺杂着做事能力、处世能力、倾听能力等意义"③。这里有两点值得注意:其一,利奥塔受后期维特根斯坦影响,把知识和科学知识都看作话语方式,并且从日常语言出发,亦即从人们日常生活所谈论的知识出发来判断知识的实质;其二,利奥塔超越观念论的界限来讨论知识,知识不仅被看作以语言或文字表现的关于对象的认识,而且是一种实践能力,它不仅是认识和描述对象的能力,还是处理问题、社会交往和人际沟通的能力。

  从日常语言和生活实践能力出发来分析知识,利奥塔认为知识超出了主观反映客观的真伪范围,伦理评价关系和审美体验关系也进入了知识的内涵。"因此这里涉及的是一种能力,它超出了确定并实施唯一的真理标准这个范围,扩展了其他的标准,如效率标准(技术资格)、正义和/或幸福标准(伦理智慧)、

---

① 利奥塔:《后现代状态:关于知识的报告》,车槿山译,生活·读书·新知三联书店1997年版,第40页。
② 同上书,第41页。
③ 同上。

音美和色美标准(听觉和视觉),等等。"①这是把知识界定为日常生活的实践能力必然得出的一个结论。因为,日常生活实践是一个综合性过程,真、善、美三种生活目标或评价标准在日常生活实践中是未分化的,所以,日常生活实践的能力一定是笼统地、模糊地、直接地感受、评价和体验着三种目标或标准。

利奥塔把人们在日常生活或日常语言中认可的知识称为叙事知识,认为它是多种能力的综合。"由此出现了它的一个主要特点:它与各种能力扩展而成的'建构'相吻合,它是一个由各种能力构成的主体中体现的唯一的形式。"②所谓建构,包含着建设、重构、规范和创造等多种含义。叙事知识的建构能力不像科学知识的建构能力是在确定的条件和原则中进行的,它如同风俗、习惯以及民间传说等文化传统的建构能力一样,尽管具有直观性和模糊性,是通过潜移默化的形式完成的,但是它对一个民族的文化传统和生活方式的建构作用是不可低估的。利奥塔从五个方面阐述了叙事知识的建构能力或实践作用。

第一,叙事知识具有规定能力标准和用这些标准评价社会的作用。像民间故事这样的叙事知识,其中总是包含许多关于英雄人物的故事,它们显示了那些英雄以何种能力获得了成功,通过何种作用建立了社会制度,并且包括一些遭到失败和丧失权力的故事。在利奥塔看来,这些实质就是表述英雄们所处的年代承认或否定什么的能力标准,并且昭示听故事者应当以史为鉴,承认或否定什么的能力标准。他指出:"这些叙事一方面可以规定能力标准——这是叙事被讲述时所处的那个社会的标准,另一方面可以用这些标准来评价社会实现的或可能实现的性能。"③

第二,叙事知识讲述多种能力标准,并通过特定的组合关系使这些能力或标准有序排列,形成了所叙事物的秩序,因此,叙事知识具有建构秩序的作用。当然,利奥塔认为叙事知识建构秩序,不仅仅是把所叙事件组织成特定秩序,更重要的是让听故事的人接受故事中所显示的秩序,并把这些在过去发生的秩序引入当下的现实中,即通过叙述过去的秩序来建构今天的社会秩序。

第三,叙事知识具有指示角色位置和角色功能的作用。利奥塔以讲故事过程中显示的角色关系和角色功能为例来说明这种作用:"叙述位置(发话者、受话者、主人公)是以如下方式安排的:占据发话者位置的权利建立在双重事实的

---

① 利奥塔:《后现代状态:关于知识的报告》,车槿山译,生活·读书·新知三联书店1997年版,第41页。
② 同上书,第43页。
③ 同上。

基础上,一是曾经占据受话者位置,二是带有姓名而被一个叙事讲述过,就是说曾经在其他叙述单位中处于故事指谓的位置。叙述所传递的知识并非仅仅涉及陈述功能,它同时确定为了能被听见而应该说的东西、为了能够说话而应该听的东西以及为了能够成为叙事的对象而应该(在故事现实的场景中)玩的东西。"①可见,在利奥塔看来,叙事知识在指示角色位置和角色功能等方面的作用是明确而具体的。角色位置和角色功能说到底是人们的社会地位和社会关系问题,所以,利奥塔实质是指明叙事知识中含有对人们社会地位和社会关系的规定。

第四,叙事知识的遗忘功能。这种功能被利奥塔解释为一种十分有意义的建构功能,并且是有积极意义的建构功能。同对知识的一般理解相反,利奥塔不认为遗忘是知识继承、传播和发展的消极因素,在他看来,正是叙事知识含有遗忘的特性,才使它能不断地把人们的思想从过去拉回现实,才能使人们把那些在历史中发生的一些社会事件和社会关系当作现实去对待,因而使那些倾听叙事、言说叙事的人们进入实践过程,开始真实的建构活动。利奥塔十分清楚地说明了自己的观点:"在叙述知识的这种遗忘功能和我们前面提到的建构标准、统一能力、调节社会等功能之间应该存在一种迭合。我们可以用简单化的想象方式作出如下的假设:与人们的预料完全相反,一个把叙事作为关键的能力的形式的集体不需要回忆自己的过去。它不仅可以在叙事的意义中找到自己的社会关系,而且可以在叙述行为中找到自己的社会关系。叙事的内容似乎属于过去,但事实上和这个行为永远是同时的。正是现在的行为一次次地展开这种在'我曾听过'和'你将听到'之间延伸的短暂的时间性。"②

第五,叙事知识具有合法化功能。利奥塔认为,与科学知识不同,叙事知识不必在其他话语或其他知识中寻找自己成立的根据,它的根据或它成立和展开的法则就在自身之中。他指出:"我们很难想象如下三点:第一,这种文化为了让叙述者机制在叙事语用学中享有特权而把它从其他机制中分离出来;第二,它审查这个与受述者和故事失去联系的叙述者所具有的叙述权;第三,它分析或回顾自己的合法性。我们更难想象它能把关于叙事的权威交给一个不可理解的叙

---

① 利奥塔:《后现代状态:关于知识的报告》,车槿山译,生活·读书·新知三联书店1997年版,第44—45页。
② 同上书,第46页。

述主体。这些叙事本身就有这种权威。"①

利奥塔的这些论述同后期维特根斯坦的日常语言学观点和胡塞尔关于生活世界的观点都是一致的。后期维特根斯坦和胡塞尔都认为日常语言及其存在于其中的生活世界,是政治语言、生产语言和科学语言或政治世界、生产世界和科学世界的基础,各种语言和各种世界的深层根源都在原初的、未分化的日常语言和生活世界之中。利奥塔所说的叙事知识同日常语言和生活世界都是相同层面上的,叙事知识不仅是其他知识的基础,其他知识的根据或合法性要在其中得到论证,而且叙事知识因为具有基础地位,它的根据或合法性也没必要从自身之外去寻找。"叙事确定能力的标准,并且/或者阐释标准的实施。这样一来,叙事便界定了有权在文化中自我言说、自我成形的东西,而且因为叙事也是这种文化的一部分,所以就通过这种方式使自己合法化了。"②

总之,利奥塔深入论述了叙事知识的功能与作用,这对于他批判地认识后现代知识状态具有十分重要的意义。与某些后现代主义者不同,他不是从科学知识本身来追问它存在的根据和发生的异化,而是把知识分解为两种层面:叙事知识和科学知识,通过对叙事知识的剖析而明示它的基础地位和建构功能,然后在叙事知识中揭示当代知识合法危机的深层根源。

三、知识的立法原则

知识的立法原则是欧洲近代以来许多思想家不断探究的问题,培根、洛克等人提出的知识的感性来源问题,莱布尼茨和斯宾诺莎等人提出的知识理性基础问题,康德的先天综合判断,狄尔泰的理解原则,举不胜举,都是在追问知识何以成立的根据,这是西方学者批判、怀疑已有认识,重建、发展原有知识的积极表现之一。

利奥塔所谓知识的立法原则,实质是追问知识的成立及其权威的根据是什么,又称为知识的合法性原则。与近代思想家们在观念论层面上追问知识合法性不同,利奥塔在语言学层面上考察知识的合法性,他称之为"合法化叙事"问题。通过对不同叙事方式的展开形式、内在规则、理论追求和价值目标等问题的考察,利奥塔论述了启蒙运动以来欧洲知识合法性的实现基础、思想实质、矛盾

---

① 利奥塔:《后现代状态:关于知识的报告》,车槿山译,生活·读书·新知三联书店1997年版,第47页。
② 同上书,第48页。

冲突和演化趋势。

利奥塔认为,知识合法化表现在两种基本的叙事方式中:以德国古典哲学为代表的思辨式叙事方式;法国启蒙运动以后特别是资产阶级大革命以来的政治式叙事方式。他指出:"我们将考察合法化叙事的两大版本,一个偏重政治,另一个偏重哲学,两者在现代历史中,尤其在知识和知识机构的历史中都非常重要。"①偏重政治的法国叙事方式关注社会现实,面向人生价值、自由、民主等社会问题,与人们的地位、权利和理想要求直接相联;偏重哲学的德国叙事方式却向另一个方向发展,它注重的是抽象思维,以概念逻辑在观念中表述世界运动、变化的根据。

在利奥塔看来,两种叙事方式各执一端的首要原因是叙事主体不同:"一个合法化叙事的主体是人类,人类是自由的英雄。全体民众都有科学权。现代社会主体之所以还不是科学的主体,是因为受到神甫和暴君的阻碍。科学权应该重新夺回来。""在另一个合法化叙事中,科学、民族和国家之间的关系引出一种完全不同的构思。……知识的主体不是人民,而是思辨精神。它不像在大革命后的法国那样体现在一个国家中,而是体现在一个系统中。"②叙事方式是知识的表述方式,用福柯的话说是话语方式,而表述和话语一定是人的行为。然而,法国的叙事方式和德国哲学叙事方式却都不是一般意义上的人的行为,而是人的代表的行为。在法国思想家那里,叙事方式是"人民"的话语方式,它表达的理想、信念都是人民的,人民是主体;在德国思想家那里,叙事方式成为精神的表现方式,思辨精神是主体。

利奥塔把德国思辨式叙事和法国政治式叙事看作两极对立的两种叙事方式。并认为德国思辨式叙事是趋向精神"源头"的"神话叙事",而法国政治式叙事是趋向精神"结尾"的"解放叙事"。所谓"神话叙事"是费希特和黑格尔等唯心主义哲学家的叙事方式,它以精神还原论的方式,把现实中的一切事物都归结为精神本原支配和派生的结果,并且认为可见事物是变动不居的非真实性,只有"生命""精神""绝对理念"等本原的抽象存在才是真实的,知识或表述人们认识的语言只有符合这些抽象的精神实体的逻辑规则才是合法的。"德国唯心主义依靠的是一种元原则,这种元原则把知识、社会和国家的发展建立在实现'主体的生命'(费希特称之为'神圣的生命',黑格尔称之为'精神的生命')这一基础上。从这个角度看,知识首先是在自身找到了合法性,正是它自己才能说出什

---

① 利奥塔:《后现代状态:关于知识的报告》,车槿山译,生活·读书·新知三联书店1997年版,第67页。
② 同上书,第67、68页。

么是国家,什么是社会。"①

  利奥塔把思辨叙事指责为神话叙事,类似于孔德把哲学思维方式说成是神学思维方式的变相。在孔德看来,宗教神学以表象的方式为人类虚构出一个偶像,然后说这个偶像是终极本原,让信徒们顶礼膜拜。哲学思维方式虽然摒弃了神学偶像,但是它构造出具有终极本原性质的概念,把一切事物的根据都归结为精神本体,认为精神本体的运动和变化是万物发展的实质,精神本体的演化逻辑是不可怀疑的必然规律。实质上,这种思辨的哲学抽象,不过是把表象化的神学逻辑化了。表象的神学偶像和抽象的哲学逻辑,都在引导人们追求脱离实际的精神境界,所以二者异曲同工。

  政治叙事展开的是与思辨叙事相反的追求,它是把自己的目标不断指向现实的过程,它以人民的理想和意志表现自己,指出人民实践过程中遇到的一系列问题。"在这个版本中,知识不能在自身找到有效性,它的有效性不在一个通过实现自己的认识可能来获得发展的主体中,而在一个实践主体中,这个实践主体就是人类。激励人民的运动本原不是自我合法化的知识,而是自我建立或自我管理的自由。这个主体是一个具体的主体,或者说它被假定是一个具体的主体,它的史诗是自我解放的史诗,这是相对于一切阻碍它自治的事物而言的。"②可见,法国政治叙事因为切入实践而获得了具体性。不过,这种具体性是相对于德国哲学叙事的抽象性而言。如果把法国的政治叙事同日常生活的叙事方式相比,会发现它也具有抽象性。因为法国叙事的主体不是日常生活中的具体的、个别的人,而是作为政治行为中的一般的人,即人民。

  以人民为主体的法国政治叙事虽然趋近现实,但是它的根本意义仍然是对现实的超越,最核心的仍然是超现实的理想目标,同德国哲学叙事的区别不过在于:它的目标不在于升入天国,而在于改变现实。利奥塔指出:法国政治叙事"重要的不是,或者说不仅仅是让那些属于真理范畴的指示性陈述(例如'地球围绕太阳转')合法化,而是让那些属于正义范畴的规定性陈述(例如'必须摧毁迦太基'或'应该把最低工资定在 X 法郎上')合法化。从这个角度看,实证知识的作用只是让实践主体了解执行规定时所处的现实。它限定'可执行'——人们可以做的事情,但它不管'应执行'——人们应该做的事情。一个行动是否可能,这是一回事;它是否公正则是另一回事。知识不再是主体,它服务于主体,它

---

① 利奥塔:《后现代状态:关于知识的报告》,车槿山译,生活·读书·新知三联书店1997年版,第72页。
② 同上书,第74页。

唯一的合法性(但这个唯一合法性很重要)就是让道德有可能成为现实。"①

利奥塔把法国政治叙事同实证知识联系起来讨论,目的在于强调政治叙事的"应然性"或理想性。但是这里显示出一个值得注意的问题:政治叙事同实证知识有无必然性的理论联系?事实上,当利奥塔把政治叙事同实证知识放到一起讨论时,人们会比较清楚地发现,启蒙运动和大革命时期形成的政治叙事是孔德等人展开的实证知识或实证叙事的前提或序曲。这不仅表现在政治叙事强调实践、强调改变现实的目的,一定要在接触实证主义者所谓"经验事实"时才能实现,而且实证主义"只问是什么,不问应当是什么"的主张,不过是其否定思辨哲学空泛理想的一个口号,实际上实证主义不仅没有真正抛弃理想要求,而且它"只问是什么"的主张本身就包含着政治叙事提出的"只有面向实践、改变现实才能实现社会进步与人生幸福"的应然性理想。

在关于德国思辨叙事和法国政治叙事的论述中,利奥塔似乎赞成后者而反对前者。其实不然,利奥塔关于两种叙事方式的论述不在于肯定一方而否定另一方,其用意在于:这两种叙事方式都是现代性(modernity)的表现形式,或者说二者尽管形式不同,但是它们得以成立和发挥作用的根据都在于其中包含的现代性的实质——普遍性原则。作为德国思辨叙事方式主体的抽象精神本体和作为法国政治叙事方式主体的人民,都是超越具体条件限制的一般性或普遍性,并且两种叙事方式向人们许诺的理想价值和奋斗目标,也都是超越具体性的。思辨叙事方式在概念逻辑中达到的绝对至善,政治叙事方式在人民实践中实现的民主、自由,都不过是现代性精神原则——肯定普遍性、追求普遍性的表现。

四、宏大叙事的非法化

在揭示两种叙事方式都以肯定普遍性为根据的基础上,利奥塔进一步指出以普遍性为根据的现代性叙事方式或宏大叙事方式已经从合法走向了非法,这才是他论述叙事方式合法性或知识的合法性原则的根本意义。利奥塔指出:"在当代社会和当代文化中,即在后工业社会和后现代文化中,知识合法化的问题是以不同的术语提出来的。宏大叙事失去了可信性,不论它采用什么统一方式:思辨的叙事或解放的叙事。"②可见,知识合法化问题在后工业社会来临之后,其内容不再是论证知识怎样才是合法的,而是在于揭示原先论证知识合法化

---

① 利奥塔:《后现代状态:关于知识的报告》,车槿山译,生活·读书·新知三联书店1997年版,第74页。
② 同上书,第80页。

的两种宏大叙事方式——思辨叙事和解放叙事都遇到了危机,亦即知识遇到了非合法化问题。

在利奥塔的论述中,知识的合法化与非合法化,其中的"法"都是指普遍性原则,符合普遍性原则就是合法的,否则就是非法的。思辨叙事和政治叙事是论证知识合法性或确认知识合法性的两种基本方式,思辨叙事认可的"法"是精神本体的普遍性规律;政治叙事认可的"法"是人民实践中的普遍意志或普遍理想。虽然两种叙事方式认可的法在形式和内容上都有区别,但在作为普遍性原则这一点上是共同的。认可普遍性原则被利奥塔看作现代性的本质,当它在后工业社会中遇到挑战时,无论思辨叙事还是政治叙事都难逃厄运。因此,知识的非合法化或合法性危机,并不是科学知识本身的危机,而是论证或认可知识合法性的方式的危机,是原来在工业社会,在现代性原则亦即普遍性原则基础上形成的论证知识合法性的两种叙事方式的危机。

一般说来,人们在谈论思辨叙事和政治叙事危机时,总是将其归结为第二次世界大战后的科技进步和资本主义世界长期平稳发展的结果。科技进步改变了人们的行为方式和思维方式,人们不再对抽象理念和抽象逻辑感兴趣,而是更注重社会实践;资本主义世界长期平稳发展使人们在财产和服务方面得到了很大改善,人们不再像法国资产阶级大革命时期那样把关于物质利益和生活条件的要求放在社会政治活动的首位。因此,注重抽象观念和抽象逻辑的思辨叙事以及把人民的生活条件和物质利益同民主、自由联系起来的政治叙事都必然受到挑战,面临被替代的危机。

利奥塔认为从科技进步和资本主义平稳发展来论证两种叙事方式的危机是浅薄的。在他看来,宏大叙事方式的危机来自其知识合法性原则本身。他指出:"从19世纪末开始,科学知识的'危机'便表现出种种迹象,危机并不来自科学出乎意料的迅猛发展,这种发展本身也是技术进步和资本主义扩张的结果。危机来自知识合法原则的内在侵蚀。"①所谓知识合法性原则的内在侵蚀,也就是两种叙事方式论证知识合法性包含的矛盾导致了自身的非合法性。利奥塔进一步揭示了两种叙事方式"内在侵蚀"的内容与实质。

在思辨叙事方式中,"内在侵蚀"产生于自身确立的论证知识合法性原则之中。"思辨机制表明,知识之所以被称为知识,只是因为它在一个使自己的陈述合法化的第二级话语(自义语)中引用这些陈述来自我重复(自我'提升')。"②

---

① 利奥塔:《后现代状态:关于知识的报告》,车槿山译,生活·读书·新知三联书店1997年版,第82页。
② 同上书,第81页。

也就是说，思辨叙事认为科学知识之所以是知识，不在于它关于外在对象的指谓或描述，而在于它关于对象的陈述是否建立在某种普遍原则之上，只有用那些因果联系、必然趋势、本质规律之类的具有自明性含义的普遍性原则来解释关于对象的实证知识，才能使知识获得合法化地位。然而，思辨叙事方式论证知识合法性的方式包含自我否定的矛盾，它论证的结果是导致自身的不合法。

因为关于外在对象的实证科学知识或科学陈述是无限复杂的，思辨叙事评价这些指向不同领域、不同对象的科学知识的合法性时，需要不断追问它们成立或具有合法性的一般性前提，追问得越深入、越具体，发现的一般性前提越复杂、越丰富。这种从简单到复杂、从单一到多元的过程，其结果恰恰证明了思辨叙事要求展开于不同领域的科学陈述或科学知识按照某一种普遍性原则来确认其合法性，不仅不符合科学知识同其研究对象之间的关系，而且它的思维逻辑和论证方法也决定了它要走向自我否定。

按照思辨叙事方式来追问知识合法性，人们发现知识在不断地超越那些简单的普遍原则，知识向人们展开了一个无限多样的世界，普遍原则和知识体系迅速发生了分化。"与此同时，各科学领域的传统界限重新受到了质疑：一些学科消失了，学科之间的重叠出现了，由此产生了新的领域。知识的思辨等级制被一种内在的，几乎可以说是'平面'的研究网络所代替，研究的边界总在变动。"① 黑格尔用绝对精神运动变化的逻辑原则建构起来的知识大厦坍塌了，支撑大厦的思辨叙事原则也随之被摧毁了。

政治叙事方式或解放叙事方式遇到了思辨叙事方式同样的命运。政治叙事方式的基本原则之一是强调科学命题的真实性同政治、伦理实践公正性的一致性，只有满足这种要求的知识才具有合法性。利奥塔指出："我们已经看到，这种合法化一开始就有问题：一个具有认识价值的指示性陈述和一个具有实践价值的规定性陈述之间的差异是相关性的差异，因此是能力的差异。没有什么能证明：如果一个描写现实的陈述是真实的，那么与它对应的既定性陈述（其作用必然是改变现实）就是公正的。"②

利奥塔以"门关上了"和"请打开门"两个陈述为例来说明他的观点。他说："没有一扇关闭的门。在'门关上了'和'请打开门'之间并没有命题逻辑意义上的推论关系，这两个陈述属于两组自律的规则，它们确定不同的相关性，因此确

---

① 利奥塔：《后现代状态：关于知识的报告》，车槿山译，生活·读书·新知三联书店1997年版，第83页。
② 同上。

第六章 利奥塔的知识社会学

定不同的能力。"①这个例子十分清楚地说明，在利奥塔看来，"门关上了"是具有认知价值的指导性陈述，"请打开门"是具有实践价值的规定性陈述，前者具有描述、反映功能，后者具有支配、规定功能，二者的差别不在于两个命题之间的相互关系，而在于它们各自关系到的事件以及对相关事件的作用或能力的不同。简言之，即指示性陈述的作用在描述事件或对象的状况，具有认知的意义；规定性陈述的作用在于支配或规范人的行为，具有实践的意义。一个在说明物，一个在支配人，所以二者的相关对象和能力作用是两个层面和两种性质的事情。

这种分析的结论是否定了法国政治叙事关于知识合法性的论证。利奥塔指出："这里把理性分为两个方面，一个方面是认知或思辨，另一个方面是实践。这样做的结果便是攻击科学话语的合法性，不是直接攻击，而是间接攻击，它表明科学话语是一种语言游戏。这种语言游戏有自己的规则（康德的知识先验条件是关于这些规则的最早的陈述），但完全没有管理实践游戏的使命（而且也不管美学游戏）。这样一来，科学活动就与其他活动地位平等。"②可见，利奥塔肯定了康德在其三大批判中为科学、伦理和美学三大知识立法划界的做法，赞成康德关于三种知识面对领域、形成结构和功能作用相互区别、互不干扰的观点，进而否定了法国政治叙事"把科学的合法性和真理性建立在那些投身于伦理、社会和政治实践的对话者的自律上"③的原则。

与康德为知识立法划界不同，利奥塔不仅同意不同知识的根据和作用是不同的观点，而且更重要的在于，从后现代主义立场出发揭示知识是内容不断分化、原则不断多样化的过程，试图用一种原则来解释知识的合法性是不可能的。各种知识都不过是现实生活中的一种语言游戏，每种语言游戏都有自己的规则或有自己的法。在知识爆炸的年代，语言游戏不断花样翻新，试图用元叙事为各种语言游戏找到相同法则的理想彻底破灭了。"我们可能从这种爆炸中得出悲观的印象：没人能使用所有这些语言，这些语言没有共同的元语言，系统——主体的设想是一个失败，解放的设想与科学毫无关系，我们陷入这种或那种特殊知识的实证主义，学者变成科学家，高产出的研究任务变成无人能控制的分散任务。思辨哲学，或者说人文哲学，从此只好取消自己的合法化功能，这解释了哲学为什么能在它仍然企图承担合法化功能的地方陷入危机，以及为什么在它出

---

① 利奥塔：《后现代状态：关于知识的报告》，车槿山译，生活·读书·新知三联书店1997年版，第84页。
② 同上。
③ 同上书，第83页。

于现实考虑而放弃合法化功能的地方降为逻辑学研究或思想史研究。"①

五、后现代知识分子

尽管利奥塔明确指出宏大叙事危机的根本原因不在于科学技术的快速发展,但是他仍然像丹尼尔·贝尔等人一样,对科学技术革命引起知识图景的变化给予了高度重视,并通过揭示知识图景的变化而阐述了知识分子的地位、功能和使命的变化,对理解后现代社会条件下的知识分子处境和命运具有十分重要的意义。

面对科学技术飞速发展的事实,利奥塔不得不承认,他不断批判的"现代性事业"并没有衰退,而是随着科学技术类似指数式的增长而继续发展着。虽然"现代性事业"的结局并不一定是美好的,如果得不到调整甚至会毁灭人类,但是,这个事业仍然在进行着,因为"科学或技术上的发现从来不服从于源于人类需求的要求。驱动它的动力,始终独立于被人们认为是可取的、有利的、舒服的东西"②。这里,利奥塔指出了科学技术的发展具有不依人们意志或愿望为转移的客观独立性,人们的理想要求和价值愿望并不能改变科学技术发展的规模、速度和趋势。这似乎在宣扬科技决定论,其实不然,利奥塔的目的在于表明:人们必须承认科学技术已经发生了重大变化,要直面这些变化来重新审视人类的知识状态。

利奥塔认为,由于科学技术的迅速发展,知识状态呈现了一个前所未有的崭新局面,具体表现在三个方面:"第一,技术和科学在巨大的技术网络里融合。"③这是利奥塔对当代科学技术的综合性和交叉性的概括,近代科学的分门别类研究和技术的专业化趋势受到越来越大的冲击,任何一门学科和任何一种技术都无法封闭自存,纷纷在计算机革命和信息革命的洪流中放开自己的门栏,相互作用、相互融合,大量的发明或新学科、新技术的建立,都是在交叉、融合的作用中实现的,而其结果是科学技术在人们面前呈现了崭新的局面。

"第二,在各门科学里面,不单单是假设或甚至是'范式'在受到修改,而且曾被认为是'自然的'或不可违反的推理方式和逻辑也在受到修改——悖论大

---

① 利奥塔:《后现代状态:关于知识的报告》,车槿山译,生活·读书·新知三联书店1997年版,第86页。
② 利奥塔:《后现代性与公正游戏》,谈瀛洲译,上海人民出版社1997年版,第124页。
③ 同上书,第125页。

量存在于数学、物理学、天体物理学和生理学的理论里面。"①可见,在利奥塔看来,科学技术迅速发展引起的变化不仅是学科和技术的融合,而且更重要的,亦即深层的变化是科学知识的假设、范式、思维方式和理论逻辑也在发生重大变化。假设的变化关系到科学研究提出的问题和科学知识成立的前提;范式的变化关系到学术群体的分化与重构、学科派别的概念框架和方法原则的更新与重建;思维方式和理论逻辑的变化关系到的问题更为复杂、更为深刻:它不仅关系到在何种基本关系中认识和理解对象,而且还关系到用何种方式来论证和确认理论观点,以及用何种方式展开学说理论的表达形式。

"最后,新的技术带来的质的变化——最新一代的机器可以进行记忆、查阅、计算、语法、修辞和诗学、推理和判断(专业知识)的操作。"②这是说计算机的强大功能已经进入人们的思维过程,而这将引起知识在质上的变化。虽然利奥塔在1985年作出这个论断,当时计算机还没有达到21世纪初这么高的水平,但是他已经敏锐地得出了计算机将引起知识质的飞跃,因为他明确地认识到计算机已经进入语言过程,这不仅使语言获得许多丰富的新内容,而且通过对语言过程的复杂、深入而全面地介入,将改变语言过程并进而改变思维过程,知识状态将发生深刻变化。

利奥塔还指明后现代文学艺术对人们思想意识和知识状态的影响。在他看来,以计算机为代表的科技革命引起知识状态的变化主要表现在专业知识领域,而在文学艺术或人文知识领域的变化更为复杂。计算机进入语言过程直接影响的是人们的思维逻辑,而先锋派等后现代文学艺术则是直接影响人们的感性,并因此而更深刻地影响着人们的思想意识和知识状态。他指出:"这一复杂化影响到的是感性(视觉、听觉、运动、语言),而不是专业技能或知识。但这些作品的哲学含义,换句话说它们的反思力量,在接受性和'趣味'方面的影响就和技术科学在知识和实践上的影响一样深远。"③

在传统认识论或知识论中,经验论和唯物主义哲学都认为感性是认识的基础,感性活动是人类知识的来源,并且感性直接与对象接触,因此它是真实的不可怀疑的,它的各种形式,视觉、听觉和触觉等等,因为是人体各种感受器官的具体功能,也是不可改变的。利奥塔像马尔库塞等后现代主义者一样,突破了传统理论的这个观点,认为感性或感觉是可以改变的,后现代文艺最大的作用就在于

---

① 利奥塔:《后现代性与公正游戏》,谈瀛洲译,上海人民出版社1997年版,第125页。
② 同上。
③ 同上。

改变人们的感觉,用马尔库塞的话说叫作"感受力的革命"。既然感觉、感受力是认识或知识的基础,理性认识和科学知识都在其上形成与发展,那么当它发生变化时,建立于其上的理性认识和科学知识就必然要在根本上发生变化。

利奥塔的结论是,面对后现代知识状态的复杂变化,人类必须改变自己的感觉方式、理解方式和行动方式。他说:"我在勾画的你们的世纪的地平线,正是这种在大多数领域,包括在'生活方式'或日常生活里面,不断增长的复杂性。这一情形规定了一个至关重要的任务:使人类擅长于适应极其复杂而超过了其要求的感觉、理解和行动方式。至少,这一任务意味着对过分简单化的做法和口号,对清楚明白和直截了当,对回到稳固的价值观的欲望的抵制。简单化的做法已经开始显得野蛮和反动了。"①利奥塔这里呼吁人们要放弃现代性的思维方式和行为方式,亦即放弃用单一的普遍性原则来说明和理解复杂现象的现代性原则,放弃那些把复杂现象归结为简单逻辑的宏大叙事,真实地站在愈益复杂化的现实之上去具体而丰富地感受、理解和行动。

利奥塔认为,上述变化及其要求对全人类都有意义,但是最重要的意义表现在知识分子面前。因为,知识状态、思维方式、创造知识的能力、运用知识的手段、评价知识的尺度,没有哪个方面能够离开知识分子,当这些方面发生重大而复杂的变化时,知识分子的思维方式和行为方式势必要首先发生变化,知识分子将经历一场从现代知识分子到后现代知识分子的革命转变。

像葛兰西和曼海姆等人那样,利奥塔论述了知识分子的本质地位和历史使命。在现代性和后现代性的对立中,利奥塔区分了两种知识分子:现代知识分子和后现代知识分子。现代知识分子"是把自己放在人、人类、民族、人民、无产阶级、生物或其他类似存在的位置上的思想家。也就是说,这些思想家认同于被赋予的普遍价值的一个主体,以便从这一点来描述和分析一种情形或状况,并指出应该做什么,使这一主体能够实现自我,或至少使它在自我实现上有所进展。这种'知识分子'针对每个个人发言,因为每个个人都是这一存在的存放处或胚胎。根据同样的原则,他们针对个人并起源于个人。'知识分子'的这一责任和普遍主体的(共有)概念是分不开的"②。

以普遍性主体自居,以普遍性原则为根据并追求人类普遍价值的知识分子,在葛兰西和曼海姆那里被看作真正的知识分子加以褒扬,而在利奥塔这里却被称为传统知识分子或现代性知识分子加以批判。造成这种事实性判断相同而评

---

① 利奥塔:《后现代性与公正游戏》,谈瀛洲译,上海人民出版社 1997 年版,第 125 页。
② 同上书,第 116 页。

第六章　利奥塔的知识社会学

价性判断相反的原因在于：葛兰西和曼海姆站在追求现代化和工业化的立场上必然要肯定以普遍性原则为根据的现代知识分子；而利奥塔则站在批判现代化、肯定后现代性的立场上必然要批评以普遍性原则为根据的现代知识分子。在利奥塔那里，工业化、现代化和现代性都是以普遍性原则或普遍性追求为根据的，而他早已明确地得出普遍性原则和普遍性追求已经过时的结论了。

利奥塔站在后工业社会，从后现代性眼光肯定一种新型知识分子，一种放弃普遍性原则和普遍性追求的具体知识分子。"他们的智力的职业运用不以在他们的专业领域中最充分地体现普遍主体为目的，而以在这一领域中作出最好表现为目的。这种表现是由和一次操作有关的最佳输入/输出（费用/利润）比例定义的。这是一种最完全意义上的技术标准（包括筹措资金、赢得或失去的时间、由公众对操作进行评估，等等）。这可能或多半必然导致负有这种责任的思想者去发明新的办法。"①这种面对具体问题、深入具体操作过程，以追求实际功利为目标的知识分子，正是葛兰西批评的"假知识分子"，是曼海姆指责的没有思想性的工具性知识分子。然而，利奥塔却在这种具体的、追求实际功效的知识分子身上找到了存在的现实根据和发生的必然性，并且认为这种知识分子将会在自己的追求中创造新的思想与方法。

在利奥塔看来，随着后现代社会的发展，越来越多的知识分子脚踏实地地进入那些具体的层面，在自己所专注的领域中开展着知识分子的创造性活动。并且，这种状况不仅表现在科学技术领域中的知识分子身上，而且在人文科学领域也是如此。他指出："真正的艺术家，作家或哲学家的唯一责任，是对'何为绘画、写作、思想？'这一问题负有的责任。如果有人对他们说'你的作品几乎是不可理解的'，他们有权利，他们有责任不去理睬这种反对意见。他们的接受者不是公众，我想说，甚至不是艺术家、作家等等的集体。"②

利奥塔认为，现代知识分子承诺普遍性原则是虚假的、无法实现的。无论何种层面上的知识分子都是受特定条件限制的。普遍性的现代知识分子观念，实质是二元论思维方式的产物，是主观与客观、主体与客体分裂的结果。"直截了当地说，只有当错误完全在另一方的身上的时候，只有当受害者完全是受害者而折磨者无法被开脱的时候，只有在组成历史的名字的世界里有些名字像纯粹理念一样毫无瑕疵地闪光的时候，人们才毫不丢脸地做一个'知识分子'。"③这里

---

① 利奥塔：《后现代性与公正游戏》，谈瀛洲译，上海人民出版社1997年版，第117页。
② 同上书，第118页。
③ 同上书，第120页。

所谓"受害者"是指启蒙主义以来被作为教化、拯救和解放对象的人民群众。事实上,这种把启蒙与醒悟、正确与错误完全分开的纯粹理念世界是不存在的,所以,以普遍文体自居的"知识分子"就只能是观念上的虚构。

放弃普遍性的知识分子观念,进入具体的生活世界,使知识分子成为具有多样性、个别性和具体性的有智慧的社会成员,这是利奥塔的结论。他指出:"不应该再有'知识分子'了,如果还有的话,这是因为他们对18世纪以来西方历史上的这一新事实视而不见:在现实中已不再出现普遍的主体——受害者,让思想能够以它的名义提出一种同时是'世界的构想'(寻找名字)的控诉。"①

放弃普遍性原则和普遍性追求,并不意味着知识分子只能局限在相互分割、完全对立的个别领域,它的根本要求是呼唤知识分子从抽象的虚幻世界回到具体真实的现实世界,以宽容、温和的胸怀去承认和进入一个多样性的世界。"我的结论不是画家只能画画,哲学家只能研究哲学,科学家只能搞研究,管理者只能管理,组织者只能扶植,政治家只能搞政治。我的结论在原则上是相当'乐观'的,即使它在实际上似乎是'悲观'的(但这些概念本身都来源于启蒙运动)。普遍性思想的衰退,也许是没落,可以把思想从整体化的强迫观念那里解放出来。责任的多样性和它们的独立性(它们的不兼容性),强迫或将强迫承担起这些大大小小的责任的人变得灵活、宽容、温和。"②

六、重写现代性

虽然利奥塔认为以普遍性为根据和目标的现代性已经过时,但是他并非如有些后现代主义者那样坚决抛弃现代性,而是要重新改写现代性,亦即构造出一种新的现代性原则。关于重写现代性的构想,利奥塔是在同哈贝马斯的论战中展开的,其中反映了当代学术界关于后现代性、现代性和重建现代性等等一系列重要学术观点的对立和冲突。

在现代性和后现代性问题上,哈贝马斯是以现代性的捍卫者出现的。哈贝马斯认为,由启蒙运动开创的,在工业化过程或现代化过程中不断展开并付诸实践的,按照普遍原则建立社会秩序,管理社会运行和推进社会文明的现代性事业没有完结,它在总体上是一个有意义的,把人类社会引向进步的事业,尽管其中含有许多失误,但仍然是前进中的过错,不妨碍其促进社会发展和人生幸福的大

---

① 利奥塔:《后现代性与公正游戏》,谈瀛洲译,上海人民出版社1997年版,第121页。
② 同上书,第122页。

局。因此，应当抵制后现代主义者对现代性及其引导下的事业的冲击，应当捍卫那些保证现代化得以实现的最基本的现代性原则。

哈贝马斯捍卫现代性基本原则的最基本的做法是坚持"元话语"(metadiscourse)的有效性，而这个元话语正是利奥塔批判的哲学叙事。哈贝马斯认为，在现代化或工业化过程中因专业化和社会分化而导致了各种专业领域不断膨胀，作为各种专业领域之基础的日常生活领域却不断地被吞噬、缩小，以至人们深感专业技术活动对日常生活的压抑。日常生活领域亦即海德格尔等人所谓生活世界，是人类生活的原初地，是人性能够直接实现的未分化世界，人的各种专业活动都可以在这里找到最深层、最基本的根据。如果生活世界能够在被专业化而导致异化的世界的压抑下解脱出来重建起来，保持和谐状态，那将为被分裂的异化世界找到重建的基础。而要实现这个目标的最基本的做法是确立生活世界的交往理性，亦即为人们的交往行为提供一种共同认可、共同遵守的基本原则，进而克服日常交往或日常生活的沟通障碍，促进生活世界的和谐，并进而实现整个世界的和谐。

利奥塔把哈贝马斯的理想称为对"元话语"或"元叙事"的迷恋，这是沿着德国思辨哲学的抽象逻辑继续演绎的宏大叙事，是对普遍原则不合时宜的追求。利奥塔指出："哈贝马斯认为，如果说现代性已经失败，这是因为放任生活的总体性破碎成由专家狭隘的专业知识照管的独立专业，而具体的个人并不把'失去升华的意义'和'失去结构的形式'体验为解放，而是体验为波德莱尔在一个多世纪前描述的那种巨大的厌倦。""哈贝马斯要求各门艺术和它们提供的体验在分隔知识、伦理、政治话语的裂隙上形成一座桥梁，以打开经验的统一的道路。"①

利奥塔同哈贝马斯分歧的焦点之一是：哈贝马斯反对裂变而追求总体性，利奥塔则反对总体性而追求异质性。利奥塔认为，哈贝马斯的追求是同现实社会的发展背道而驰的，他步入了一条无法通行的反时代的道路，实质上是对后现代主义及其立足的后现代社会缺乏理解的理论表现。他指出："要求提供所指(和客观的现实)、意义(和可信的超越)、接受者(和公众)、说话者(和表达的主体)或者是交流上的共识(和共同的交流方式，比如历史学话语的样式)，并不一定是一回事。但在这些暂停艺术实验的不同吁求中，存在着同样的对秩序的呼唤，对统一、一致、安全和流行的欲望。必须让艺术家和作家回到集体的羊栏中去；或者至少，如果这个集体被认为是处于病痛之中的话，他们必须被赋予治疗它的

---

① 利奥塔：《后现代性与公正游戏》，谈瀛洲译，上海人民出版社1997年版，第128—129页。

责任。"①在利奥塔看来,哈贝马斯通过建构交往理性来追求交往共识,虽然同语言哲学和美学现实主义者有所不同,但在本质上都是追求统一的秩序,追求束缚个性、泯灭差异性的集体原则,是反后现代主义的共同呼唤。

利奥塔认为,必须正视后现代社会来临这个事实,正确理解有着真实基础的后现代主义,只有这样才能把握到当代人类精神和人类社会发展的真谛。那么,什么是后现代主义呢?利奥塔的回答是:"后现代主义是现代主义的一部分,它在表现里面召唤那不可表现的事物,它拒绝正确的形式的安慰,拒绝有关品味的共识,这种共识允许产生对不可能事物的怀旧感的共同体验,并且探索新的表现方式。"②这里强调了两点:其一,后现代主义不是在同现代主义无联系的断裂中形成的,是现代主义某些思想观念的发展;其二,后现代主义对现代主义的发展不是简单的继续,而是指向未来的对整体划一的总体性的超越,是否定了简单一致性的异质多样性追求。

与对后现代主义的一般理解不同,利奥塔强调了"后"(Post)的未来性,认为"后现代必须根据未来的(Post)刚才(Modo)的矛盾论来理解"③。这样,利奥塔赋予后现代主义十分积极的意义。如果后现代主义是在当下的现实性和未来的应然性的矛盾关系中来展开自己的理论视野,那么它必然会提出许多超越现实的问题,形成许多具有批判性的观点。"为了我们对唯一的整体、对概念和感觉之间的调和、对透明的和可交流的体验的怀旧感,我们付出了高昂的代价。在放松和姑息的广泛要求下面,我们听到了重新建立的恐怖和实现占有真实的幻想的欲望的喃喃声。回答是:对总体性开战。让我们做那不可表现的事物的证人;让我们激活分歧,挽救它的荣誉。"④

1986年4月,利奥塔在美国威斯康星大学发表了一次讲演,集中表达了他对后现代主义的积极态度——重写现代性。他在这次讲演中十分明确地指出:"后现代性不是一个新的时代,而是对现代性自称拥有的一些特征的重写,首先是对现代性将其合法性建立在通过科学和技术解放整个人类的事业的基础之上的宣言的重写。但正如我已经说过的,这种重写在现代性本身里已经进行很长时间了。"⑤这里,利奥塔首先指出了后现代性是对现代性的重写,其次提出重写的重要的方面是对合法性问题的重新改写。

---

① 利奥塔:《后现代性与公正游戏》,谈瀛洲译,上海人民出版社1997年版,第130页。
② 同上书,第140页。
③ 同上书,第141页。
④ 同上。
⑤ 同上书,第165页。

第六章 利奥塔的知识社会学

关于重写,利奥塔指出它有两种基本含义:其一是回到起点,从零开始,这是一种简单的机械论的理解;其二,"'重'字根本上是与写作联系着的,它完全不意味着回到开始,而是弗洛伊德所谓的'彻底体验法'"①。彻底体验是同重复、回忆相区别而被界定的。重复和回忆同彻底体验的本质区别在于,前两者是简单地回到或重现过去,而后者则是具有积极意义的发现、揭秘和显现。"体验附属于一种思想,它有关在事件和在事件的意义里在本质上是对我们隐藏起来的东西,这些东西不仅是由过去的偏见隐藏起来的,而且是由以计划、以设计好的展望、甚至以心理分析的建议和提议为特征的未来的那些方面隐藏起来的。"②

可见,彻底体验是超越传统的积极思想方法,并且不仅能够揭示那些被偏见遮蔽的事件的真相,而且能够明了在计划、理想和心理分析等现代性理论或观念掩盖下的事件的真相。因此,建立在彻底体验之上的重写,是一种积极的进取,它的目的在于通过新的思想方式和新的感受方式,在新的社会层面中追求新的生活境界和新的生存状态。

总之,重写现代性是要重构现代性,是在后工业社会或后现代社会的现实基础上重新确立人们的思维方式和行为原则,尽管不是哈贝马斯追求的统一的原则,但是它一定是现实的、指向未来的、超越传统的;重写现代性是在语言、体验和意义中展开的重写,重写是摧毁语言中原有的逻辑结构,而不是重复和回忆那些结构;重写现代性是解释被种种假象遮掩的事实,让人们真实地感悟它们的意义,进而呼唤新的创造意识,追求新的人生境界;重写现代性是否定统一性或总体性,要直面或直接体验那些以个性存在的多样性,进而把人们领入温和与宽容的新世界。

---

① 利奥塔:《后现代性与公正游戏》,谈瀛洲译,上海人民出版社1997年版,第156页。
② 同上。

第七章

布迪厄的社会实践理论

布迪厄是与福柯、利奥塔、德里达等人齐名的法国思想家,他们都对当代社会理论或社会学理论作出了丰富贡献。他们的名字往往是联系在一起的,因为他们的许多学术观点是在相互对话、相互碰撞中阐发的。然而,当我们从传统学科分类角度来评价这些思想家时,会发现福柯、利奥塔和德里达等人的社会理论具有浓厚的哲学意味,而布迪厄虽然也不断触及许多深层的哲学问题,但是他的理论却始终没有脱离社会学的论域,他的许多在当代学术界产生重要影响的学术著述都是在社会学论域中展开的。因此,从社会学视野来研究布迪厄的思想理论就具有了更加重要的意义。

一、社会学的新境界

皮埃尔·布迪厄(Pierre Bourdieu)1930年4月生于法国比安(Bearn)地区的一个小城镇。虽然他曾经提到自己是农民的后代,其实他的父亲是一位乡村邮递员。1949年中学毕业后,考入巴黎高等师范学校。在这所闻名世界的学校里,布迪厄同福柯、德里达、拉杜里(Le Roy Ladurie)和热奈特(G. Genet)等人结识,这些在哲学、社会学、历史学和文学中发表了许多举世震撼的学术观点的思想家们,在大学读书期间就对布迪厄产生了重要影响。

在巴黎高等师范学校读书期间,布迪厄研读了马克思的许多著作,对马克思早期著作中的许多哲学思想表现出浓厚的兴趣。当时,布迪厄还研读了一些其他哲学流派的著作,但是并没有引起太大的兴趣,反而逐渐转向了社会学研究。

第七章 布迪厄的社会实践理论

1954年,布迪厄在哲学家高歇(Henri Gouhier)指导下完成一篇关于莱布尼茨哲学思想的毕业论文。毕业后到外省一家中学任教,一年后应征入伍,到阿尔及利亚服兵役。

在阿尔及利亚的经历对布迪厄的学术生涯具有很重要的意义,因为他在这里走上了社会学研究的学术旅途。头两年兵营里的艰苦生活把布迪厄引入了对阿尔及利亚社会问题的思考,面对战后阿尔及利亚各种层面的社会问题,他越来越清醒地认识到,作为一个思想家仅仅像德国古典哲学那样停留在精神理念的玄思中,给出许多常人难以理解的抽象概念,无济于解决那些困扰人们社会生活的实际问题。他还认为,萨特这样一些法国哲学家,虽然十分重视人民群众的生命疾苦,呼吁人们起来为自己的自由与幸福而奋斗,但是同黑格尔一样,他们的著述仍然过于抽象地漂浮在现实的上空,而且其中的许多呼唤不过是乌托邦式的畅谈,对那些在水深火热中挣扎的人民群众来说等于望梅止渴。

布迪厄像孔德和迪尔凯姆等法国社会学家那样,在对哲学思维抽象性的否定中转向了社会学研究。在阿尔及利亚服役期满后,他接着在那里开展社会学研究,1958年发表了一部题为《阿尔及利亚社会学》的著作。虽然后来布迪厄对这部著作不太满意,但是它是布迪厄早期涉足社会学研究,并且创造出不同于哲学思考的社会学著作的标志。在这部著作中,布迪厄继承了孔德和迪尔凯姆等人的实证主义社会学、人类学传统,对阿尔及利亚社会生活开展了经验层面的实证研究。

1960年,布迪厄返回法国,在巴黎大学人文学院担任助教。此间,布迪厄听了列维-斯特劳斯在法兰西学院讲授的符号人类学课程,接受了从文化、语言和符号等层面研究人类原始思维进而揭示现代人类精神结构的一些人类学观点。后来,布迪厄还担任过雷蒙·阿隆(Raymond Aron,1905—1983)的助手,阿隆关于社会关系和国际秩序的学术观点使布迪厄深受启发,布迪厄后来从关系论角度解释社会结构和人际交往,特别是注重对社会宏观秩序的研究,这与阿隆的影响是分不开的。

1964年至1968年,布迪厄任法国高等研究实验中心主任,这个职位对于他跻身上层学术界十分有利,从此他以方便的条件同更多、更有名气的学术精英们交往。1968年,布迪厄开始担任欧洲社会学中心主任,直到今天,他仍在这个职位上开展十分活跃的社会学学术活动,这使他从70年代起一直保持着法国社会学界领袖人物之一的地位。1982年,布迪厄在福柯等人的鼎力相助之下,以精彩的社会学演讲,在激烈的竞争中获得了法兰西学院唯一的社会学教授职位,更确切地说是获得了法国社会学界最高的学术地位和学术荣誉。

布迪厄的学术著述甚丰,从70年代至今,他发表了30余部著作和300余篇学术论文,这在当代社会学家中是十分突出的。1972年,他发表了《实践理论概要》(Outline of Theory of Practice),概括论述了他的以实践为基础的社会学理论。虽然这部著作当时没有引起人们的充分重视,但是今天它已成当代西方社会学的经典著作之一。1975年,布迪厄创办了别具一格的社会学杂志《社会科学的研究行为》,这个杂志一问世就使法国学术界感到耳目一新,发行量与日俱增,布迪厄随着杂志的成功发行而迅速扬名。1980年,布迪厄出版了另一部著作《实践的逻辑》,对自己许多卓有创见的社会学理论观点作了更深入的阐述,这部著作对荣获法兰西学院院士很有意义。1989年,《国家精英——名牌大学与群体精神》出版,这是布迪厄一部篇幅较大的著作,其中把关于场域、惯习、权力、文化资本等思想理论同大学教育问题联系来研究,可以看作布迪厄思想理论在实证研究中的应用。80年代后期,布迪厄赴美国芝加哥大学开展学术交流,在那里为社会学、人类学和政治学的博士研究生们开设研讨班,这期间的一些讲座和学术报告由华康德(Loic Wacquant)编撰成一部著作《实践与反思——反思社会学导引》(1992),这部著作系统地介绍了布迪厄的社会学理论。

布迪厄的著述给读者展开了宏大而绚丽的画面,他的思想理论无视传统学科分类设下的重重界限,而是在现实社会问题的引领下,任凭思想之流往来穿游于各种学科之中。在布迪厄的著作中,可以看到许多能被利奥塔称之为元话语的概念,例如"社会场""惯习""社会结构""心智结构""实践逻辑"等,布迪厄用这些元话语编织出许多令人深思的精辟的社会理论,其中对社会问题探究的深入程度,是很多以玄秘逻辑表现的抽象哲学理论无法相比的。然而,布迪厄不是一位钻入范畴逻辑之网就不知返回的形而上学的思想家,他在追问社会现象的深刻基底的同时,热切地关注着那些活生生的社会现象本身。他对农民生活、工人失业、学校教育、法律诉讼、宗教信仰、阶级冲突、党派斗争,甚至文艺演出、体育竞赛、居民住房等十分具体的社会问题,都作了丰富的研究,并提出了许多解决实际社会问题的设想或方案。

因此,布迪厄是把理论与实践紧密结合的思想家。面对无限复杂的社会实践,布迪厄提出了丰富的植根于生活过程之中的崭新概念,诸如实践感、实践策略等概念都是与生活实践直接相联的。布迪厄关注生活实践,坚持从实践出发审视社会问题,与马克思早期哲学思想对他的影响是分不开的。在《1844年经济学哲学手稿》《关于费尔巴哈的提纲》等早期著作中,马克思一再强调实践在社会生活中的基础地位,认为只有从实践出发,在实践过程中提出和理解社会问题,才能对人生、现实获得正确答案,布迪厄十分赞成马克思的这些观点,在长期的学术研究中,目光始终没有离开生活实践。

布迪厄关于实践的论述与马克思有明显不同之处,即他侧重讨论实践中的精神因素,而马克思强调的则是实践的物质过程。这一点与韦伯对布迪厄的影响分不开。韦伯在关于社会行动的本质特点、社会行动类型和资本主义现代化进程的研究中,反复论述了主观意识的基础性作用。布迪厄不像韦伯那样主要论述社会行动中的理性因素,而是在指出实践逻辑的模糊性的基础上,侧重论述实践中的习惯、感受和体验等感性因素,因而他的实践理论具有明显的感性论特点,但是,韦伯强调主观意识在社会生活中的地位和作用的观点,对布迪厄的影响仍然清晰可见。

布迪厄强调实践行动的感性特征,受到了法国思想家梅洛-庞蒂为代表的知觉现象学的重要影响。从知觉现象学的立场看,以具体形象为内容的感性知觉在人们的实践行动中发挥了主要的支配作用,不能像理性主义者那样把人的实践行为单纯地解释为理性逻辑支配的结果。布迪厄如梅洛-庞蒂等人那样认为,真实发生着的实践过程,并非如孔德、迪尔凯姆、韦伯、帕森斯等理性主义社会学家所论述的那样是根据理性逻辑展开的,严格合逻辑的、理性化的社会过程是不存在的。具体的、活生生的人是凭着模糊的直接感受而展开各种实践活动的,只有揭示那些作为心理底层的、在逻辑层面之下的感性意识过程,才能真正把握人的实践过程。

在布迪厄的理论著述中,法国学术传统的影响要大于德国传统的影响。迪尔凯姆把社会生活中的精神因素作为客观对象、作为外在物来思考的观点,以及他晚年同外甥莫斯关于认知图式和分类形式的研究,索绪尔和列维-斯特劳斯关于语言结构、原始思维结构等结构主义人类学的观点,都对布迪厄发生了重要影响。他关于社会结构、语言符号、场域转换等问题的许多观点,往往是对这些法国思想理论的继承和发展。

二、关系主义方法论

布迪厄在社会学领域里提出了许多富有创见的学术观点,其中关系主义方法论具有更重要的意义,它不仅标志着布迪厄超越了古典社会学的实体主义方法论,而且也使他论述场域结构和实践逻辑等方面问题时展开了一个崭新的视角。

布迪厄多次指出,他在60年代就确立了研究社会问题的关系论原则。在他看来,社会学视野里展开的社会世界,其本质就是各种关系。虽然布迪厄在其著述中沿用了大量古典社会学的术语,但他都明确地把诸如"结构""实践""主体与客体"等概念赋予关系论的含义。他指出:"概念的真正意涵来自各种关系。只有在各种关系系统中,这些概念才获得了它们的意涵。""我可以对黑格尔那个著名的公式稍加改动,指出'现实的就是关系的':在社会世界中存在的都是各种各样的关系——不是行动者之间的互动或个人之间交互主体性的纽带,而是各种马克思所谓的'独立于个人意识和个人意志'而存在的客观关系。"①

从布迪厄的论述中可以清楚地看到,他认为社会学的概念及由概念联系而成的各种理论实质是对各种社会关系的概括;在社会生活中,真正作为现实性而存在的一定是各种社会关系,离开社会关系的各种因素只能是观念中的抽象,只有在各种关系中发生复杂社会联系的社会因素才是真实的现实存在;社会生活中的各种关系或者说社会学研究的各种关系,一定是社会的关系,而不是个人之间的交往互动,更不是个人之间的主观性意识联系,而是像马克思所指出的那样:是离开人们的主观意识而存在的,不论人们是否意识到或是否承认它,都实际存在的社会客观性。可见,布迪厄的社会关系概念具有现实性、社会性和客观性等基本特点。

把社会现实的实质理解为社会关系,在对各种社会关系的理解中形成各种概念,这是布迪厄超越古典社会学或传统思维方式的出发点。布迪厄认为,古典社会学也谈论关系,但并不一定是社会关系,而是指个人互动和个人意识交流的"自然关系",未能在主观意识同客观社会条件的联系中把握各种社会关系,造成这种结果的根本原因在于古典社会学用主观同客观二元对立的思维方式来分析和解释世界。主观同客观二元对立的思维方式是当代社会学家们共同批判的问题之一,但是大部分社会学家都从欧洲文化精神的分裂和理论思维的逻辑演化来理解它,布迪厄坚持他的关系主义方法论,认为应当到社会的现实关系中去找寻它的产生根据。

布迪厄认为,二元论的思维方式不是凭空产生的,有其形成的现实基础,即现实世界是以两种方式存在的:"初级的客观性"(objectivity of the first order)和"次级的客观性"(objectivity of the second order)。华康德解释布迪厄这两个概念时指出:"初级客观性包括各种物质资源的分配,以及运用各种社会稀缺物品和价值观念(用布迪厄的术语说,就是各种资本的类型)的手段;而次级客观性则体现为各种分类体系,体现为身心两方面的图式,在社会行动者的各种实践活

---

① 布迪厄、华康德:《实践与反思》,李猛、李康译,中央编译出版社1998年版,第133页。

动中,如行为、思想、情感、判断中,这些分类系统和图式发挥着符号范式的作用。"①概言之,初级客观性实质就是社会世界中的物质构成或物质关系,次级客观性实质就是社会世界中的意识因素或意识关系。

虽然初级客观性和次级客观性都是客观的结构,但是,前者是物质的客观性,后者则是精神的客观性。在传统的社会科学中,形成了分别面对初级客观性和次级客观性的不同学科或不同思维方式,布迪厄称之为"社会物理学"(social physics)和"社会现象学"(social phenomenology)的对立。社会物理学的代表是孔德和迪尔凯姆,他们把社会世界看成是外在于主观意识的,可以用外部观察、测量和统计的方法加以研究的物理现象,并自誉为采取了一种纯客观的、确实可信的科学原则;社会现象学的代表是萨特和加芬克尔(Harold Garfinkel),他们强调社会世界的主观性,把个人的意志选择、价值理想和情感体验看成具有决定性的因素,像叔本华和尼采那样从个人的表象和意志出发来解释社会生活。

在布迪厄看来,社会物理学和社会现象学表现了学术界对社会生活的分裂性认识。社会物理学方法所把握到的物质关系和社会现象学所把握到的精神关系,是从不同的原则分析出来的两种层面的客观关系,但二者在现实生活中是统一在一起的。布迪厄认为,社会物理学关于社会生活客观性的理解是简单的,其重要失误在于它未能在形成过程中来理解社会客观性,而无论何种类别的社会客观性都不是离开主观性而独立自生的,都是在各种主观因素的参与中才生成的,社会物理学方法否认了这一点,把具有客观性的物质关系或经济关系中的主观因素完全"物化"(reify)了。社会现象学在一定程度上克服了社会物理学的直观机械性,强调了社会生活中的主观能动性,但是它未能把主观能动性的作用放到具体的社会条件中去考察,缺乏对主观性要受到种种外在条件限制的理解,所以陷入了欧洲哲学史上目的论的旧辙。

布迪厄把社会物理学和社会现象学分别建构出来的各种相互对立的概念或原理称为"世界假设"(world hypothesis),并把这些世界假设转变成重新理解社会世界双重现实本质的不同环节,或者说,布迪厄用自己的关系主义方法论原则,把社会物理学和社会现象学在相互对立中建立起来的不同观点改造为自己创立的社会实践理论(social praxeology)的理论内容。华康德评述布迪厄的这项工作时指出:"由此产生的社会实践理论综合了'结构主义'和'建构主义'两种途径。首先,我们将世俗表象搁置一旁,先建构各种客观结构(各种位置的空间),亦即社会有效资源的分配情况;正是这种社会有效资源的状况规定了加诸

---

① 布迪厄、华康德:《实践与反思》,李猛、李康译,中央编译出版社1998年版,第7页。

互动和表象之上的外在约束。其次,我们再引入行动者的直接体验,以揭示从内部构建其行动的各种知觉和评价(即各种性情倾向)的范畴。这里有必要强调指出的是,尽管上述两个分析环节缺一不可,但二者并非完全对等:客观主义的旁观在认识论上先于主观主义的理解。"①可见,布迪厄从关系主义方法论超越主观和客观二元对立,要把主观和客观各种层面的研究都纳入自己的视野中,但是客观性研究应当优先于主观性研究,并且关于各种社会位置或社会条件的客观性分析是关于精神意识的主观性分析的前提和基础。

布迪厄提出的关系主义方法论同法国结构主义传统并非简单对立的关系。一方面,布迪厄反对单纯从客观主义原则理解社会结构,认为不能把社会结构归结为单纯客观性;另一方面,布迪厄又坚持以结构论的眼光来分析社会生活中的各种关系。因此,布迪厄对很多问题的讨论是一种结构分析,但表现了一个特殊的结构分析,即强调了结构中的关系。"讲结构方法,说得更简单些,是将关系思维方式引入社会科学。该思维方式与实体论思维方式决裂,导致任何一个成分的特征将通过把该成分同其他成分结合为系统的各种关系来显示,是这类关系给出了该成分的意义和功能。"②

强调社会结构研究的关系论视角,不是泛泛地去讨论社会结构各种构成因素之间的关系,而是要深入揭示社会实践中的认知结构与实践活动之间的关系,而这正是一种深层的社会结构的研究。布迪厄十分明确地指出:"社会学的目的在于揭示构成社会空间的不同社会人群的最深层的结构,以及倾向确保社会空间的再生产或变革的'机制'。"③深层的结构是内在于人们的思想意识之中的复杂关系,只有深入到人们的心理活动或认识活动中,才能清楚把握导致社会结构变迁的机制。因此,社会学"更接近于心理学,但是,它与人们通常所理解的心理学或许又非常不同。对客观结构(structure objectives)的这种探索本身就是对认知结构(structure cognitives)的探索。"④

根据关系主义方法论,布迪厄还提出了社会学研究中的历史与现实关系问题。布迪厄认为,社会学研究现实社会问题不能脱离历史,应当在历史过程中把握现实社会问题的根源和实质,因为现实是历史的继续,历史则是现实的过去,不仅历史作为过去展开了今天的现实发生过程,而且现实作为既存也展开了过

---

① 布迪厄、华康德:《实践与反思》,李猛、李康译,中央编译出版社1998年版,第11页。
② 布迪厄:《实践感》,蒋梓骅译,译林出版社2003年版,第5页。
③ 布尔迪厄:《国家精英》,杨亚平译,商务印书馆2004年版,第1页。
④ 同上。

去的历史。因此,只有从历史与现实的统一中才能更丰富、更具体地开展社会学和历史学研究。在这个判断基础上,布迪厄反对社会学同历史学的机械划分,主张社会学同历史学的综合。他指出:"将社会学和历史学分离开来,是一种灾难性的分工,在认识论上完全缺乏根据。所有的社会学都应当是历史的,而任何历史学也都应当是社会学的。从事实来看,我所提出的场域理论,其作用之一,就是想消除再生产和转型、静力学和动力学或者结构和历史之间的对立。"①像利奥塔一样,布迪厄反对哈贝马斯那样试图建构社会学的元话语来回答和解决社会问题。

布迪厄认为,脱离历史考察的元话语论述实质是思辨哲学的宏大叙事,是对社会现实的远离和抽象化,无法真实具体地回答和解决现实社会问题。布迪厄赞成历史学关于一些具体历史事件的研究,认为从历史中揭示出现实问题的演化脉络,对于更深入地理解现实社会的矛盾关系和复杂结构是十分有意义的。他说:"在我看来,出色的历史学家同时也是出色的社会学家(反过来也经常如此)。但是,出于这样那样的原因,历史学家不像社会学家那样束手束脚,按部就班地塑造概念,建构模型,或者炮制多少有些卖弄技巧的理论或元理论话语,他们可以在精致的叙事之下,不露声色地将那些常常是根据历史学或社会学自身的考虑而对这两个学科所作出的微妙协调与谨慎适度分别处理好。"②

布迪厄把他提倡的历史学与社会学综合起来的研究称为"结构性历史学"。他指出:"我们所需要的,是一种几乎前无古人的结构性历史学,它能在所考察的结构相继而起的各个阶段之中,确定以往维持或转变这种结构斗争的结果,并且找到此后出现的转型原则,这些原则通过构成这一结构力量之间的各种矛盾、张力和关联体现出来。"③在社会学各种流派中,无论是实证主义社会学还是人本主义社会学,都很重视社会结构的研究,也可以说,关于社会结构的研究是现代社会学的基本内容。布迪厄指出:"结构性历史学",其宗旨就是实现社会学同历史学的结合,这一方面提出了社会学应当展开史学视野的任务,另一方面也表明布迪厄并不是简单肯定历史学的研究方法,不仅那种流于宏观概括、阐述历史永恒规律的历史哲学不是布迪厄赞成的,而且那些简单地叙述历史事件的实证史学研究也不是布迪厄认同的。布迪厄的目的是要求社会学把它对社会问题的研究放到历史过程中展开,因此,他倡导的实际是一种新型社会学,即历史社会学。这种主张同福柯的知识考古学方法有许多共同之处。

---

① 布迪厄、华康德:《实践与反思》,李猛、李康译,中央编译出版社1998年版,第126页。
② 同上书,第127页。
③ 同上。

与历史性研究和结构性研究的关系有关,布迪厄又提出了社会学研究中的普遍性和特殊性(或恒定性与独特性)关系问题。布迪厄不仅指责那种在跨时空的长时段历史研究中过度追求历史演化的普遍规律的倾向,也反对仅仅注重对个别事件实地考察的孤立个案研究。因为前者因单纯追求普遍性而流于抽象的空疏,后者因单纯关注个别性而陷入片面琐碎,因此这两种方法都无法把握实质作为复杂关系存在的社会世界。布迪厄指出:"普遍性与独特性间的对立,亦即法则性分析同有针对性的描述间的对立,乃是一种虚假的对立。"[①]他通过场域理论来解决这种虚假对立,亦即在特定的场域中揭示社会生活中蕴含的普遍性与特殊性矛盾关系,认为必须坚持用普遍性与特殊性相结合的矛盾分析方法才能理解社会现实。

普遍性与特殊性的关系在社会学中还表现为理论与实践的关系,这也是布迪厄关注的一个焦点问题。注重实践问题,以实践为基础开展社会学研究,这是布迪厄社会学研究的主要特征之一。不过,还应进一步指出的是,布迪厄关于实践观点的特殊性还在于他一向强调实践是理论规定着的实践,没有同理论完全脱离的实践。因此,把理论看成在实践活动之上或实践活动之外,在理论和实践的对立关系中谈论实践是理论的基础,同谈论理论是实践的反映一样,都是机械论的错误。在布迪厄看来,理论同实践的关系无论从哪方面看都是一种相互蕴含的关系。从实践方面看,任何一种层面或一种类型的实践活动都是在一定的理论观念规定下进行的,实践包含着理论;从理论方面看,没有哪种理论是离开特定实践条件形成的,理论中包含着实践条件的制约。

根据理论同实践的关系,布迪厄主张超越社会学研究中的理论分析和经验研究的对立。他认为帕森斯的宏观结构功能理论同拉扎斯菲尔德的实地经验调查,是理论分析同经验研究对立的典型。布迪厄指出:"在'理论'和'方法论'之间的划分对立是作为一种认识论对立确立的;事实上,这种认识论对立是某个特定时期里科学劳动的社会分工(表现为教授和应用研究机构的职员之间的对立)的一个组成部分。"[②]这里,又一次看到布迪厄总是从社会实践或社会现实来分析理论问题或学术问题。从社会学研究的劳动分工来分析社会学理论研究和经验研究的对立是符合实际的,这种情况在社会学研究中长期存在着。

布迪厄一向坚持要把社会学的理论分析同经验研究结合起来。他认为,社会学理论不仅仅是对社会现象的概括,而且还具有选择、指导、建构对象的作用,

---

① 布迪厄、华康德:《实践与反思》,李猛、李康译,中央编译出版社1998年版,第110页。
② 同上书,第346页。

如果直接触及经验对象的调查过程和调查手段不在一定理论作用下进行,那一定是盲目的、难以奏效的。布迪厄经常借用康德的一句话来表达自己的主张:"理性无感性则空,感性无理性则盲。"他说:"实际上,在对象构建的过程中,最具'经验性的'技术选择也不能脱离最具'理论性的'选择。只有作为一种确定的对象建构过程的一部分,诸如此类的抽样方法、资料搜集和分析的技术等才成为必不可少的操作。更准确地说,只有将所有经验材料都看作从一套理论预设推演出来的假设整体的一部分,它们才能作为一种证明——或者像英美学者所说的一种证据——来发挥作用。"①

布迪厄还从关系主义方法论的立场提出了个人与社会、社会与政治、经济与文化、理性与感性等一系列社会学研究中的重大问题,并且都在反实体论的关系论角度展开了卓有创见的论述。尤其值得注意的是,他用关系主义的方法论建立了场域结构论和实践逻辑论,为当代社会学研究开拓了崭新的领域。

三、场域的结构

场域(field)是贯穿布迪厄社会学理论各种层面的一个核心概念。虽然场域的内涵与外延都很丰富,但是它的基本含义却可简单概括之,用布迪厄自己的话说:"一个场域可以被定义为在各种位置之间存在的客观关系的一个网络(network),或一个构形(configuration)。"②这个定义中又有三个概念需进一步解释:位置(position)、网络和构形。场域是以各种社会关系联结起来的表现形式多样的社会场合或社会领域,虽然场域中有社会行动者、团体机构、制度和规则等因素存在,但是场域的本质是这些社会构成要素之间的关系。所以,场域首先是各种形式的社会网络(social network)。

网络是从网络结构理论那里借用来的一个概念,网络结构理论用这个概念把人类社会的不同层面都解释为关系网,社会成员或社会团体通过信息沟通、交往互动和社会资本的占有、利用、创生、展开、汲取和改变着各种社会网络及其资源。网络结构理论的产生被看成当代西方社会学中的一场革命,它的突出特点是从传统社会学的实体论思维方式转向了关系论的思维方式,它不仅注重社会问题的客观性研究,而且也重视社会成员的主观性交流和个人行动,在一定意义上融合了古典社会学中的实证主义和人本主义的尖锐对立。布迪厄把自己社会

---

① 布迪厄、华康德:《实践与反思》,李猛、李康译,中央编译出版社1998年版,第346页。
② 同上书,第134页。

学理论的基本范畴解释为社会网络,一方面说明他的理论受到了网络结构理论的深刻影响,二者有许多共同之处;另一方面也说明他的理论可以看作网络结构理论的重要内容之一,研究网络结构理论不应忽视布迪厄的场域理论。

位置概念在理解场域理论中具有很重要的意义。如果场域是一张社会之网,那么位置可以看成这张网上的各种网结。在布迪厄看来,场域是由不同社会要素联系而成,不同社会要素在复杂的社会联系中都占有特定的位置,或者说社会不同要素通过占有不同位置而在场域中存在和发挥作用。具体说,位置有以下三层涵义:① 位置是客观的,它是场域中各种关系交织而成的网结,在同人们的主观意愿和行为选择的关系中,位置起着客观前提或社会规定性作用;② 位置含有社会资源或权力资本,社会成员或社会团体因占有不同位置而获得社会资源或权力资本,并且,他们也只有获得某种社会资源或权力资本才能占有某种社会位置;③ 因为位置含有资源和权力成为场域内矛盾冲突的焦点,在复杂的社会斗争中,位置处于持续的变易之中。布迪厄指出:"正是这些位置的存在和它们强加于占据特定位置的行动或机构之上的决定性因素之中,这些位置得到了客观的界定,其根据是这些位置在不同类型的权力(或资本)——占有这些权力就意味着把持了在这一场域中利害攸关的专门利润的得益权——的分配结构中实际的和潜在的处境,以及它们与其他位置之间的客观关系(支配关系、屈从关系、结构上的对应关系,等等)。"①

构形概念说明场域具有能动性,它可以用自身的特殊结构重新构造各种进入其中的关系或力量。场域被喻为一种引力场,尽管不同位置以及占有不同位置的社会成员和社会团体有其自身的能力,但是在场域中,这些能力要经过场域结构调整之后才能发挥作用。场域好比一个棱镜,根据内在的结构反映外在的各种力量。因此,场域的构形作用表明它有自身的运动逻辑,它可以通过调整各种要素的功能而使自身获得特定的结构与秩序。

布迪厄还在社会实践同场域的关系、不同场域之间的关系、个人及群体同场域的关系等角度进一步概括了场域的一般特点。首先,场域对影响社会行动者及其实践的外在力量有自主的形塑机制。布迪厄指出:"对置身于一定场域中的行动者(知识分子、艺术家、政治家,或建筑公司)产生影响的外在决定因素,从来也不直接作用在他们身上,而是只有通过场域的特有形式和力量的特定中介环节,预先经历了一次重新形塑的过程,才能对他们产生影响。"②可见,所谓

---

① 布迪厄、华康德:《实践与反思》,李猛、李康译,中央编译出版社1998年版,第134页。
② 同上书,第144页。

第七章 布迪厄的社会实践理论

形塑机制同场域的构形功能含义是相同的。

其次,场域表现为不同类别或不同形式,各种场域都是在特定的社会结构或阶级结构中存在的,都具有某种特殊的利益要求和政治作用。布迪厄指出:"在哲学场域、政治场域、文学场域等与社会空间的结构(或阶级结构)之间,我们可以察觉出,它们在组成结构和运动过程方面都存在全面的对应关系:二者都存在支配者和被支配者,都存在旨在篡夺控制权与排斥他人的争斗,都存在自身的再生产机制,等等。"①这说明,场域不是独立于社会条件之外的,它的内部结构和矛盾冲突要同它所处的社会条件或社会结构发生对应关系。

再次,"场域都是关系的系统,而这些关系系统又独立于这些关系所确定的人群"②。这里,布迪厄明显地继承了迪尔凯姆关于社会学研究对象的社会性观点。场域作为布迪厄社会学研究的基本对象,它是人的活动结成的关系或发生的场所,离不开人及其活动而存在,但是场域作为关系的系统,一经形成就有自己的相对独立性,就像迪尔凯姆解释社会事实所说的那样,它不可还原为个人的心理与个人的行为,它一定是社会层面上的现象。并且,布迪厄认为,不仅场域不可还原为个人心理与个人行为,而且场域制约着个人心理、个人行为及个人的地位和作用等等。"场域的观念提醒我们,即使人们在构建一个场域时不能不借助个体(因为统计分析必需的信息一般都与个人或机构相联系),社会科学的真正对象也并非个体。场域才是基本性的,必须作为研究操作的焦点。"③

在对场域的本质和一般特点作出说明的基础上,布迪厄进一步论述了从场域角度研究社会问题和解释社会现象的方法原则。布迪厄指出:"根据场域概念进行思考就是从关系的角度进行思考。"④而之所以要从关系角度思考社会问题,最根本的是场域结构和运动过程都是以关系为本质特征而存在的。布迪厄经常用游戏来类比场域的解释原则。他认为,在游戏开始之前,游戏者们要预先建立一种对某些规则的共识,形成一定程度的信任,否则,游戏就无法进行。而当游戏者们形成了共识和信任时,也就建立了各种相互关系,最初的关系网就结成了。

在布迪厄看来,游戏者之间的关系是受他们每个人所占有的位置、扮演的角色、发挥的作用制约的。并且,每个游戏者在游戏中的地位和作用又受他们个人

---

① 布迪厄、华康德:《实践与反思》,李猛、李康译,中央编译出版社1998年版,第144页。
② 同上书,第145页。
③ 同上书,第146页。
④ 同上书,第133页。

所据有的资本的制约,包括经济、政治、文化和符号各种形式资本的制约。不过,布迪厄认为更重要的是游戏过程和游戏关系对游戏者地位和作用的制约,他说:"在社会游戏中,我们也有将牌,即根据游戏的变化,其效力也随之有所变化的'主牌':正像不同牌的大小是随着游戏的变化而变化,不同种类资本(经济的、社会的、文化的、符号的资本)之间的等级次序也随着场域的变化而有所不同。"①这就是说:场域中的关系是由行动者本身的因素、行动过程的变化和场域作为环境的制约作用等方面相互联系而成的,场域自身的作用是基础的或前提的。

场域自身的作用对于其中的行动者来说,是客观性的前提或基础,那么,行动者就必须根据场域本身的各种关系来制定自己的行动策略。"一位'游戏者'的各种策略,以及确定他的'游戏'的各种因素,既是在所考察的时刻他的资本的数量和结构的函数,和这些因素向他所保证的游戏机会的函数,也是这一资本的数量和结构随时间而演进的函数,即他的社会轨迹的函数,在与客观机会的确定分配之间久已形成的关系中构成的性情倾向(惯习)的函数。"②这里,布迪厄不仅揭示了游戏者在各种复杂关系中是如何制定自己行动策略的,也说明了场域结构所展开的各种复杂关系。

布迪厄还论述了行为主体进入场域关系或开展场域行为的非自觉性。在一些比较具体的场域空间中,行为主体可以比较清楚地认识和遵守场域的规则,这是特定主体在场域活动中的自觉性;但在一些比较复杂或空间较大的社会场域中,行为主体"对场进行投入,对场的存在本身及永存,以及在场中起作用的一切产生兴趣,但不知道这种投入和兴趣发生过程中不言自明地给予的一切,也意识不到游戏所产生和不断生产的未被思考的预设(从而再生产其自身得以永存的条件)。"③这就是说,主体对场域的复杂关系、各种预设前提和活动条件,并非都是清楚自觉的,通常是对场域的传统及规则未作思考就投入了场域关系或场域活动之中。主体在场域中的这种非自觉性,说明了场域具有自身的客观性。

场域作为由各种因素相互作用而形成的关系网,是一个动态的变化过程,而其变化的动力形成于场域的各种因素——主要指各种社会资本的相互作用或矛盾冲突。虽然布迪厄对场域作了许多一般性的论述,即论述了场域的共同特点、功能和作用,但是他始终强调场域是以各种特殊形式存在的,必须在特定的条件

---

① 布迪厄、华康德:《实践与反思》,李猛、李康译,中央编译出版社1998年版,第135页。
② 同上书,第136页。
③ 布迪厄:《实践感》,蒋梓骅译,译林出版社2003年版,第103页。

第七章 布迪厄的社会实践理论

和特殊的矛盾关系中才能理解场域。从特殊性和差异性出发,不仅能明确看到场域存在的各种特殊形式,更重要的是能清楚地发现场域运动变化的原因。布迪厄指出:"一个场域的动力学原则,就在于它的结构形式,同时还特别根源于场域中相互面对的各种特殊力量之间的距离、鸿沟和不对称关系。"①所谓各种特殊力量即含有各种特殊资源的各种场域的构成因素,亦即各种社会资本(social capital)。

社会资本是场域变化的原动力。无论场域运动变化的形式如何,也无论场域中的行动者抱着何种动机引起场域中的冲突,场域变化的原因都源于社会资本。因为社会资本不仅是资源,更重要的是权力,是行动者凭借它在场域中发生作用的权力,也是行动者凭借它占据某种位置并因而可以支配场域的权力。由于场域是各种异质因素构成的,并且各种因素的相互关系也是异质的,所以,场域中存在着复杂的差异,差异就要引起矛盾,矛盾就要表现为排斥、否定和斗争。"作为包含各种隐而未发的力量和正在活动的力量的空间,场域同时也是一个争夺的空间,这些争夺旨在维续或变更场域中这些力量的构形。"②

虽然社会资本被认为是场域的原动力,但是布迪厄反过来又坚持他的一贯原则,即场域是各种力量发挥作用的客观前提,社会资本也不能离开特定的场域关系发挥作用。他指出:"只有在与一个场域的关系中,一种资本才得以存在并且发挥作用。""进一步说,作为各种力量位置之间客观关系的结构,场域是这些位置的占据者(用集体或个人的方式)所寻求的各种策略的根本基础和引导力量。"③这里,布迪厄的论述呈现了解释学循环:一方面,只有在场域中才存在社会资本,并且只有在场域中社会资本才能发挥支配力量;另一方面,场域是关系网,而只有凭借各种社会资本才能占据场域中的不同位置,才能形成不同位置之间的矛盾关系,场域这个关系网才能存在。布迪厄在其论述中经常遇到这种矛盾,他称之为"双重解读",实质是从关系论的角度分析各种社会现象就一定要不断地陷入各种无始无终的矛盾关系,因为社会世界本身就是一个理不清始终关系的关系网络。

在布迪厄关于场域结构的论述中,人们往往联系到系统论,因为系统论也把某种活动空间或社会领域看成各种因素相互作用的关系。但是,布迪厄认为场域理论同系统论有很大不同:"一个基本的差别就是:争斗,以及由此产生的历

---

① 布迪厄、华康德:《实践与反思》,李猛、李康译,中央编译出版社1998年版,第139页。
② 同上。
③ 同上。

史性!"①场域之中虽然有游戏者及各种群体等活动因素,但是不能像系统论那样把它们理解为在某种目的统治下,按共同机制保持同步运动的机器。场域的规则是共同的,但是行动者却因自己的资本与位置不同在场域中发生不断的争斗。"在一个场域中,各种行动者和机构根据构成游戏空间的常规和规则(与此同时,在一定形势下,他们也对这些规则本身争斗不休),以不同的强度,因此也就具有不同的成功概率,不断争来斗去,旨在把持那些特定产物。"②正是场域中持续不断的矛盾斗争引起了场域的运动,并由此而使场域一直作为过程而存在,展开了自己的时间状态,表现了运动变化的历史性。

关于不同类型场域之间的关系,布迪厄认为必须以矛盾斗争和运动变化的眼光去分析。因为场域都是在特定环境中存在的,并且内部各种矛盾关系也处于不断变化中,所以,"事实上不存在超越历史因素影响的场域之间关系的法则,对于每一种具体的历史情况,我们都要分别进行考察。"③布迪厄以经济场域同其他场域的关系为例来说明自己的观点,他认为,在资本主义社会不能不承认经济场域具有极强的作用,但是并不能因此就得出经济因素归根到底起决定作用的普遍结论,在艺术场域中就难以得出经济因素一定起决定作用的结论。"那些'具有唯理论主义倾向的理论'运用各种宏大的概念,声称能够解释所有问题;而场域的观念则与此不同,它并未提供所有可能疑难问题的现成答案,也并非说一切就绪,无须再费力进行进一步的研究。"④这些是说,场域的关系是因时、因地而宜的,没有哪种模式或规律可以作为一般原理来说明场域间的关系。

总之,场域的结构,无论内部的还是外部的,都是以具体性而存在的变动不居的矛盾关系,场域的发展动力和功能作用都产生于这些不断变化的矛盾关系之中,只有在持续不断的变化、无限复杂的差异性和具体性的关系中才能真正理解场域的结构。

四、实践的逻辑

在布迪厄的理论中,场域是实践展开的场所,也可以说是实践展开的矛盾形式。因此,动态变化的场域关系所呈现出的各种原则,实质也就是实践活动的逻

---

① 布迪厄、华康德:《实践与反思》,李猛、李康译,中央编译出版社1998年版,第140页。
② 同上。
③ 同上书,第150页。
④ 同上书,第151页。

辑。当布迪厄分析场域的结构或矛盾关系时,同时也就论述了实践的逻辑。

与福柯、利奥塔和德里达等人不同,虽然布迪厄也像他们那样反对传统理论对普遍逻辑或一般规律的推崇,反对黑格尔等德国古典哲学家们在超时空中论述永恒逻辑,但是他却没有彻底否定逻辑的存在。如同赫伯特·西蒙(Herbert Simon)论述"有限理性"观点时所坚持的原则一样,布迪厄认为实践的逻辑不是普遍或无条件的,而是在一些实践活动中发现的共同性。当布迪厄这样论述实践逻辑时,有两点值得注意:其一,某种实践的逻辑不是贯穿无限多样的实践活动中的普遍性,而是在有限的可观察的实践活动中表现出的共同性,它不具有绝对性;其二,实践的逻辑与观察或理解是直接相关的,虽然这不意味着布迪厄像海德格尔等人那样认为一些规则是被看出来的,但是也说明布迪厄理解的逻辑不是纯客观的,究竟能在哪几种实践中发现何种逻辑,这与观察者的视角、选择和理解是直接相关的,并且是可以随这些因素的变化而变化的。可见,布迪厄论述的实践逻辑是肯定了观察者主观性的相对客观性。

在布迪厄关于实践的逻辑的论述中,最引人注意的是他关于实践逻辑的模糊性的论述。布迪厄不仅批评了传统哲学把人类历史过程解释为在绝对理性支配下而展开的合逻辑实践,而且反对亚当·斯密等人把个人的经济行为解释为清楚自觉的理性行动。他指出:"所谓实践的标志就是'合乎逻辑的',它具有某种自身的逻辑却不把一般意义上的逻辑当成自己的准则。客观主义把行动理解成'没有行动者'的机械反应;而主观主义则把行动描绘成某种自觉的意图的刻意盘算、苦心追求,描绘成某种良知自觉之心,通过理性的盘算,自由地筹划着如何确定自己的目标,使自己的效用最大化。我们一开始就想摆脱这两种思路,以便说明在最细微、最平凡的形式中体现出来的那些实践行动——比如各种仪式、婚姻选择、日常生活中的世俗经济行为等等。"①

可见,布迪厄研究的实践同黑格尔、马克思以及古典经济学所说的实践是有区别的。在黑格尔那里,根据绝对理性的永恒逻辑运行或展开的实践,是超越具体实践形式的、超时空的、一般的实践历史,他以高度的思辨性概括、抽象掉了实际实践过程的具体丰富性,所以能够在十分普遍的意义上勾画出人类历史的实践逻辑。马克思对实践的讨论是十分丰富的,他把主体同客体相互作用的实践看成认识和解释世界的出发点与基础。虽然马克思以及恩格斯、列宁等人都不断地把实践阐述为生活实践,但是他们所谓的实践主要是生产实践,而不是布迪厄讨论的日常生活实践。当马克思主义把生产实践概括为主客体相互作用时,

---

① 布迪厄、华康德:《实践与反思》,李猛、李康译,中央编译出版社1998年版,第164页。

主体的目的性、功利性、创造性，客体的条件性、制约性，实践过程的规则性和程序性也就明晰可见了，因此，马克思主义也就十分自然地把实践理解为具有高度自觉性的理性过程了。亚当·斯密等古典经济学家们所论的实践是局限于个人追逐私利的经济活动，他们净化掉了非功利的因素，完全在趋利避害的功利原则基础上考察个人的经济活动，因此虽然看到了个人的经济行为，但是它是经过抽象化的单纯经济行为，并非现实生活中的具体存在，所以古典经济学讨论的经济人在其活动中的理性逻辑是理论层面上的提纯。

　　布迪厄论述的实践是日常生活中的具体实践。当布迪厄直面各种婚姻行为、交往行为和市场行为时，他感到既不能像非理性主义者那样把实践解释为完全由本能支配的反逻辑过程，也不能像黑格尔、马克思和亚当·斯密等人那样把实践解释为完全的合逻辑过程，他提出了自己独特的"实践的模糊逻辑"的解释。在他看来，仅从逻辑或理性层面上来解释实践活动，谈到的一定不是实实在在的实践活动，因为真实存在的实践活动是受"前逻辑"或"前理性"的"实践感"支配的。他说："我之所以要提出一套实践理论，把实践活动看作是一种实践感的产物，是在社会中建构的'游戏感'的产物，就是要说明实践的实实在在的逻辑。"①布迪厄以橄榄球场上的比赛行为来说明实践感。他认为，当游戏者面对迅速变化的比赛时，虽然能按游戏规则采取行动，但这都不是经过逻辑推论之后而进行的，乃是凭着自己的感觉瞬间采取某种行为，这种前逻辑的、非推论的感觉就是"实践感"。

　　华康德在解释布迪厄的"实践感"时指出："'实践感'在前对象性的、非设定性的层面上运作。在我们设想那些客体对象之前，实践感所体现的那种社会感受性就已经引导我们的行动。通过自发地预见所在世界的内在倾向，实践感将世界视为有意义的世界而加以建构。"②可见，布迪厄所谓的"实践感"是前理性的，它尚未达到对象性意识活动的层面，也就是说，"实践感"并非如传统认识论所说的那种有明确认识对象和认识目的的意识，但是，"实践感"不仅不是简单的受动性感觉，而且它还具有对实践行动的引导性和预见性，并且能按照某种意义把周围世界加以建构。

　　在《实践感》这部著作中，布迪厄对实践感作了更加充分的论述。布迪厄指出："凡是蕴含一种近乎自然的逻辑的文化现实，均具有不带明显意图的严密性和不含直接可见的统一原则的统一性（不正是这一点产生了马克思所说的'希

---

① 布迪厄、华康德：《实践与反思》，李猛、李康译，中央编译出版社1998年版，第164页。
② 同上书，第22页。

第七章 布迪厄的社会实践理论

腊艺术的永恒魅力'?)而这样的严密性和统一性是千年来应用同一些感知和行为图式的产物。"①这里,布迪厄不仅强调了日常生活实践或文化现象中包含的内在的严密性和统一性,这些严密性和统一性是感性意识支配的实践行为的产物,并且,布迪厄还揭示了这些感性意识活动的突出特点是形象性或图像性。这里,可以清晰看到以梅洛-庞蒂为代表的知觉现象学对布迪厄的影响。

前理性的又具有能动性和形象性的"实践感",其存在的基础是"惯习"(habitus)。②"所谓惯习,就是知觉、评价和行动的分类图式构成的系统,它具有一定的稳定性,又可以置换,它来自社会制度,又寄居在身体之中(或者说生物性的个体里)。"③布迪厄关于"惯习"的定义是令人费解的,他认为他的"惯习观"是在克服主观主义同客观主义、实证唯物主义同唯智主义唯心论的两个对立基础上提出的,因此必须超越这两个对立才能真正理解他的"惯习观"。

在布迪厄看来,主观主义把实践过程理解为单纯的意识能动过程,客观主义把实践过程理解为在人的意识之外、人的行动不发挥主动作用的机械过程,用这两种对立的立场都无法理解"惯习"。因此"惯习"既不是单纯的意识活动,也不是离开人的意识的纯粹外在客观性,而是意识与身体(作为实际的具体存在)的直接统一。布迪厄认为,从实证唯物主义和唯智唯心主义的立场就更无法真实地理解实践及其逻辑基础——"惯习"。实证唯物主义(包括18世纪法国唯物主义和19世纪孔德等人的实证主义)认为认识的和实践的对象是离开人的意识而受动的存在;唯智主义唯心论(如德国唯心主义)虽然承认精神的能动作用和实践的创造性,但是他们不知道这种能动作用和创造性是社会性的生成或建构过程。布迪厄则认为,"作为实践活动的实践的理论与实证主义唯物论相反,它提醒我们,认识的对象是构成的(construit),而不是被动记录的;它也与理智主义相反,它告诉我们,这一构成的原则是有结构的和促结构化的行为倾向系统(système des dispositions),即习性(habitus),该系统构成于实践活动,并总是趋向实践功能"④。

生成于实践并作用于实践的惯习,是实践条件制约和人们的生存条件和生

---

① 布迪厄:《实践感》,蒋梓骅译,译林出版社2003年版,第21页。
② 蒋梓骅在其翻译的《实践感》中,将"habitus"译为"习性"。布迪厄的"habitus"概念同汉语里的"习性"其实很难对应,"habitus"的含义比"习性"更丰富。因此,笔者赞成用一个比较特殊的汉语名词——"惯习"来翻译"habitus",这或许能更明确地强调"habitus"的丰富含义。
③ 布迪厄、华康德:《实践与反思》,李猛、李康译,中央编译出版社1998年版,第171页。
④ 布迪厄:《实践感》,蒋梓骅译,译林出版社2003年版,第79页。

存能力的结合。"条件制约与特定的一类生存条件相结合,生成习性。"①实践活动的条件制约包括各种物质生活条件的制约,也包括政治制度、文化传统等方面的规范,而维持实践活动的生存条件则包括实践主体的身体存在、心理结构、认识与行动能力等因素。正是因为惯习具有这种把客观条件和主体因素统一起来的品质,"习性是持久的、可转换的潜在行为倾向系统,是一些有结构的结构,倾向于作为促结构化的结构发挥作用,也就是作为实践活动和表象的生成和组织原则起作用,而由其生成和组织的实践活动和表象活动能够客观地适应自身的意图"②。

从布迪厄的论述中可以清楚地看到,他非常注意强调惯习的感性意识或实践意识,也就是说,虽然惯习中包含了意识活动的内容,并且能由此而支配实践活动,但包含在惯习中的意识活动不是逻辑思维的理性认识,而是能直接支配实践活动的实践感,是实践意识。"习性的反应完全可能伴随着一种策略计算,该策略计算倾向于按有意识的方式,实施习性按另一种方式进行的计算。习性的运算方式是对既往结果变成预期目标的可能性进行估计。"③这种另一种方式的计算,既不是数学计算也不是逻辑推论,而是一种在感性层面的具有表象性或形象性的综合性估计。"习性反应首先是排除任何计算,它取决于直接铭刻于现实的客观可能性——要做或不要做某事、要说或不要说某事——,取决于排除了慎重考虑而迫切要求变成现实的可能的将要到来(à wenir)。"④

布迪厄还特别强调"惯习"的社会性。虽然"惯习"直接统一或存在于身体之内,而身体一定是每个人的身体,"惯习"由此而具有个别的具体性。但是,存在于个人身体中并支配个人实践行为的"惯习"是一种社会建构的结果,而且它在支配人以实践建构社会的同时不断地建构自己。"我们提惯习,就是认为所谓个人,乃至私人,主观性,也是社会的、集体的。惯习就是一种社会化了的主观性。正是在这一点上,我和像赫伯特·西蒙及他的'有限理性说'这样的观念分道扬镳了。"⑤西蒙认为理性的有限性在于个人认识活动的局限性,布迪厄认为惯习的有限性不能仅仅归结为个人的局限性,更重要的是在于惯习一定要受到社会的限制,惯习是在特定的场域中被社会地建构起来的,社会制度或社会规定性要不断地内化到身体之中,成为惯习的内在规定性。因此,在社会同个人的相

---

① 布迪厄:《实践感》,蒋梓骅译,译林出版社2003年版,第80页。
② 同上。
③ 同上书,第81页。
④ 同上。
⑤ 布迪厄、华康德:《实践与反思》,李猛、李康译,中央编译出版社1998年版,第170页。

互作用关系中才能理解惯习。

由于惯习存在于身体之内、表现在实践之中,所以惯习具有直接的操作能力或操持作用。为了说明这一点,布迪厄把惯习(habitus)同习惯(habit)作了比较。一般说来,习惯是由传统传递下来的缺乏能动性和创造性的行为方式,而惯习则不同,它虽然有受社会条件制约的一面,但更重要的它具有生成性,它能不断地把场域或周围环境中的新因素纳入自身,在调整和重构自身的同时重新建构实践的对象。习惯的主要品质是延续和接受,而惯习的主要品质在于重构和创造,并且它既不是理性的观念创新,也不是本能的即时冲动,而是作为外在社会性在体内的积淀因素,在实践中呈现为一种操作行为和操作技能。

惯习在实践中的操作能力通过策略来实现。"所谓策略,他(布迪厄)指的是客观趋向的'行动方式'的积极展开,而不是对业已经过计算的目标的有意图的、预先计划的追求;这些客观趋向的'行动方式'乃是对规律性的遵从,对连贯一致且能在社会中被理解的模式的形塑,哪怕它们并未遵循有意识的规则,也未致力于完成由某位策略家安排的事先考虑的目标。"①从华康德的概括中可以看出,布迪厄的策略概念指的是实践的行动方式。由于策略是受惯习规定而展开的,所以策略一定要表现出惯习的基本特点,即潜在性、社会制约性和社会客观性。

策略的潜在性根源于惯习的潜在性。布迪厄认为,持续存在于身体之中的惯习并非无条件地展开自身,它仅仅在特定的情境中才能展开,并且以自身的结构同场域或社会世界的结构发生双向建构作用,在此过程中展开为某种感知图式,当感知图式同思维活动和实践活动结合起来时,就生成了策略。"惯习,作为一种处于形塑过程中的结构,同时,作为一种已经被形塑了的结构,将实践的感知图式融合进了实践活动和思维活动之中。这些图式,来源于社会结构通过社会化,即通过个体生成过程,在身体上的体现,而社会结构本身,又来源于一代代人的历史努力,即系统生成。"②可见,策略作为行动图式,不仅是一种社会结构化的产物,而且也是结构化社会,即人按照自己的惯习作用于社会或重构社会的产物。而要产生这种双向结构化的产物,前提是在特定的且是现实的场域和实践中才能发生,否则只能作为潜在的可能性存在。因此,正是在策略从潜在到现实的过程中,一定要受到社会条件的制约,并因为被社会结构化而呈现出社会客观性。

---

① 布迪厄、华康德:《实践与反思》,李猛、李康译,中央编译出版社1998年版,第27页。
② 同上书,第184页。

与惯习和策略直接联系的一个概念是利益（interest）。在中文文献中，人们通常把"interest"译为"利益"，其实不如译为"兴趣"更准确，这一点对理解布迪厄的"interest"概念尤其重要。布迪厄指出："要想理解利益概念，就必须认识到，与它相对的不仅是所谓超功利性（disinterestedness），而且还有'漠然'（indifference）的观念。"①"我总在谈论特定利益，探讨那些当受历史因素决定的场域运作时，被预设和生产出来的利益，所以我更喜欢用'幻象'（illusion）这个词。"②无论把利益同漠然相对应，还是用幻象替换利益，都充分说明布迪厄是在兴趣或是在心理层面上讨论利益这个概念。

利益不仅是策略的构成因素，而且是惯习、实践感和场域的构成因素。在策略中，利益的作用是引导策略的展开指向和展开形式，尽管它不像传统理论所说的目的那样具有明确的指向性，但它在策略的形成与实现中也起着引导作用；在惯习和实践感中，利益也是不可排除的，当惯习未能同特定的场域结构发生关联时，利益同惯习一样是作为潜在性而存在的，而当惯习同特定的场域结构发生关联而发挥作用时，利益迅速生成到实践感之中，对实践行为发挥现实的作用；在场域中，更不能忽视利益的存在，"每一个场域都拥有各自特定的利益形式和特定的幻象，场域创造并维持着它们。而这些利益形式和幻象，也就是人们对游戏中彼此争夺的目标的价值心照不宣的认可，以及对游戏规则的实际把握"③。因为利益不仅存在于惯习之中，而且也存在于场域之中，所以它既是主观的也是客观的，既是个人的也是社会的，既是心理的也是实际存在的，利益是贯穿布迪厄各种层面理论的一个基本概念。

布迪厄一再强调他所指的利益不是抽象的，而是特定实践或特殊场域中的。在实践与场域中，利益的特殊性首先在于行动者所占据的位置的特殊性，而位置是含有资源的，资源在实践中的现实形式就是各种资本。于是，从利益的讨论又联系到各种资本形式以及不同资本形式的转换。概而言之，布迪厄从实践与场域、位置与利益、惯习与实践感、实践活动与资本形式转换等矛盾关系中展开了实践的运行逻辑，这种实践逻辑既是模糊的，也是清晰可见的。

布迪厄关于实践逻辑、实践感和惯习的论述，对于实践行为、社会行动和选择行为等方面的研究具有十分重要的创新性和启发性。虽然社会学一向注意研究人们的社会行动亦即实践行为，但是，像韦伯那样对社会行动作类型学的分类

---

① 布迪厄、华康德：《实践与反思》，李猛、李康译，中央编译出版社1998年版，第158页。
② 同上书，第157页。
③ 同上书，第159页。

研究，或者像迪尔凯姆那样注重研究社会行动的制度制约和道德规范，是社会学研究的主流，而这些主流的社会学研究，通常站在客观的立场观察社会行动的行为模式和客观规定，缺乏对支配社会行动的意识活动的深入研究，以致社会行动研究长期停留在表层化或外在化的状态。经济学高度重视支配经济行为的意识活动研究，但大部分经济学流派特别是新古典主义经济学，把经济行为归结为理性计算和逻辑推论支配的理性选择，用种种精致的数学模型来解释和引导人们的选择行为，忽视了感性意识在选择行为中的更直接、更稳定的支配作用。

布迪厄关于实践逻辑、实践感和惯习的一系列论述，不仅突破了社会学轻视支配社会行动的意识活动和心理结构研究的局限，而且突破了经济学单纯从理性逻辑把经济行为乃至社会行动归结为理性选择的片面性。正是在这种双向突破中，布迪厄已经意识到了另一种选择方式——感性选择的存在，尽管他没有作出更明确的理论概括，但他确实已经提到了感性意识支配的选择行为。布迪厄说："习性是选择性感知原则，它是有选择地感知能够对其起到肯定和强化作用而不是改变作用的征象，它也是反应的生成母型，生成预先适应于所有与它的（过去）生成条件一致的客观条件的反应，因此习性是根据它所提前并促成其降临的可能将来被定义的——因为习性直接从它唯一能够经历的现时，亦即从被推定的世界之现时中变出这一将来。"①

五、文化资本与社会资本

关于资本（capital）、特别是关于文化资本（cultural capital）和社会资本（social capital）的理论，不仅在布迪厄的社会理论中占有很重要的地位，而且是其理论中具有突出的创造性、发生了重要影响的内容。

布迪厄的资本概念首先是继承了古典政治经济学和马克思关于资本的观点，他认为资本的本质是积累的劳动，资本的价值及其转换，都要同其中包含的劳动及劳动时间联系起来。正是资本的这个特点决定了研究社会世界一定要研究资本问题。因为，在社会生活中，人们都是在一定的场域中，在某种位置上利用某种资源来展开实践活动的，所以，如果不在抽象的关系上理解社会生活或社会世界，就必须研究社会中的资本问题。他指出："社会世界是一部积累的历史，如果我们不把它简化成行动者之间瞬间机械平衡的不连续系列，如果我们不把行动者仅仅看成可以互换的粒子的话，那么，我们必须把资本的概念和伴随这

---

① 布迪厄：《实践感》，蒋梓骅译，译林出版社2003年版，第99页。

一概念的积累物及其全部效应引入社会世界。"①

资本是通过劳动形成的,这个观点同古典政治经济学和马克思的经济学说没有区别,但是,布迪厄没有停留在这个结论上,他同前人的区别在于强调劳动的个别性和异质多样性,试图由此而把资本、劳动同具体的实践活动和不同的场域结构结合起来,真实地在社会世界中讨论资本问题。他说:"资本是积累的劳动(以物化的形式或'具体的''肉身化'的形式),当这种劳动在私人性,即排他性的基础上被行动者或行动者小团体占有时,这种劳动就使得他们能够以具体化的或活劳动的形式占有社会资源。"②正是通过个别的、具体的劳动,行动者或社会团体占有了某种位置上的资源,并通过这种个别的、具体的劳动,资源被带入社会,引入实践之中,资源转变成实践根据和场域运动能量的资本。

布迪厄一方面在实践和场域等社会关系中讨论资本,另一方面又强调形成资本的劳动是具体的和个别的劳动,这两个方面的结合正是他研究资本问题的基本视角。布迪厄不同意古典经济学仅仅在一般的意义上讨论资本与劳动的关系,因为如果不讨论具体的、个别的劳动,那么资本或者仅仅被理解为一种抽象的形式,或者仅仅被理解为单纯的经济资本(economical capital),而这两种情况都是远离现实的。只有同个别的、具体的又是在特定场域中的劳动联系起来,才能把握到真实存在的资本,关于资本的研究也就会呈现真实而丰富的内容,并进而深入社会结构中理解社会生活的运行变化机制。"在特定的时刻,资本的不同类型和亚型的分布结构,在时间上体现了社会世界的内在结构,即铭写在这个世界的现实中的一整套强制性因素,这些强制性因素以一种持久的方式控制了它所产生的作用,并决定了实践成功的可能性。"③根据这种社会性和特殊性相结合的原则,布迪厄不仅把资本区分为三种基本形态,而且对每种资本形态又进行了更具体的分析。

关于经济资本,布迪厄论述得不多,他基本上接受了经济学关于经济资本的定义,但是,在论述经济资本时也阐明了自己的特殊立场,即把经济资本放到惯习与场域的特殊关系中,亦即放到实践中来讨论。布迪厄提出了"实践经济"(economy of practice)概念,即把经济活动放到实践的总体性关系中考察。"实践经济的一般科学必须去努力掌握各种形式的资本和利润,必须努力证实某些法则,正是依靠这些法则,资本(或权力,这两者是同样的东西)的不同类型才能

---

① 布迪厄:《文化资本与社会炼金术》,包亚明译,上海人民出版社1997年版,第189页。
② 同上。
③ 同上书,第190页。

互相转化。"①在实践的总体关系中考察经济资本,不仅发现了经济资本的多种形式,如物化的形式和符号化的形式,更重要的是发现了经济资本的非经济因素。

布迪厄以经济资本的投入来说明它的非经济因素,他指出:"我所说的投入,首先是一种行为倾向,它来源于一个场域和一套性情倾向之间的关系,这种性情倾向,根据场域所引发的游戏,不断作出相应的调整。其次是指一种游戏感和一种利害感,这种感觉,同时暗含了参与游戏的趋向和能力。"②这就意味着纯粹追求物质利益的经济行为仅仅是理论的抽象,实际的经济实践过程是包含各种非经济因素的,性情倾向、惯习、兴趣、场域结构在经济实践活动中都发挥着作用。因此,"实践形塑一种经济,它遵循着某种固有的理性,但是这种理性却不局限于经济理性,因为实践经济的全貌涉及广泛多样的职能和目的。要是把丰富多彩的行为形式归结为机械的反应或是仅出于目的明确的行动,又怎么能够说清楚所有那些并不是出于有根有据的意图,甚至也没有特意盘算过,但却也是合情合理的实践呢?"③

在把经济活动解释为实践活动,从实践活动的总体性出发揭示了经济活动中的非经济因素基础上,布迪厄论证了经济资本中包含的并非单纯经济利益的观点,主张必须超越狭隘经济学视野,在社会学的综合性视野中看待经济实践及其创造出的经济资本。布迪厄由此提出了经济学理论和它的派生物——理性行动理论(例如韦伯的工具理性行动理论)应当被纳入场域理论或实践理论中的观点。"我期望着有朝一日能够充分彻底地证明,经济学理论(以及它在社会学里的派生物——理性行动理论)绝不是什么不可动摇的样板模型,它充其量只是场域理论的一种特例,受着历史和情境的双重限制。"④

布迪厄最重视、论述最多的是文化资本问题。他认为,他关于文化资本的理论不仅超越了常识性的观点而且也超越了经济学的人力资本理论。常识性观点把人们获得和占有文化资本解释为人们的自然能力,也就是从人的天赋来解释对文化资本占有的多寡,这显然是一种简单而片面的观点。在经济学方法原则上建立起来的人力资本理论,仅从金钱、投资和利润率等纯经济学视角来解释文化资本。这种人力资本理论虽然比常识内容丰富,但是同样是十分片面的,因为

---

① 布迪厄:《文化资本与社会炼金术》,包亚明译,上海人民出版社1997年版,第192页。
② 布迪厄、华康德:《实践与反思》,李猛、李康译,中央编译出版社1998年版,第161页。
③ 同上书,第162—163页。
④ 同上书,第163页。

它没有考虑到家庭传统、阶层差异、社会结构、学术制度、教育策略等社会因素或实践因素,所以,"他们(经济学家)无法解释不同的行动或不同的社会阶级,为什么分配在经济投资和文化投资上的比率会如此地差异悬殊,这是因为他们没有能力去系统地思考不同的利润的可能性结构,这一结构是各种各样的市场提供给那些行动者或阶级的,这一结构的差异在于,财产的数量与构成的情况各不相同。更主要的是,因为经济学家没有把学术投资策略与整体教育策略联系起来,没有把学术投资策略与再生产策略的体系联系起来,因而他们必然会通过某种悖论,无可避免地遗漏最隐蔽的、最具社会决定性的教育投资,即家庭所输送的文化资本"①。

超越常识和单纯经济学视野,布迪厄在个体的实践行动、场域关系、家庭背景等社会关系中研究文化资本,他力求在具体性和差异性中透视文化资本,区分了文化资本的三种状态:具体化状态、客观化状态和体制化状态。

具体化状态的文化资本,是指与个人的身体直接联系的文化资本,是通过家庭教育和学校教育而储存于个人身体中的文化知识、文化技能和文化修养。布迪厄指出:"具体的状态:文化资本的大多数特征可以从下列事实推断出来,即文化资本在其基本的状态中是与身体相联系的,并预先假定了某种实体性、具体性。"②这里值得注意的是具体文化状态的实体性。一般说来,人们谈论人的文化资本时主要是强调它的精神因素,把它看作是人在思想意识中的知识储备和能力蕴含。布迪厄这里再次强调身体同文化资本的关系,其实质是强调文化资本的实存性和经验性。正是因为文化资本存在于身体之中,并能通过身体的活动表现出来,包括体态、姿态、举止仪表、交往行为、操作技能等形式的表现,这使文化资本成为可以在感性经验活动中直接表现出来的现实存在。

具体化文化资本的形成具有个体性和社会性。在布迪厄看来,由于具体化的文化资本要储存于身体之中,所以它"力求收获的工作是针对自身(自我进步)的一种工作,这种努力预先就假定了必须要有个人性的投入"③。个人必须为获得文化资本而支付必要的时间,并且在储存文化资本的过程中还要克制在其他生活方面的需求,以便集中精力使文化资本在自己身体上具体化。不过,虽然文化资本的具体化要通过个人来实现,但是其中也离不开社会的作用,不仅早期家庭教育和学校教育中的文化资本具体化是一种社会过程,家庭传统和学校

---

① 布迪厄:《文化资本与社会炼金术》,包亚明译,上海人民出版社1997年版,第193—194页。
② 同上。
③ 同上书,第195页。

第七章　布迪厄的社会实践理论

教育内容、教育方式都把大量的社会因素掺入文化资本具体化过程之中，而且文化资本的具体化还可以通过个体存在于其中的阶层、阶级和社区来间接地实现。阶层和阶级的意识活动与生活方式，其中都包含了各种文化传统，并且社区也是如此，各种文化传统作为一种文化氛围或文化环境潜移默化地或通过某种有意识的宣传教育而对个体实现着文化资本具体化。所以，在承认文化资本具体化的个体性同时也应肯定它的社会性。

　　文化资本具体化的个体性使它在传递和使用上具有了与个体不可分离的特殊性。与经济资本和文化资本的其他状态不同，"这种具体化的文化资本，是转化成为个人的组成部分的外部财富，转换成习性的外部财富，它（不像钱、财产权、甚至贵族头衔）无法通过礼物或馈赠，购买或交换来即时性地传递"①。因为文化资本具体化是它同个体的身体的直接结合，所以具体化的文化资本不可能离开身体而被转让和流通，具体化文化资本的运动和传递实质就是个体身体的直接实践活动。

　　布迪厄比较重视家庭在文化资本具体化过程中的基础作用。在他看来，具体化的文化资本同其他资本一样，其本质是劳动时间的积累，并且获得具体化文化资本的时间特点就更加突出，它必须在少年儿童时期就开始，而对每一个个人来说，在早期能受到何种教育，或者说接受何种形式与何种程度的文化资本具体化，与家庭的文化传统、经济实力、家长的价值观念等等都直接相关。并且，当一个人进入青年时代，他还能接受多少文化资本，这仍然离不开家庭的支持，"某个特定的个人是否能够延长其获取（资本的）过程的时间长度，取决于他的家庭能为他提供的自由时间的长度，自由时间指的是从经济的必需中摆脱出来的时间，这是最初积累的先决条件"②。

　　客观化状态的文化资本是以文化商品形式存在的，它是文化观念和文化能力的物化。客观化的文化资本具有两种基本特征：物质性和象征性。"文化商品既可以呈现出物质性的一面，又可以象征性呈现出来，在物质方面，文化商品预先假定了经济资本，而在象征性方面，文化商品则预先假定了文化资本。"③因为文化商品具有物质性，所以它可以像经济资本那样直接传递和转让；然而，文化商品又是储存于个人身体之中的具体的文化资本的外化或客观化，这决定了文化商品中的文化资本同具体化文化资本具有共同性，即转让或传递的有限性；

---

① 布迪厄：《文化资本与社会炼金术》，包亚明译，上海人民出版社1997年版，第195页。
② 同上书，第198页。
③ 同上。

文化商品所传递和转让的,并非文化商品的消费手段和使用手段,而是对文化商品的所有权,因为消费手段和使用手段都是具体化在个人身体之中的,不可直接传递和转让,只能学习或模仿。

体制化状态的文化资本是经过某种制度确认的文化资本,它的常见的或典型的表现形式是通过毕业证书、单位证书和职称证明等确定的学术资格或文化程度。布迪厄指出:"学术资格和文化能力的证书起了很大的作用,这种证书赋予其拥有者一种文化的、约定俗成的、经久不变的、有合法保障的价值。"①文化资本可以通过各种形式具体化到个人身体之中,形成个人的文化素养和文化技能,个人可以通过各种方式发挥自己的文化资本。但是,由于个人文化资本的多样性或特殊性,也由于社会生活或实践场域的复杂性,个人的文化资本并不能及时或普遍地得到社会的认可,社会也难以鉴别蕴含于个人体内的文化资本水平和程度,于是,在文化资本具体化过程中,特别是在近现代高等教育的发展过程中,逐步形成了文凭制度和学术职称制度,通过颁发各种层次的证书而从制度上确认个人具有不同程度的文化资本。

经由文凭和职称证书确认的文化资本,获得了标准性和可比较性,这不仅使个人具体化的文化资本能够在较广的社会层面上被承认,呈现了普遍性的价值,而且也使文化资本同经济资本的转换有了直接性和现实性。不同层次的学术资格证书是按个人获得某种文化资本而支付的劳动时间多少颁发的,而经济资本的大小也是以劳动时间计算的,因此学术资格证书作为获得某种程度文化资本花费劳动时间的标志,使文化资本能够同经济资本进行比较和换算。当代各国正规的高等教育不断膨胀,青年们竭尽全力争取名牌高校的毕业文凭,其基本动机或最终结果是实现更高程度或效益更丰厚的文化资本向经济资本的转换,而这种转换是以经济资本转化为文化资本为前提的。

布迪厄的社会资本理论同网络结构理论有密切联系,一方面可以把布迪厄的社会资本理论看成对网络结构理论的接受与发挥,另一方面也可以把它看作网络结构理论的内容之一。布迪厄对社会资本作如下说明:"社会资本是实际的或潜在的资源的集合体,那些资源是同对某种持久性的网络的占有密不可分的,这一网络是大家共同熟悉的、得到公认的,而且是一种体制化的网络,或换句话说,这一网络是同某个团体的会员制相联系的,它从集体性拥有的资本的角度为每个会员提供支持,提供为他们赢得声望的'凭证',而对于声望则可以有各

---

① 布迪厄:《文化资本与社会炼金术》,包亚明译,上海人民出版社1997年版,第200页。

种各样的理解。"①

根据布迪厄的说明,可以看出社会资本有如下特点:首先,社会资本是一种从中可以吸取某种资源的、持续性的社会网络关系;其次,社会资本是一种体制化的网络关系,而不是那些靠亲属关系和血缘关系建立起来的自然联系,是在特定的工作关系、群体关系和组织关系中存在的,它要通过某种制度性的关系来加强,否则就是变动不居的偶然联系,而不是作为具有稳定联系的社会网络;再次,社会资本具有潜在性和现实性,只有当社会网络被行动者调动或利用时,它才能以某种能量或资源发挥资本在实践中的作用,这时它就是现实的社会资本,而当它未被调动和利用时,它仅仅是静态的网络关系,是潜在的社会资本,可见,社会资本是动态的实践性概念;最后,社会资本作为一种网络资源,每一个被联系在其中的社会成员都可以从中受益,但受益的程度要依每个人实践能力的大小而有所区别。

由于布迪厄把社会资本看成是在某种体制中发生的实践关系,他进一步提出的问题就是实践的活动同社会资本的相互作用关系。布迪厄从实践的策略入手来讨论二者的关系,在他看来,关系网络作为社会资本不是自然生成的,"互联网络是针对体制所作的无休止的努力的产物……换言之,关系网络是投资策略的产物,这些策略可以是个人的,也可以是集体的,它们有意识或无意识地针对某些社会关系的确立或再生产,而这些关系则是在短时间或很长一段时间内直接用得着的社会关系,即把那些偶然的关系,诸如邻居关系、工作场所的关系,甚至亲属关系,转变成既必需又有选择性的关系,转变成从主观上感到有必要长久维持其存在(如感激的心情、尊敬、友谊等)的关系,转变成在体制上得到保障的关系"②。这就意味着,作为社会资本的网络关系是在明确的目的、需求、手段、筹划等因素的共同作用中形成的,而这些因素就是在特定场域中的实践策略。当网络关系按照特定策略来建构时,策略的这些因素又融入网络关系之中,成为网络关系的内在构成,因此,网络关系或社会资本又是策略的实现,是主观因素的客观化。

社会资本的收益问题也是布迪厄十分关注的。在他看来,社会资本是在实践策略指导下不断建构的过程,这个过程需要获得某种支持来维持它连续地进行下去,而支持能量只能来自网络关系或社会资本本身产生出来的收益。"这就解释了为什么积累和维护社会资本的这一劳动的有利性,会与资本的大小成

---

① 布迪厄:《文化资本与社会炼金术》,包亚明译,上海人民出版社1997年版,第202页。
② 同上书,第203页。

比例增长。"①社会成员在网络关系中获得的收益要远远大于他个人拥有的资本,他越进入和调动网络资源,他获得的收益越多,他也会以此为动力去进一步开发、拓展和维护他所占有的网络资源或社会资本。

在网络关系中,社会成员对社会资本的占有和摄取是不平等的,获得的收益也有多寡薄厚之分。这种地位和利益上的不平等,是网络关系中亦即社会资本中矛盾冲突产生的原因。如同齐美尔把矛盾冲突看成社会交往的内在本性一样,布迪厄认为矛盾冲突不会妨碍社会资本的存在与发展,因为网络关系中的矛盾冲突不仅必然发生,而且"为争夺合法代表所属团体的垄断权而进行的内部竞争,并不会威胁到保存和积累作为团体基础的资本"②。相反,在竞争中网络关系会获得更多活力,甚至增强联系的丰富性和展开更大的空间。

在论述了经济资本、文化资本和社会资本的实质、内容、形式和功能的基础上,布迪厄还论述了三种资本形态的相互关系及相互转换。从三种资本的相互关系上看,布迪厄首先肯定经济资本的基础地位,经济资本被看成其他资本形成和发展的根源,同时他也充分肯定了文化资本和社会资本的巨大能量。在三种资本形态的转换上,布迪厄认为劳动时间的积累是三种资本的共同实质,也是它们可以相互转换的根据,虽然经济资本转换为文化资本和社会资本表现为直接性和透明性,而文化资本和社会资本转化为经济资本表现为间接性和模糊性,但是劳动时间作为转换得以实现的根据不会改变。

在布迪厄看来,不同形态资本在实践中的转换,是实践策略形成和实施的基础。从社会生活的总体性来看,资本的运行表现在社会生活的各种层面中,资本在经济领域、文化领域和社会领域中的转换,是当代资本社会运行的最复杂形式,而且也是社会实践的实质内容。只有充分有效地推进三种领域中的三种资本不断转换,社会生活才能在总体上良性运行;也只有以促进这种总体性的转换为目的,才能建构积极推进社会健康发展的战略决策。

六、语言、权力与反思社会学

语言问题是布迪厄社会理论的主题之一,几乎在每一个重要社会问题的研究中,他都不断提出语言问题。布迪厄把语言放到实践或场域中考察,揭示了语言中表现出来的权力结构,并在深入分析专业话语与政治权力的关系中,进一步

---

① 布迪厄:《文化资本与社会炼金术》,包亚明译,上海人民出版社1997年版,第205页。
② 同上书,第206页。

第七章 布迪厄的社会实践理论

讨论了社会学反思的必要性。

布迪厄是在批判索绪尔为代表的"纯粹语言学"基础上开展语言学研究的。如同福柯和利奥塔等法国社会学家一样，布迪厄认为，语言只有放到实践之中才能理解到它的丰富意义，索绪尔等语言学家脱离实践，脱离历史条件论述语言的结构，以为理解了语言的语法结构，就能抓住语言的实质，而且能使语言规则更有效地转变为实践行为。布迪厄指出："根据索绪尔的讲法，或者在解释学的传统看来，语言是智力活动的工具，是分析的对象，在这些人眼里是一种僵死的语言（正如巴赫金所提出的，这是一种书面语和外来语），是一个自足的系统，完全斩断了与它的实际运用之间的任何关联，并剥夺了它的所有实践功能和政治功用。"①

布迪厄把研究语言学的目的选定为通过研究语言沟通实践，揭示其中的"权力关系结构"。他指出："我力图证明的是在言语沟通中，如果不考虑在交流中发挥了作用，但不被肉眼察觉的权力关系结构的总体，那么交流中一个非常重要的部分，甚至包括言谈信息内容本身，就始终是不可理解的。"②布迪厄以殖民者同土著居民之间的言语沟通为例来说明他的观点。在殖民时代或后殖民时代，殖民者对土著居民的言语沟通过程无可置疑地包含着支配、占有和剥夺的权力关系，但是为了使言语沟通能够进行，实现殖民者的支配权力，殖民者要用土著居民的话来开展交流，这种采取"屈尊策略"而达到支配和占有目的的权力关系，仅仅从交谈的形式或语言的语法结构是分析不出来的，必须在实践关系中，在场域结构中，在各种社会资源以及交谈双方的政治关系中，才能把握到其中的支配、占有和剥夺的权力关系。

把语言放到具体实践过程中考察，布迪厄强调了语言所处的场域结构和蕴含的历史意义。他指出："要想进一步推进这种分析，就必须在分析之中引入各种位置方面的相关因素，诸如性别、教育水平、阶级出身、居住地点等。"③这些因素及其相互联系正是场域的结构，它们在语言交流中每时每刻都在发挥作用，尽管言谈者往往不能自觉到这些因素的作用，但是这些不可超越的作用是不可否认的。同时，由于场域结构是有时间性或历史性的，所以受场域结构制约的言谈过程就不可能像索绪尔那样仅仅被解释为共时性状态，而是应当从特定的历史背景和历史过程来理解它。"如果一位法国人与一位阿尔及利亚人谈话，或一

---

① 布迪厄、华康德：《实践与反思》，李猛、李康译，中央编译出版社1998年版，第188页。
② 同上书，第190页。
③ 同上书，第191页。

名美国黑人与一名白种盎格鲁-撒克逊血统的新教徒(WASP)谈话,那就不只是两个人在彼此交谈,而是借助这两人的喉舌,整个殖民历史,或美国黑人(或妇女、工人和少数民族等)在经济、政治和文化方面的整个屈从史都参与了谈话。"①

从场域结构理论出发,布迪厄揭示了语言交流中权力关系存在的四方面根据:资本差距、语言惯习、语言能力和语言市场。首先,布迪厄认为每一次语言交流都包含了成为权力行为的可能性,因为交流双方是在特定的场域结构中的不同位置上开展交流的,位置的资源在交流中可以转化为交流双方相互制约的资本。具体位置上的资源和资本都是不平衡的,所以具有较大资本的一方就有支配较小资本一方的力量,权力关系不可避免地发生了。"不过,即使在这些情况下,拒绝施展支配权力也可能是屈尊策略的一部分,或者借此更好地来否定和掩盖暴力真相,强化误识的效果,从而强化符号暴力的结果。"②

其次,惯习作为一种性情倾向,是语言交流中发生权力关系的根据之一。因为,惯习是场域结构在身体上的内在化,位置、资本等特定的场域构成因素内化为个体的性情倾向,导致了语言交流各方的性情倾向的差异性,差异不仅是不平衡,而且差异要引起矛盾。差异的惯习在语言交流中引起兴趣指向、价值目标、选择途径和操作方式各方面的矛盾,各取所好、相互制约和争夺控制权的权力关系就必然发生。"任何言语行为,或任何话语,都是某种联系的关节点,是两个方面因素共同作用的产物。一方面是语言惯习,即一套社会因素构成的性情倾向,它暗含了一种以某些方式言说,并且说某些确定的事情的倾向[一种表达旨趣(an expressive interest)]。"③所谓表达旨趣就是一种根据特定惯习而产生的差异性选择和价值要求。

再次,布迪厄还认为言说技能、语言能力和运用它们而产生的社会能力,也是语言交流中发生权力关系的根据之一。作出这个判断的根据是交流者在这些方面的不平衡性或差别性。由于存在这些方面的差别,语言交流中就不可能保持平等关系和平衡状态,处于优势的一方就必然会对处于劣势的一方产生权力制约关系。

最后,布迪厄论述了"语言市场"的权力关系。所谓语言市场,"即作为一个特定的约束和监督系统强加自身的力量关系系统,这一系统通过决定语言产品

---

① 布迪厄、华康德:《实践与反思》,李猛、李康译,中央编译出版社1998年版,第191页。
② 同上书,第192页。
③ 同上书,第193页。

的'价格'来推动语言生产方式的更新"①。这就是说,语言交流是在特定的社会环境和社会制度中发生的,各种习惯、纪律和制度限制着语言交流,并且文字形式的语言产品的价格也要受到社会环境和社会制度的认可或限制才能形成,其价值才能兑现,这些说明语言交流中还有来自社会环境的权力关系的制约。尤其在正式场合里的官方语言中,环境和制度对语言交流的权力关系就更为明显。

总之,布迪厄在语言实践中,在场域结构及其各种因素的差异性中,揭示了语言交流中的不平等关系、支配关系亦即权力关系。这些权力关系说明语言不是单纯的意义象征和符号形式,语言是现实的能动过程,其中包含着具体的、现实的支配力和作用力。并且,语言中的力量不是来自语言本身,而是来自语言的外部,来自语言交流中的各种社会关系。"这种权力并不处于'以言行事的力量'为表现形式的'符号系统'中,而是在一种确定的关系中被这种关系所确定。这种关系创造了人们对言辞合法性以及说出这些言辞的人的合法性的信念,而且,它正常运作的条件就是那些承受这种权力的人要认可那些施展权力的人。"②布迪厄从性别关系和专业关系进一步论述了语言中的权力来自社会关系的观点。

在《国家精英》中,布迪厄还从各种资本的占有与转换论述了场域中的权力冲突。在布迪厄看来,场域是力量或权力较量的场所,因此可以将场域称为权力场域。"权力场域就是力量场域,它是由不同的权力形式或资本类别之间的力量关系决定的。与此同时,权力场域既是不同权力的持有者们为了争夺权力而展开斗争的场域,又是一个竞技的空间(espace de jeu)——在这个空间里,行动者和机构共同拥有大量的足以在各自的场域中占据支配性位置的特殊资本(尤其是经济资本和文化资本),因而他们在某些以维护或者改变彼此之间的力量关系为目的的某些策略上形成对抗。"③

场域中的权力冲突要依据一定的基础,这个基础首先是对各种资本(经济资本、文化资本和社会资本)的占有,其次是赢得社会的认同,亦可称之为社会心理或社会评价基础。"任何一种权力都不可能满足于仅仅作为一种权力而存在,它不可能仅仅作为没有任何依托的力量,一种失去了任何存在理由的力量;就是说,总之,它不可能满足于仅仅作为一种专制的力量而存在。它必须为自己的存在和存在形式去寻找理由,至少也应该使人们看不出作为其基础的专制,进

---

① 布迪厄、华康德:《实践与反思》,李猛、李康译,中央编译出版社1998年版,第193页。
② 同上书,第196页。
③ 布尔迪厄:《国家精英》,杨亚平译,商务印书馆2004年版,第457页。

而使自己作为合法的存在得到认同。"①于是，布迪厄对权力场域的论述就不仅仅是权力如何利用资本去进一步争夺资本，也不仅仅是各种权力的直接冲突及其后果，而且还要在社会的深层结构——社会认知或社会心理中去揭示权力的认知与评价，亦即权力的意识形态关系。

布迪厄认为，在性别关系中男性对女性的支配，是语言权力或符号暴力的典型表现。在性别关系中，特别是在古代部落中，不仅语言交流中的性别支配权力是来自社会关系，而且象征符号中的男性崇拜、男性权威更是社会关系的丰富表现。"性别支配比其他任何例子都更好地显示：符号暴力是通过一种既是认识，又是误识来完成的，这种认识和误识的行为超出了意识和意愿的控制，或者说是隐藏在意识和意愿的深处。"②这是说：性别支配表现为一种符号暴力，它的实现要经过人们的意识活动，只有人们认可了或错误地接受某种符号的性别支配意义，并内化到意识的深处——惯习之中，才能发挥强力的或暴力的支配作用。但是，布迪厄紧接着又指出，必须超出意识活动之外才能把握性别支配的实质。

布迪厄主张从身体的特征和身体的行动来认识符号暴力，他指出："社会化的过程，倾向于逐渐导致性别支配关系的躯体化(somatization)，这一躯体化是通过两个方面的作用过程实现的：首先是通过对有关生理上的性的观念予以社会构建来实现的，这种观念本身可以作为有关世界的神秘观照的基础；其次是通过灌输一种身体素性来实现的，这种灌输构成了一种名副其实的身体化政治(embodied politics)。"③男性的威武装束、刚健打扮，女性的忠实诚恳、温柔体态，以及男性的交往活动中有意识地争取身体处于前列、中心，而女性则须使自己的身体尾随在男性之后，处于人群的非中心位置等，都说明了性别支配在符号中呈现权力关系。

语言中的权力关系在专业话语中表现得也很充分，布迪厄以哲学语言为例来论述他的观点。他指责某些哲学家把自己的理论束之高阁，不但不去研究其他学科在观点和方法上的成果，反而对心理学和社会学的一些经验研究形式与研究方法横加指责。"这些哲学家拒绝屈尊俯就，去研究那些被视为不上台面的对象，也不肯运用那些'不够纯粹'的方法，不论是统计调查，还是简单的对文

---

① 布尔迪厄：《国家精英》，杨亚平译，商务印书馆2004年版，第459页。
② 布迪厄、华康德：《实践与反思》，李猛、李康译，中央编译出版社1998年版，第227页。
③ 同上。

献进行历史分析。"①为什么会有这种情况呢？像马克思主张的那样，布迪厄认为产生这种情况的原因应当到哲学所处的社会背景、社会关系和历史条件中去寻找，到哲学家们的工作方式和操作形式中去寻找。

从产生哲学的时代背景和历史条件来看，以严密逻辑体系和明确中心概念为特征的哲学，不过是社会工业化过程中要求人们统一思想，共同推动科学与生产进步的理论表达；从哲学家们的工作方式和操作形式看，哲学藐视一切，以为自己在其他所有学科之上，实质是哲学闭门冥想，仅仅面对概念而推演逻辑产生的理论自恋或理论幻象。所以，哲学家们握住不放的理论权力，实质上来自社会历史条件和自我封闭的工作过程。

布迪厄提出：应当开展对哲学的社会学分析，这样不仅可以发现哲学幻象来自特定的社会条件，而且可以使哲学自觉到自己并非远离现实的"清高"，它的许多说教都包含着某种政治主张和政治权力。"在文化生产场域和历史性的社会空间中取代哲学位置的，是一种对哲学进行的真正的社会学分析。这种分析的目的绝不是要导致哲学的毁灭，而应被视为仅有的一种手段，可以用来理解各种哲学和它们的相互继替，并因此可以帮助哲学家摆脱深深隐藏在他们的哲学遗产中的无思。这种分析会使哲学家们发现，那些他们最习以为常的思想、概念、问题、类型学的工具，都根源于（再）生产它们的社会条件，根源于深刻体现在哲学体制作用和运作方式所固有的社会哲学中的各种决定机制，从而得以重新把握哲学思想背后的社会无思。"②

布迪厄认为，哲学研究同其他形式的理论思维一样，不仅不是同实践对立的活动，而且本身就是一种实践形式，用他的话来说，是一种"做法"（modus operandi）或操作方式。基于这种界定，就必须用实践的眼光或把哲学及其他理论思维当作实践来研究，于是，惯习、场域、资本和权力关系等问题都必须看成内在于理论思维的。这样，就能看到哲学及其他理论思维中的政治关系和权力斗争。"要把理论作为一种做法，以实践的方式引导并形塑科学实践，显然意味着我们要放弃所谓'理论家们'经常为理论所树立的那种带些拜物教色彩的无所不包的形象。正是出于这一原因，我从未感到有一种迫切的要求，要对我所发明或重新赋予活力的那些概念，诸如惯习、场域或符号资本，去追本溯源。"③因为这些概念就是实践层面上的思考，只有在实践中才能理解理论的实践。

---

① 布迪厄、华康德：《实践与反思》，李猛、李康译，中央编译出版社1998年版，第206页。
② 同上书，第208页。
③ 同上书，第214页。

布迪厄不仅要求用实践的眼光来对待哲学和其他理论思维,而且要求用实践的眼光来对待社会学自身。如果把社会学也看成一种"做法"、一种操作方式,那么就必须在场域结构和实践逻辑中来开展社会学研究。布迪厄认为,从这个角度来审视社会学,其中一个十分重要的前提问题是:必须在实践活动或社会关系中来反思社会学自身。

社会学反思自身,首要的目的是明确自己的学科地位。社会学的研究对象是人们身居于其中的社会生活,是人们经常经历的社会问题,这种情况不仅容易使非专业人员把社会学研究等同于对社会生活的常识理解,而且容易使社会学专业人员对社会学的研究方式和学科地位产生模糊认识,导致社会学研究的平庸与浅薄。因此,布迪厄强调社会学应特别注意对自身的反思,他指出:"在我看来,社会学理应成为'元'科学,但始终应该是针对它自身来说的。它必须利用自身的手段,确定自己是什么,自己正在干什么,努力改善对自身立场的了解,并坚决否定那种只肯将其他思想作研究对象的'元'观念,那种'元'观念的唯一用途就是煽动起毫无学术价值的争辩。"①布迪厄所说的"元"观念是从哈贝马斯同利奥塔的争论中引来的概念。布迪厄不同于哈贝马斯建构普遍原则的元观念追求,而把元观念改变为对社会学学科地位、研究对象和方法原则的反思,并由此而说明社会学反思在社会学研究中的基础地位。

在布迪厄看来,社会学的反思表现在两个基本方面,或者能产生两种基本效应:一个是科学方面的,另一个是政治方面的。在科学方面,布迪厄强调:"你必须提出一整套连贯一致的变量说明体系,各种假设也必须统统纳入十分简明的模型之中,这样的模型还必须说明可在经验中观察到的大量事实。要想推翻这个模型,必须再拿出其他更强有力的模型来,新的模型也得符合同样的条件:逻辑连贯性、系统性和经验可证伪性。"②这些就是社会学保持自己作为科学存在的原则,违背了它们就要威胁到社会学的科学地位。

在政治方面,社会学对自身的反思最重要的是认识到自己的政治地位和政治功能。布迪厄认为,从事社会学研究的知识分子往往因为强调社会学研究的科学性而忽视了它的政治性,这是一个必须克服的错误,因为社会学研究都是在特定的场域中开展的实践活动,资本、权力等政治因素每时每刻都存在,不明确认识到社会学研究中的政治因素和政治功能,就无法正确地开展社会学研究活动,也无法保证社会学科学性的存在。

---

① 布迪厄、华康德:《实践与反思》,李猛、李康译,中央编译出版社1998年版,第251页。
② 同上书,第244页。

第七章 布迪厄的社会实践理论

　　社会学需要在政治方面反思自身的另一个重要原因是：社会学开展的各种形式研究，例如开展社会调查、发表社会学论文等等，其中包含着大量的具有政治关系和权力作用的专业话语，这些以专业形式表现的话语具有更强的暴力作用，并且往往是社会成员不加反抗的符号暴力，因为它们披着专业理论或理性思维的外衣。社会学只有不断地反思自己语言的政治作用，才能明确自己的政治角色和政治地位，才能有效地、积极地发挥自己的政治功能。

　　这里再次表现出布迪厄在社会学研究上的建构论思想，即社会学语言不仅能够描述社会，而且更重要的是建构社会。社会学家的各种言论不仅是社会实践中的组织部分或重要内容，而且它们会以自己的规范功能发挥着引领和重构社会的作用。所以，社会学要不断地反思自身，反思自己的语言符号，社会学应当成为反思的科学。

第八章

马尔库塞的社会批判理论

马尔库塞是20世纪最有影响的思想家之一,作为法兰克福学派的重要代表人物,他不仅深入地阐述了批判法西斯主义和发达资本主义意识形态的社会批判理论,而且还把他高举的新马克思主义同20世纪60年代的欧美青年造反运动结合起来,成为左派青年广泛拥戴的造反之父。他还阐述了内容丰富的总体社会主义革命理论,其中很多令人耳目一新的观点,至今仍然值得人们深入思考。

一、从理性批判到社会批判

1898年7月19日,马尔库塞出生于德国柏林一个犹太商人家庭,富裕的家庭条件使他过着典型的德国上层资产阶级生活。然而,这种家庭生活和社会地位对青年马尔库塞的政治态度和思想观点的形成并没有很明显的影响,而对他的政治态度和思想观念发生最初影响的是社会政治运动。

1916年,马尔库塞文科中学毕业后应征入伍,因视力不佳而被留在柏林驻守部队。在柏林服兵役期间,马尔库塞投身于正在蓬勃兴起的社会主义革命。时值第一次世界大战后期,德军在战争中节节败退,损失惨重。德国不仅在军事上,而且在政治上和经济上都陷入了严重的危机。在这种形势下,反对战争的群众运动在德国迅速兴起,最后发展为以士兵和工人为主的社会主义革命。马尔库塞直接卷入反战浪潮,他既反对战争,也反对产生战争的社会,并作为战争和社会的反对者而参加了德国社会民主党。这是很奇怪的,社会民主党是战争的拥护者,而罗莎·卢森堡和李卜克内西领导的斯巴达克派才是真正的战争反对者。马尔库塞反对战争,本应参加斯巴达克派,相反,他却参加了社会民主党。这也许因为刚刚离开中学的马尔库塞缺乏政治分辨能力,以致他的政治主张和对党派的选择发生了矛盾。

真正使马尔库塞在政治上受到教育的是德国1918年的"四月革命"。这次革命声势浩大、席卷全国,很快推翻了德国威廉二世的统治,并在全国各地都建立了工兵代表苏维埃。马尔库塞为此欢欣鼓舞,迅速投入到斗争中去,并在柏林郊区参加了士兵委员会。他对如火如荼的革命战争寄予很大希望,以为革命将取得彻底胜利。然而事实相反,革命果实很快被右派社会民主党人艾伯特窃取,他们同反动势力勾结在一起,疯狂镇压革命左派。卢森堡和李卜克内西等人领导工人和士兵奋起反抗,马尔库塞坚决支持左派的斗争,积极参加左派的各种活动。可是左派的反抗终于失败,卢森堡和李卜克内西等人惨遭杀害。对此马尔库塞十分气愤,认清了社会民主党的反动性,毅然退出该党。

在柏林服兵役期间,马尔库塞目睹了战争给社会造成的巨大创伤,了解到人民群众在现存社会中所遭受的艰难困苦。为了理解现存社会种种问题产生的原因,马尔库塞开始研读马克思的著作,试图通过理解马克思对资本主义制度所作的分析批判而认识现存社会。可是,紧张的战争生活使马尔库塞无法稳定而系统地掌握马克思理论。德国1918年"四月革命"的失败使年轻的马尔库塞陷入了无尽的苦恼。他开始深思:为什么轰轰烈烈的工人和士兵的社会主义运动归于失败?为什么面临崩溃的资本主义复获生机?充满苦难和危机的现存社会怎样才能被取代?人类的前途在哪里?马尔库塞带着种种疑惑和忧虑进一步研究马克思的理论。他认识到,应当建设一个由理性控制的、保障社会公正、平等、自由、幸福的新社会——社会主义社会,用它来代替现存的资本主义社会。然而,社会主义理想的确立并没有解决马尔库塞的困惑,相反,在他的思想中却增添了更加难以摆脱的苦恼。

虽然马尔库塞接受了马克思设想的未来社会的理想模式,但是,他因马克思理论没有能成功地指导德国社会主义革命而产生疑虑:无产阶级能够通过暴力夺取政权、建立社会主义社会吗?这就是说,马尔库塞虽然确立了社会主义的理想,但是没有找到实现这个理想的途径和手段。因此,理想和现实在马尔库塞那里仍然尖锐对立,这种对立产生一种内趋力,促使马尔库塞继续寻找解决这种对立的途径。

随着革命的失败和第一次世界大战的结束,马尔库塞重新开始了被战争中断的学习生活。1919年,马尔库塞进入柏林洪堡大学,学习了两年传统课程之后转到弗雷堡大学。在弗雷堡大学期间,马尔库塞主修德国文学,同时学习哲学和政治经济学。1922年,马尔库塞在文学教授怀特考卜指导下完成题为《德国艺术家的小说》的博士论文,获弗雷堡大学哲学博士学位。《德国艺术家的小说》通过考察德国近代艺术家小说的发展,批判了早期消极浪漫主义,肯定了后期积极浪漫主义,褒扬了现实主义,进而表达了实现艺术与生活、理想与现实统一的思想,试图唤醒人民起来为消除社会异化而斗争。1922年,马尔库塞返回柏林。他的父亲为他在一家出版发行商行买了股份,他在这家商行中从事了六年的书目研究和编撰工作。虽然马尔库塞对这种工作不感兴趣,但是,通过编撰书目提要,他接触了席勒的美学思想,这对他后来的理论发展有很重要的影响。

1927年,马尔库塞结束了他所从事的枯燥无味的书目编撰工作,重新进行学术研究。这期间,马尔库塞用很大精力研究胡塞尔的现象学和海德格尔的存在主义。马尔库塞认为,胡塞尔现象学是哲学发展史上的一个新起点。胡塞尔主张把那些抽象的、无意义的形而上学命题暂时悬置起来,去研究那些没有被哲学虚光歪曲的经验和意识,进而真正把握事物的本质。马尔库塞把这看作为哲学研究提供了一种新的方法,这种方法是对一切空疏而陈旧的哲学争论的革命性超越。在胡塞尔和海德格尔之间,马尔库塞更赞成海德格尔,他认为海德格尔的存在主义是把现象学和存在主义结合在一起的现象学。海德格尔把现象学的方法应用到人生现存,对个体的种种心理现象和生存状态作了广泛的研究,建立了个体本体论。这是一种关心人、关心社会现实的哲学,它比胡塞尔现象学更有意义。马尔库塞对海德格尔哲学的倾心,表明了他刚刚从战争的烟火中退出,忧虑人生、关心现实的心理状态。

与此同时,卢卡奇和柯尔施的马克思主义观点对马尔库塞产生越来越大的影响。1923年,卢卡奇发表了《历史与阶级意识》,书中强调马克思主义的黑格尔哲学传统,主张恢复辩证法在马克思主义中的地位,认为总体性是辩证法的核心,主张搞经济、政治、文化并举的总体性革命,要求重视无产阶级的主体地位,启发无产阶级主体意识,动员无产阶级自觉起来革命。马尔库塞十分赞成卢卡奇的观点,认为卢卡奇的马克思主义比第二国际正统马克思主义和第三国际教条马克思主义要高明得多。在卢卡奇发表《历史与阶级意识》的同年,柯尔施发表了《马克思主义和哲学》。柯尔施强调马克思主义的实践性,反对理论与实践相脱离,这对马尔库塞也有很大影响。马尔库塞像卢卡奇和柯尔施一样,认为在当时的形势下,当务之急是坚持理论与实践相结合,把马克思主义重建为指导革命实践的有效方法和批判现实的锐利武器。

1932年初,德国纳粹掌握了政权,希特勒推行疯狂的反犹太主义政策,并残酷迫害进步知识分子。马尔库塞作为犹太人和进步知识分子,势必要受到法西斯的威胁。同时,弗雷堡大学的情况对马尔库塞也越来越不利。1933年5月,海德格尔被任命为弗雷堡大学校长,他在校长就职演说中,赞美希特勒上台执政是一次庄严而伟大的破晓。马尔库塞对此十分气愤。在这种形势下,马尔库塞认识到在弗雷堡大学谋取职位的愿望已经无法实现,并且不愿再同海德格尔共事。因此,马尔库塞决定离开弗雷堡。1933年,马尔库塞经胡塞尔介绍进入法兰克福社会研究所,从此,马尔库塞成为法兰克福学派的成员。不久,为了躲避法西斯的迫害,马尔库塞从日内瓦转到巴黎。1934年7月,又从巴黎转到纽约。纽约哥伦比亚大学设有法兰克福研究所的一个分所,马尔库塞在那里工作了六年。在这个时期,马尔库塞出版了重要著作《理性与革命》。这部著作以理性为核心全面考察了黑格尔哲学,论述了马克思理论与黑格尔哲学之间的关系,批判了以孔德为代表的实证主义思潮。这部著作可以看作是马尔库塞在30年代理论研究的总结概括。

1940年,马尔库塞加入了美国国籍。1942年马尔库塞离开纽约前往华盛顿工作,先后在战争情报局和战略服务处任职。战后,法兰克福学派其他成员回到联邦德国,马尔库塞仍然留在美国,成为美国国务院中欧部主要政治分析家。有人根据这段经历指责马尔库塞乐于充当美国政府的情报工作人员,马尔库塞辩解说:这是因为夫人索菲患病在身他不得不留在华盛顿工作,他并不愿意从事这类工作,并且他所做的事情仅仅是为反法西斯战争服务的,而不是为其他政治目的服务的情报工作。

在美国政府任职的近十年时间里,马尔库塞仅仅发表了一些书评,学术研究几乎中断了。直到1950年,马尔库塞才开始在华盛顿精神病院开设了一系列关于精神分析理论的讲座。讲座的讲稿后来编辑为《爱欲与文明》,于1950年出版。在《爱欲与文明》中,马尔库塞把弗洛伊德的精神分析理论和马克思的某些观点综合起来,深入揭示工业文明对本能的压抑,论述了本能压抑形成的社会历史根源,并把本能革命作为人类全面解放的一项伟大任务明确地提出来了,同时还对本能革命的根据、途径作了认真探讨。

1951年,马尔库塞的夫人索菲逝世,他离开了华盛顿,先后在哥伦比亚大学俄国研究所和哈佛大学俄国研究中心工作。1952年至1953年,马尔库塞在哥伦比亚大学完成了苏联马克思主义政治原则的研究。1954年至1955年,马尔库塞在哈佛完成了苏联马克思主义伦理规范的研究。这两部分研究成果后来编辑为《苏联马克思主义》。50年代冷战日趋激烈,麦卡锡主义在美国掀起反马克思主义浪潮,哥伦比亚大学俄国研究所和哈佛大学俄国研究中心是这个浪潮的中心。马尔库塞在这样环境中著述的《苏联马克思主义》，虽然对斯大林为代表的教条主义进行了很多批判，但是他仍然认为苏联的社会主义是有希望的，在当时反马克思主义的白色恐怖下，这是难能可贵的。不仅如此，马尔库塞甚至敢于逆流而上，在哥伦比亚大学，他公开讲授马克思主义；在哈佛大学，他因宣传马克思主义理论而成为远近闻名的"校园马克思主义者"。

1954年至1956年，马尔库塞在布兰代斯大学任哲学和政治经济学教授。在这个时期，马尔库塞的学术成果丰富，发表了大量的论文和著作。其中重要的著作，除上面提到的《爱欲与文明》和《苏联马克思主义》属这一时期出版的以外，还有批判工业文明的代表作《单向度的人》。这三本书的内容构成了马尔库塞在战后对当代工业文明的全面批判。批判的焦点在于当代工业文明对人性的压抑，批判的方式主要是精神分析和意识形态分析，批判的现实根据是当代工业社会对于人性压抑的不合理现存，批判的理论根据是早期形成的、在法兰克福学派时期进一步完善的辩证理性论。马尔库塞对工业文明的批判是他的理论最引人瞩目的内容，正是这些批判使他的理论越出了学术圈子，直接接触了社会现实，扩大了他本人和法兰克福学派的影响，并为60年代中期发生的欧美青年学生造反运动提供了理论根据。

1965年，马尔库塞从布兰代斯大学转到加州大学任教。60年代中期，欧美爆发了一场来势凶猛的新左派运动，激进的青年学生既反对斯大林的社会主义，也反对美国为首的资本主义，他们在民主、自由、解放等口号下，向现存社会发起了激烈攻击。1968年，学生造反运动达到了高潮。青年们拥护马尔库塞，马尔库塞也十分关心青年造反运动。马尔库塞坚定地站在青年学生一边，热情地支持青年学生向压抑人性的不合理现存作斗争。他密切关注青年造反运动的动向，对学生们提出了许多中肯的批评，他反对学生们极端激进的盲目行动，反对学生们贬斥理论的非理性主义，反对学生们脱离工人阶级和基本群众的左倾错误。马尔库塞积极指导学生运动，力图把学生造反运动引入建设新社会主义的轨道。

马尔库塞对青年学生造反运动的支持，引起了右翼分子和当局的愤怒，他们常常以各种手段威胁、恫吓马尔库塞，甚至有人企图暗杀他。为了马尔库塞的安全，青年学生自动昼夜为他站岗、警备。在这种恐怖的气氛中，马尔库塞毫不畏惧，他仍然大胆地给青年学生们宣讲新社会主义的总体革命理论。马尔库塞对总体革命的性质、目的、途径等一系列重大问题开展了深入探讨，阐发了包括本能革命、自然革命和文化革命在内、涉及人类总体存在的革命理论。总体革命理论也是马尔库塞一生理论研究和对现实批判的总结，总体革命理论涵盖了他先

第八章 马尔库塞的社会批判理论

前的基本观点,明确了他一生所追求的政治目标和社会理想。

马尔库塞这一时期的理论著作很多是从美学方面展开的论述,这些仿佛是向早期博士论文注重美学理论倾向的回归。当然,后期的美学理论比前期的美学理论丰富得多。这一时期发表的《论解放》《反革命和造反》《美学的向度》等著作,把美学理论同总体革命理论融会在一起,使马尔库塞的理论更富有弹性、理想性和超越性。1979 年,马尔库塞应邀赴联邦德国讲学,7 月 29 日逝于当地。

综上所述,马尔库塞的思想演进可以归结为四个时期:

1. 早期思想演进时期:

这个时期从柏林服兵役开始,到 30 年代初期为止。在这一时期,马尔库塞接触了各种思想来源,在对理想与现实的矛盾和冲突的思考中,形成了自己的基本理论观点,为以后的理论发展奠定了基础。

2. 法兰克福学派时期:

这个时期从 30 年代初期开始,到 40 年代末期为止。在这个时期,马尔库塞与法兰克福学派其他成员并肩战斗,在批判法西斯主义的斗争中深化了早期形成的基本理论观点。

3. 工业文明批判时期:

这个时期从 50 年代初期开始,到 60 年代中期为止。在这个时期,马尔库塞对工业文明进行了全面的批判。

4. 新左派和理论总结时期:

这个时期从 60 年代中期到马尔库塞 1979 年逝世。在这个时期,马尔库塞自己投身于革命斗争,并对新左派运动和自己的思想理论作了总结。

马尔库塞从现实出发,立足现实,批判现实,在种种矛盾关系中建构了超越现实、指向未来的理论。马尔库塞终生为了寻求人类的自由与解放,为了重建人类文明,像一只矫健的雄鹰,不断地冲破阴霾而奔向光明。

二、辩证理性与历史辩证法

在马尔库塞的著作中,随处可以看到他对理性问题的阐述。马尔库塞的理性范畴大致有这样几层含义:1. 高于感性和知性的、追求事物普遍本质的认识形式;2. 形成某种思维方式、进行价值评价的基本原则;3. 规范行为、支配实践活动的根据。可见,马尔库塞在一个比较宽泛的涵义上使用理性范畴。他对理性的起源、理性的历史演化、资产阶级理性及其面临的危机等问题进行了深入探讨,阐发了新的理性观点——辩证理性或艺术理性。

马尔库塞认为,人类理性最初作为自我控制的心理机能,起源于原始社会的生存斗争之中。在人类原初之时,人们自在地、快乐地生存着,他们没有剥削和压抑,大家都按满足本能需求的快乐原则支配自己的行为,然而,这种快乐状态很快被罩上了一层阴影。人的本能需求不断膨胀,而生活资料却越来越匮乏。为了保存自己,个体之间因争夺生活资料而相互残杀。残酷的生产斗争使种族面临灭绝的危险,只有限制个体本能欲望,控制群体间的冲突,提高征服自然的能力,才能维持个体的生存和种族的繁衍。于是,人类形成了控制自身、供给资源的现实规则。"随着现实原则的确立,他变成了一个有机的自我。他追求有用的、而且是不危及自身生命环境的前提下所能获得的勇气。在现实原则的指导下人类发展了理性功能:学会了'检验'现实,区分好坏、真假、利弊。人类获得了注意、记忆和判断等机能,成了一个有意识的思想主体,并且做到了与外部强加于他的合理性步调一致。"①可见,在原始社会的生产斗争中,理性已经作为主体的心理机制,在人类认识活动、价值评价乃至实践活动中发挥其支配作用了。

人类理性的理论表达开始于古希腊哲学。在古希腊哲学中,理性首先被看作区分事物真伪的认识机能。理性通过对事物的批判认识而得出真理,真理表示存在的真实状况,它区别于事物的直接显现。"理性=真理=现实的公式把主观世界和客观世界结合成一个对立面的统一体,在这个公式中理性是颠覆的力量,是'否定的力量';它作为理论理性和实践理性而确定人和事物的真理——即确定人和事物在其中显露出其本来面目的条件。"②因为理性通过对存在的现象进行批判性认识而后获得存在的本质——真理,所以,它既体现了对存在的虚幻现象的否定,也体现了对存在的真实本质的肯定。在这个意义上,古希腊哲学建立了一种双向度的辩证理性。辩证理性追求真善美的统一,它所承认的真理包含了对事物本质的把握、依据主体需要对事物价值的评价和超越现实的理想设定。因此,马尔库塞把古希腊哲学中的辩证理性看作是认识论、伦理学和理想追求的统一。

在马尔库塞看来,古希腊哲学中的辩证理性最充分地体现在柏拉图的辩证逻辑中。柏拉图的辩证逻辑表达了一种动态、开放的概念分析方法,存在和非存在、一和多、运动和静止等等范畴都处于运动变化之中;柏拉图的辩证"逻辑发

---

① 马尔库塞:《爱欲与文明》,黄勇、薛民译,上海译文出版社1987年版,第5页。
② 马尔库塞:《单向度的人》,刘继译,上海译文出版社1989年版,第111页。

第八章 马尔库塞的社会批判理论

展是对现实进程和事物本身的反应",辩证逻辑的发展虽然是理念法则的变化,但它能够把握理念所分有出来的现象,因此,辩证逻辑体现了对现实的把握,思维和现实是统一的;但是,柏拉图的辩证逻辑与现实的统一是矛盾的统一,是否定性的统一。"辩证思想和既定现实之间是矛盾的而不是一致的;真正的判断不是从现实的角度,而是从展望现实覆灭的角度来判断这种现实的。"①柏拉图辩证逻辑的终极目的是追求现实与理想、真与美的最高统一——善,所以柏拉图的辩证逻辑包含了主体的价值评价,它不仅要揭示对象是什么,而且还要指出对象应当是什么,是实然性与应然性的统一。

在古希腊哲学中,还有一种排除应然性的、非批判的逻辑——形式逻辑,马尔库塞认为,由亚里士多德创立的形式逻辑在辩证逻辑的演化中形成。辩证逻辑因其对现实的超越性而高于现实,它同现实的矛盾使其与现实保持一定的距离,因此,深刻的辩证逻辑"必然也是先验的和抽象的","由于哲学的批判按照属于根本不同的思想和存在秩序的可能性来定义其概念,它发现自己受到与之相分离的现实的阻碍,并进而去构造一个从经验的偶然性中净化出来的理性王国"②。先验的、抽象的理性王国被区分为关于存在的本质的本体论和关于抽象思维形式的认识论,后者即形式逻辑。"对既定现实的判断被规定一般思想形式和思想对象、规定思想同客体间的关系的那些命题所取代。思想的主体成了主观性的纯粹而又普遍的形式,一切特殊之处都从这种形式中被清除了出去。"③亚里士德的形式逻辑就这样形成了,它与柏拉图的辩证逻辑形成了鲜明的对照。

马尔库塞从以下几点揭示了亚里士多德形式逻辑与柏拉图辩证逻辑的对立:首先,形式逻辑以完全脱离现实的纯形式为对象。"在这种形式逻辑中,思想对它的对象漠不关心。无论对象是精神的还是物质的,也无论它们是属于社会的还是自然的,反正它们已成为同一组织、计算和推论的普遍规则的附属物。"④而辩证逻辑则关注现实,并力图达到与现实的具体统一。其次,形式逻辑是排除否定性因素的肯定性思维,它简单地承认事物的现象,而不是透过现象去追究事物的本质,它排除"实然"和"应然"之间的张力,排除价值评价,试图就形式而论形式,实质是对现实不合理性的认可。而辩证逻辑是与不合理现实作斗

---

① 马尔库塞:《单向度的人》,刘继译,上海译文出版社1989年版,第119页。
② 同上书,第122页。
③ 同上。
④ 同上书,第123页。

争的否定性和批判性思维。再次,形式逻辑充当了社会统治的工具。"形式逻辑自身的理想,是在发展普遍的控制和技术、精神工具和物质工具的过程中的一个历史事件。"①而辩证逻辑却提供了批判现实的方法。总之,辩证逻辑和形式逻辑是两种对立的思维方式和思想原则,它们分别表达了古希腊哲学中的辩证理性和工具理性。

马尔库塞认为,亚里士多德的工具理性后来演化为近代自然科学的科学理性。近代自然科学把现存无批判地接受下来,然后进行定量分析,排除了主体对事物的价值评价,一切都按无人性的自然科学规律去解释,这就是科学理性和科学的合理性。"科学的合理性作为本质上的中立的东西出现,自然(包括人)要争取什么,只是在运动的普遍规律——物理、化学和生物的——范围才具有科学的合理性。"②科学理性抛开对事物应然性和主体自由的追求,对压抑人性的现存没有任何否定性。自然科学由此而成为征服自然、掠夺自然的工具,亚里士多德的工具理性在其中得到了进一步发展。

与自然科学对亚里士多德工具理性的继承相对立,黑格尔使柏拉图的辩证理性在近代得到了深入发展。马尔库塞在《理性与革命》一书中,对黑格尔的理性概念和理性原则进行了透彻地阐述。马尔库塞把黑格尔哲学看作法国资产阶级大革命的理论表达。黑格尔站在德国资产阶级立场上,认为法国资产阶级大革命推翻了封建专制,把个体从极权专制下解放出来,因此它是人生的解放,是人类理性在现存社会中的实现。黑格尔以理性概念为核心,建构了一个庞大的哲学体系,以此来表达法国资产阶级大革命的精神和他对民主、自由、公正、平等、和谐的追求。因此,黑格尔的理性原则比柏拉图的理性原则表现了更为强烈的否定性,它是对未来理想世界的追求,他以现实中不存在的自由、平等、民主、幸福等理性原则为标准来衡量既存现实,形成理想对现存的否定。否定性是黑格尔理性原则的突出特点,它与科学理性对现存的肯定性截然相反。

马尔库塞认为,黑格尔的理性原则追求自由、否定现实不合理性,是革命的理性,但是,这种理性的否定性和革命性仅仅发生在精神领域,回避了现实斗争。并且,因为黑格尔站在软弱的德国资产阶级立场上,他的理性原则一遇到现实斗争,就会变得保守起来。黑格尔的理性原则没有超出时代的限制,它只不过是近代资产阶级理性中比较富有革命性、批判性的一种理性原则罢了。

为了对资产阶级理性有更清楚的认识,马尔库塞对资产阶级理性作了全面

---

① 马尔库塞:《单向度的人》,刘继译,上海译文出版社1989年版,第123页。
② 同上书,第132页。

概括。他把17世纪以来的资产阶级理性概括为五个方面的基本内容或基本观点：

第一，世界是合乎理性的，所以人类能够以理性为中介去认识世界的本质，并按照自己需求去改造它。并且，认识世界和改造世界是人类至高无上的权利，任何人不应当放弃它。

第二，现存世界不存在不可更改的前定秩序，自然和社会可以按照理性原则加以组织和控制。只有按照理性原则把自然与社会统一起来，才能实行有效的控制，人的多方面才能方能得到有效地发挥。

第三，理性包括普遍性。理性郑重地宣布：人是按照概念知识引导自己行为的、能思维的主体。只有以概念作为工具，主体思维才能洞察世界的偶然性和隐蔽的机制，进而把握制约个别对象的普遍必然性的法则。

第四，在理性面前人人都是平等的，并且都是自由的。因为，用思维从自然和社会的多样性中概括出普遍本质，这是每一个人都具备的同样的能力。所以人作为思维主体，相互之间是平等的。

第五，资产阶级理性在商品经济发展中转变为科学技术的合理性。商品生产以其神奇的魅力，促进资产阶级千方百计把科学转化为生产技术，科学技术为资本主义社会创造了巨大生产力，带来了空前的物质财富。

总之，在马尔库塞看来，近代资产阶级理性是当时历史条件的产物，它体现了资产阶级以人性反对神性，以科学反对宗教的革命要求，体现了资产阶级认识自然，开发资源，向自然索取财富，发展商品经济的进步主张，理性充当了资产阶级经济、政治、科学文化各方面的社会实践的根据。在这个意义上，资产阶级理性原则的历史功绩不可抹杀。然而，随着资产阶级在征服自然、控制社会的实践中取得越来越大的成就，也随着资产阶级社会地位的变化，资产阶级理性的革命性被维护自身统治地位的保守性取代，理性变成了控制社会、征服自然、压抑个性的工具。

因此，资产阶级理性的正当性应当受到重新审查。马尔库塞把理性当作人类的自我意识，它应当及时地对人类的境遇做出反应，并正确地把握人生现实的真实本质。当代社会中人的境遇是全面的社会异化，资产阶级理性不仅不对之加以批判，反而以科学技术的原则和方法加以掩盖，起到了保存现存不合理性的消极作用。因此，马尔库塞把当代资产阶级理性宣判为片面、压抑人性的理性，它的现存内容是违背了它的初创原则的不合理性，必须用一种把人从全面异化状态下解放出来为己任，以人的总体本质为根据的新理性来支配人类的思维活动和实践活动。

马尔库塞把他构想的新理性称为艺术理性。在马尔库塞看来,已经确立的资产阶级理性是生活资料匮乏、生存斗争的产物。这种理性支配人类发展科学技术,提高社会生产力。在生活资料匮乏状态逐渐被解决,生存斗争趋于减缓的新形势下,原有的理性原则将失去它存在的基础,它已经丧失了不容置疑的正当性。旧的理性原则追究世界的普遍本质,轻视特殊现象;崇尚概念思维,贬低感性印象;提倡征服自然,无视人与环境的关系;专注控制社会,虚化个体解放;以理智压抑本能,以现存的实然性取消理想的应然性。凡此种种,都是对人生存在与本质的片面性反映。欲克服旧理性原则的片面性,应当到艺术理性中去寻求。艺术以其形象思维表达个别感性现象,在追求个性解放和本能欲望的满足时,注意人与环境的和谐,艺术始终以超越的形式指向人类理想未来,形成对异化现存的否定。

艺术的原则是总体性的原则,它反映了人生现状复杂的矛盾关系,它不像科学那样狭隘地专注于自然功利,也不像哲学那样在思辨中冥想,它力求感性与理智、理想与现实、社会与自然的和谐统一。立足于人的总体性本质,在人生现存的总体性矛盾关系中追求人的全面发展、真正自由和彻底解放,最终建立一个真善美统一的新社会,这就是艺术理性的基本原则和奋斗目标。不过,艺术理性并不排斥哲学和科学,它将实现艺术、哲学、科学的三者统一,即把艺术、哲学、科学中的基本原则综合起来,形成一种总体性的新理性原则。

马尔库塞认为,"实现这一统一性的可能性首先在于,艺术、科学、哲学三者之间存在着本质联系(在统治和匮乏的领域内)。这种联系是对现实的和可能的、表面的和本质的真理之间的不一致的意识,是试图理解和掌握这种不一致的尝试"[①]。这就是说,科学、艺术、哲学都是人类对于现实事物的认识,所不同的不过在于它们分别把握了现实事物的不同方面。在人类试图理解自然与社会之初,科学、艺术、哲学并没有发生分化,它们作为笼统的意识对现实进行总体性的认识。只是到了后来,随着社会实践的发展,人类意识不断分化,科学、艺术、哲学分别作为自己特定的认识对象的社会意识形式而出现:科学专心于对自然的征服和改造;哲学关注于普遍性的抽象思维,为把握世界的一般本质而探索;艺术则专门以形象歌颂世间的真善美、抨击人生的丑恶。这三种社会意识形式的分化与独立,使它们自身以特殊形式得到了充分发展,三者之间的差异也越来越大。但是,这并没有取消三者在本质上的共同性,它们仍然是对现存事物的认识。所以,它们始终是同类事物,它们在一定的历史条件中分化,也一定能在适

---

① 马尔库塞:《单向度的人》,刘继译,上海译文出版社1989年版,第111页。

第八章 马尔库塞的社会批判理论

当的历史条件中重新统一。

正是根据对理性原则的这种重新规定,马尔库塞对研究社会问题的方法作出了明确界定,即应当用历史的辩证的方法来研究社会问题。他指出:"辩证法就其实质而言乃是一种历史的方法,辩证原则不是可以等同地应用到任何主题的一般原则。"①所谓历史的方法,即把分析的对象纳入特定的历史条件中考察,而不应就对象的孤立状态开展分析。因为世界上一切事物都是在特定的历史条件中普遍联系着,脱离了总体联系的对象是抽象的。所以,孤立地研究某一事物只能得出抽象的认识,不能把握总体联系的事物本质。这并不是说辩证法仅仅能够用来分析历史事件,在马尔库塞看来,所有事物都可以进行辩证分析,但是对事物进行辩证分析的实质是把对象同特定历史条件联系起来,否则就不是辩证分析。确定的历史总体性是由主体的实践活动创造和构成的,因此,把事物放到历史总体性中考察,也就是把事物放到主体实践活动中考察。这样,马尔库塞首先把辩证法归结为主体在特定的历史条件中和实践活动中分析事物矛盾关系的思维方式。

与把辩证法定性为历史辩证法相关,马尔库塞认为辩证法在形态上应当是动态的。马尔库塞多次强调,社会历史是发展变化的,作为观察、理解社会历史的观点和方法也必须是动态的,它必须适应社会历史的发展而不断地以新概念、新术语去批判新的现实。马尔库塞指出:在黑格尔那里,由于当时反动的社会政治条件所限制,辩证法只能以思辨哲学的概念运动表现其革命内容;在马克思那里,由于资本主义工业的发展,无产阶级对资产阶级斗争加剧,各种社会矛盾以经济利益的冲突直接表现出来,辩证法的革命内容通过对资本主义经济事实的批判表现出来。在当代,辩证法则应当在更广泛、更深入的程度上关心人的存在和发展,应当不断地吸收各种学术流派的积极成果,努力深化自己的观点,提高矛盾分析方法的深入性。正是如此,马尔库塞的辩证法理论同存在主义、弗洛伊德的精神分析等理论中的积极因素融会在一起,呈现了崭新的形式和丰富的内容。

马尔库塞强调辩证法的动态性是有可取之处的。辩证法的动态性首先指辩证法概念内涵和外延的变动;其次是指辩证法体系不能被封闭,应当不断吸收新内容、表现为新形式。自古希腊以来,辩证法所运用的许多基本概念被沿用下来,但是其内涵与外延始终处于动态之中。当社会发展变化,人的认识不断丰富,辩证法的一些基本概念的内涵不断充实,其外延也不断更改,这是辩证法比

---

① Herbert Marcuse, *Reason and Revolution*, London: Routledge & Kegan Paul, 1977, c1941, p. 314.

较稳定的发展。但辩证法如果仅仅丰富和深化原有的基本概念,还远不能满足对发展变化的社会现实进行批判的需要。弗洛伊德对心理底层的分析,为考察人们的社会活动开辟了一个新的层面和路径,马尔库塞用弗洛伊德精神分析的概念对社会历史与实践进行辩证分析,使辩证法理论焕然一新,这是辩证法体系开放性的具体表现。

马尔库塞认为,动态的辩证法不应有固定的理论体系,否则,只能造成辩证法的僵化。在马尔库塞看来,辩证法与意识形态不同,意识形态作为官方统治人们的工具,它需要有稳定的理论内容和固定的理论形式,尤其是在集权专制国家更是如此。正是官方意识形态的凝固性才使其得以发挥禁锢人们思想的保守作用,而辩证法的动态性则使其可以发挥解放人们思想的积极作用。作为无产阶级和人民群众认识现实和批判现实的思想武器,辩证法不需要固定不变的理论体系。每一时代的辩证法理论都是对它所存在的那个时代的基本矛盾关系的概括,也是把握这种矛盾关系的方法。辩证法是时代的产物,它将随时代的变化而变化,随时代的发展而发展。辩证法一旦被固定为某种不变的理论体系,它就失掉其动态性,不能跟上时代的发展变化,成为落后于社会实践的僵化教条。关于这一点,马尔库塞在批判斯大林的教条主义辩证法体系时作了更清楚的阐述。

马尔库塞把辩证法的基本功能归结为对现存的否定性。像马克思一样,马尔库塞认为辩证法的否定性根源于社会历史活动中的种种矛盾关系。在全面异化的社会现实中,各种矛盾关系都是不能简单调和的否定关系。这种否定性反映到辩证法理论中,成为辩证法把握和批判世界的一个本质特点,也就是它发挥作用、完成自己历史使命的基本功能。

马尔库塞在论述辩证法的否定性时强调了它的推动性、总体性和超越性。马尔库塞认为社会历史中矛盾的解决是通过矛盾诸因素的相互作用来实现的,否定成为解决社会矛盾的内在动力,推动着社会的发展变化,所以否定是社会现实的推动性原则。马尔库塞把社会看作普遍联系的总体和过程,他指出:"每一个单独的事实和条件都淹没在这个过程中,以致它的意义只能在这个它从属的整体中才能被理解。"[①]现存社会的总体性表现为总体性的异化,总体性异化只有进行总体性的否定才能将之克服。马尔库塞所理解的辩证法的否定性是一种超越现实的否定性,它要把现实中的不合理因素排除掉,而且还要建立一个符合人的本质、利于人的全面发展的理想世界。

就马尔库塞的这些观点来看,他的否定观是一种积极的、革命的否定观。有

---

① Herbert Marcuse, *Reason and Revolution*, London: Routledge & Kegan Paul, 1977, c1941, p. 27.

第八章 马尔库塞的社会批判理论

人不理解马尔库塞的否定观,认为它是一种虚无主义的、悲观失望的否定观,一位学者曾引用马尔库塞的两句话来证明他的否定观是虚无的、悲观的:"在经验和理论的基础上,辩证的概念宣布它是无希望的。""批判的社会理论并不拥有能够在同其未来的裂口之间架起桥梁来的概念;不抱任何希望,也不显出任何成效,它始终是否定的。"①马尔库塞的前一句话指出了辩证法既不是实证主义者在经验事实中所进行消极证明的工具,也不是僵化的理论体系,它是一种动态的批判的思维方法,它的功能在于超越经验事实和批判僵化理论,否则,辩证法的否定性是无效的;马尔库塞的后一句话是在概括了当代资本主义世界的普遍异化之后说的,意指全面异化的现实不能靠一些局部修补的改良来解救,现实与未来的鸿沟无法通过架桥式的调和方法来沟通,唯一的办法是全面否定异化现实,然后才能实现理想的未来。可见,以这两句话为根据来证明马尔库塞的否定观是虚无主义和悲观主义,是难以成立的。

事实上,超越现实的乐观主义是马尔库塞区别于法兰克福学派其他成员(如霍克海默、阿多诺)的一个显著特点,马尔库塞从始至终对人类的最终结局充满了希望,认为人类可以通过对现存的彻底否定而最后建立一个理想社会。正是对美好未来的热切期望才引发出马尔库塞对现实的无情否定。马尔库塞的这种超越现实的乐观主义是终生一贯的,它也表现在马尔库塞积极的否定观上。

三、文明辩证法和爱欲解放

第二次世界大战以后,西方资本主义和东方社会主义两个世界之间的冷战日趋激烈,马克思主义理论在欧美资本主义国家中受到了敌视。同时,资本主义经济持续发展,工人阶级生活有了改善,阶级矛盾逐渐缓和,工人阶级的革命意识进一步弱化。面对这种形势,法兰克福学派的一些成员产生了对马克思主义理论和社会主义革命丧失信心的悲观失望情绪。马尔库塞与众不同,他仍然坚持马克思主义,继续把社会主义看作人类争取自由与解放的有效途径和美好希望。在这个时期,马尔库塞理论研究的显著成就之一,是把弗洛伊德精神分析理论同马克思主义理论、法兰克福学派的社会批判理论进行综合,提出了从人的深层本能出发,进行彻底革命,进而重建人类文明的新理论。马尔库塞试图以此为

---

① Herbert Marcuse, *One Dimensional Man: The Ideology of Industrial Society*, London: Sphere Books, 1968, pp. 253-257.

面临挑战的马克思主义增添活力,为社会主义革命增加希望。马尔库塞的这些理论成就集中在《爱欲与文明》一书之中。

弗洛伊德的精神分析理论揭示了人的无意识领域(the domain of unconscious)的秘密,它为人们的自我意识提供了一个崭新的视野。弗洛伊德通过性本能(sex instinct)的考察,发现人的本能具有强烈的冲动作用,如果不对其加以限制,它将成为导致社会秩序紊乱的破坏力量。有史以来的人类文明就是不断地对这种具有破坏性冲动作用的本能的压抑。因此,以往的文明乃是一种压抑性文明。弗洛伊德认为,植根于无意识深层的本能,是受指向满足个体欲望和幸福的快乐原则(pleasure principle)支配的,快乐原则是无拘束地释放个体本能冲动、未加修饰地满足本能需求的规律,它在无意识领域占有统治地位,因而,快乐原则在更深层次上体现了人的本性。但是,由于现实生活条件的匮乏(scarcity),无限制的个体本能需求不可能都得到充分满足,必须限制个体的本能冲动,否则,现实社会将进入毁灭性的动乱。人类文明是在不断地寻求稳定秩序中发展起来的,维护社会稳定的秩序要依靠压抑本能的现实原则(reality principle)。现实原则限制了个体本能的任意发展,这是人类文明发展的必然要求,过去是这样,未来也依然如此。由此而言,弗洛伊德的精神分析最终得出了人类文明压抑性不可逆转的保守的结论。

马尔库塞认为,弗洛伊德精神分析理论的结论虽然是保守的,表现了对现存文明中压抑人性的社会秩序的顺应,但是,精神分析理论却含有一股反抗现存秩序、寻求人的自由与解放的不可抗拒的暗流(hidden trend)。马尔库塞从个体压抑(individual repression)和属系压抑(phylogenetic repression)两个层次探讨了精神分析理论的暗流。

马尔库塞通过考察弗洛伊德的个体本能结构理论,明确地肯定了弗洛伊德的爱欲(eros)一元论。在马尔库塞看来,弗洛伊德早期理论中的性欲本能和自我保存本能(self-preservation instincts)之间是对抗的关系,"性本能最初不过是和自我(或自我保存)本能并驾齐驱的一种(或不如说一组)特定的本能,它有其特有的起源、目标和目的"①。由于弗洛伊德把性本能和自我保存本能对立起来,性本能就被看作仅有破坏作用的特殊本能。因此,弗洛伊德早期理论坚持要对性欲本能进行限制。只是到了后期,弗洛伊德才发现自我保存本能也具有性欲性质(libidinal nature),自我保存本能与性欲本能具有统一性。这样,弗洛伊德把性欲本能与自我保存本能统一为生命本能(life instinct),生命本能即爱欲。

---

① 马尔库塞:《爱欲与文明》,黄勇、薛民译,上海译文出版社1987年版,第12页。

爱欲促使人追求多方面的满足，使人得到生命延续和多方面发展，"爱欲是保存一切生命的巨大的统一力量"①。马尔库塞十分重视弗洛伊德的爱欲理论，他指出："我们将看到，这种认为在主要的本能结构中不可能发现任何非爱欲的东西的观点，这种性欲一元论的观点，正是真理的标志。"②

马尔库塞如此重视爱欲论，其原因在于"爱欲既有破坏性，又有建设性"。爱欲包含性欲于自身，并且性欲在爱欲中起基础作用。性欲对现实原则的反抗作用和对现存秩序的破坏作用，在爱欲中不可避免地要表现出来。所以，爱欲保留了对压抑人性的现实的反抗，它是蕴藏在本能深层中的破坏压抑性文明的巨大力量。同时，由于爱欲包含了自我保存本能，它是对生命的积极肯定，它能避免对生命自身的损害，而且它与符合人们健康发展的社会关系也不冲突。因此，爱欲也有建设性的一面，利用它对个体多方面欲望的追求和对生命机体的自我肯定，可以建设一种非压抑性文明。

在肯定了爱欲理论之后，马尔库塞接着考察了弗洛伊德后期的心理结构理论。弗洛伊德后期把心理结构划分为：本我（id）、自我（ego）、超我（superego）。其中本我是最古老、最根本的无意识领域，是主要的本能领域，本我按照快乐原则使本能需要得到满足，任何现实原则对它都没有约束。在外部世界的影响下，一部分本我逐渐发展为自我。自我是本我和外部世界的中介，它的功能有两方面：一方面自我用其表面细小的意识部分接触、观察外部现实，使自己与现实相适应；另一方面，"自我的主要功能是协调、改变、组织和控制本我的本能冲动，以使其与现实的冲突降到最低限度"③。自我通过对外界的适应和对本我的节制，保证了个体本能的满足，避免了本能对个体的破坏。由于外部压抑的强大，自我不得不持续地抑制本我的快乐原则，现实原则发挥越来越大的作用。在自我的发展过程中，出现了另一个心理"实体"，即超我。超我产生于婴儿对父母的长期依赖，父母对婴儿的一系列约束受到社会文化的影响，所以，超我体现了社会现实的要求，代表了现实原则对个体的压抑。

超我对自我的压抑是现实原则的心力内投（introjection），"一开始由父母、接着由其他社会机构强加于个体的外在约束被心力内投于自我，从而变成了他的'良心'"。"这些压抑不久就仿佛成了无意识的和自然的东西，而且大部分负

---

① 马尔库塞：《爱欲与文明》，黄勇、薛民译，上海译文出版社1987年版，第15页。
② 同上书，第16页。
③ 同上书，第18页。

罪感也仍是无意识的。"①这就是说,个体压抑来自社会现实,但它可以内投于个体心理结构,作为超我沉入心理底层,控制自我、本我,使有意识的社会压抑变为无意识的本能压抑。这样,马尔库塞就从个体心理结构的分析中揭示了本能压抑的社会历史性。

马尔库塞分析弗洛伊德个体结构理论的一个重要结论是:本能压抑是外部社会压抑的心力内投,不是本能结构固有的,而寻求个体幸福、自由的本能冲动才是内在的本性。既然是内在本性,它就一定要不屈不挠地反抗外来压抑,这种革命要求永远不会止息。并且,本我永远不曾忘记原始的快乐满足,"本我把对这一状态的记忆痕迹贯彻到每一个即将来临的未来;它把过去投射到将来"②。这就是说,本我具有一种超越现实、指向理想未来的作用,它把无压抑的原始记忆作为反抗现实、建设未来的理想模式,以此来引导本能革命的发生与发展。

压抑文明的命运如何?马尔库塞用"文明的辩证法"(dialectic of civilization)对之加以概括。文明的辩证法即压抑性文明发展的内在矛盾、道路和结局。通过对弗洛伊德压抑文明的理论考察,马尔库塞得出结论:压抑性文明既是对爱欲的利用,又是对爱欲的限制,这是压抑性文明的症结所在。压抑性文明一方面利用了爱欲中的自我保存本能,使种种规范和戒律在集体与社会中实施,形成社会秩序,使个体在社会限制中顺从地生存下去。另一方面,爱欲中的性本能冲动被升华(sublimation)为"工作本能"(wok instinct),成为建设压抑性文明的工具,对性欲本能的这种利用实质上是对它的扭曲和限制。压抑性文明只有对爱欲采取这种手段才能维持自身的存在与发展。但是,对性欲本能的限制却导致了一种可怕的结果。

生命过程是作为爱欲的生命本能和作为死欲(thanatos)的死亡本能(death instinct)相互斗争过程。当压抑性文明限制力比多能量,扭曲性本能时,爱欲的力量就遭到了削弱,因为爱欲是以性欲为基础的。当爱欲被削弱时,死欲或死亡本能的力量就会相对加强。死亡本能的加强将导致巨大破坏力量的爆发,压抑性文明不可逃脱地要受到毁灭性的攻击。所以,限制性本能、减弱爱欲力量势必危及文明自身。"为了使这种对日益扩大的攻击进行卓有成效的防御,就必须加强性本能,因为唯有强大的爱欲才能有效地'约束'破坏本能。但这恰恰是发达文明所无法做到的,因为文明的存在正是依赖于对爱欲的广泛的、强化的管制

---

① 马尔库塞:《爱欲与文明》,黄勇、薛民译,上海译文出版社1987年版,第19页。
② 同上书,第20页。

第八章 马尔库塞的社会批判理论

和控制。"①并且,性本能如果不能得到压抑,在快乐原则的指导下,它也会释放出强大的破坏压抑性文明的力量。因此,压抑性文明面临进退维谷的境地。

然而,压抑性文明还是得到了逐渐发展,特别是在科学技术的作用下,当代工业社会的压抑性文明以更大规模和更快的速度发展着。在文明的发展过程中,"压抑的必然性及由此而来的受苦的必然性,与文明的成熟,与所获得的对自然和社会的理性支配的程度发生同步的变化"②。也就是说,人对自然与社会支配的程度越高,文明越先进,压抑与苦难的程度也越深。这是因为,文明发展程度越高,文明对爱欲本能限制和利用得越多,爱欲中反抗现实原则的能量也就越大,文明必须增强对爱欲的压抑才能保存自身。另一方面,虽然现代科学技术把人的破坏本能转向自然,在征服自然过程中使破坏本能升华为推进文明的工作能量,"但是破坏性依然是一种破坏性,尽管已向外转移了,因此它的对象,在大多数场合下都受到了真正的、剧烈的攻击,并因此而变得面目全非。……自然遭到了真正的'侵犯'"③。破坏性并没有因为向自然转移而取消对社会的攻击性,因为死亡本能破坏性的真正目标不是自然物质,而是生命本身。因此,为了维持社会秩序和现存文明的发展,必须压抑死亡本能的破坏性。所以,无论就爱欲生命本能而言,还是就死欲或死亡本能而言,文明的压抑性只能增大不能缩小。

在当代工业社会的异化劳动中,文明的压抑随技术进步和自动化程度提高而发生了变化,原来以父亲、暴君个体形象出现的压抑变成了社会管理组织的压抑,原来以人出面的压抑变成了自动流水线、机器化生产的压抑。压抑以技术与设备的形式变得更加严格、更加残酷了。本能对自由与幸福的追求与社会压抑越加尖锐地对立起来,"强大的社会凝聚力和管理的权力已足以使整个社会免受直接的攻击,但要根除积聚起来的攻击性就力不从心了"④。向压抑性文明的全面进攻必然要发生,压抑性文明必将灭亡。总之,压抑性文明由其内在矛盾所决定,必然要导致自身否定的结果,本能的革命力量最终将结束它的历史。

通过对弗洛伊德理论的考察,马尔库塞得出结论:一种非压抑性文明的建立完全是可能的。他认为,弗洛伊德把压抑性文明看作是不可逆转的必然性,其根据在于:社会物质生活条件的缺乏引起了残酷的生存斗争,并由此决定了压抑性

---

① 马尔库塞:《爱欲与文明》,黄勇、薛民译,上海译文出版社1987年版,第56页。
② 同上书,第62页。
③ 同上书,第61页。
④ 同上书,第71页。

的现实原则的合理性。"弗洛伊德一直认为不可能彻底解放快乐原则,这就意味着他假定,缺乏与统治一样,是永恒的,但这种假定的前提是很有疑问的。"①发展到今天的文明已经在很大程度上解决了物质条件缺乏的状况,为逃避饥饿与贫穷的生存斗争在先进国家中已不存在,某些落后国家和地区的贫困不是当今财富匮乏所造成的,而是资源利用不合理和财富分配不均所致,这是控制社会的现实原则的罪过。面对这种现实,操作原则对个体与社会统治的不合理性已经变得越来越明显,它已经逐渐失去其存在的根据。并且,现实原则或操作原则本身也是历史的产物,它也必然要随历史条件的变化而变化。

尽管经过长期的历史发展,现实原则的压抑已经深深地内化于个体的本能结构之中,但是个体本能仍然保留了反抗现实原则的强大原动力,这是不可遏止的动力,它必然要通过人的本能与意识的各个方面表现出来。进行解放本能的革命,释放本能的革命力量,将导致压抑性文明的彻底摧毁,无压抑性文明将在人类历史中出现。马尔库塞分别从幻想(phantasy)的革命功能、本能革命的根据、审美意识(aesthetic consciousness)的意义、爱欲的解放几个方面论述了本能革命的途径和可能性。

幻想的革命功能

马尔库塞认为,意识领域是受现实原则支配的领域。种种清规戒律充斥意识领域,"与现实原则对立的心理力量的主要表现是降入无意识,并在无意识中发生作用"②。与现实原则相对立的心理力量即遵循快乐原则的本能力量,它是寻求个体解放最深层的原动力。如何把无意识领域的本能力量引发出来,并作用于意识领域,这是进行本能革命的首要环节。马尔库塞指出:"幻想在整个心理结构中具有举足轻重的作用。它把无意识的最深层次与意识的最高产物(艺术)相联系,把梦想与现实相联系;它保存了这个属的原形,即保存了持久的、但被压抑的集体记忆和个体记忆的观念,保存了被禁忌的自由形象。"③可见,幻想是一种把无意识中的本能力量同意识和现实联系在一起的心理过程。把艺术作为意识的最高产物,这是马尔库塞的一贯观点,他认为艺术具有超越现实、反抗社会压抑的积极作用。当幻想把无意识与艺术相联系时,幻想就成了对整个心理活动都发生影响的心理过程,它能把本能对自由状态的体验或记忆展现在意

---

① 马尔库塞:《爱欲与文明》,黄勇、薛民译,上海译文出版社1987年版,第96页。
② 同上书,第101页。
③ 同上书,第101—102页。

第八章 马尔库塞的社会批判理论

识之中,进而使意识冲破压抑原则的束缚,启发人们进行反抗现实原则的革命。因此,幻想在整个心理过程中具有关系全局的作用。

幻想作为一个心理过程表现为回忆(recollection)和想象(imagination)。回忆是在无意识和意识中对过去经历的一种追溯;想象是基于没有被压抑的本能,按照快乐原则超越现实所达到的对未来的一种展望。马尔库塞认为,现实原则的确立导致了心灵的分化和破损,先前统一于快乐和自我中的心理过程现在分裂了,"其主流被导入现实原则领域,并且与现实原则的要求相符"①。这个主流就是顺应现实原则并为它服务的思想意识,另一部分则是继续遵循快乐原则的本能欲望。本能欲望使个体不断地回忆其无压抑的快乐状态,导致个体对压抑性现实的不满,产生向原初快乐状态回归的幻想,这是一种从无意识中产生的回忆。还有一种有意识的回忆,马尔库塞说:"回忆作为一种认识能力,主要是综合;它把被歪曲了的人类和自然的碎片组合在一起。这一被回忆的材料被组织成为幻想的王国。"②人类社会和自然本来是和谐的统一体,社会异化却把统一体肢解开了。回忆可以把破碎了的社会与自然按照先前和谐状态重新组合起来。如果前一种回忆是本能对过去经历的模糊再现,那么后一种回忆则是意识由过去指向未来的清楚的重建。

在《爱欲与文明》中,幻想主要指面对未来的想象。"想象的真理价值不仅与过去,而且与未来有关,因为它所祈求的自由和幸福的形式要求提供历史的现实。它所以不想忘记可能存在的东西,是由于幻想的批判功能。"③不难看出,想象所祈求的是社会现实中的自由和幸福。可是,自由和幸福被现实原则抑制了,现实中没有自由与幸福。想象没有停留在现实的直观,看到了现实原则可以被超越的可能性,因此,想象否定现实,在对未来的构想中追求自由与幸福。

弗洛伊德虽然把想象与性欲联系起来,认为想象具有反抗现实原则、重构性本能原初快乐的作用,"但在弗洛伊德看来,这种形象所能唤起的,仅仅是属和个体在一切文明之前的前历史的过去"④。然而,文明只能是对前历史状态的遗弃,快乐原则必须被现实原则代替,所以,想象产生的对前历史快乐状态的形象只能潜藏于无意识之中,因而想象也只能是"纯粹的幻想、儿童游戏和白日梦"⑤。马尔库塞批评了弗洛伊德对想象的积极作用的否定,认为正是想象对现

---

① 马尔库塞:《爱欲与文明》,黄勇、薛民译,上海译文出版社1987年版,第102页。
② 马尔库塞等:《工业社会和新左派》,任立编译,商务印书馆1982年版,第136页。
③ 马尔库塞:《爱欲与文明》,黄勇、薛民译,上海译文出版社1987年版,第107页。
④ 同上书,第106页。
⑤ 同上。

实原则的背弃和对未来美好状态的展望,才激发个体反抗现实、寻求自由与解放的革命要求,释放出直接冲击压抑性文明的本能力量,这绝非无任何实际作用的空想和白日做梦。

本能革命的根据

马尔库塞认为,幻想在本能革命中的地位虽然不可低估,但是它仅仅是本能革命的手段,是形式而不是内容,非压抑性文明不能从幻想本身中找出根据并证明其合理性。"若坚持认为想象为生存态度、为实践、为历史的可能性提供了标准,这显然是幼稚的幻想。人所接受的只是原型、只是象征,而且在解释其意识时所根据的,通常不是成熟的个体和文化,而是早被超越了的属系发生史或个体发生史上的阶段。"①很明显,想象本身不能为改变生存状况和争取个体解放提供标准,人们通过幻想形成的理想客体,其根据在于属系或个体所经历的未被压抑的自由与幸福阶段。正是未被压抑的快乐经验时常浮动于心理结构中,人们才不断地产生对快乐状态的回忆和想象。未被压抑的快乐经验不仅是幻想的内容和根据,也是整个本能革命、建设无压抑性文明的根据。因此,对未被压抑的快乐经验的重新解释就格外重要。

马尔库塞用俄耳浦斯(Orpheus)和那喀索斯(Narcissus)的经历来剖析未被压抑的快乐经验的这一深远意义。俄耳浦斯是希腊神话中阿波罗(Apollo)之子,喜弹琴,琴音美,被誉为音乐之鼻祖。那喀索斯是希腊神话中自恋其水中之影的少年,卒致憔悴而化为水仙花。俄耳浦斯和那喀索斯分别象征着对自然万物之爱和对自我之爱,把人带入温情蜜意、爱人爱己的美好境界。弗洛伊德从性本能理论出发,分别把俄耳浦斯和那喀索斯解释为同性恋者和自恋者,将其看作性反常行为的代表。马尔库塞完全从肯定的立场赞美俄耳浦斯和那喀索斯的经历,他指出:"俄耳浦斯和那喀索斯(作为认可统治逻辑即理性王国的神的对抗者,它们与其相似的狄俄尼索斯一样)代表着一种很不相同的现实。它们没有成为西方世界的文化英雄。它们的形象是快乐和现实,它们的声音是歌唱而不是命令;它们的姿态是供给和接受;它们的行为是创造和平和废除劳动;它们的解放是使人与神、人与自然结合起来的时间中的解放。"②于是,俄耳浦斯和那喀索斯被马尔库塞统一为爱欲的象征,爱自然、爱人、爱自我被融为一体,一种广泛的爱、深沉的爱。

---

① 马尔库塞:《爱欲与文明》,黄勇、薛民译,上海译文出版社 1987 年版,第 116 页。
② 同上书,第 117 页。

第八章　马尔库塞的社会批判理论

俄耳浦斯和那喀索斯的爱欲否定了压抑性原则，人与自然、主体与客体都被统一起来了。这是没有被压抑的爱欲的经验，它在人类的初始阶段存在过，只是因为现实原则才使它被湮没。在现实原则的基础即将消除的今天，俄耳浦斯和那喀索斯所经历的快乐状态应当被恢复，而且也能恢复。

马尔库塞还认为，即使依照弗洛伊德对俄耳浦斯和那喀索斯的多功能解释，我们也能得出积极的结论。他指出："我们现在可以在弗洛伊德的原始自恋概念中，为我们的解释找到某些根据。"[1]弗洛伊德把那喀索斯看作原始自恋，正是原始自恋导致了本能理论的一个转折。因为原始自恋的实质是自我与客观环境融为一体，自我与外部世界的对抗关系得到溶解，这种主体与客体统一的观点动摇了弗洛伊德对独立的自我本能的假定。

更为重要的是，"自恋可能包含着一种不同的现实原则的种子，就是说，自我（一个人自己的身体）的力比多的贯注可能成为客观世界的一种新的力比多贯注的源泉，它使整个世界转变为一种新的存在方式"[2]。这种新的存在方式是以对人和自然深沉和广泛的爱欲为基础的生存方式。马尔库塞认为，俄耳浦斯作为同性恋也能导出积极的结论。因为同性恋是对压抑性文明的性欲组织的一种反抗，这种性反常行为抗拒生育性欲的压抑性秩序，所以它表达了冲破禁欲的理想。不过，我们不应认为马尔库塞在提倡自恋和同性恋，他只不过是借弗洛伊德的论述来批驳弗洛伊德理论的保守性，同时论证存在着未受压抑的、自由与幸福的原初快乐经验。

马尔库塞用神话的形象来断定个体原初快乐经验的存在，这未免过于虚幻。超越现实地开展批判性思维是马尔库塞的终生特点，在设想一场改变人类文明性质的本能革命时，以神话中的经历作为根据加以论证，难以取得人们的信服。本能革命无疑是伟大的，但是它的根据究竟是什么？如果是本能自身的积极因素，那么怎样才能把它令人信服地揭示出来呢？马尔库塞并没有完成这一任务，他想仅仅通过弗洛伊德某些理论的重新解释来完成这一任务，这是难以办到的。

审美意识的意义

俄耳浦斯和那喀索斯的经验一方面是爱欲本能的展现，另一方面也是审美意识的生成。俄耳浦斯和那喀索斯都是以审美的态度去接受、评价、体验和完成他们的经历的，因此，对审美意识意义的考察是关系到本能革命的根据是否可靠

---

[1] 马尔库塞：《爱欲与文明》，黄勇、薛民译，上海译文出版社1987年版，第122页。
[2] 同上书，第123页。

的根本问题。

马尔库塞认为,审美意识与现实原则是相对抗的,所以,审美意识在西方理性主义哲学中受到了压抑。"我们企图恢复审美一词的原初意义和功能,从而在理论上克服这种压抑。"①审美意识的原初意义和功能乃是把感性与理智、快乐与理性、潜能与现实统一起来,进而达到真善美的一致。马尔库塞指出:"康德的思想是全面理解审美的最好指南。"康德把审美意识作为统一理论理性(theoretical reason)与实践理性(practical reason)的第三种机能,作为主体自律(the autonomy of the subject)影响自然的媒介(medium)。理论理性提供认识的先验的原则(a priori principle),实践理性提供欲望或意志的先验的原则,而作为审美意识的判断机能则通过痛苦或快乐的感觉调节这两个方面。审美意识是感性的,感性的是被动的接受性。但审美意识也具有创造性,它通过理智与感性的综合使自己的感性想象具有创造性。

审美意识所遵循的是"无目的的合目的性"(purposiveness without purpose)和"无规律的合规律性"(lawfulness without law),它不管对象的种类和用处,从对象自身的完整存在去表现,是对象"在其自身规律支配下发生作用的各种运动和关系的和谐,即它的'此在'、生存的纯表现"②。这对审美主体来说似乎是无目的的,但是,就其实质而言,这又是合目的的。因为审美意识没有为了达到主体利益而加给客体各种规定,它解除了主体对客体的限制,使客体成为自由的客体,符合了客体自身的目的。同时,主体与客体是统一在一起的,当客体获得自由时,主体也就实现了自己的目的,所以,这是一种"无目的的合目的性",是超功利的目的论。所谓"无规律的合规律性"是说:审美的规律不是服从自然必然性制约的、使人成为奴隶的规律,不是那种外在于人的客观规律,因此可以说它是无规律;但是,审美意识体现了主观寻求自由与和谐的必然性,这种必然性也是不容抹杀和逆转的,它也可以被称为规律。所以,审美的规律是摒弃了客观必然性规律而去寻求自由与和谐的主观规律,即"无规律的合规律性"。

在马尔库塞看来,审美意识中对本能革命最有意义的方面是它的感性特点。在压抑性文明中,感性成了理性的奴隶,理性是高贵的,而感性则是卑微的,理性对感性的统治是天然合理的。审美意识具有调节感性和理性关系的功能,在感性受压抑的文明中,审美意识只有加强感性,改变其被压抑的地位,然后才能使它与理性处于和谐状态。"因此审美的调节就意味着加强感性,反抗理性的暴

---

① 马尔库塞:《爱欲与文明》,黄勇、薛民译,上海译文出版社1987年版,第126页。
② 同上书,第130页。

戾,并最终唤起感性使之摆脱理性的压抑性统治。"①在马尔库塞那里,感性概念不仅指感觉、知觉、表象等感性认识形式,更重要的是指人的本能欲望。

马尔库塞根据语言学来解释感性与肉欲、本能的关系,他指出:"在德文中,感性和肉欲乃是同一个术语(Sinnlichkeit)。它既指本能的(特别是性欲的)满足,也指感性知觉和表象(即感觉)。在日常语言和哲学语言中,在用 Sinnlichkeit 一词表示审美基础的用法中,这种双重的意义都得到了保留。"②由于感性就是本能欲望,那么加强感性就是加强本能欲望也就是提高本能欲望的地位,承认它的积极作用。因此,审美意识加强感性与本能解放是一致的。马尔库塞明确肯定:"美学这门科学确立了与理性秩序相反的感性秩序。把这个观念引入文化哲学是为了解放感觉,这种解放决不会摧毁文明,反而会给它提供一个坚实的基础,并将极大地增强其潜能。"③

爱欲解放论

马尔库塞认为,本能革命的目的在于建设无压抑性文明,而无压抑性文明的根本点在于爱欲的解放。他指出:"非压抑性秩序之可能存在的唯一条件是,性本能借助其自身的原动力,在变化了的生存条件和社会条件下,在成熟个体之间形成持久的爱欲联系。"④压抑性文明的所有秩序都起源于对爱欲本能的压抑,要想建设一种反传统的无压抑性文明,必须反其道而行之,那就是要从压抑性文明的根源上做起,实现爱欲的彻底的解放。

爱欲的解放实际上是性欲向压抑性文明史前的这一多形态性欲的回归。在现实原则没有对性欲抑制之前,"性欲的主要内容是'在肉体的若干区域获得快乐的功能'。这种功能只是在后来才'被用于繁殖'"⑤。如同俄耳浦斯和那喀索斯一样,性欲原来是体现在身体各部位的,表现为多种功能的对自然、对自我的多方面爱欲。但到后来性欲集中于生殖功能,变成只是为了繁衍后代、延续部落和种族的需要,这是现实原则对性欲的压抑和扭曲。现实原则对多方面性欲的控制是以社会生活条件的匮乏为根据的。当生产有了极大发展,生活条件匮乏问题逐渐解决时,集中于繁殖功能的性欲会向早期的多方面性欲回归。"历史的进步突破了操作原则的机制,而这个进步转而又导致本能倒退。对本能的

---

① 马尔库塞:《爱欲与文明》,黄勇、薛民译,上海译文出版社1987年版,第131页。
② 同上书,第133页。
③ 同上书,第132—133页。
④ 同上书,第145页。
⑤ 同上书,第25页。

发展来说,这种倒退就意味着从以生殖为目的的性欲向'从身体的某些区域获取快乐'的性欲的倒退。"①

多形态的性欲即爱欲,性欲向多形态性欲的回归也就是性欲转变为爱欲。集中于生殖功能,并仅以性交为目标的性欲转变为爱欲之后,整个身体都成了性欲的基础,人体的各部位都可以通过多种活动获得快乐。爱欲作为多形态的性欲指向外部各种对象,它可以是对自然的保护、对他人的爱慕、对自我的珍重,它可以通过饮食、休息、娱乐各种物质的和精神的活动而获得本能的满足。尤其是操作原则的废除如异化劳动的取消,将使爱欲在工作关系中也表现出来,人们在劳动中感受到自我价值的实现和潜能的发挥。"如果快乐确实就在工作行为中,而不是游离于工作之外,那么,这样的快乐就必定来自活动着的肉体器官和肉体本身,它使爱欲区活跃起来,或者说使整个肉体爱欲化。"②

马尔库塞再三强调性欲转变为爱欲的社会条件,这个社会条件不仅指物质生活条件匮乏的解决,而且更重要的是指社会劳动的合理组织和有效利用。他说:"性欲向爱欲的转变及其向持久的力比多工作关系的扩展的前提是,对巨大工业设施和高度专门化的社会劳动分工的合理组织,对具有巨大破坏作用的能力的充分利用以及广大民众的通力合作。"③这又一次表现了马尔库塞的社会主义思想,他把性欲转变为爱欲同社会主义思想联系起来,这是把弗洛伊德理论同马克思主义综合起来的重要内容。社会主义的主要特征之一是自觉地组织和控制社会化生产,当马尔库塞借用弗洛伊德理论提出本能革命,试图取消统治社会的现实原则时,他又从马克思那里继承了对社会控制的社会主义原则。

马尔库塞区分了这两种原则:现实原则是统治的原则,象征着对个体本能的压抑;而社会主义的原则是管理的原则,是解放个体本能、保证个体自由发展的原则。前者是不合理的、多余的额外压抑,后者是合理的、必要的基本管理。马尔库塞深知管理与统治没有明确的界限可以使之严格区分,为了个别人的特殊利益而对社会加以残酷统治,可以被冒称为对社会民众有益的必要管理。因此,马尔库塞曾多次对二者加以区分,然而他所达到的不过是逻辑上的划分而已。

四、单向度的社会

1964年,马尔库塞发表了《单向度的人》。这本书对以美国为代表的先进资

---

① 马尔库塞:《爱欲与文明》,黄勇、薛民译,上海译文出版社1987年版,第149页。
② 同上书,第161页。
③ 同上书,第159页。

第八章 马尔库塞的社会批判理论

本主义工业文明进行了全面批判,虽然马尔库塞一再显示出其批判对象是包括苏联在内的整个工业文明,但就其批判的主要内容而言绝大部分是在批判资本主义工业文明。《单向度的人》一书的主题是:当代工业社会极权主义以其新的形式压制了社会中的反对派和各种反对因素,政治、经济、思想、文化等各个方面的否定因素、批判因素全被工业社会同化了,现代工业社会是仅存肯定因素或保守因素的单向度(one dimension)社会,必须揭穿单向度社会的种种压抑性因素,用辩证的否定思维取代消极顺应的实证主义思维,开展新的社会革命。马尔库塞通过对工业社会各个层面的批判和对未来革命的展望而展开了他的主题。

马尔库塞首先分析了当代工业社会在政治、经济、社会结构、文化艺术、语言文字中的同化与整合趋势,认为技术理性与政治理性结合成社会控制的新形式,政治领域和信息传递领域都处于封闭之中,批判的不幸意识被保守的幸福意识所取代,甚至连人的本能也仅仅存在肯定的顺应性,社会任何领域中的全部否定因素都被取消了,社会变成了一个没有反抗意识的被压抑的社会。马尔库塞认为,技术理性与政治理性的统一是当代先进工业社会统治的最基本的特征。现代科学技术在工业生产上的广泛应用,迅速提高了社会生产力,这一方面为社会创造了巨大的物质财富,极大地改善了社会成员的物质生活水平,但同时也全面而且深刻地加强了社会控制,导致空前的极权主义统治。

马尔库塞深入地揭示了新极权主义对社会政治、文化艺术和语言交流领域的全面控制。在政治领域,马尔库塞揭示了极权主义对社会变革因素的遏制。这种遏制的突出表现是劳动阶级与发达工业社会的同化,即无产阶级和劳动群众放弃了对资本主义社会的反抗,站到与资本主义社会相同的立场,成为资本主义社会的肯定因素。马尔库塞认为,造成这种同化的原因有四点:

第一,"机械化不断地降低在劳动中所耗费的体力的数量和强度"[①]。马克思所说的在艰苦的条件下,从事繁重体力劳动,受到残酷剥削的无产阶级已经不复存在,劳动者的处境有了极大改善。

第二,"在重要的工业机构中,'蓝领'工作队伍朝着与'白领'成分有关的方向转化;非生产性的工人的数量增加"[②]。这意味着科学技术的发展导致了社会结构的变化。蓝领工人从事简单的劳动,有相对的"职业自主权",对社会有反抗的自主能力;白领工人是自动化生产的产物,他们只有依附于现代技术装备才能工作,所以,他们丧失了"职业自主权",他们缺乏对社会控制的反抗性。因此

[①] 马尔库塞:《单向度的人》,刘继译,上海译文出版社1989年版,第24页。
[②] 同上书,第27页。

蓝领工人减少,白领工人增加,削弱了劳动队伍对社会控制的反抗。

第三,"劳动特点和生产工具的这些变化改变了劳动者的态度和意识"①。自动化装备减轻了劳动强度,改变了体力劳动方式,而且劳动者在企业的发展中获得更多利益,劳动者把自己的利益与企业的利益统一起来,因此,劳资关系成为在利益一致的基础上的关系。

第四,"工人阶级似乎不再与已确立的社会相矛盾"②。劳资关系的和解导致了工人阶级与整个社会控制的妥协。基于这些原因,先进工业社会中无产阶级和劳动群众与资本主义世界同化了,他们成为资本主义统治的拥护者而不是反抗者。

这样,新极权控制从社会的内在矛盾上消除了它的否定方面,社会变革因素在根本上被遏制了。马尔库塞认为,社会变革因素的遏制在苏联同样存在,苏联的国有制经济中的工业化和官僚专制使社会控制十分严密,对立否定的因素被更加严格地压制。马尔库塞还指出,在低度发展国家向工业化发展过程中,对社会变革因素的遏制会更加严厉,"那些国家强制进行的发展将产生出一个全面管理的时期,而其暴烈程度和严厉程度更甚于建立在自由主义时代成就之上的那些发达社会所经受的管理"③。由此而言,无论在资本主义国家、社会主义国家,还是在低度开发的落后国家,现代工业的发展必然要导致对社会变革因素的控制,这是技术理性与政治理性相结合的产物。

在文化艺术领域,马尔库塞揭示了极权专制对反抗社会压抑的忧患意识(unhappy consciousness)的征服。马尔库塞认为,新极权对社会文化的控制直接表现为高层文化(higher culture)被现实排斥。高层文化"在功能的意识和年代顺序的意识上曾是一种前技术文化",是赞美人道主义、自主性人格,带有悲剧色彩和浪漫主义色彩的文化,是资产阶级启蒙时期的代表着进步方向、超越不合理现实的文化。因此,高层文化是具有否定性的文化。随着技术理性与政治理性联合起来对社会进行极权统治,这种否定性文化逃脱不了被清除的下场,否则,它们将与现有社会发生异化,形成对现有秩序的威胁。

在马尔库塞看来,艺术的遭遇代表了高层文化的命运。艺术与现实的分化这本来是艺术的本质,"艺术异化是对异化的存在的有意识超越,是'更高层次

---

① 马尔库塞:《单向度的人》,刘继译,上海译文出版社 1989 年版,第 29 页。
② 同上书,第 31 页。
③ 同上书,第 44 页。

的'或间接的异化"①。这是说,现存社会是异化的社会,艺术要完成对异化社会的超越,就只有以同异化现实相对立的形式表现自己,所以,艺术是异化的异化。"文学艺术本质上是异化,支持并维护矛盾,即对这个被分割的世界、失败的可能性、未实现的希望及被背叛了的承诺等忧患意识。"②艺术的忧患意识来自现有世界的悲观,当艺术表达脱离现存的支离破碎的世界中的种种罪恶时,它只有以悲惨的形式表现人生的真实面目,才能以自身的忧患意识唤起生活于困苦之中的个体的忧患,爆发反抗现存秩序压迫的斗争。

艺术的忧患意识乃是一种对现存秩序有直接威胁的对立因素,新极权统治以艺术的商品化而消除了艺术中的忧患意识。"异化作品被纳入了这个社会,并作为对占优势的事态进行粉饰和心理分析的部分知识而流传。这样,它们就变成了商品性的东西被出售,并给人安慰,或使人兴奋。"③艺术的商品化使艺术从与现实对立的高层降入与现实合流的低层,艺术不再是社会不合理的否定因素,而是作为现实罪恶的肯定因素。

艺术失去了理想的超越性,作为能与其他商品相交换的商品,它恭维着压迫,赞扬着剥削,屈服于极权,掩饰着丑恶,艺术的意识不再是忧患的意识,而是一种肯定罪恶现实的"幸福意识"(happy consciousness)。"幸福意识,即相信现实的就是合理的并且相信这个制度终会不负所望的信念,反映了一种新型的顺从主义,这种顺从主义是已转化为社会行为的技术合理化的一个方面。"④幸福意识使艺术完全放弃了对社会压抑的反抗,艺术不再是异化社会的异化,而是异化社会的同化了。

马尔库塞还论述了新极权统治对本能中反抗因素的取消。现代技术一方面给人们带来丰富的物质享受,另一方面把人同自然隔绝起来。人同自然的分离导致了人的爱欲本能的萎缩,爱欲不仅是人对自身及自己产品的爱,而且也是对自然环境的爱,爱欲的多元性使人对现实的单面性产生对立意识,进而爆发反抗现实压抑的力量。现代技术把人限制在人化环境中,人的欲望不能越出自身创造的环境,失去对自然的泛爱,性欲被限制在狭隘的直接的性行为中。

马尔库塞以在草地上谈恋爱和在汽车里谈恋爱、在郊外散步和在曼哈顿大街散步的不同,来揭示现代技术对爱欲的限制和压抑。"在前者的情况下,环境

---

① 马尔库塞:《单向度的人》,刘继译,上海译文出版社1989年版,第55页。
② Herbert Marcuse, *One Dimensional Man: The Ideology of Industrial Society*, London: Sphere Books, 1968, p. 61.
③ Ibid., p. 56.
④ Ibid., p. 77.

分担并引起性亢奋,而且势必被赋予爱欲特征。这样,力比多便越出直接的性感应区,这是一个不受压抑的升华过程。与此相对,机械化的环境却阻止了力比多自我超越。由于在扩大满足爱欲的领域方面受到强制,力比多超越狭隘性行为的能力和'多样化'变得越来越少,而狭隘的性行为则得到加强。"①狭隘的性行为是一种仅仅追求肉欲满足的性行为,它缩小了爱欲的关注范围,爱欲不再作为对人和自然的多元性爱的本能而同异化社会相对抗,仅仅作为性欲实现低层次本能的放纵。于是,新极权控制从本能领域中排除了一切反抗因素。

在语言交流领域,马尔库塞深入批判了极权社会把语言僵化为操作性的管理工具。在他看来,作为社会交往的媒介,语言应是社会成员认识事物、评价对象、思考真理、否定邪恶的思想工具。极权社会为了维护自身的稳定,通过社会宣传、官方认同等途径,把语言的批判性思维功能弱化,使语言仅仅成为社会控制的操作性工具。"社会宣传机构塑造了单向度行为表达自身的交流领域。该领域的语言是同一性和一致性的证明,是有步骤地鼓励肯定性思考和行动的说明,是步调一致地攻击超越性批判观念的证明。"②

马尔库塞揭示了语言被僵化为控制社会操作工具的几个特征:第一,功能化特征。"把事物的名称视为同时是对它们的作用方式的表示,把属性和过程的名称视为被用于察觉或产生它们的那些仪器的象征。这就是势必会'使事物与其功能相等同'的技术理由。"③简言之,语言的功能化就是在语言指称事物时,片面强调事物的功用和操作方法。语言表达事物的功用和操作方法本是应当的,但是如果语言在指称事物时仅仅表达事物的功用和操作,那就是语言的片面化。如果语言作为思想的工具,那么当它指称事物时,不仅应当揭示事物的功用和操作,而且还应当揭示事物的本质和价值。前者仅仅是对事物现状的认定,而后者则是对事物的深层思考。

第二,仪式化的特征。所谓仪式化是抽出语言具体内容,把一些语词仅仅作为形式利用。这种现象在官方语言中表现得尤为突出。马尔库塞认为:"'自由''平等''民主''和平'之类的名词,分析起来暗含着一组特殊的属性;当讲到或写出这类名词时,它们的属性就会出现。"④然而,无论在东方还是在西方,这些名词的特殊内容在官方宣传中被抛弃了,它们仅仅成为装潢门面和掩人耳

---

① Herbert Marcuse, *One Dimensional Man: The Ideology of Industrial Society*, London: Sphere Books, 1968, p. 68.
② Ibid., p. 78.
③ Ibid., p. 79.
④ Ibid., p. 80.

目的点缀而已。"仪式化的概念被赋予了对矛盾的免疫力。"①因为语言一旦与它的特殊内容相分离,它便同社会现实相脱离,它不接触社会现实,也就不表达现实的矛盾。马尔库塞指出:"话语的极权主义的仪式化在冒充辩证语言的地方倒是显得更加鲜明。"②斯大林虽然口颂辩证法,但他出于极权专制的需要,把辩证法命题和马克思主义的其他命题及理论完全形式化,作为控制社会的工具。在斯大林的话语和文章中,辩证法名词完全失去了它的本来意义,斯大林是语言仪式化的典型代表。

第三,封闭化特征。所谓封闭化是:"名词以一种专横的、极权主义的方式统治着句子,句子则变成为一个有待接受的陈述——它拒绝对其被编辑和断言的意义进行证明、限制和否定。"③封闭化与仪式化联系在一起,它们都是官方宣传的工具,并被推行到公众舆论之中。由于封闭性语言一经陈述就必须被认可,而无须解释和证明,更不能被否定,所以,它只能导致思想禁锢和行为管制。马尔库塞指出:"封闭的语言不能进行证明和解释——它传达决断、宣判和命令。"所以,封闭的语言是极权统治的有效的工具。马尔库塞把诸如 NATO(北大西洋公约组织)、UN(联合国)等缩略语也看作是封闭化的语言。他指出:"缩略语可以有助于压抑那些不愉快的问题,NATO 不会使人联想到'北大西洋公约组织'所指的东西,即在北大西洋国家中间缔结的一项条约","UN 避免了对'联合'一词的过分强调。"④"缩略语指称的是那种,也只是那种通过删除超越性涵义的方式而制度化的东西。它的意义是被固定、被篡改和被掺进其他成分的东西。"⑤

第四,形象化特征。"这种语言往往把各种形象强加于人,并与各种概念的发展和表达相冲突。以其直接性和坦率性为手段,它阻挠人们用概念进行思考;因而它阻挠思考。"⑥形象化语言是单纯强调直接具体性而非间接抽象性的语言,因为它附着于那些可见的具体事物之上,排除同类事物的共同特性的概括,所以,它不能通过现象把握事物的本质,不能看穿事物的虚假合理性而认识到它的不合理性。因此,形象化语言是限制人们进行超越具体事物直接性的语言,是取消批判性思维的语言。

---

① Herbert Marcuse, *One Dimensional Man: The Ideology of Industrial Society*, London: Sphere Books, 1968, p. 81.
② Ibid., p. 92.
③ Ibid., p. 80.
④ Ibid., p. 86.
⑤ Ibid., p. 87.
⑥ Ibid.

马尔库塞认为,当代工业社会的单向度性,不仅表现在政治、文化和语言交流等领域,而且还表现在哲学思想领域。单向度的哲学思想为极权社会对社会各个层面的控制作了理论上和方法上的论证,并且作为表达技术理性的思维方式,取消了被统治阶级对极权统治的反抗。所以,必须彻底批判单向度的哲学思想。

马尔库塞批判的单向度思想,主要指广义上的语言分析哲学(the philosophy of linguistic analysts)。虽然广义的语言分析哲学包括众多流派,但它们有着三个共同的基本特点:第一,注意逻辑分析。语言分析哲学认为当代哲学的任务不再像传统哲学那样去获得知识,而在于对具体科学的概念、命题和方法进行逻辑分析,所以,应当拒斥无意义的形而上学思辨,充分发挥逻辑分析的实际效用。大部分语言分析哲学家都是著名的现代逻辑学家,他们把逻辑分析看作适用于所有领域的普遍的思维方式。第二,崇尚科学方法。语言分析哲学家受近代以来自然科学所取得的巨大成就诱惑,认为实证的自然科学研究方法是超越了社会特殊利益集团的主观目的、价值追求和政治控制的纯客观性方法,应当用定量分析、客观分析、中立原则的科学方法取代形而上学思辨。第三,把语言分析作为哲学的主要任务。语言分析哲学家们把逻辑分析和科学方法都应用到对语言的考察与治疗上。他们认为,语言与世界有同质关系,对语言的考察与治疗可以提供正确认识世界的桥梁。

在马尔库塞看来,正是语言分析哲学的这些基本特点使它丧失了哲学思想的双向度性质,成为当代工业社会实行极权控制的工具。所谓思想的双向度性是指:思想既要有对客体进行事实性认识的一面,又要有按照主体利益对客体进行价值评价的一面;既要有对事物积极因素肯定的一面,又要有对事物消极因素进行否定的一面。简言之,双向度的思想是在各种对立统一的辩证关系中把握对象的观点或理论。语言分析哲学之所以成为单向度的思想,其原因在于它排除了主体的价值评价、情感体验、利益追求,以及主体的实践内容,偏执于排斥主体性因素的逻辑分析、科学方法和语言分析。语言分析哲学是一种反对辩证理性和辩证思维的新实证主义哲学,它的功能在于消除对极权社会的反抗力量,维护极权专制的不合理统治。语言分析哲学是20世纪中期英国和美国等英语国家中最时髦的思潮,为了清除它消极而广泛的影响,必须对之彻底批判。针对分析哲学崇尚自然科学方法、排除辩证思维的特点,马尔库塞分析了科学方法的定量分析、客观性原则和中立性原则,进一步揭示了分析哲学的偏失。

首先,马尔库塞分析了定量分析方法。定量分析追求客体的数量精确性,排斥主体的目的性和价值评价,把主体的目的和价值评价看作不能计量的形而上学观念,以便达到对客体的绝对准确性、无偏见的分析。在马尔库塞看来,这种纯粹的定量分析是达不到的,任何一个科学家在进行排除价值评价的定量分析时,他实际上都抱有一定的目的进行着价值追求,因为没有一个人能生活在价值世界之外。人的生活就是持续的主体与客体的相互作用过程,主体只有将客体不断地内化到主体之中才能保持自身的生命过程。所以,主体的活动都是为了满足自身需要、实现自身利益而进行的追求价值的活动,在这种活动中,主体时时都在进行着价值选择、价值评价和价值获得。科学的定量分析活动同样摆脱不了这一规定。

其次,马尔库塞分析了科学方法的客观性原则。所谓客观性原则几乎是近代以来各门具体科学都标榜的、排除主体因素的基本原则。它要求科学研究要按照事实的本来面目去观察、实验、思考,尽可能地追求无主体因素干扰的纯粹客观性结论。马尔库塞认为,完全排除主体因素的客观性原则是不可能实现的,事物一旦成为科学的研究对象,它便同主体发生了复杂的联系,事物在主体的特定历史情境中成为主体的研究对象,主体按照业已形成的概念框架、思维方式和思维方法去观察和分析客体。特别是在有精确的数学分析和逻辑分析的当代科学中,对客体的把握就更加依赖于主体因素,尤其是依赖于主体的思维能力和思维水平。有不同思维能力、达到不同思维水平的主体,对同一客体的认识是不同的。

再次,马尔库塞分析了科学方法的中立性原则。分析哲学认为,由于科学方法坚持定量分析和客观性分析两个基本原则,并且科学理论又与它的应用互相区别,各自独立,所以,科学方法超越了社会现实,对现存的社会统治持中立态度。马尔库塞指出:科学在它一开始发生时,就把自己的使命与征服自然联系在一起,科学向来是人类从自然中获取利益的工具。正因为如此,科学必然要转化为生产技术,否则,科学完成不了它的使命。生产技术决定了生产力水平,生产力的水平又决定了生产关系的变化,进一步决定了社会总体的发展、变化。在这样一种传递性的作用过程中,科学把自己的原则——征服或控制对象,转移到整个社会领域,科学理性、技术理性和政治理性达成了统一。

所以,科学方法的中立性是不可能的幻想。而且,正是科学方法以对不同利益集团都有平等机会的纯形式出现,它更容易被居于统治地位的社会集团有效地利用。

五、自然革命与文化革命

马尔库塞把自然革命看作是新社会主义革命的一个基本方面。所谓自然革命,实际上是人与自然之间形成一种新的关系。他指出:"解放最终和什么问题有关,自然的根本变化将成为社会根本变化的主要组成部分。"[1]人与自然的关系是人类生存和发展中最基本的关系,人用自己的感性力量直接与外部自然发生关系,取得维持人类存在最基本的物质生活条件。只有在这种关系基础上,人类才能从事政治、文化等其他方面的社会活动。这既是马克思早已阐述的历史唯物主义基本观点,也是马尔库塞在阐述劳动本体论时坚持的观点。马尔库塞把人与自然之间形成的新关系——自然革命,看作新社会主义革命的一个基本方面,显示了他关于劳动是人类基本存在方式,是决定社会生活其他方面基础观点的前后一致性。

自然革命包含人的自然解放与物的自然解放。马克思在《1844年经济学哲学手稿》中把人的感性存在看作是人的自然方面,包括人的肉体存在和感受功能。物的自然指作为劳动对象的外部自然。人的自然解放是要把人的感性存在从社会压抑中解放出来,马尔库塞在这里主要指人的感受性——感觉能力的解放,即形成一种新的感受力(new sensibility)。新感受力的形成既是自然解放的重要内容,也是外部自然解放的前提条件。因为外部自然本身并无所谓解放的问题,它的解放无非是解除人对它的侵犯和破坏。人对自然的危害是在科学认识指导下的生产实践造成的,被压抑了的感受力是危害自然的认识和实践的基础,要改变对自然的不正确认识和破坏性实践,首先必须改变人的感受力。所以,新感受力的形成是实现外部自然解放的前提条件。

马尔库塞指出:"在一个异化劳动为基础的社会中,人的感受力是迟钝的:人们只是从形式和功能上感知事物,而且有这样形式和功能的事物是由现存社会预先给定的、制造的和使用的;人们只是感知社会规定和限制的存在变化的可能性。"[2]迟钝的感受力只能按资本主义社会所规定的形式和功能感受周围的事物,这完全是一种消极、顺应的感受力。以它来感知外部自然,也只能得出扭曲的、不真实的反映,本来与人类和谐相处的外部自然,变成了人类任意征服、掠夺的敌人。这种迟钝的、被扭曲的感受力是社会压抑的产物,但是它感受不到社会

---

[1] 马尔库塞:《爱欲与文明》,黄勇、薛民译,上海译文出版社1987年版,第59页。
[2] 同上书,第71页。

第八章 马尔库塞的社会批判理论

对它的压抑,只有在反抗社会压抑的革命中才能使它改变,进而形成新的感受力。

在马尔库塞看来:"具有总体性的政治抗议在这方面恰恰激活了基本的有机因素,即反抗抑制性理性命令的人的感受力。"[1]他认为从总体上反抗资本主义压抑的各种政治活动是对资本主义不合理社会秩序的有力冲击,人们在这种政治活动中可以受到震动,把社会的变化内化到自己的感受机能中,形成反抗压抑性统治的新感受力。在社会变革中形成的新感受力,不是简单的心理现象,而是社会革命的产物。由于新感受力把社会变化内化为个体需要,它完成了社会革命和个体解放的统一,成为二者的中介。

同时,马尔库塞还认为新感受力与政治活动是一种互为因果的关系。因为新感受力是不受压抑的感受力,所以它能按照事物的真实面目去反映它的对象,它能辨别真与假、善与恶、愉快与痛苦,进而作出适合自己本能要求的选择,向邪恶与黑暗作斗争。所以,新感受力又是政治斗争的前提。反过来,政治斗争又能激发更新的感受力形成和发展。这种相互作用,不断地产生出新感受力,同时推动政治斗争向前发展。

新感受力的形成还依赖于理性的引导。在马尔库塞看来,感觉的解放和革命实践同时发生,作为实践性的感觉解放固然是革命意识形成的基础,但它如果不在革命意识或革命理论的指导下,新的感受力仍然是盲目的。就普通群众的新感受力形成而言,需要首先接受一种革命的理论,借助理论教育,在群众中树立革命意识,然后形成的新感受力才是理智与稳固的。马尔库塞这里所指的理论即批判的社会理论,它将坚持理性的原则,以其批判现实的辩证法,来提高群众的思维能力和对自由与解放追求的积极性。

马尔库塞认为,新感受力不再按照现存秩序所规定的事物的形式和功能去感受,而是直接感受事物的真实存在与本性,形成未加扭曲的真实的感觉。同时,由于排除了感受过程的压抑性因素,感受力将与主体的真实需求相联系。异化的社会现实与个体真实需求是对立的,因此,与主体真实需求相联系的感受力对现实必然采取主动的、激进的批判态度,它将在实现理性原则的过程中积极地感受现存秩序的不合理性,进而用理性原则去取代它。

于是,新感受力的形成将引起社会的彻底变化,而彻底的社会变化包含自然的彻底变化在内。自然是历史的客体,当新感受力引起社会彻底变化之后,这种变化不可避免地要进入人与自然的关系中,引起自然的变化。并且,尽管马尔库

---

[1] 马尔库塞:《现代美学析疑》,绿原译,文化艺术出版社1987年版,第53页。

塞所阐述的新感受力已经与生物学意义上的低级感受机能不同,也不是我们一般意义上的机械反应能力,它是一种和理性原则统一起来的批判的、超越的感受机能和基本存在,但是新感受力仍然与外部自然发生直接联系,它仍然在人的感性存在与外部自然的接触中发挥着直接作用。所以,新感受力的形成本身就能引起人与自然关系的变化,这种变化表现在认识和实践两个方面。

在认识方面的主要变化是:人不再把自然看作单纯的客体,而是看作主体和客体的统一体。马尔库塞认为,自然与人的对立是社会压抑造成的。新感受力冲破现实压抑,真实地感受自然现象的本性。人们发现自然是自己生存的环境,人离不开自然;自然有自己的发展规律和独立的生命追求,人不能任意地攻击和掠夺自然,人应当尊重自然;自然受到一定程度破坏之后,将对人回以报复,破坏自然就是伤害人自身,所以人应当保护自然。在这个意义上,马尔库塞认为自然具有主体性。同时,外部自然只有进入人的活动范围内,成为主体(人)的活动对象和环境,才能成为客体。因此,当自然被称为客体时,它不过是主体(人)的客体。外部自然的独立自主性(主体性)和相对于主体(人)而存在的客体性,使它成为主体—客体,即主体和客体的统一体。把自然看作主体和客体的统一体,使人立足于一个新角度认识自然,它将导致人对自然认识的重新建构。

马尔库塞一方面认为,承认自然有主体性并非就是目的论,但同时又肯定自然主体是无目的的合目的。他认为,自然本身虽然没有主动的计划和特定的目标,但是它自身的发展规律和生命追求与人寻求自由与解放的目的是可以统一的。自然的规律和生命追求是人类可以利用的力量,当人真实地认识并恰当地利用自然的规律和追求时,盲目的自然力量就会为人的自由与解放服务,无目的变成了合目的。

马尔库塞认为,对自然的这种认识是在审美意识的基础上形成的。如前所述,马尔库塞所说的审美意识是在感性与理性、现实与理想、真实与善美的统一中去观察事物的思维方式。他认为自然与社会一样,它的完整而真实的存在形式乃是多种规定性统一的美学形式。从美学形式看自然,就克服了资产阶级片面的功利主义观点,人将在总体联系中,在真善美的统一中,感知自然、作用自然。基于这种认识,人将克服单纯寻求自身享乐的直接性,而把自然的解放作为自身解放的一个手段或媒介,以达到人类的彻底解放。

人对自然在认识方面的这些变化,将导致人与自然实践关系性质的变化。在人与自然关系中的实践是物质生产和科学实验,在功利主义原则为基础的认识指导下,以往的这两种实践都是以从外部自然中获取物质利益为最终目的而展开的,其中表现了残暴的掠夺性和疯狂的破坏性。人类虽然在这种实践中获得越来越多的利益,但同时也给自己造成了无穷的祸患:资源正在枯竭,环境普遍污染,生存空间逐渐缩小。以新感觉为基础形成的新认识来指导实践,实践发生了质的变化。解放了的感觉将和在它们的基础上发展起来的自然科学一起,确保"对自然的人道的占有"。

马尔库塞把文化革命定义为精神领域里的革命,它与作为物质领域里的自然革命一起,构成了新社会主义革命的两个基本方面。文化革命的矛头指向传统文化,他指出:西方人提到文化革命,往往把它理解为思想意识的发展先于社会基础的发展,认为它是一种文化艺术和风俗习惯等方面的发展走在了社会结构和政治变化之前。然而,他所强调的文化革命有自身的特殊含义。他说:"激进左派在一种新的意义上把文化革命的目标指向整个传统文化的总体性超越,指向物质需要的彼岸的整个领域。"① 很明确,马尔库塞所说的文化革命不是一般意义上走在经济和政治发展之前的文化艺术和风俗习惯的发展,而是对传统文化的彻底改造,它是整个思想文化领域里的深刻革命,它的突出特点是总体性和超越性。

马尔库塞认为,文化革命要以艺术的形式,利用艺术的力量,开展一场艺术性超越的思想意识革命,文化革命也可以说是一场艺术大革命。为什么艺术在文化革命中占有这么高的地位呢?

首先,艺术是意识的最高产物,文化革命是思想意识中的革命,所以,艺术必然在文化革命中居于最高地位。马尔库塞说:"艺术所着想的世界在任何时候,任何地方都不仅仅是日常现实中的既存世界,但也不是仅由幻想、幻象等等构成的世界。既有现实中所有的一切,男男女女的行动、思想、感情和梦想,他们的潜能和自然的潜能,无不被容纳于艺术的世界中。"② 在马尔库塞看来,艺术是以感性和理性、形象与逻辑多种意识形式进行的意识活动。在艺术中,主体与客体、现实与潜能、感性活动与理性活动等方面都达到了高度的统一。这是其他任何一种思维或意识形式都达不到的境界,也是科学和哲学所达不到的境界。科学仅仅能够告诉人们面对的对象是什么、为什么,人们虽然能够通过科学把握确定的对象,但仅仅是顺应地把握;哲学虽然能超越现实去把握对象,但是过于抽象。只有艺术才既能告诉我们对象是什么,又能告诉我们对象应当是什么;既能反映对象的本质,又能表达主体的价值评价;既能概括事物的普遍性,又能表现事物的具体形象。所以,艺术是真善美的统一,把艺术放在文化革命首位,这是由艺

---

① Herbert Marcuse, *Counterevolution and Revolt*, Boston: Beacon Press, 1972, p.79.
② 马尔库塞:《现代美学析疑》,绿原译,文化艺术出版社1987年版,第35页。

术在文化领域中的居高临下的地位和艺术认识的总体性所决定的。

其次,艺术有把意识与无意识、理智与本能联结起来的作用。马尔库塞指出:"不仅在个体层次上,而且在属的历史的层次上,艺术也许都是最显而易见的'被压抑物的回归'。艺术想象形成了对没有成功的解放、被抛弃的诺言的无意识记忆。"①艺术以其创造性的形象,勾画出一个快乐、美满的世界,或者描写出一个悲惨、不幸的情境。前者可以引起人们对前压抑时期快乐状态的向往,引发个体本能对原初快乐经验的回忆;后者可以强化人们对现实苦难与困境的体验,促使本能无意识领域产生更强烈的反抗现实的冲动。这是喜剧和悲剧两种殊途同归的效应,它们都能把被压抑性的现实原则割裂开、对立起来的无意识与意识、本能与理智重新统一起来。艺术能够从意识的最高层次返回到无意识的深层去,进而解放人的本能,将性欲转化为爱欲。"本能摆脱了压抑性理性的暴政,走向自由的、持久的生存关系,就是说,它们将产生一种新的现实原则。"②艺术的这种作用导致了意识最高层与心理最底层的两极相通。

再次,艺术是对现实的否定和超越,是"第二次异化"。马尔库塞说:"艺术的异化使艺术的作品,使艺术世界成了某种根本不现实的东西,它创造了一个不存在的世界、一个表面世界、一个现象世界、一个幻想世界。但是,在把现实转变为幻想之中,而且也只有在这种转变中,才显现出艺术的破坏性真理。"③马尔库塞认为,现实世界是一个异化的世界,艺术的任务在于颠覆这个世界。艺术要将异化的现实翻转过来,所以艺术创造了一个实质上与现实世界相对立的艺术世界,艺术世界作为一个高于现实世界的理想境界是对现实压抑的否定,所以,艺术世界是异化世界的异化,是第二次异化。"在这个世界里,每一句话、每一种颜色、每种声音都是'新的',不同的,都和感知与理解、感性确定性与理性的为人熟悉的总体决裂了,而人与自然就是被禁锢在这个总体中的。"④这就是说,艺术为人们展现了一个与现实完全不同的全新世界,是一个自由、解放、幸福的世界,它引导人们憎恨现实压抑人性的世界,它号召人们反抗陈旧的、腐朽的世界,鼓舞人们为着美好的未来而战斗。

不过,马尔库塞没有夸大艺术的超越功能,他说:"艺术不能代表革命,它只能用另一种媒介,即美学的形式来表示革命,在这种形式中,政治内容成了理论

---

① 马尔库塞:《爱欲与文明》,黄勇、薛民译,上海译文出版社 1987 年版,第 104 页。
② 同上书,第 144 页。
③ Herbert Marcuse, *Counterrevolution and Revolt*, Boston: Beacon Press, 1972, p. 98.
④ Ibid.

政治学的(metapolitical),并由艺术的内在必然性所规定,每一次革命的目标(安逸和自由的世界)都表现在一种完全非统治的媒介里,受着美的法则,即和谐的法则的支配。"①可见,马尔库塞认为艺术还不是革命的实际冲动,它只能以美的形式表达革命的理想与要求,它对现实不合理性的超越仅仅作为一种媒介表现出来,它的作用是引导、诱发革命行动的产生。艺术的超越仅仅是思想意识中的超越,现实的实践的超越还有待于把艺术的超越引入现实活动中去。

最后,马尔库塞清醒地认识到艺术影响的广泛性。他认为文化革命必须在大众中展开,它的最终目的要形成一种改变人的感觉与思想,同传统文化完全相反的全社会的新文化。哲学和科学都不能胜任这个任务,只有艺术可以以它形象与逻辑统一的形式直接影响全体社会成员,进而完成这一宏伟的任务。马尔库塞探讨了艺术对社会能够产生广泛影响的机制,他说:"对艺术的政治潜力的强调是这一激进主义的特征,主要表达了这样一种需要:有效地沟通对现存现实的控诉和追求解放的目标,人们力图找到新的沟通形式,它们可以打破已有的语言和想象对人们精神和肉体的压抑性统治,现有的语言和想象早已经变成统治、教训和欺骗的工具。"②艺术是最有效的沟通或传播形式,因为艺术用来传播的工具是语言和想象,并且是这二者的统一。艺术的语言和想象可以对人的思维、感性、本能产生总体性的影响。并且,艺术语言和想象的统一可以塑造出表现普遍性的特殊形象,它可以直接作用于经常停留在感性认识水平上的广大群众,并能以最容易接受的形式——源于生活又高于生活的艺术表现——有效地把革命的理论和美好的理想传播给普通大众。因此,艺术影响的广泛性是不容置疑的,文化革命只有以艺术为中心才能影响到全体社会成员,最普遍地唤醒群众,实现自由与解放的目的。

马尔库塞虽然认为文化革命要通过艺术形式表现出来,但是他没有把文化革命归结为艺术活动。从广义上讲,他弘扬辩证理性、批判实证主义、批判压抑性意识形态、主张重建人类文明等,这些都在他的文化革命范围之内。文化革命、自然革命和以前提出的本能革命,分别从思想意识、感性存在、本能结构三个方面对新社会主义革命进行了构想。这三个方面构成人的整体存在,新社会主义从这三个方面展开,不仅使自身呈现总体性,而且也将由此而完成塑造新人的任务,一种在思想意识、感性存在、本能结构等方面都发生彻底变化的新人,必将以新的精神、新的力量、沿着新的道路去创造一个新的世界。

---

① Herbert Marcuse, *Counterevolution and Revolt*, Boston: Beacon Press, 1972, pp. 103-104.
② Ibid., p. 79.

第九章

哈贝马斯的交往行为理论

在当代正在流行的各种社会理论中,哈贝马斯的交往行为理论是独树一帜的,他不仅继承了德国社会理论注重思维深刻性的传统风格,而且在许多重大理论观点上同利奥塔、布迪厄、福柯和德里达等人代表的法国社会理论存在尖锐对立。然而,不论哈贝马斯的社会理论有何种特殊性,它仍然是工业社会走向后工业社会的时代产物,在其许多明确反对后现代主义的理论话语中,蕴含着对后工业社会的深刻理解,潜存着同各种后现代主义思潮的一致性。

一、社会理性的追求

哈贝马斯(Jürgen Habermas)1929年6月出生于德国北莱茵威斯特法伦州的古马斯巴赫小镇(Gummersbach),父亲是该镇的工商联合会会长。少年时期在家乡读完了小学和中学,那一段时间正是法西斯主义在德国从盛极走向崩溃的历史时期。与阿多诺和马尔库塞等犹太法兰克福学派成员不同,哈贝马斯没有受到法西斯主义的直接迫害,对法西斯主义也没有那种刻骨之恨。当然,作为一个崇尚理性、追求正义和自由的青少年,哈贝马斯还是明确地认识到法西斯主义泛滥是人类一场严重灾难。

1949年,哈贝马斯进入哥廷根大学,攻读哲学、史学、心理学、经济学和德国文学,广泛的学习层面,为他以后展开广阔的理论视野,从多学科交叉中理解人生现实奠定了基础。1954年,哈贝马斯撰写了关于谢林哲学研究的博士论文,在波恩大学通过答辩并获哲学博士学位。

第九章 哈贝马斯的交往行为理论

在大学期间,哈贝马斯研究了卢卡奇的马克思主义理论。卢卡奇在《历史与阶级意识》中阐述的新马克思主义观点使哈贝马斯耳目一新。中学期间哈贝马斯就开始接触马克思主义的某些著作,对马克思主义的某些理论观点有一定了解。见到卢卡奇的理论著述后,哈贝马斯产生很大兴趣,他对卢卡奇主张从马克思早期的实践观点出发,以辩证理性去批判资本主义社会物化现象等理论观点十分赞成。像马尔库塞等人一样,哈贝马斯也是通过卢尔奇走上了追求新马克思主义之路。

基于对早期马克思理论的极大兴趣,哈贝马斯于1955年走进了战后重建起来的法兰克福学派社会研究所,成为阿多诺的助手。阿多诺和霍克海默等人代表的社会批判理论,从哲学、社会学和文学等多学科视野对资本主义社会的辩证分析方法,不仅使哈贝马斯对法兰克福学派的新马克思主义传统有了更具体的认识,而且也使他增强了理论介入现实、关注社会发展研究的兴趣。这个时期的重要学术成果是1961年写完的题为《公共领域的结构转型》的教授资格论文。

《公共领域的结构转型》是哈贝马斯的第一本学术专著,书中讨论了欧洲公共领域的发展变化,揭示了资产阶级国家对公众社会的专制,造成了公共领域沟通渠道堵塞,生活世界被政治权力严重压制的社会异化。为了摆脱公共领域被扭曲、生活世界被吞噬的社会危机,哈贝马斯提出重构人们批判的价值观念,实行政治体制改革,开展健康交往,恢复公共领域的社会功能。这些在60年代阐述的思想观点,后来竟成为哈贝马斯在更深入层面上研究当代社会问题的理论基点。可以说,《公共领域的结构转型》的出版,标志着哈贝马斯刚刚展开学术生涯就明确了日后始终为之奋斗的理论追求:重建公共领域,寻求有效沟通,为人类找回失落的家园——生活世界。

哈贝马斯的这篇教授资格论文通过后,他被聘为海德堡大学副教授。这期间主要的学术成果是1963年发表的《理论与实践》,这是一部社会哲学论文集,其中包括《古典政治学与哲学的关系》《社会学批判的课题与保守的课题》《判断论、理性与决断》等11篇涉及哲学、社会学、政治学等领域的论文。顾名思义,这部论文集的核心论题是理论与实践的关系。在这部论文集中,哈贝马斯认为理论的生命力就在于关注现实,介入实践,推动社会向进步、合理的方向发展。然而,在从近代社会向现代社会发展过程中,理论与实践的关系受到了科学技术和工业规则扭曲,理论变成了限制实践的技术论证,转化成对社会行为的操作规程设计。由此而产生的结果是:不仅理论的本性与功能发生了变化,而且实践也受到了越加沉重的压抑。哈贝马斯的主张是:必须把理论的积极功能发挥出来,理论应当真实地面向实践,理解实践,在对实践消极因素的批判中,促进实践走向更合理的层面。

在《理论与实践》中,哈贝马斯还讨论了马克思主义理论中的理论与实践关系问题。哈贝马斯同马尔库塞等法兰克福学派成员一样,始终认为自己是从马克思出发的。但是,应当说他们是从早期马克思理论观点出发的。马克思的早期著作《1844年经济学哲学手稿》,是法兰克福学派成员论述马克思理论的重要根据。哈贝马斯认为,贯穿马克思早期著作的基本观点是马克思的实践观。实践观是历史唯物主义的基础,它要求人们从主体与客体的辩证关系出发,在肯定主体创造选择和价值要求的前提下认识社会实践的发展变化。在哈贝马斯看来,马克思实践观点被恩格斯及第二国际和共产国际的理论家和革命者忘记了。尤其是恩格斯在《反杜林论》和《自然辩证法》中论述的具有明显实证主义倾向的理论,不仅掩盖了理论与实践的辩证关系,而且贬低了主体的能动性和创造性,导致了革命意识的弱化和对实践变化认识的滞后。

1964年,哈贝马斯被法兰克福大学聘为哲学和社会学教授,至1971年离开法兰克福大学,这一段时间是哈贝马斯的学术成果逐步扩大影响时期,这期间发表的学术成果不仅深化了在《公共领域的结构转型》和《理论与实践》中提出的一些论题,而且还论述了科学技术在晚期资本主义社会中成为第一生产力及其引起社会生活的一系列重大变化,尤其在《天赋人权与革命》《政治、科学化与舆论》和《政治的终结》等论文中,哈贝马斯学术思想的触角直接进入当时德国现实生活中的一系列重要问题,这些政治参与性极强的学术观点引起了学生们的极大兴趣。

到60年代后期,席卷欧美的左派青年造反运动也波及法兰克福大学,特别是1968年在法国巴黎刮起的五月风暴,在欧洲掀起了阵阵狂澜,剧烈地摇撼着法兰克福大学校园。面对狂热的学潮,哈贝马斯最初持赞成态度,但是后来发生了变化。他对学生们罢课游行、占领高校和科研机构,妨碍正常生活秩序,甚至堵塞交通、毁坏公共设施等行为表示反对,公开指责某些学生的行为是"左派法西斯"行为。哈贝马斯的指责引起了处于极度兴奋中的学生们的气愤,他们反击哈贝马斯的批评,说他是"文化革命的叛徒",甚至出版了批判哈贝马斯保守立场的文集:《左派给于尔根·哈贝马斯的答复》。

在这风云翻滚、动荡不安的年代,哈贝马斯的理论著述没有停止,发表了《作为"意识形态"的技术与科学》《认识与兴趣》两部重要著作。前一部是论文集,论述了晚期资本主义时期,因为国家干预和科学技术成为"第一生产力"的作用,科学技术变成了维护统治制度的意识形态,批判了技术至上论和资本主义世界对舆论和文化的控制,提出了克服和预防科学技术在发展方向及其使用中

第九章 哈贝马斯的交往行为理论

产生副作用和危险性作用的设想。《认识和兴趣》集中考察了德国古典哲学认识理论的演化,批判了实证主义对认识论问题的简化,分析了实用主义和历史主义在认识论上的贡献和存在的问题,阐明了兴趣在认识中的地位和作用,认为像实证主义那样否定兴趣在认识活动中的意义是不符合事实的,必须把兴趣指向、价值选择同事实性判断等意识活动看作同一个过程,特别是考虑社会因素在认识活动中的作用。

  1969年,阿多诺逝世,哈贝马斯继任法兰克福社会研究所所长。由于1968年五月风暴的冲击,不仅左派学生始终对哈贝马斯怀有抵触情绪,而且法兰克福学派内部也发生了分歧。这些情况使哈贝马斯担任所长后工作十分艰难。1971年,哈贝马斯离开社会研究所,转至巴伐利亚的慕尼黑市郊,任马克斯·普朗克学会的学部委员和该学会的科技世界生存条件研究所所长。这里的情况也不如愿,巴伐利亚州政界领导人认为哈贝马斯在学潮初期曾支持学生运动,一直密切注意他的言行,把他当作政治异端监视。所内矛盾重重,哈贝马斯常因内部人员分歧而伤尽脑筋。1981年,哈贝马斯辞去所长职务,又返回法兰克福大学任哲学和社会学教授。

  虽然这十余年时间哈贝马斯在政治活动和行政事务上不够顺利,但是在学术研究上却进入了高峰时期,他的主要代表著作都是这个时期出版的,例如:《社会科学的逻辑》(1970)、《晚期资本主义的合法性问题》(1973)、《交往与社会进化》(1976)、《交往行为理论》(1981)等。这个时期的著作,最重要的内容是关于交往行为的研究,其中不仅系统地论述了关于交往行为的各种理论学科,而且也对先前学术研究成果作了概括和总结。《社会科学的逻辑》的主题同《认识与兴趣》是一致的,都论述了兴趣倾向和价值选择在认识过程中的作用。区别不过在于,《社会科学的逻辑》更明确地强调了关于社会研究的特殊性,应当用解释学的辩证理性批判来认识社会和理解社会。《晚期资本主义的合法性问题》的主题在《作为"意识形态"的技术与科学》中也已论及,重新论述这个主题的不同之处在于强调晚期资本主义的各种危机。《交往与社会进化》是一部论文集,其中关于交往行为、交往资质、交往理性化等方面的论述,后来在《交往行为理论》中得到进一步展开。这部论文集还收入了一篇题为《重建历史唯物主义》的论文,文中提出交往不仅是马克思关注的社会发展动力之一,而且也是社会发展的展开形式,应当对被人遗忘的这个层面给予高度重视,在新历史条件下建构交往行为理论,以便弥补马克思主义在这方面的不足。

  《交往行为理论》不仅是这个时期最重要的著作,而且也是哈贝马斯开始学术生涯以来最重要的著作,其中对古典社会学和现代社会学理论作出了系统批判,深入考察了不同时期社会学家对社会行动、社会理解以及社会理性化的论述,阐述了人类交往行为面临的矛盾困境,提出了交往的理想情境、交往理性结构等观点。在这部著作中,哈贝马斯关于社会科学的解释学或理解论方法,关于对社会科学开展辩证理性分析,关于公共领域的信息沟通、大众交往中的共识寻求和话语实践等基本理论观点,都得到了充分论述。

1981年返回法兰克福大学之后,哈贝马斯相继出版了《道德意识和交往行为》《现代性的哲学讨论》《事实与价值》等著作。这些著作的主要内容表现在两个方面:交往伦理学和为现代性辩护。所谓交往伦理学,就是要求人们的交往行为要以伦理准则为基础,因为交往是人际关系的展开,如果不在友善、亲和、公正等伦理原则上进行,交往就达不到寻求理解与共识的目的;为现代性辩护是哈贝马斯在同利奥塔等法国学者论战中展开的,核心意思是启蒙运动以来的现代性并未过时,现代性作为一项未竟事业,其中存在的问题是前进中的问题,它可以调整、修复,而不应像后结构主义主张的那样摧毁现代性。

哈贝马斯的思想观点在各国学术界发生了重要影响,无论赞成还是反对他的学术观点的人,都不得不承认他是当代最有创造性、思考问题最深刻的理论家之一。

二、认识的批判与批判的解释学

哈贝马斯社会理论的创造性和深刻性,是以他在认识论和方法论上的创新性反思为前提的。而这个前提又是立足于实践基础之上的。以实践为基础反思认识方式和方法原则,是哈贝马斯对马克思实践观点的明确继承。

如同伽达默尔所作出的判断一样,哈贝马斯也认为:理论原来是同实践密切相联系的,并且理论本身就是实践的一种表现形式。只是到了后来,特别是18世纪以来历史哲学的不断发展,理论才因为专注历史规律的概括,而逐渐脱离实践,抛开不断变化、无限丰富的实践过程,变成自言自语式的"独白的社会哲学"。

在哈贝马斯看来,马克思创立的历史唯物主义克服了理论与实践的分离,不仅强调从实践出发,以实践为基础去认识社会、理解生活,而且更重要的是在主体与客体相互作用的辩证关系中去批判现实、反省理论。哈贝马斯认为,马克思开创的这个传统十分重要,因为不仅现实是异化的、被扭曲的,需要发挥理论的否定性作用去审查现实、超越现实,促进现实向健康、进步的方向转化,而且理论也只有在对现实的不断审视与介入中才能发挥作用。而理论要想真实地发挥作

第九章 哈贝马斯的交往行为理论

用,必须在同实践的联系中展开自我反省,尤其要从认识论层面上反省理论的方法原则,亦即开展认识的批判。

认识的批判,是近代哲学的主要内容,培根、笛卡儿、洛克、莱布尼茨、斯宾诺莎和休谟等人的认识论,康德、黑格尔的德国古典哲学,都是对人类认识活动的反省,其核心问题是如何获得可靠的认识,哈贝马斯认真考察了德国古典哲学、马克思社会理论、实证主义、实用主义和历史主义的认识论观点,从中揭示了被人们忽视了的,但具有根本性的问题:认识和兴趣的关系,使认识的批判进入了一个新的层面。

康德最明确地提出了认识的批判问题,《纯粹理性批判》《实践理性批判》和《判断力批判》,是康德分别对科学认识、评价认识和审美认识的批判,其实质是回答真、善、美三种知识何以可能。康德对认识所作的批判,不仅清理了各种认识行动的展开前提,揭示了形成正确认识的根据,而且还有为三个基本领域中的认识活动合理划界的意义。康德的分析式批判,虽然对三个基本领域中认识活动的形式、规范和机制都作出清楚界定,澄清了认知、评价和审美的本质特点,但是这些工作的主要注意力是集中在先验逻辑的研究上。纯粹的知性范畴、抽象的道德法则和审美判断,康德从这些先验概念体系出发来论证可靠认识形成的根据和途径,犹如把人的认识活动和知识系统建立在虚空中,因此尽管其中有许多真知灼见,但是到头来仍然回答不了如何获得可靠认识这个难题。

黑格尔不满意康德分析划界式的先验逻辑,他从运动变化和创造发展的过程论对认识开展了进一步批判。哈贝马斯认为黑格尔对康德的批判无疑使问题深入了一步,"康德的继承人不再把先验的条件(范畴和直观形式)以及在这些条件下进行综合活动的主体本身视为给定的,而是理解为生成的。他们显然是如此理解先验的条件,即唯心主义地把经过反思的认识的自我认识提高为先验条件产生过程的创造者"①。尤其值得重视的是:黑格尔认为这种生成的、动态发展的过程,是借助于语言、劳动和社会行动实现的。这就是说,黑格尔对认识的批判已经从纯粹的先验逻辑转向了现实的社会过程,已经预示了认识的批判正在触及它存在的真实基础。然而,黑格尔并没有使认识的批判发生实质意义的革命,因为他只不过在绝对知识的逻辑演化中接触到现实生活,最终关于认识的一切解释都要被拉回绝对知识体系之中,因此,黑格尔对康德的批判不仅缺乏革命性,而且是无力的。

哈贝马斯认为,马克思的社会理论使认识的批判真正立足于现实基础之上,

---

① 哈贝马斯:《认识与兴趣》,郭官义、李黎译,学林出版社1999年版,第312页。

使认识论发生了革命的变化。哈贝马斯指出:"马克思的下述解释是有说服力的。他说:'在工业中向来就有那个很著名的人和自然的统一性,而且这种统一性在每一个时代都随着工业或快或慢地发展而不断改变,就像人与自然的斗争,促进生产力在相应基础上的发展一样。'这种通过社会劳动而形成的综合并不是绝对的综合。"①马克思从包括工业生产在内的社会劳动出发来开展认识的批判,人的认识活动既不再被看作以先验逻辑为前提的先天综合运动,也不再被看作概念逻辑的推演过程,而是在主观同客观相互作用的社会劳动中发生和发展起来的现实过程。不仅认识的主体与客体都在社会现实中存在,而且认识的内容和结果也都在社会现实中形成和实现。

哈贝马斯虽然肯定了马克思在社会劳动基础上研究认识的立场,但是他认为马克思的认识批判也有一定缺欠,马克思注意到社会劳动的类本质,并由此在一般的普遍的意义上来讨论劳动中的主体与客体关系,论述制度关系和历史规律对人类的认识活动的规定。"马克思[对类的历史所作]的解释,正如他所作的那样,采用的都是仅仅通过劳动而完成的类的自我产生的更有局限性的概念。唯物主义的综合概念包含的内容远不足以解释马克思赖以接受的、在充分理解的意义上彻底化了的那种认识批判的意图。唯物主义的综合概念甚至妨碍了马克思本人用这种观点去理解他的处理问题的方式。"②这里,哈贝马斯主要从两个方面批评马克思:其一,从"类"概念来理解劳动及认识过程,使对认识的批判又重返康德式的抽象形式讨论;其二,以机械唯物论的眼光来讨论劳动和认识过程,在意识与物质、人与自然的简单关系中来分析认识的矛盾性,使对认识的批判简单化。因此,马克思未能实现他把认识放到实践基础上展开更深入、更具体批判的目的。

哈贝马斯认为,马克思的认识批判最终归于抽象的突出表现是:"马克思没有发展人的科学的这种观念;由于把批判和自然科学等量齐观,他甚至取消了人的科学观念。"③在哈贝马斯看来,马克思在青年时期试图在劳动基础上把人与自然、人的科学观念与自然科学观念统一起来。而到了马克思发表《〈政治经济学批判〉序言》时,人的科学观念亦即人文科学的精神,被自然科学观念亦即实证科学原则冲淡,甚至湮没了。马克思开始用决定论、客观论的眼光来论述社会生产过程和人的认识过程,人的情感、意识、选择等只有在人文精神境界中才能

---

① 哈贝马斯:《认识与兴趣》,郭官义、李黎译,学林出版社1999年版,第27页。
② 同上书,第37页。
③ 同上书,第56页。

第九章　哈贝马斯的交往行为理论

被注视的主观因素被遗忘了。而这些因素正是认识批判必须重视的因素,因此,马克思也没有完成认识批判的任务。

关于实证主义、实用主义和历史主义同认识批判的关系,哈贝马斯认为是在马克思那里已经表现出来的实证科学精神的进一步展开。孔德和马赫为代表的"实证主义标志着认识论的结束,代替认识论的是知识学"[①],认识论或认识的批判的两个基本问题是认识的前提和认识的意义,实证主义把这两个问题都抛弃了,"实证主义否认这个问题;在它看来,这个问题由于[有了]现代科学这一事实,已经成为毫无意义的问题"[②]。无视认识的前提和认识的意义,意味着放弃对认识正确性何以可能的反思,否定对认识中价值因素的追问,进而彻底把认识论的批判变成知识学的操作。实证主义这样做的结果,不仅把综合性的认识过程简化为实证科学的对外界事物观察、实验、反映的过程,而且把认识过程面对的复杂的人生、社会和自然的多维过程简化为无意志、无选择的自然过程,所以,认识过程和认识对象都被归约为无人而在的单纯客观性过程,认识论或认识的批判由此而被彻底否定。

以皮尔士为代表的实用主义和以狄尔泰为代表的历史主义,反对实证主义立场,主张从实践经验和历史过程来反思人类的认识行动,力图破除实证主义科学方法论的束缚,为理解社会实践和人的历史活动建立有别于自然科学的新方法论。在哈贝马斯看来,皮尔士强调认识活动效用,狄尔泰强调理解的综合性,在认识的批判和反思上无疑具有积极意义。尤其他们都从不同角度触及认识活动中的理想追求、价值选择和兴趣向度问题,使认识论的研究变得十分丰富。然而,皮尔士和狄尔泰未能真正克服实证主义,实现建立有别于实证科学方法的人文社会科学方法。

皮尔士和狄尔泰未能跳出科学主义窠臼的原因在于他们对科学的依恋,他们是站在科学的立场上反对实证主义的方法。正因如此,虽然皮尔士和狄尔泰都触及了哈贝马斯认识批判的根本性问题——理想选择和兴趣取向,但是他们都未能深入研究这个问题:"皮尔士和狄尔泰都遇到了科学认识的兴趣的基础[问题],但都没有对这个问题作过反思。他们没有对指导认识的兴趣这个概念下过定义,并且没有真正理解这个概念所追求的东西。他们虽然分析了生活联系中研究逻辑的基础,但是,他们似乎只是在他们所不熟悉的领域内,即在被理解为形成过程的类历史的概念内把经验分析的科学基本导向和解释学的基本导

---

① 哈贝马斯:《认识与兴趣》,郭官义、李黎译,学林出版社1999年版,第66页。
② 同上。

向认定为指导认识的兴趣。"①

哈贝马斯把兴趣看作认识活动的基础。他指出:"一般说,兴趣即乐趣;我们把乐趣同某一对象的存在或者行为的存在的表象相联系。兴趣的目标是生存或定在,因为,它表达着我们感兴趣的对象同我们实现愿望能力的关系。"②可见,哈贝马斯所界定的兴趣:第一,它是一种有明确指向或目标的主观愿望,是对某种行为或某种事物怀有乐观希望的积极心理状态;第二,兴趣是与经验过程直接联系的非概念性的认识形式,它以表象把握目标并以表象指引人们的行为追求;第三,兴趣表现着人的选择,它以程度高低表达着主体实现自己选择的能力;第四,兴趣产生于人的实践活动之中,以其直接现实性而在人的认识活动中发挥基础性作用;第五,兴趣与人们特定的存在和生存需要密切联系,并且表达着根据存在环境和生存需要产生的评价与选择。

具有如此丰富内容和作用的兴趣,正是科学主义和实证主义从认识过程和研究方法中极力排斥的,因此,把兴趣作为认识的基础,最直接的是反对科学主义和实证主义。哈贝马斯为揭示兴趣在认识中的基础地位,不惜笔墨地批判了德国古典哲学、马克思主义、实证主义、实用主义和历史主义,但贯彻其中的主旨是否定排斥主观性的客观性原则,而追求客观性、排斥主观性正是实证主义最基本的立足点。在对上述各种理论的认识论批判中,哈贝马斯对马克思的以实践为基础的认识理论给予了较多的肯定,这一方面表现了他赞同早期马克思反实证原则的批判主义精神,另一方面也充分表现了他以介入现实、超越现实为目的的积极主张。

为了更具体地阐明兴趣在认识和实践中的地位和作用,哈贝马斯对兴趣进行了分级和分类。他首先把兴趣区分为"基本的兴趣"和"次级的兴趣"。基本的兴趣被称为在自然科学领域和人文科学领域中都发挥作用的兴趣,亦即在生产活动、科学实验和日常生活等各种领域中都存在的兴趣,是人们认识世界、参与实践的未分化的原初兴趣。哈贝马斯把这种未分化的兴趣称为原初的、基本的兴趣,与他对生活世界与其他领域之间的关系的理解是一致的。这个观点不仅说明人们的兴趣最初是完整的、多元的,而且说明未分化的原初兴趣是综合的、没有明确指向的,它作为基本兴趣为超越在各种领域中因专门化而产生异化的兴趣提供了心理基础或认识基础。

次级兴趣是在基本兴趣中分化出来的三种指导认识的兴趣(erkenntnislei-

---

① 哈贝马斯:《认识与兴趣》,郭官义、李黎译,学林出版社1999年版,第200页。
② 同上书,第201页。

第九章　哈贝马斯的交往行为理论

tendes Interesse）：技术的认识兴趣（technisches Erkenntnisinteresse）、实践的认识兴趣（praktisches Erkenntnisinteresse）和解放的认识兴趣（emanzipatorische Erkenntnisinteresse）。这三种兴趣不仅有明确的目标指向，而且它们还是在特定领域中发挥作用的"理性的兴趣"（rationales Interesse）的表现形式。技术的认识兴趣在"关于事物和事件的现象领域"中发挥作用，它是通过"劳动"这个媒体形成的，它所关心的是用各种操作的技术手段实现主体的"对象化"或"客体化"行为，用各种"工具行为"实现对外在对象的技术处理，与之相对应的科学是实证的经验分析的科学，说到底亦即在生产领域中发挥作用的认识兴趣。

"实践的认识兴趣"在人际交往行为领域发挥作用，它是通过"语言"这个媒体形成的，它所关心的是人际的理解、沟通、共识，它的突出作用是为人们的交往行为规定方向，引导人们在语言沟通中捕获和创生意义。与技术的认识兴趣最根本的区别是：技术的认识兴趣在主观与客观的二元关系中展开，追求的是客观性和操作性；实践的认识兴趣在主观与主观之间的关系中展开，追求的是主观性和评价性。技术的认识兴趣体现了物质生产和自然科学的原则，实践的认识兴趣体现了人际关系和人文解释学的原则。

"解放的认识兴趣"是以自我解放为目的的更高层次的兴趣，它是在"支配"或"统治"这个媒介中产生的，它的作用在于通过自我反思提高社会成员的自我意识能力，它的目的在于引导社会成员摆脱制度化的权力的压抑与控制，解除社会异化对人的存在与发展的扭曲。进一步说，解放的兴趣是人类对自由、独立和主体性的兴趣，其根本追求是人的发展与解放。在技术的认识兴趣、实践的认识兴趣和解放的认识兴趣三者关系中，哈贝马斯最重视解放的认识兴趣，因为正是这个兴趣与他和法兰克福学派社会批判理论有最直接的联系。社会批判理论的宗旨就是提升人的自我意识，促进人的主观精神转化，从根本上寻求人类的彻底解放。所以，解放的认识兴趣，不仅植根于人类追求自由与发展的本性，是人类自我解放的主体性要求，而且是法兰克福学派建构批判的社会理论，引导人们批判社会异化的理论兴趣，亦可称为社会批判理论的兴趣基础。正是在这个意义上，哈贝马斯认为批判的社会理论与人性解放的要求或解放的人性根据是一致的。

哈贝马斯对兴趣的分级和分类论述，根本点在于强调人类认识活动中的主观性，并且认为在不同生活层面上产生的认识活动中的主观性表现为选择目标和价值要求不同的兴趣。这些论述使得自维柯以来反对片面科学认识论的讨论更为具体并更加深入了。由于从直接与各种实践活动相联系的兴趣来揭示认识活动中的主观因素，哈贝马斯也超越了李凯尔特和狄尔泰等人仅仅从方法论角度来讨论认识活动中的价值因素的局限性,把这个问题导入经济生活、政治生活以及人类的日常交往行为之中。

在与实践活动的直接联系中讨论兴趣问题,哈贝马斯不仅揭示了兴趣在主观意识中的表现和作用,而且论述了兴趣在社会现象中的存在和意义。他认为,人们通常讨论的社会现象实际上可以区分为"事实"(fact)和"事物"(thing or matter)。迪尔凯姆从实证主义立场出发把社会事实完全客观化、外在化,认为社会学就是以这种物理学对象一样的客观性社会事实为研究对象。哈贝马斯依据他对兴趣的分析,否定了迪尔凯姆的观点。哈贝马斯认为,事实不是作为实体而存在的物,而是在兴趣的作用下或兴趣因素已经掺入其中的概念。"如果我们说,事实就是存在的事态,那么我们指的不是对象的存在,而是命题的内容的真实性,这里,我们设想的当然是我们赖以肯定其内容的可以证实的对象的存在。事实是从事态中推论出来的。"①

由于事实被界定为在兴趣因素的作用下,经过人们的认识活动建构出来的,因此,它不仅不是外在的客观的事物,而且非直接的感性经验,而是经过兴趣选择和逻辑推论形成的概念构成。它虽然有存在的基础,不是认识者的凭空想象,但是其中的主观因素,无论是感性的还是理性的,已经占有主导地位。当社会科学以这种社会事实为研究对象时,就必须正视其中的主观因素,而不应对它作出简单的本体论思考,"我认为,对事实的本体论性质提出问题,完全是错误的:事实是同我们要经历和要处理的类似的'某种东西'的假定,严格说来,是毫无意义的"②。

认识社会事实的正确方式是:在语言对话和交往行为中通过沟通和讨论的方式达到对社会事实的共识,它的表现形式就是批判的解释学。经由施莱尔马赫、狄尔泰和伽达默尔等人发展起来的解释学,明确地承认认识活动中的主观性,认为不能简单地把自然科学的方法推及人类认识活动的全部过程,主张在对社会经历、语言交往、文化传统、心理体验、意义追寻等多种因素的联系中把握人们的意识过程或认识行动。解释学的这些主张都得到了哈贝马斯的赞同,并将之融入自己的交往行为理论之中,但是,哈贝马斯同解释学也有重要的分歧,主要表现是:他反对解释学传统的保守性,主张用辩证的批判原则来改造解释学,亦即建立批判的解释学。

批判的解释学同一般的解释学主要区别是:首先,是否坚持认识活动的否定

---

① 哈贝马斯:《认识与兴趣》,郭官义、李黎译,学林出版社1999年版,第317页。
② 同上。

性。解释学的一个基本命题是:传统是不可超越的,人们都是在特定的传统中理解世界,而传统又都是在特定历史条件中存在的,因此传统是有局限性的,它对认识活动的限制表现为成见或偏见,因此,无法超越传统的人们总是带着某种成见来看世界。哈贝马斯不否认传统对人们认识活动的限制,分歧在于如何面对传统的限制。哈贝马斯主张以辩证理性的否定性对待传统的限制,即以超现实的辩证理性在理想与现实的矛盾中批判传统的限制。文化传统不仅是历史,更重要的是现实,其中的保守因素主要是理论化、模式化的作为统治者思想工具的意识形态。因此,批判传统的限制,主要内容是批判意识形态。开展意识形态的批判,正是一般解释学所忽视的。

其次,一般解释学的理论追求是寻求理解文本和阐释意义的有效形式与途径,通过对理解的本质、形式、途径、矛盾、价值、意义取向的讨论而实现这个理论追求。哈贝马斯认为这些都是必要的追求,但不应该是理论思维的终极目标,人们的理解与解释活动不应仅仅停留在这个层面上。解释学作为提供正确理解与解释原则的理论,应当把寻求人类的彻底解放作为根本的理论目标,所以应当倡导人们根据自己的解放兴趣在理解与解释活动中开展对社会异化的批判,否定现实中的消极因素,唤醒人们的批判意识,促进社会健康发展。

再次,从狄尔泰到伽达默尔,解释学一直试图寻求普遍适用的一般原则,尤其是伽达默尔明确地把自己的学说冠以"哲学解释学",以表明它的一般性或普遍性。虽然哈贝马斯因为坚持原则的普遍性而受到法国学者的批评,但是在解释学普遍性上他却持有异议。哈贝马斯认为,人们都是在语言交往行为中开展理解与解释活动的,语言、交往以及它们发生于其中的社会环境,都是在意识形态和政治权力的限制中存在的,它们的表现并非真实的存在,因此受这些因素及过程规定的理解和解释活动不可能按照共同的普遍性的原则展开,理解和解释过程不可能都是合规则的,扭曲的、误解的过程一定会发生。不仅理解者会误解他的理解对象,而且理解者也会误解他的交往过程和交往伙伴,甚至误解自己。强调理解的曲解性,不仅说明哈贝马斯注意到理解过程或认识活动的有限性,而且更重要的还是坚持用批判的眼光来理解和解释人及其社会活动。

三、公共领域的结构转型

公共领域(Öffentlichkeit)的结构转型问题,不仅是哈贝马斯用批判的辩证方法研究社会问题的起点,而且也是贯穿他从 60 年代至今的学术研究历程的主线之一,并且可以说,他后期关于交往行为和交往理性等方面的研究是这一研究的深化或展开。

受德国历史主义传统的影响,哈贝马斯把公共领域结构转型这个重大的现实问题放到历史过程中考察,试图在历史条件的发展变化中更深入、更明晰地揭示公共领域的实质、结构、功能和意义。本着这个原则,虽然哈贝马斯的主要兴趣在于论述资产阶级公共领域,但是他还是首先考察了公共领域的其他历史形式,通过对古希腊和中世纪比较简单的公共领域形式的分析,使公共领域的缘起和本质要素清晰可见。

哈贝马斯认为,到近现代越来越模糊的公共领域,在古希腊时代是界限分明、形式清楚、功能明确的。他指出:"在高度发达的希腊城邦里,自由民所共有的公共领域(Koine)和每个人所特有的私人领域(idia)之间泾渭分明。公共生活(政治生活)在广场上进行,但并不固定;公共领域既建立在对谈(lexis)之上——对谈可以分别采取讨论和诉讼的形式,又建立在共同行动(实践)之上——这种实践可能是战争,也可能是竞技活动。"①从哈贝马斯的论述可以看出,公共领域的原初形态具有如下特征:(1)公共领域同私人领域有明确界限;(2)公共领域的活动形式是对话和交往,在话语沟通中发挥舆论的作用;(3)公共领域涉及的公共事务主要是政治生活、军事活动和体育、武力竞技等,而生产劳动和经济活动则是以家庭为单位的私人领域里的事情。这些限定厘清了公共领域的界限、形式和功能,特别是说明了公共领域最初是与经济活动无关的,公共领域的结构转型实质上就是这些方面的发展变化。

"代表型公共领域"(reglementierte Öffentlichkeit)是古希腊"广场型公共领域"同"资产阶级公共领域"的中间环节。同古希腊时期的公共领域相比,代表型公共领域的首要特点是公私界限趋向模糊。这里,哈贝马斯继承马克思的观点,把所有制的变化看作社会结构变迁的根本因素之一。哈贝马斯指出:"封建领主所有权(以及由此派生出来的采邑所有权)作为一切统治权的总和,也可以说是管辖权;私人占有和公共主权这一对矛盾,封建制度并不具备。'主权'有高低之分,'特权'有大小之别,但不存在任何一种私法意义上的合法地位,能够确保私人进入公共领域。"②由于封建领主制集经济、政治和文化统治权力于一身,公共领域和私人领域都被封建专制控制着,私人因其经济独立性的丧失而失去了私人性,私人领域随之被消解。公共领域是以私人的自立性为前提的,如果

---

① 哈贝马斯:《公共领域的结构转型》,曹卫东等译,学林出版社1999年版,第3页。
② 同上书,第5页。

第九章　哈贝马斯的交往行为理论

私人因丧失经济自主权而失去自立性,那么公共领域也就不再存在。

因此,代表型公共领域是缺乏实际内容的,实质上是封建领主为实行专制统治而以公共的名义制造出来的形式或象征。哈贝马斯认为,从社会制度和实际生活过程来看,在封建领主统治下不存在公共领域,但是封建专制却需要假借普遍性的名义来行使,于是封建领主就在仪式或象征方面大做文章,各种堂皇"代表公众"的仪式不断被炮制出来,代表型公共领域由此而生。"代表型公共领域的出现和发展与个人的一些特殊标志是密切相关的:如权力象征物(徽章、武器)、生活习性(衣着、发型)、行为举止(问候形式、手势)以及修辞方式(称呼形式、整个正规用语),一言以蔽之,一整套关于'高贵'行为的繁文缛节。"①可见,代表型公共领域的作用不仅要显示它的代表性,而且更重要的是显示统治者的特权和社会的等级秩序。

经过文艺复兴运动,特别是到了英国工业革命时期,代表型公共领域随封建社会的分化而趋向瓦解。首先发生的重大变化是宗教改革使宗教领域发生了分化,马丁·路德提出"在上帝面前人人平等","每个信徒都可以达到对上帝的信仰",这些信条的确立使宗教信仰变成了私人行为,私人领域在宗教内部产生了;但是教会仍然作为教徒共同活动场所或宗教事务管理机构而保存下来,所以宗教里还存有公共领域。另一个重大变化是公共财政和封建君主的私人财产的分离,"公共权力机关具体表现为官僚制度和军队(部分也表现为司法机关)"②。公共权力机关的确立是资产阶级公共领域形成的必要条件,没有这一极的确立,作为私人领域和公共权力领域中间地带的公共领域也不能产生。第三个重大变化,也是最根本的变化,是以私有制为基础的"市民社会"的产生,"劳动阶层一旦在城市企业和某些乡村阶层中扎下根来,就会发展成'市民社会';作为真正的私人自律领域,'市民社会'和国家是对立的"③。

市民社会最初的主体是手工业者、小商人、医生、教师和职员等社会阶层,这时市民社会的力量还不足以同公共权力领域对峙。随着资本主义经济的不断发展,资本家、小商人、银行家、出版商和制造商的队伍逐渐扩大,他们成为市民社会的中坚力量,他们有足够的经济实力和活动能量同公共权力抗衡,并且,他们有明确的共同目标:确立资本主义制度、发展资本主义经济,所以,"他们从一开

---

① 哈贝马斯:《公共领域的结构转型》,曹卫东等译,学林出版社1999年版,第7页。
② 同上书,第11页。
③ 同上。

始就是一个阅读群体"①。"在这个主要由重商主义政策激发并应运而生的阶层对立当中,政府当局引起了反应,从而使作为公共权力的抽象对立面的公众意识到自己是公共权力的对立面,意识到自己是正在形成当中的资产阶级公共领域中的公众。"②资产阶级公众意识的形成是资产阶级公众领域形成的主观条件,而且这是一个至关重要的前提条件,因为没有这种自觉的公众意识,资产阶级公众领域中的言语对话、信息交流、舆论沟通也就不可能发生,不仅资产阶级公共领域的作用不能发挥,而且它也无法存在下去。

关于资产阶级公共领域,哈贝马斯首先论述了它的性质、结构和运行机制。他指出:"资产阶级公共领域首先可以理解为一个由私人集会而成的公众的领域;但私人随即就要求这一受上层控制的公共领域反对公共权力自身,以便就基本上已属于私人,但仍然具有公共性质的商品交换和社会劳动领域中的交换规则等问题同公共权力机关展开讨论。"③这就是说:(1)资产阶级公共领域是私人领域同公共权力领域的中间地带;(2)在资产阶级公共领域中活动的人是有私有经济地位、从私人领域出发的自主的个人;(3)在资产阶级公共领域中,私人因共同的利益和目的而联系起来,并同公共权力机关发生矛盾;(4)矛盾的主要内容是商品交换和社会交往的一般规则问题,亦即从公共权力出发还是私人利益出发确立和调整交换规则;(5)矛盾的展开形式是话语交流和观点论证。

哈贝马斯用矛盾分析的方法来说明资产阶级公共领域的性质,这使人们能够清楚地看到:资产阶级公共领域是资产阶级统治社会同资产阶级私人利益的对立统一体。这种公私对立的矛盾同古希腊广场型公共领域和中世纪代表型公共领域并无根本不同,区别不过在于:古希腊广场型公共领域因私有经济仅限于家庭内部,尚未实现社会化,私人在经济利益上没有多少共同要求,以致人们进入广场时讨论的话题仅限于政治、军事和竞技等非经济层面;中世纪代表型公共领域以消除私人经济地位而在实质上瓦解了公私对立,但因统治的需要而发展了符号形式层面上的公共领域;资产阶级公共领域仿佛是回复古希腊广场型公共领域,但是它们有根本意义上的变化,即资产阶级以其社会化的私有制为基础,确立了私人的坚强地位和普遍联系,资产阶级成员(私人)同资产阶级的阶级统治(公共权力)展开了尖锐的对立冲突。这种矛盾冲突既是资产阶级从普遍的私人利益出发,要求公共权力服从理性原则和法律标准的根据,也是资产阶

---

① 哈贝马斯:《公共领域的结构转型》,曹卫东等译,学林出版社1999年版,第22页。
② 同上。
③ 同上书,第32页。

级加强政治权力,抑制公共领域,导致公众领域结构转型的根源。为了更具体地揭示资产阶级公共领域的性质,哈贝马斯对资产阶级公共领域的结构作了更为深入的分析。下面是他描绘资产阶级公共领域的结构图:①

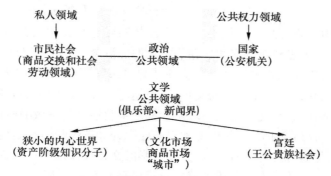

图9-1 资产阶级公共领域的结构

这个结构图告诉人们:国家和市民社会的分离是最基本的方面,正是在这个分离的基础上才有明确的私人领域和公共权力领域。因此,哈贝马斯把国家和市民社会的分离称为"基本路线";资产阶级公共领域是私人领域(市民社会)同公共权力领域(国家机关)的中间地带,实质是二者相互作用的产物,其中包含着私人领域同公共权力领域的种种矛盾关系;资产阶级公共领域区分为政治公共领域和文学公共领域;文学公共领域通过俱乐部和新闻界表现出来,它的直接实现形式是城市中的文化市场和商品市场,它在私人领域中影响着资产阶级的内心世界,在公共权力领域影响着宫廷贵族社会。

哈贝马斯的结构图有两点最值得注意:其一,继承马克思的观点,从经济利益和经济关系出发审视资产阶级私人领域,这时哈贝马斯看到的私人领域是马克思描述的以私有制为基础的、开展商品交换和社会化生产的市民社会。"商品交换打破了家庭经济的界限,就此而言,家庭小天地与社会再生产领域区别了开来:国家和社会的两极化过程在社会内部又重演了一遍。个人将商品所有者与一家之主、物主与'人'的角色完全结合起来。"②这就意味着商品交换亦即市场经济,使资产阶级私人突破了家庭私有经济的限制,把私人所有的经济利益导入社会过程,依据社会化的资产阶级私利同国家权力对峙,不仅显示了资产阶级个人的经济地位,而且也形成了资产阶级的独立自主的人格,即资产阶级的主体性。

---

① 哈贝马斯:《公共领域的结构转型》,曹卫东等译,学林出版社1999年版,第35页。
② 同上书,第33页。

其二，哈贝马斯认为资产阶级的文学公共领域是政治公共领域的基础。这一点同马克思的观点是不同的。马克思认为在经济基础之上产生了相应的政治结构,政治是经济的集中表现,政治直接与经济发生联系,而意识形态领域(文学或文化领域)同经济发生间接联系,政治对意识形态领域(文学或文化领域)具有制约作用。哈贝马斯却认为:"政治公共领域是从文学公共领域中产生出来的;它以舆论为媒介对国家和社会的需求加以调节。"①可见,哈贝马斯不是在一般意义上讨论政治领域和意识形态领域的关系问题,而是集中论述公共领域中的文学活动和政治活动之间的关系,特别是讨论二者的发生的先后关系。

哈贝马斯认为,在文学公共领域基础上产生政治公共领域的根据是:从历史过程看,资产阶级在咖啡厅、俱乐部和音乐厅中开展批评封建专制是在它取得政治权力之前,是通过各种具有文学、新闻色彩的文化交流逐渐形成或统一了政治意识,进而凝聚成政治力量后才去建立自己的政治公共领域;并且,文学性的言谈沟通也是中世纪遗留下来的代表型公共领域或宫廷贵族的政治公共领域向资产阶级政治公共领域转型的有效途径。"在与资产阶级知识分子相遇过程中,那种充满人文色彩的贵族社交遗产通过很快就会发展成为公开批评的愉快交谈而成为没落的宫廷公共领域向新兴的资产阶级公共领域过渡的桥梁。"②强调文学公共领域是政治公共领域产生的基础,是哈贝马斯把交往行为看作社会发展基本动力之一的观点的具体表现。

关于资产阶级公共领域的运行机制,哈贝马斯讨论了制约资产阶级公共领域的各种因素,实质上是他对资产阶级公共领域结构分析的进一步展开。哈贝马斯指出:"公众在17世纪的法国指的是作为文学和艺术批评的接受者、消费者和批评者的读者、观众和听众;说公众,人们首先想到的是宫廷臣仆,其次是坐在巴黎剧院包厢里的部分城市贵族以及部分资产阶级上流社会。"③这些公众逐渐从艺术鉴赏、文学批评等交流活动上升到对政治时弊的批评,于是,从文学公共活动向政治公共活动的转变开始了,尽管这种转变是在咖啡厅、餐馆、沙龙、歌剧院中以消遣、娱乐等形式掩盖着,但是也逐渐引起了封建统治者的警觉。当局开始限制这些活动,于是资产阶级公众不得不转入地下,结成秘密团体,开展隐蔽的、但是具有明确政治目标的活动。这个过程不仅是政治公共领域的形成过程,也是资产阶级公共领域走向组织化的过程。在这个过程中,作为限制因素的

---

① 哈贝马斯:《公共领域的结构转型》,曹卫东等译,学林出版社1999年版,第35页。
② 同上书,第34页。
③ 同上书,第36页。

第九章 哈贝马斯的交往行为理论

不仅是封建统治的政治干涉，而且还表现为语言沟通的有效性、价值观念的改变、文化背景和心理结构的差异、活动场所的区别(亦即交往环境或沟通情境)，以及经济利益和社会地位等因素。因此，哈贝马斯试图在社会综合因素和总体性过程中来分析资产阶级公共领域的运行机制。不过，在诸多制约因素中，哈贝马斯最重视的还是具有文学或文化色彩的语言沟通。

由于资产阶级公共领域是在突破各种政治的和文化的制约因素的限制下发展起来的，因此它就必然具有丰富的政治功能和文化功能。哈贝马斯以大量篇幅考察了欧洲和各国资产阶级公共领域的政治功能和文化功能。概而言之，哈贝马斯认为在不被扭曲的前提下，资产阶级公共领域的政治功能和文化功能是有益于社会发展的积极因素，应当重视和发挥它的这些功能。然而，资产阶级公共领域中的矛盾关系决定了它一定要发生变异，功能由积极转为消极的扭曲过程一定会发生。因为，"资产阶级公共领域是在国家和社会间的强力场中发展起来的"[①]，不仅国家和社会间始终存在各种不断变化的矛盾关系，而且社会自身也存在着尖锐对立的公私关系，种种矛盾以经济、政治和文化各种形式纵横交织地不断引起资产阶级公共领域发生变异，最终导致了公共领域的结构转型。

资产阶级公共领域的结构转型，主要是指存在的基础或发生前提的变化，亦即"国家与社会彻底分离"的变化。从19世纪初期开始，资产阶级公共领域的政治功能和文化功能越来越发达，资产阶级作为统治者也越来越清楚地在这个领域中看到它的阶级利益，更加明确地认识到公共领域对国家政权和社会秩序的重要作用。于是，资产阶级为了巩固自己的政权，维持经济，政治和文化各方的秩序，加强了国家对公共领域的干预。"长此以往，国家干预社会领域，与此相应，公共权限也向私人组织转移。公共权威覆盖到私人领域之上，与此同时，国家权力为社会权力所取代。社会的国家化与国家的社会化是同步进行的，正是这一辩证关系破坏了资产阶级公共领域的基础，亦即，国家和社会的分离。"[②]

国家权力向公共领域入侵、扩张的结果，不仅导致了国家与社会界限的消解，而且还产生了一个消除公私区别的"重新政治化的社会领域"。这种新社会领域是国家与社会、公共权力领域私人领域发生相互入侵的领域，造成这种结果的主要途径是社会组织化。资产阶级的社会组织化是在资产阶级国家权力的推动下展开的，资产阶级国家权力通过各种方式努力向协会、行会、社会事务管理机构、私人事务协调组织和政党等方面渗透，加强了国家对社会生活控制的广度

---

① 哈贝马斯：《公共领域的结构转型》，曹卫东等译，学林出版社1999年版，第171页。
② 同上。

和力度。与此同时,各种社会团体,特别是政党也越来越积极地向国家权力伸手,把大批社会成员卷入干预国家政治权力的漩涡之中。"这时出现的是一个再政治化的社会领域,不论从社会学的角度,还是从法学的角度出发,它都无法归于公共领域的范畴之下。"①

虽然"再政治化领域"的出现是国家权力和公共领域相互介入的过程,导致的结果也是二者的同时变化,但是哈贝马斯真正关注的不是国家权力的社会化,而是公共领域或社会生活的国家化,亦即国家权力对公共领域的入侵。由于哈贝马斯认为公共领域是由私人汇聚而成的,资产阶级公共领域存在的前提和基础是私人的自主、自立、自由,所以,当公共领域被入侵,甚至被取消时,实质上也就是私人领域或具有主体性的私人交往领域被取消了,资产阶级私人的地位被否定了。国家政治权力的极度膨胀和资产阶级私人(个人)自主地位的丧失,是哈贝马斯论述公共领域的结构转型时关注的根本问题。

在自由资本主义时期,由私人汇聚而成的公共领域无论是政治功能还是文化功能,对国家政治权力都有积极的批评和推进作用,这种作用被哈贝马斯认为是促进社会秩序稳定和社会发展不可缺失的,而当资产阶级公共领域发生国家与社会、公共与私人相互介入的结构转型后,这个领域的积极作用也就荡然无存。哈贝马斯认为这种后果将会引起更为严重的后果,必须不仅明晰这种后果产生的根本原因,而且还要找到解决这种后果的有效方案。

哈贝马斯提出的方案是:限制国家权力对私人领域和公共领域的干预,国家应当恢复自由资本主义时期同社会保持一定程度分离的传统,允许公共领域在政治上和文化上的批判功能,并且由私人聚集而成的公众也应改变只知接受、顺应的精神状态,以积极的心态和辩证思维去面对社会异化,监督、批评国家权力的实施,促进政治生活的健康化和社会秩序的合理化。哈贝马斯还认为,实现这些主张的前提是:私人从自己的狭隘境地中重新走入公共领域,开展有效的交往行为,在对话沟通和理解中结成的社会关系。

四、言语行为的理性基础

语言问题是哈贝马斯学术研究的主题之一,在关于公共领域的结构转型研究中,言谈沟通、话语共识等语言问题的探讨就已经成为他论述的主要层面,因为言谈话语不仅是公共领域展开的主要形式,而且也是它发挥政治和文化作用,

---

① 哈贝马斯:《公共领域的结构转型》,曹卫东等译,学林出版社1999年版,第201页。

促进社会进步发展的基本功能。随着哈贝马斯学术研究的不断深入,语言问题在他的理论著述中占有越来越重要的地位。

哈贝马斯关于语言问题的研究无疑受到了语言分析哲学、特别是受到了后期维特根斯坦为代表的日常语言学派、阿佩尔(K. O. Apel)的语用学和奥斯汀(J. Austin)为代表的语言行为理论的影响。哈贝马斯在批判地吸收各种语言哲学和语言社会学理论基础之上建立自己的语言行为理论,而批判与建立的基础是实践,即从实践出发,在交往实践中提出、分析和回答语言问题。实践性是哈贝马斯语言行为理论的突出特点。

为了强调研究语言问题的实践性,哈贝马斯把自己的语言行为理论称为"普遍语用学"(universal pragmatics)。他指出:"普遍语用学的任务是确定并重建关于可能理解的普遍条件(在其他场合,也被称为'交往的一般假设前提'),而我更喜欢用'交往行为的一般假设前提'这个说法,因为我把达到理解为目的的行为看作是最基本的东西。"①简言之,普遍语用学的任务是研究人们在交往行为中达成理解的一般前提条件。这里强调"一般的"目的在于:不是仅仅研究特定条件中达成理解的前提条件,而是试图揭示出在所有交往行为中欲达成理解而有效运用语言开展沟通、形成共识的前提条件。

虽然哈贝马斯明确强调普遍语用学研究交往行为的一般前提,但是实质上普遍语用学的理论视野已经涵盖了人类所有的社会行为。哈贝马斯把人类社会行为作了如下划分:②

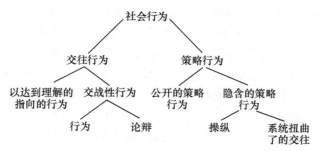

图 9-2　人类社会行为的划分

在哈贝马斯看来,社会行为可以划分为交往行为和策略行为两大类型,二者的区别在于直接目标的不同:交往行为的直接目标是利用语言沟通、寻求交往行

---

① 哈贝马斯:《交往与社会进化》,张博树译,重庆出版社1989年版,第1页。
② 同上书,第216页。

为者相互间的理解与共识;策略行为的直接目的是行为者实现自己的某种功利性目标。不过,这种区别仅仅在直接目的的意义上才是成立的。哈贝马斯认为,在间接的意义上,策略行为也要以理解作为追求的目标,因为"冲突、竞争、通常意义上的策略行为——统统是以达到理解为目标的行为的衍生物"①。其实,道理并不复杂,因为策略行为同交往行为一样,都是社会行为,只要是社会行为就一定是人与人相互作用的行为,而只要发生人际的互动作用,就一定要求通过语言达成理解与共识。因此,普遍语用学研究"可能理解的普遍条件",实质上就一定涉及人类所有社会行为。

"可能理解的普遍条件"首先是"言语的有效性基础",即"任何处于交往活动中的人,在施行任何言语行为时,必须满足若干普遍的有效性要求并假定它们可以被验证"②。这些有效性要求包括四点:① 表达的可领会性;② 陈述的真实性;③ 表达的真诚性;④ 言说的正当性。这四点是保证语言交流或话语沟通的基本原则,只有这四条原则得以兑现,理解与共识才能达成。

哈贝马斯关于"言语的有效性基础"的论述有两点值得注意:其一,言语的有效性基础是交往实践中的要求或原则,因为言语不是语言,语言具有完整的结构规则,言语是交往行为,不存在清晰可见的结构规则,但是存在保证有效沟通的要求或原则;语言可以作为静态的文字对象去研究,而言语只能在生活实践中把握它的动态形式或变化过程。因此,言语不能被单纯理解为交往实践的媒介,而应看作实际发生的交往实践过程。研究言语的有效性基础要比分析语言的结构规则复杂得多。其二,言语的有效性基础既是开展言谈沟通的预设前提,也是保证言谈沟通有效性的必要条件。一般情况下,人们开展言谈沟通总是预先认为自己的话语能够被听懂、相信和接受,并且开展沟通后又一定会力求自己的愿望得以实现。所以,可沟通性、真实性、真诚性和正当性,既是有效性沟通的预设前提,也是保证沟通有效性的必要条件。

似乎哈贝马斯仅仅说出了一个人们未能充分注意但实际已经存在的事实,其实不然,他实际上提出了一个具有很强批判性的理想要求。哈贝马斯揭示的言语有效性基础,虽然被他说成是日常语言交流中真实存在的,但是存在这四种有效性言语原则的是未被压抑和扭曲的言语实践,而在意识形态等因素的制约下,未被压抑的言语实践是理想状态,实际的言语实践过程是被压抑的扭曲状态,四种有效性言语原则是难以在其中存在的。因此,当哈贝马斯指出这四种言

---

① 哈贝马斯:《交往与社会进化》,张博树译,重庆出版社1989年版,第1页。
② 同上书,第2页。

语原则是普遍性的有效原则时,用它来衡量现实,不仅可以发现实际言语沟通过程的无效性,而且还可以得出必须用这些原则来改变现实的革命性结论。可见,言语有效性原则的提出,既是批判的社会理论的一部分新内容,也是社会理论批判现实的一种新途径。

哈贝马斯关于言语的有效性基础的论述,是他推进社会理性化的深刻体现。哈贝马斯赞成韦伯关于现代社会发展和社会现代化的实质是理性化的结论,但是,他不同意韦伯把理性化仅仅归结为工具理性化。在哈贝马斯看来,工具理性化可以解决对自然界的认识与证明,并实现对社会的有效管理与控制,但是它无法解决人际交往关系中的问题。工具理性面对的是外在的对象世界,而人际交往关系展开的是主观意愿层面的意义世界,它需要一种与工具理性不同的理性原则。保证言语有效性的四条原则,亦即交往关系有效的理性原则,又可称为交往理性,按照它来行事,言谈话语就能达成有效的沟通,形成在相互理解基础上的共识。

言语有效性的四条原则被哈贝马斯看成最基本的理性原则。可以说,这四条原则组成的交往理性是其他理性原则的根据,是理性的理性。得出这个结论的根据首先在于,言语有效性的四条原则是人类生活基本理性原则的综合:真实性原则即如实地描述陈述对象,这实质是科学认知活动中的客观性原则;正当性原则即言者和听者都要以公正地评价周围事物作为交流的前提,这实质上是体现了道德评判和伦理准则的评价原则,是道德和伦理领域的善的原则;真诚性原则是言者向听者表达内心世界,以求情感融合和共同体验的关系原则。这就说明,言语有效性原则已把人类生活中的三种基本原则——真、善、美都纳入自己的范畴之中。可沟通性原则是针对言语沟通的特点而新增加的。如是观之,言谈有效性原则或交往理性原则,同科学原则、伦理原则和审美原则的关系是总体与部分的关系,是普遍与个别的关系。

而且更为重要的是,言语有效性原则是其他理性原则得以形成的基础。因为哈贝马斯说的言语是日常生活的言语交流,日常生活基本展开形式就是人们之间的言语交流,日常生活被看成其他领域里社会活动的前提和基础,人们每日从日常生活出发进入科学、生产、政治、文艺等领域,因此前者是原初领域,而后者则是在前者之中分化出来的领域。因此,日常生活领域中的理性原则也就是其他领域中理性原则的母体或基础。不仅只有在交往理性或言语行为理性同其他理性原则的原初与派生关系中,才能理解人类社会生活各种理性原则的来龙去脉,而且也只有在这种关系中才能真实把握各种理性原则的根基和适用度。

哈贝马斯在言语沟通行为中揭示了真、诚、正、通四种理性原则,事实上是对言语沟通行为提出的规范要求,正是在这个意义上,哈贝马斯后来又不满意用"普遍语用学"来概括自己的言语行为理论,而提出"规范语用学"(formal pragmatics)取而代之。语用学的规范性是以言语的三种功能分析为基础的。哈贝马斯认为言语有三种功能:显示客观世界某种事物的功能;表达主观世界某种意愿的功能;调节或联系社会世界中的人际关系功能。这第三种功能是哈贝马斯最重视的功能,正是这种在社会世界中调节人际关系的功能使言语沟通具有了规范的作用。

言语行为的规范作用突出地表现在"角色的交往"关系中。由于在社会世界中开展言语行为的人们都是在特殊条件的限制中存在的,各种矛盾关系或具体条件限制着行为者只能以特定的角色表现自己,并且由于每个人都有自己的主观意愿,都会对交往关系或交往对方提出自己的主张和要求,每个人的主张或要求只有符合具有一般性的、人们共同接受的规范才能得到对方的认可,言语行为才能是有效的。另外,人们在其中交往的社会世界本身都存在特定的种种规范,这些作为社会制度、群体纪律或文化传统的规范对个体来说是预先设定的,言语行为者无可选择地进入其中并不得不遵守。所以,无论就言语者、言语过程和言语的社会环境来看,规范都是实际存在的,语用学只有考虑到这些因素才能真实地把握言语行为。

基于对言语行为规范性的判断,哈贝马斯讨论了言语行为者的"交往资质"(Kompetenzen)。他指出:"我通过'交往资质'这个术语所理解的,正是以相互理解为指向的言说者把完美构成的语句运用于现实之中,并使二者相吻合的能力,它包括:1. 选择陈述语句的能力……2. 表达言说者本人意向的能力……3. 实施言语行为的能力。"[1]交往资质问题的提出,其意义主要在于:言语交往不仅要有普遍性的规范,而且还要注意到交往者的主观能力,因此,要注意交往者心理素质、道德水准、言谈能力、选择和创造性等方面的培养。

哈贝马斯关于言语行为的论述,不仅是当代语言社会学的重要内容,而且也是他的交往行为理论核心内容,其中展开的矛盾关系和触及的生活领域是异常丰富的,下表是他对自己阐述的言语行为理论所涉及丰富内容的概括[2]:

---

[1] 哈贝马斯:《交往与社会进化》,张博树译,重庆出版社1989年版,第30页。
[2] 同上书,第70页。

第九章　哈贝马斯的交往行为理论

表 9-1 言语行为理论的内容

现实领域	交往模式;基本态度	有效性要求	言语的一般性功能
关于外在自然的"那个"世界	认识式;客观性态度	真实性	事实之呈示
关于社会的"我们的"世界	相互作用式;遵从性态度	正确性	合法人际关系之建立
关于内在自然的"我的"世界	表达式;表达性态度	真诚性	言说者主体性之揭示
语言	——	可领会性	——

五、交往行为与生活世界的合理化

　　哈贝马斯关于公共社会结构转型和言语行为理性基础的研究，都与交往行为和生活世界的问题直接相关，公共社会的展开形式是公众的社会交往，公共社会结构转型的结果是生活世界殖民化，言语行为是交往行为和生活世界的基本内容，而言语行为的理性基础则是交往行为和生活世界的关键或根本。可见，交往行为和生活世界问题是贯穿哈贝马斯学术研究的中心线索。在其代表作《交往行为理论》中，他系统论述了交往行为和生活世界的合理化问题，给自己的社会批判理论增添了十分丰富的内容。

　　在一篇题为《走向历史唯物主义的重建》的论文中，哈贝马斯阐述了他始终不渝地坚持研究交往行为问题的深刻原因：他认为交往是社会发展的基本动力和基本形式，马克思对此早有论述，然而后人却忽视了这个非常重要的方面，以致对社会发展的动力、途径和形式产生了简单片面的理解，在社会交往日益占有更重要地位的新形势下，必须对社会交往展开更深入的研究，以此来补充马克思的社会发展理论，或重建历史唯物主义。哈贝马斯指出："马克思判断社会发展并不是根据复杂性的增长，而是根据生产力的发展阶段和社会交往形式的成熟性。"[1]确如哈贝马斯所言，马克思在《德意志意识形态》等早期著作中对交往在社会发展中的地位和作用作出了明确论述，可是后来马克思本人专注于对资本主义生产方式的批判，忽视了对社会交往问题的研究，马克思的继承者对此则更为轻视，以致产生了单纯经济决定论等片面观点。哈贝马斯承诺的理论使命是，从马克思的早期观点出发，重新建构全面理解社会发展的交往行为理论。

　　哈贝马斯认为，仅仅注意生产力在社会发展中的决定作用，忽视对社会交往问题的研究，是用物理学的眼光分析社会现象导致的机械决定论。哈贝马斯主

---

[1] 哈贝马斯：《交往与社会进化》，张博树译，重庆出版社1989年版，第146页。

张:应当借鉴新进化论的生物学模式,在有机系统中重新认识社会发展动力的复杂性。从帕森斯、卢曼和兰斯基(Lenski)等人阐述的生物有机系统论来看待社会发展,一个被人们忽视的问题突显了出来,即学习机制在社会发展中的作用。事实上,无论在社会生产中还是在社会交往中,学习都是具有基础意义的活动。在社会生产中,人们只有不断学习关于认识自然和控制劳动对象的科技知识,才能推进生产的发展;在社会交往中,人们只有不断学习道德伦理知识,才能知道如何协调人际关系、稳定社会秩序、提高实践中的道德水准。

与法兰克福学派其他成员相同,哈贝马斯赞同马克思关于科学技术知识能够引发生产工具革命,进而引发生产关系和整个社会系统变化的观点。但是,哈贝马斯认为必须对科技知识在整个社会系统发展过程中的作用和地位作出明确限定,而不能无限度地抽象夸大。在他看来,科技知识仅仅能够通过推进生产力发展引发生产关系(经济基础)和上层建筑领域的变化,但是它不能实现生产关系(经济基础)和上层建筑乃至整个社会系统的变化。或者说,哈贝马斯认为,科技知识可以引起生产工具变革,提高生产力水平,将促使生产关系、经济关系和思想文化、政治制度等领域出现一系列新问题,但是科技知识不能引导人们去解决这些新问题,更不能告诉人们用什么样的行为模式、生活方式和社会制度去建立新的社会发展秩序。

哈贝马斯认为,一些教条的马克思主义者仅仅重视科技知识在社会发展中的作用,而忘记了道德伦理知识在社会发展中的深刻意义,实质上是未能坚持社会是一个一体化的有机系统的原则。社会作为一体化的有机系统,人面对自然或面对外界事物的层面(主要是生产)和人面对内在主观世界的层面(主要是交往),是不可分割地联系在一起的。当社会实现真正意义上的发展变化时,这两个层面的进步和提升都是不可或缺的,并且,从最终实现的意义上讲,道德—实践学习和社会交往的发展是更为重要的,因为只有道德—实践学习促进社会交往形式的变革,才能实现社会在人与人、人与文化、社会制度和社会秩序等层面的总体性变革。据此,哈贝马斯指出:"新的社会一体化形式的引入(例如,国家对亲族系统的取代)要求某种道德—实践类型知识,而不是那种可以在工具行为和策略行为规则中加以实施的技术性可用知识。新的社会一体化形式不要求我们对外在自然控制的扩展,而要求这样一种知识,它可以体现于相互作用的结构之中,即体现了与我们自己的内在自然相联系的社会自律的扩展。"[①]

人的"内在自然"(internal nature)亦即人的内在本性或内在本质,哈贝马斯

[①] 哈贝马斯:《交往与社会进化》,张博树译,重庆出版社1989年版,第150页。

第九章 哈贝马斯的交往行为理论

所谓"与我们自己的内在自然相联系的社会自律的扩展",实质上就是主张通过道德—实践知识的学习提升人们的自我意识,进而实现自我的内在本性的发展和社会普遍性发展的统一。在哈贝马斯看来,社会自律亦即社会以各种规范去约束和整合个人的道德实践,但这不能仅仅通过外在性的压力来实现,而需要个人在自我意识中达到对社会规范的认同,因此需要促进个人的道德—实践学习,在学习中把健康的社会规范内化到自我意识结构之中,使个体自觉地同社会的普遍发展保持一致。

个体自我意识同社会一般规范的统一固然重要,然而靠什么能够切实地实现二者的统一呢?哈贝马斯的答案是建立合理的规范结构。他指出:"我坚信规范结构并非简单地遵循再生产过程的发展道路,也不是简单地对系统问题作出反应。它自身确有某种内在的历史。在早些时候的研究中,我已试图去论证,像生产活动和实践这样的整体性概念必须还原为交往行为和有目的的理性行为的基础概念。以避免把这两种决定着社会进化的理性化过程混为一谈。行为的理性化不仅对生产力有效,而且对规范结构也独立地发挥效用。"[①]可见,哈贝马斯不仅强调规范结构的重要作用,而且坚持到实践过程或社会行为中去分析规范结构,为的是避免把关于规范结构的讨论抽象化。

哈贝马斯把社会实践或社会行为区分为两大类——目的理性行为和交往行为,并指出两类行为具有不同的规范结构。"目的理性的行为可以在两个不同方面被考察——技术手段的经验效能和各适宜手段间选择的连贯性,行为和行为系统在这两方面都能被理性化。手段的理性化要求技术功利性的经验性的知识;决策的理性化则要求价值系统、决策准则以及行为选择之正确推导的解释和内在连贯性。"[②]这就是说,目的理性行为如同韦伯的工具理性行动一样,要把功利目标、手段选择、技术操作、价值测评和决策筹划等因素考虑周全,并使这些因素在目的理性行为中协调一致,这就是目的理性的规范结构。

目的理性行为中的规范结构展开于主观与客观之间,亦即展开于人与物之间,而交往行为中的规范结构则展开于主观之间,亦即展开于人与人之间。因此,交往行为中的规范结构在内容、形式和功能等方面都与目的理性行为中的规范结构不同。"与目的理性的行为不同,交往行为是定向于主观际地遵循与相互期望相联系的有效性规范。在交往行为中,言语的有效性基础是预先设定的,参与者之间所提出的(至少是暗含的)并且相互认可的普遍有效性要求(真实

---

① 哈贝马斯:《交往与社会进化》,张博树译,重庆出版社1989年版,第120页。
② 同上。

性、正确性、真诚性)使一般负载着行为的交感成为可能。"①可见,交往行为中的规范结构具有主观际性、先验性和普遍性三个基本特点。这三个特点使它同目的理性行为中的规范结构明确地区分开来:前者展开于主观际,后者展开于主观与客观之间;前者超越了经验过程,在先于经验活动中的逻辑先在性中形成,后者在经验过程中根据特定条件形成;前者不受个别目标限制,具有一般性或普遍性,后者则指向或局限于特定的目标。另外,交往行为中的规范结构还有一个更重要的特点,它同言语行为的理性基础是一致的。因此,可以说交往行为的规范结构实质就是言语行为的理性原则,强调交往行为的规范结构,无非就是要求人们在交往中按照真、诚、正、通四条原则行事而已,这也就是哈贝马斯追求的交往行为理性化。

  哈贝马斯如此重视交往行为理性化,原因在于现实生活中交往行为的不合理化,他的主旨在于建立理想的交往行为理性模式去改变不合理的交往现实。交往现实过程的不合理化,一方面表现在受各种因素的影响,人们在交往行为中往往违背交往行为的规范原则,导致交往障碍重叠,交往言路断裂,人们的交往关系呈现为扭曲的病态;另一方面表现在交往行为的空间范围不断缩小,生产领域、科学领域和政治领域等主题化的领域,亦即有明确功利目标的专业化世界,以不断加快的速度吞噬着交往行为展开的领域——生活世界。未主题化的、原初的日常生活世界是人类生存的根基,当其被吞噬或殖民化时,人类社会便产生了最严重的异化。

  康德在意识领域为理性分区划界,试图以此来调和科学、道德和审美三种意识活动的冲突。哈贝马斯效仿康德,在社会活动领域为理性分区划界,试图以此调和不同社会行动的矛盾冲突。哈贝马斯认为人的社会行动划分为三种类型:目的性行动、规范性行动和戏剧性行动。目的性行动以行动者与客观世界间关系为活动领域,展开了一个客观世界;规范性行动以行动者之间的社会关系或交往关系为活动领域,展开了一个社会世界;戏剧行为只与行动者自己的主观世界发生关系,它以自我表现为中心、以自我意识为内容,展开了一个主观世界。简言之,哈贝马斯对社会行动不同类型的分析,划分出面向外物、面向他人和面向自我的三种世界。

  哈贝马斯的目光聚集在社会世界上,他认为社会世界是由系统世界(system world,其实译为体制世界或制度世界或许更贴切一些)和生活世界(life world)构成的。系统世界是体制化、制度化和组织化的世界,包括按照政治制度和法律

---

① 哈贝马斯:《交往与社会进化》,张博树译,重庆出版社1989年版,第121页。

制度建立起来的国家机关,按照经济制度建立起来的经济系统或市场体系,系统世界是占有各种社会控制权力的领域;生活世界是交往行为展开的领域,包括两个层面:一是开展言谈沟通、追求话语共识、发挥舆论评价作用的公共领域;二是维持私人利益、追求个人自主性的私人领域。下图可以表示哈贝马斯对社会世界及客观世界、主观世界的分析:

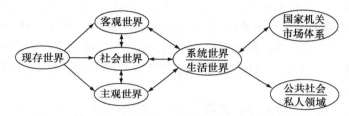

图 9-3　客观世界、社会世界与主观世界

图 9-4 可以更具体地显示社会世界的构成:

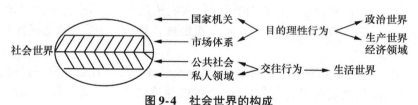

图 9-4　社会世界的构成

哈贝马斯的观点是:社会世界是由人的社会行动展开的,社会行动有两大类型:目的理性行为和交往行为。目的理性行为的组织形式或制度化形式:一是国家权力机关和政治团体,它们构成了政治世界;二是市场体系和经济体制,它们构成了生产世界或经济领域。交往行为是从私人领域进入公共领域的活动,在交往行为中,人们的角色是一种变换过程,当人们从自己的家庭生活或个人独处情境中走出来,在一些公共场合发生交往时,人们实现了从私人领域向公共领域的转变,私人变成了公众;反之,当人们从公共场合返回家庭或个人独处情境中时,又实现了从公众向私人的转变。哈贝马斯在论述公共社会结构时曾指出了资本主义社会公众和私人的不可分性,即公众必须是由有私人自立、自主地位的人们转换而来的,并且二者是一个不断的角色变换关系。因此,交往行为展开的生活世界是公众与私人、公共领域与私人领域发生直接联系,不断转换统一的领域,二者没有严格确定的界限。

在社会世界中,哈贝马斯最重视的是公共领域的问题。如同在早期著作《公共领域的结构转型》中阐述的那样,哈贝马斯认为从 19 世纪开始的资产阶级公共领域结构转型导致了一场深刻的社会异化,资产阶级国家权力通过政党、经济团体入侵公共领域,以其强权和各种政治技术扭曲公共领域,公共领域的交往沟通、舆论监督等功能被压抑或消解了,结果不仅是资产阶级国家政治权力和经济权力极度膨胀,而且私人领域也随公共领域的殖民化而发生裂变。因为私人领域和公共领域是互为前提的,没有前者,后者无法形成,没有后者,前者也失去存在的意义。因为私人的地位、作用、意志、利益等只有在公共领域中才能表达出来,才能由个别上升到普遍,才能通过舆论和共识而转换成社会地位、社会功能和社会意志而得到认可与保护。所以,当公共领域被资产阶级政治领域和经济领域侵吞时,私人的地位、功能和意志与利益都无法实现了,私人领域便面临灭顶之灾。

当私人转换成公众的途径被堵塞,私人发挥社会作用的场合被消解,私人之间不仅言路断裂,交往受阻,而且私人之间的信任开始出现危机,情感交流发生畸变,共识和理解都难以获得。私人领域开始向非情感化、商品化、工具化和物化转变,作为人们日常生活的根基动摇了,人们感到家园在失落、生活在异变、人性在扭曲、世界在裂变,于是现代人开始怨恨现代性,开始寻求超越现代社会的后现代社会。

哈贝马斯反对后现代主义的主张,认为现代性和现代社会并没有过时,也不可能终结,现代性还有强大生命力,应当积极地诊治现代社会表现出来的病症,采取可行的方案,使现代社会走上健康发展之路。哈贝马斯给出的方案是:限制资产阶级国家政治权力和经济权力,为生活世界留下足够的运行空间,梳理人们的交往关系,特别是建构交往理性,促进人们按照交往理性的普遍性规范,开展能够有效沟通的交往行为,保证生活世界的合理化状态,同时也保证公共领域和私人领域的和谐关系,使它们都能充分发挥自己的积极功能。

六、现代性与后现代性之争

关于现代性与后现代性的争论,是当代学术思潮中的热点之一,丹尼尔·贝尔、福柯、利奥塔、布迪厄、吉登斯、罗蒂等当代著名哲学家和社会学家都卷入了这场争论之中。在这场波及各种学术领域的论战中,哈贝马斯扮演了一个十分特殊的角色,他从左右两个方面批判了后现代主义学术思潮,论述了维护现代性,推进现代社会健康发展的思路和原则。

面对后现代主义思潮对现代性原则的汹涌冲击,哈贝马斯首先指责后现代主义者曲解了现代性原则。在哈贝马斯看来,"现代"(modern)这一术语源远流

第九章　哈贝马斯的交往行为理论

长,自古希腊以来,现代这个概念就一直被官方和学术界使用,它的基本含义在于强调新出现的变化,意在把当前同过去区别开来,它并不像后现代主义指责的那样是一个确定的时代,它没有确定的时间界限和确定的思维方式与行为原则,而是一个变化着、扩展着的动态性概念。"远在罗马和以往异教徒时代,它就成为官方基督教用语。'现代'一词为了将其自身看作古往今来的结果,也随着内容的更迭变化而反复再三地表达了一种与古代性的过去息息相关的时代意识。"①

后现代主义者攻击的现代性主要是指启蒙运动中形成的思维方式和行为原则,在福柯、利奥塔和布迪厄等人的笔下,现代性是崇尚实证科学原则、信守工具理性,主张通过工业化来追求物质财富增长的思维方式和行为原则,这种主观和客观二元对立的思维方式,过度地坚持功利原则,忽视了人的价值理想,忘记了人出于本性在道德伦理、情感体验和艺术审美方面的多维需求,把现代人引上了片面化、异化的发展道路。哈贝马斯不同意这些对启蒙运动以来的现代性的攻击,他认为:在启蒙运动中形成的现代性的核心是推动社会从现存走向未来,是要求社会改变落后现状,是相信知识将无限进步,社会秩序和道德改良会无限发展,自然科学和工业生产的发展不仅能够推动社会从贫穷走向富裕,而且也会提升人们的思想境界和道德水准,使人类社会步入和谐、幸福的境界。简言之,现代性作为一种追求进步的精神是完整的,而不是像后现代主义者指责的那样的片面性。

从哈贝马斯同丹尼尔·贝尔、福柯、利奥塔等人的论战来看,他主要是从以下几个方面来理解现代性:其一,现代性是一种精神指向,它指向人类的进步、幸福、自由与和谐,它主张通过发展科学、提升文化、促进生产来实现这种完整的精神指向;其二,现代性是一种思维方式或思想原则,它坚信人类的理性能力,坚信逻辑思维原则的普遍性和有效性,强调理论思维对现实的建构性指导作用;其三,现代性是行为准则,它主张人类行为应当按照理性原则和价值目标而展开,在不同行为领域应当遵循不同的理性原则和价值目标,真、善、美是不同层面社会行动和交往行为的不同准则与追求目标;其四,现代性是动态性概念,它没有确定的时间分期,它的内涵随时代变化而不断变化,它因此而具有辩证性和否定性,它的开放性、扩展性意味着它永远不会过时,人类应当为这个未竟事业而持续奋斗。

---

① 哈贝马斯:《论现代性》,载王岳川、尚水编:《后现代主义文化与美学》,北京大学出版社1992年版,第9页。

根据对现代性的基本界定,哈贝马斯批判了以丹尼尔·贝尔为代表的新保守主义对现代性的曲解。在《资本主义文化矛盾》中,丹尼尔·贝尔认为启蒙运动时期的现代性精神正在衰落,推动资本主义社会发展的两种冲动力——经济冲动力和宗教冲动力,在相互冲突中经济冲动彻底战胜了宗教冲动,人们的价值理想完全被融入资本主义的功利原则之中。由先锋派、怪诞派代表的各种文化思潮,说明现代性精神已经瓦解,现代化事业已经走到了尽头。哈贝马斯反对丹尼尔·贝尔的结论,他认为丹尼尔·贝尔犯了概念混淆的错误,因为朝兴夕衰的现代文艺思潮,虽然其中存在艺术形式扭曲、价值观念裂变,甚至趋向荒诞和迷幻等异化现象,但是并不能以此来证明现代性已经衰落,现代文艺思潮与启蒙运动以来的现代性精神是背道而驰的,它的消极表现是现代化事业进程中的负面现象,并不是现代性实现自己原则的正面表现。现代文艺或现代文化的异化,其实质是现代性原则的扭曲和背弃,而不是现代性的必然结果。

哈贝马斯以韦伯对理性的分析为理论根据,进一步批判了丹尼尔·贝尔的观点。哈贝马斯指出:"韦伯给文化的现代性赋予了实质理性的分离特征。表现在宗教与形而上学之中的这种分离构成三个自律范围,它们是科学、道德与艺术。……人们能够使得文化的每一领域符合文化的职业,而文化领域内的问题成为特殊专家的关注对象。对文化传统所作的这种职业化处理办法先于文化这三个方面的每一个内在结构,那么出现的认识—工具结构,道德—实践结构,以及审美表现的合理性结构,每一结构都毫无例外地处于专家们的控制掌握之中。"① 哈贝马斯的意思是:现代文化如同韦伯分析的那样,是一个趋向分离和专业化的过程,分化导致了科学、道德和艺术三个领域的分离,并且三个领域都形成了自己的理性原则——真、善、美,专业化则使这三个领域都被纳入专家的控制之中。现代文化裂变的实质不是贝尔所言的现代性原则的过时与衰落,而是因专业化而分化开的不同领域按各自的操作原则和技术原则控制起来了,并且科学、道德和艺术三个领域的分离和专业化,还导致一个结果:现代文化同生活世界分离。

简言之,哈贝马斯认为贝尔指出的现代文化异化问题,实质是对追求完整、和谐的现代性原则的背弃,解决这些问题的方案不应如贝尔设计那样——用新宗教来抵制经济冲动的无节制放纵,而是为不同文化形式合理划界,让科学、道德和艺术各种文化形式分别按自己的理性原则展开自己,并且不脱离日常生活,

---

① 哈贝马斯:《论现代性》,载王岳川、尚水编:《后现代主义文化与美学》,北京大学出版社1992年版,第16页。

在与生活世界的交往联系中达到与人性的相融。

哈贝马斯还批判了福柯、德里达和利奥塔等法国后结构主义者从左面对现代性的否定。福柯站在欧洲传统文化的对立面,反对启蒙运动以来追求统一性和共同性的学术倾向,认为世界是不断分化、断裂、充满差异的,只有承认个性、反对一统,肯定断裂、否定连续,才能真实地把握历史与现实;德里达更为激进地指出,世界不仅是差异性存在,而且是无序的、无中心的存在,一切都在流变、扩延,内在的结构和稳定的秩序都不过是理论家的幻想,必须摧毁结构论,抛弃中心论,才能看清不断分延、趋向边缘的现实世界;利奥塔则直接批判哈贝马斯建构交往理性、寻求普遍性原则的理论观点,认为追求元话语的普遍主义早已不合时宜,必须突破德国思辨哲学式的逻辑推论,从讲述宏大叙事的空泛议论中转向面对具体事物的具体叙事。在对真实人生的体验与理解中追求人类的解放和自由。

哈贝马斯认为,后结构主义者夸大差异性、否定中心和普遍性的观点,不仅不能摧毁现代性原则,而且这些偏激的观点本身就难以成立。在哈贝马斯看来,社会生活中虽然存在差异性和特殊性,存在对中心的排斥和离异,但是,差异性中有共同性,特殊性中有普遍性,绝对的中心不存在,特殊领域中的理性根据却不可否认。因此,哈贝马斯坚定地反击后结构主义对他的批判,同福柯、德里达、利奥塔等人开展了针锋相对的论战,其中最引人注意的是他同利奥塔关于元话语和普遍性的论战。

罗蒂在评论哈贝马斯同利奥塔的论战时指出:"凡是哈贝马斯认为还维持'理论探索'精神的,都会被心存怀疑的利奥塔看作是'元叙事'。凡是放弃这种理论探索的,对哈贝马斯来说,就是'新保守主义',因为他们放弃了作为改革的基础的理论。而这种改革理论,正是启蒙时代以来以民主为重心的西方历史的特质,而且我们还可以应用这种理念,来批判世界的社会制度与经济制度。这一立足点,即使不是先验的,至少也具有'普遍性'。在哈贝马斯看来,放弃这一立足点,就等于放弃了社会的希望,而这也正是自由体制的核心。"[1]

罗蒂的评论十分准确地抓住了哈贝马斯同利奥塔论战的核心与实质。确如罗蒂所言,被利奥塔斥为"元叙事"的,是由哈贝马斯建构的交往理性原则和对不合理现实展开批判的辩证理性方法。哈贝马斯正是认为交往理性原则和辩证理性方法在现实生活中有普遍性的根据和普遍性的效力,才坚定不移地从哲学、

---

[1] 罗蒂:《哈贝马斯与利奥塔论后现代》,载王岳川、尚水编:《后现代主义文化与美学》,北京大学出版社1992年版,第55页。

社会学和语言学等角度深入阐述和精心论证它,才以它为基础对资本主义异化现实开展了尖锐而丰富的批判。因此,是否承认交往理性原则和辩证理性方法的普遍性,成为哈贝马斯同利奥塔论战的焦点。

哈贝马斯认为,他坚持普遍性原则不能被简单指责为一般的普遍主义,而是承认特殊性,承认特殊性之间的沟通、共识、相容、相互理解的道德普遍主义。他指出:"普遍主义意味着什么?意味着在认同别的生活方式乃合法要求的同时,人们将自己的生活方式相对化;意味着对陌生者及其他所有人的容让,包括他们的脾性和无法理解的行动,并将此视作与自己相同的权利;意味着人们并不孤意固执地将自己的特性普遍化;意味着并不简单地将异己排斥在外;意味着包容的范围必然比今天更为广泛。道德普遍主义意味着这一切。"[①]这就是说,哈贝马斯坚持的道德普遍主义,不是德国古典哲学坚持的超越经验现实中特殊存在的绝对普遍主义,而是以承认生活中特殊性为前提,促进人们在交往行为中开放自己、理解他人、寻求沟通、达成共识,进而实现社会进步、人生和谐的道德论的或伦理学的普遍主义。

论证了道德普遍主义的合理性,也就论证了元话语的合法性,同时就从基础上论证了包含着普遍的理性原则、普遍的价值尺度和普遍的理想目标的现代性。于是,哈贝马斯明确地宣布:现代性没有过时,启蒙运动以来的现代化事业在根本上是积极的、有生命力的。新保守主义和后结构主义看到现代社会的种种病症,不是现代性的本质使然,现代性有缺欠,但是它的缺欠是可以通过新理性化——交往理性的建构来纠正的,那些以新奇、怪异的语词来否定现代性的后现代主义者,应当在指责现代性的缺欠时看到现代性推进现代社会发展所取得的巨大成就。

---

① 哈贝马斯:《新历史主义的局限》,载包亚明主编:《现代性的地平线——哈贝马斯访谈录》,李安东、段怀清译,上海人民出版社1997年版,第137页。

第十章

吉登斯的结构化理论

帕森斯在20世纪30年代融合欧洲社会学的实证主义传统和人本主义传统,建立了结构功能主义,实现了社会学理论第一次大规模的理论融合;吉登斯在20世纪80年代开展了比帕森斯视野更加广阔的又一次社会学理论融合,他不仅批判了美国的结构功能主义、法国的实证主义和德国的人本主义等各种流派的社会学理论,而且还批判了法国后结构主义、德国交往行为理论和美国新功能主义等当代社会理论,建立了内容丰富的结构化理论。

一、重建社会结构理论

吉登斯(Anthony Giddens)于1938年出生在英国伦敦北部的埃德蒙顿,18岁那年考入赫尔大学。在大学期间受社会学教师沃斯利和心理学教师韦斯特比的影响,对社会学和心理学产生了深厚的兴趣。1959年大学毕业后,进入伦敦政治经济学院攻读硕士学位,1961年撰写了题为《当代英国的运动与社会》硕士学位论文,通过答辩并获硕士学位。

获硕士学位后,吉登斯在莱斯特大学社会学系任教,讲授经典社会学理论和社会心理学等课程。这期间,吉登斯结识了埃利亚斯,埃利亚斯关于体育运动与社会生活相关性的研究对吉登斯产生了一定的影响。

1966年,吉登斯离开莱斯特大学到温哥华附近的西蒙·弗拉塞尔大学任教,后又转至加州大学洛杉矶分校。在加拿大和美国的时间虽然不长,但是对吉登斯来说十分重要。因为这段异国经历,使他深深感到人类社会生活正在发生重大变化,不仅各种后现代主义思潮使他感到别开生面,而且向传统激烈挑战的北美青年生活也令他耳目一新。他明确地得出结论,那些执着地用传统社会学理论来解释现代社会生活的社会学研究已经不适时宜,必须重新审视传统社会学的理论与方法,在理论与现实的批判中建构真实说明正在变化的新生活的新社会理论。

1969年,吉登斯受剑桥大学之聘,由美洲返回英国,在皇家学院任高级讲师兼院士,同时攻读博士学位。1974年,获剑桥大学博士学位。1983年,被选为英国社会学会执行委员会委员。1984年,出版了代表著《社会的构成》,他的学术影响随这部著作的出版而迅速扩大。1985年被聘为剑桥大学社会学教授。1996年被聘为伦敦政治经济学院院长。

吉登斯是一位学思敏捷的社会学家,自70年代初以来发表了大量学术著作,其中主要的有:《资本主义与现代社会理论》(1971)、《涂尔干著作选》(译作,1972)、《发达社会的阶级结构》(1973)、《实证主义社会学》(1974)、《社会学方法的新规则》(1976)、《社会理论的中心论题》(1979)、《社会的构成》(1984)、《民族—国家与暴力》(1985)、《现代性的后果》(1990)、《现代性与自我认同》(1991)、《超越左与右——激进政治的未来》(1994)等。吉登斯的这些著作内容十分丰富,既论及自孔德以来欧美各种重要的社会学理论和德国古典哲学、现代西方哲学,也涉及当代人类社会结构转型、文化观念变迁和国家、民族、现代性等一系列重大现实问题。

吉登斯步入学术生涯之日,正是西方社会风起云涌、发生剧烈变化之时。如同丹尼尔·贝尔在《资本主义文化矛盾》中描述的那样,各种社会思潮荒诞怪异,各种学术思潮朝兴夕衰,而这些扑朔迷离的文化现象,正是西方社会由工业社会转向后工业社会的精神表现。虽然英国比欧美大陆相对稳定一些,但是整个西方社会的各种变化不可能不波及不列颠群岛,并且,当吉登斯从英国来到北美时,剧烈的社会变化必然要在他的思绪中引起阵阵波澜。作为有社会学和社会心理学深厚学术修养的学者,摇滚乐、嬉皮士等晕人耳目的反传统文化现象,使他深感当代社会的变化是从社会制度到个人心理的总体性变化,尤其福柯和德里达等人代表的后结构主义、形形色色的后现代主义,对欧美传统文化展开了激烈批判,更在他的心底引起了不断的震撼。

如同斯宾塞在维多利亚时代表现出来的平静而缜密的理论风格一样,吉登斯虽然深切感受到欧美社会及西方精神世界的深刻而复杂的变化,但是他没有像马尔库塞、福柯、德里达和利奥塔等人那样表现出激进的理论姿态,而是在对欧美各种学术思潮的普遍关注中,重点针对由马克思、孔德和韦伯开创的三大欧

第十章 吉登斯的结构化理论

洲社会理论传统,谨慎地梳理其中的基本观点,在传统理论同现代理论的比较分析中汲取其中的理论精华,同时在同当代流行的各种学术思潮的对话中建构新社会理论。

吉登斯非常重视马克思的历史唯物主义理论,他认为他的三部代表著——《社会的构成》、《民族—国家与暴力》和《现代性与自我认同》,是关注"历史唯物主义与当代世界的关联"的三部曲。如此重视马克思历史唯物主义的重要理由之一,是历史唯物主义深入剖析了资本主义社会的存在与发展问题。历史唯物主义的理论由此被看成一种关于社会存在和社会结构的本体论理论。吉登斯认为,当代在欧美大陆流行的理解论、符号论、解构论和心理分析等社会理论,共同点之一是反本体论倾向。而由马克思高度重视的人类生存境况、社会再生产与社会结构转型等本体论问题,在当代社会生活中显得越来越重要,如果不像马克思那样从本体论出发来说明当代社会面临的重大问题,显然无法抓住问题的根本。他指出:"诚然,对认识论问题的关注或许的确有它的重大意义,但这会转移我们的注意力,忽略社会理论更为'本体性'的关怀,而后者正是结构化理论的主要关注点。"①

论及结构问题,人们自然联想到帕森斯的结构功能主义。在吉登斯的结构化理论中,帕森斯结构功能主义的影响是不可忽视的。但是,吉登斯认为,虽然不能否认帕森斯在现代社会学理论中的影响,然而不能过高估计他的地位。"在二战以后相当长的一段时期里,……整个世界的社会学都为美国社会学所主宰,社会理论里深深地刻下了塔尔科特·帕森斯的印记。现在回头看来,帕森斯思想享有的声望未免过高,因为他那种抽象含混的风格引起许多人的厌烦,也理所当然地招来许多批评与贬毁。"②帕森斯理论"抽象含混"的原因在于,他追求普遍适用的模式解释,使结构功能理论停留在对社会生活的宏观概括层次上。吉登斯不否认对社会生活进行宏观概括的必要性,但他同时也强调微观分析的必要性,认为社会结构本身就是具有普遍意义的一般原则和具有特殊意义的心理记忆的统一,亦即宏观概括和微观分析的统一。因此,在吉登斯的著作中,不仅能看到关于社会结构化、社会转型和现代性这些宏观层面上的理论构架,也能看到关于个体心理结构、自我认同和情趣体验等微观层面的深入分析。

在吉登斯试图克服社会学中宏观理论与微观分析对立的同时,他也试图超越客体主义和主体主义的对立。迪尔凯姆是社会学客体主义的主要代表,当福

---

① 吉登斯:《社会的构成》,李康、李猛译,生活·读书·新知三联书店1998年版,第39页。
② 同上书,第31页。

柯、德里达等人激烈批判迪尔凯姆的客体主义时,吉登斯认为不应当完全否认客体性原则,因为社会确实可以作为外在对象加以客观性研究,或者说社会生活确实有客观性的一面。但是,仅仅强调社会客观性、片面地用物理学和生物学的客观原则去观察、分析社会是错误的。吉登斯主张既承认客观性原则,也承认主观性原则,试图从主观和客观的统一中去分析和回答社会问题。一般说来,坚持客体性或客观性同承认外界因素的制约作用是一致的,而坚持主体性或主观性同承认人们的能动性和创造性是一致的。由于吉登斯试图在主体与客体、主观与客观的统一中来把握社会问题,因此他的理论不仅肯定社会结构和制约性,而且也肯定人们活动的能动性和创造性。

由于吉登斯对马克思、帕森斯和迪尔凯姆为代表的三大社会学传统持平和的批判继承态度,他能够心平气和地从三大传统中吸取一些基本的理论原则,成为建构自己社会理论的深厚基础。吉登斯站在从三大传统那里承袭下来的基础之上,积极而敏感地同当代正在流行的各种社会理论开展对话,福柯、德里达、布迪厄、利奥塔、哈贝马斯、卢曼等当代社会学家或哲学家的名字在吉登斯的著作里经常出现。在同这些对当代学术思潮产生强烈影响的思想家的对话中,吉登斯一方面从他们那里引出大量直接与当代社会转型相关的新理论问题,另一方面在对这些新问题的回答中开展了当代学术思潮同传统理论的对话,不断为自己的理论基础增入新内容。这种广泛的理论对话,不仅使吉登斯的社会理论同传统社会理论保持着密切的学术思想连续性,而且也使他的理论具有强烈的时代气息和崭新的话语系统。

二、结构化理论的方法原则

吉登斯认为自己建立的结构化理论,既不是哲学也不是社会学,而是在第二次世界大战之后发展起来的"社会理论"(social theory)。吉登斯对社会理论这个概念作了如此界定:"'社会理论'这个词涵括了我认为各门科学所共同关注的那些论题。这些论题的宗旨是探讨人的行动与行动中的自我的性质,研究应该如何从概念上理解互动及其与制度的关系,努力把握社会研究的实践意涵。"[1]可见,社会理论超越了传统学科分类的限制,它的理论视野或问题论域涉及各门社会科学,是一种跨学科的综合性学术理论。社会理论研究人的社会行动及行动中的个人,这似乎与社会学并无太明显的区别,但是,社会理论的研究

---

[1] 吉登斯:《社会的构成》,李康、李猛译,生活·读书·新知三联书店1998年版,第35页。

不是实证社会学强调的描述性的量化分析,而是关于社会行动、自我、交互行动、社会制度等方面的定性研究,要在各种矛盾关系中揭示问题的实质。

由于社会理论对社会问题开展定性研究,所以它同哲学研究有着直接联系。吉登斯认为,哲学研究是典型的定性研究,但是它同一般的定性研究有明确的区别,它的基本特点是超验性和思辨性。这种思辨的超验性研究,在社会理论中是不可完全排除的,但是又不能因此而把社会理论等同于哲学研究。吉登斯指出:"'社会理论'虽然包括对涉及哲学的论题的研究,但它却并不主要是一种哲学的探求。如果社会科学的实践者们不直接引入哲学问题,那么社会科学将丧失自己的方向。"[①]社会理论要借助哲学思考来为自己确定方向,但是社会理论又不可因此而像哲学那样仅仅注重超验性的思辨,它要始终不渝地面对经验现实,在对经验现实中各种社会问题的定性研究中形成理论,转而指导人们的社会实践。

当吉登斯强调社会理论要同经验现实发生联系时,面临的另一个问题是社会理论同社会学的关系。吉登斯说,"我所理解的'社会学'并不是有关人类社会整体研究的一门通用学科,而只是社会科学的一个分支,只关注'发达的'或现代的社会。……我们充其量可以把'社会学理论'看作更为普遍的社会理论的一个分支,但它不能保有充分独立的身份。"[②]可见,吉登斯不仅从整体与部分的关系上区分了社会理论与社会学,而且还把社会学的研究对象限制在发达的现代社会。

吉登斯的这种界定有一定的根据,例如迪尔凯姆就把社会学的研究对象限制为外在的、客观的社会事实,而把个体心理排除在社会学视野之外。吉登斯阐述的社会理论不仅论及迪尔凯姆界定的社会事实,而且探究了个体的心理活动。在关于国家制度的理论中,吉登斯在长时段的历史过程中考察了国家制度的演变与发展,这些都是实证社会学研究视野之外的。不过应当指出,吉登斯关于社会理论同社会学的区分,仅仅在社会理论同实证社会学之间成立。如果考虑到历史社会学、文化社会学、过程社会学等,社会理论同社会学的界限就变得模糊起来。

吉登斯关于社会理论同哲学和社会学关系的论述,远不及马尔库塞在《理性与革命》中论述的深刻。马尔库塞认为,当代社会理论是辩证哲学同异化现实矛盾的产物。以黑格尔为代表的辩证哲学的核心是否定辩证法,它的精神实

---

① 吉登斯:《社会的构成》,李康、李猛译,生活·读书·新知三联书店1998年版,第36页。
② 同上书,第35页。

质是要求社会现实按照法国资产阶级大革命确立的平等、民主、自由的理性原则重新建构,然而在资本主义工业化过程中,理性原则不但难以实现,而且现实异化日益严重。于是否定的辩证法或要求进步的理性原则在哲学领域引起了革命,革命的结果是产生了马克思为代表的批判的社会理论和孔德为代表的实证的社会理论。马克思和法兰克福学派阐述的批判的社会理论是从积极的角度出发,用否定的方法推进现实发生变化,以此解除社会异化;孔德和其他实证主义者阐述的实证社会理论是从保守的角度出发,用肯定的方法帮助资产阶级确立社会秩序,通过社会控制来消除社会矛盾。两种社会理论的理论意义和实践意义是不同的,马尔库塞否定了实证主义社会理论而肯定了马克思和法兰克福学派的批判的社会理论。不过,不论社会理论是积极的还是消极的,它的出现在马尔库塞看来都是理论与现实发展的必然趋势,简言之,是人类社会的存在与发展的现实呼唤了社会理论。

尽管吉登斯没有像马尔库塞那样明确指出社会理论产生的逻辑必然性和历史必然性,但是当他把社会理论定位为"本体性"的关怀,就已显示吉登斯达到了这种认识。吉登斯不否认方法论和认识论方面的研究,但是不能因为对这些方面的研究而淡化关于人的生存与发展、社会行动与社会结构的本体性研究,因为这些本体论问题在现实生活的表现是十分严峻的。他指出:"诚然,对认识论问题的关注或许的确有它的重大意义,但这会转移我们的注意力,忽略社会理论更为'本体性'的关怀,而后者正是结构化理论的主要关注点。我认为,社会理论的探求者们首先应该关注的,是重新构造有关人的存在与行为、社会再生产与社会转型的概念,而不是愈益沉溺于认识论争论。"①

实际上,吉登斯的本体性关怀是实践论或生存论的关怀,而不是传统哲学关于事物抽象本质的关怀。当吉登斯把社会理论的目光移向社会实践与人类生存问题时,一个当代社会理论的共同理论取向便随之而来,即超越主体与客体的二元对立。在吉登斯看来,在实证社会学中存在的自然主义、功能主义和客体主义,以及受解释学影响攻击实证社会学的主体主义,分别抓住了社会生活的客体性和主体性,并将二者对立起来加以片面的论述,这种二元对立的研究方式,是一种分裂社会、误解人生的思维方式,必须克服这种主客二元对立的传统研究方式,才能正确地认识在实践过程中不断展开、不断建构的社会生活。

吉登斯提出以结构的二重性原则来取代主客二元论。他指出:"我们必须从概念上把这种二元论(dualism)重新构建为某种二重性(duality),即结构的二

---

① 吉登斯:《社会的构成》,李康、李猛译,生活·读书·新知三联书店1998年版,第39页。

第十章 吉登斯的结构化理论

重性,这一假设正是结构化理论的基础。"①吉登斯的观点是:客体主义者强调社会中的结构、制度、制约性,主体主义者强调人的主观性、能动性、创造性,这两类因素在社会生活都是实际存在的,既不可简单否认,又不可把二者对立起来。在社会实践过程中,这些因素是通过人的行动而动态地相互作用、相互转化的。一方面,社会本身是存在结构的,这些结构通过制度关系和规则限制,制约着人们的社会行动,人们是按照原有结构关系制约自己行动的;另一方面,人们不仅以其自觉性认识原有社会结构、调整自己行为,而且按照自己在行动中不断产生的新要求来调整行为规则和社会制度,进而使社会结构发生变化,社会结构从客观上的制约地位转入主观的创造过程中。社会结构由此而具有客观制约性和主观创造性两种品格,并且这两种品格是融会而存的。

具有客观制约性和主观能动性的社会结构,不仅存在于社会层面上,而且也存在于个人的思想意识之中。这个观点是吉登斯提出结构二重化原则的根据。一般说来,迪尔凯姆、帕森斯、甚至韦伯也都认为社会结构是社会构成要素的客观联系。吉登斯认为这是把社会结构简单化的观点,是在静态中看待社会结构。他指出:"结构化理论中的'结构',指的是社会再生产过程里反复涉及的规则与资源。"②这就是说,他要在社会实践或社会生产的不断展开和持续过程中动态地理解结构。这里还有一点值得注意,当吉登斯使用"社会再生产"概念时,其中蕴含了对社会实践循环性的理解:社会结构制约着人们的社会实践,而人们又在社会实践中创造着社会结构,并且二者是不断的双向循环过程。吉登斯对此有更明确的论述:"人类的社会活动与自然界里某些自我再生的物种一样,都具有循环往复的特性,也就是说,它们虽然不是由社会行动者一手塑成,但却持续不断地由他们一再创造出来。社会行动者正是通过这种反复创造社会实践的途径,来表现作为行动者的自身;同时,行动者们还借助这些活动,在活动过程中再生产出使它们得以发生的前提条件。"③

社会结构作为社会要素之间的联系、制度或规则,都是社会再生产的前提条件,社会行动者是按照自己头脑中的目的、计划来创造这些前提条件的。进一步的问题是:人们头脑中的目的、计划又是如何产生的呢?吉登斯采用了循环论的回答方式,即目的、计划来自社会实践之中,是社会实践中展开的各种结构关系的内化。这似乎同机械唯物论的观点一样,认识是对实践中事物的映像,从实践中反映出来

---

① 吉登斯:《社会的构成》,李康、李猛译,生活・读书・新知三联书店1998年版,第40页。
② 同上书,第52页。
③ 同上书,第62页。

的认识又反过来指导实践、规定实践。当然,吉登斯论述的循环过程要比机械唯物论的观点复杂得多,他引入了时间、空间、转换规则、结构化方式、结构性特征等概念来展开他的循环论证。在他关于结构的复杂论述中,结构最主要的特征被归结为主观性,他说:"我们说结构是转换性关系的某种'虚拟秩序',是说作为被再生产出来的社会系统并不具有什么'结构',只不过体现着'结构性特征',同时,作为时空在场的结构只是以具体的方式出现在这种实践活动中,并作为记忆痕迹,导引着具有认知能力的行动者的行为。"①可见,社会系统中的结构是由人们头脑中的"记忆痕迹"亦即结构观念指导人们的实践行动创造出来的。

吉登斯把人们头脑中的结构观念称为"记忆痕迹",其用意在于强调:支配人们社会行动的结构观念,不是传统认识论所称的逻辑思维,不是用语言表达出来的概念、判断,而是在日常生活实践中日积月累而形成的习惯性的实践意识。"所谓实践意识,指的是行动者在社会生活的具体情境中,无须明言就知道如何'进行'的那些意识。"②这种实践意识仿佛是弗洛伊德所说的无意识,但吉登斯非常明确地申明,不能用意识和无意识的关系来说明他的"实践意识"概念。首先,实践意识不是本能无意识层面上的,它也是一种意识,并且是有能力支配行为的意识;其次,它又不是形成了概念、判断和推理,可以用语言表达出来的"话语意识",而是介于无意识和话语意识之间的"只做不说的意识"。吉登斯指出:"话语意识和实践意识之间不存在什么固定不变的区别标准,两者之间的区别不过是在于,什么是可以被言说的,什么又只是只管去做而无须多说的。"③

实践意识除了"只做不说"的特点外,另一个重要特点是日常性和惯例性。日常和惯例是不可分的,正是因为按照惯例行事才是日常的。当吉登斯论及实践意识的惯例性(或例行化)和日常性时,更清楚地说明他的社会理论视野是在日常生活世界中展开的,这一方面显示了现象学和"常人方法学"对他的影响,另一方面也显示了他所关注的生活世界是一个更为实在的具体的日常行为领域。吉登斯指出:"'日常'这个词所涵括的,恰恰是社会生活经由时空延展时所具有的例行化特征。各种活动日复一日地以相同方式进行,它所体现出的单调重复的特点,正是我所说社会生活循环往复特征的实质根基。"④可见,吉登斯把这种循环不已的日常生活看作其他层面社会生活的根基,而这也正是吉登斯观

---

① 吉登斯:《社会的构成》,李康、李猛译,生活·读书·新知三联书店1998年版,第79—80页。
② 同上书,第42页。
③ 同上书,第67页。
④ 同上书,第43页。

察社会生活和解释社会生活的基点。

由于吉登斯关注的是真实发生的、具体的日常生活，因此在其理论视野中的社会事件和社会行动，都应当是在特定的时空位置上发生或存在的，于是，时间和空间概念不仅被引入社会理论之中，而且更重要的是成为一个重要的方法原则。吉登斯指出："各种形式的社会行为不断地经由时空两个向度再生产出来，我们只是在这个意义上，才说社会系统存在着结构性特征。我们可以考察社会活动如何开始在时空的广袤范围内'伸展'开来，从这一角度出发，来理解制度的结构化。如果将时空观融入社会理论的核心，就意味着重新思考隔断社会学与历史学、地理学的某些学科分野，这其中历史学的概念与分析方法尤其成问题。"①其实，吉登斯的时空原则并不难以理解，实质上不过是强调社会生活的条件性和历史性，亦即把各种社会行动和社会事件都放到特定的社会条件的限制中去考察，放到历史的动态过程中去理解。

与时空原则直接联系的是"定位"(positioning)和"区域化"(regionalization)两个概念。这两个概念在布迪厄实践理论和社会资本理论中都被充分讨论过，吉登斯运用这两个概念同布迪厄的区别在于：布迪厄主要是从位置的资源和功能、区域中的资本转换的角度来使用这两个概念，吉登斯则主要是从个体心理活动同社会环境的关系来使用这两个概念，具有较强的交往心理学色彩。吉登斯说："人们在日常社会接触中，存在一种对身体的定位过程，这是社会生活里的一项关键因素。……身体根据直接与他人的共同在场相关联的背景来加以定位；戈夫曼极其精细但又不失力度地向我们展示了社会生活的持续过程中内在的面部操纵、姿态以及对身体动作的反思性控制。"②"我们可以联系不同的场所来有效地考察社会互动的情境定位特征。正是通过这些不同的场所，个体的日常活动得以协调在一起。"③当个体的日常活动在特定场所协调在一起时，也就实现了社会活动的区域化。

从上述吉登斯社会理论基本概念的考察，可以发现他的方法原则是一种多元论的方法原则，是试图超越主体论与客体论二元对立，从个体心理、社会行动、社会制度、实践场域和历史过程等多种维度的综合中，对社会生活开展一种总体性研究，这是一种总体性的结构化研究，主要关注点不是认识论和方法论的建构，而是以日常生活为主要研究领域和立足基础的本体性研究。

---

① 吉登斯：《社会的构成》，李康、李猛译，生活·读书·新知三联书店1998年版，第40页。
② 同上书，第44页。
③ 同上书，第45页。

三、行动、意识与能动性

社会行动、社会制度和社会结构化是吉登斯社会理论的基本内容,他曾十分简要地概括了这一点:"在结构化理论看来,社会科学研究的主要领域既不是个体行动者的经验,也不是任何形式的社会总体的存在,而是在时空向度上得到有序安排的各种社会实践。"①这里,吉登斯所说的社会实践同一般社会学或社会理论所讨论的社会行动涵义基本相同,而"在时空向度上的有序安排"的主要涵义是:在具体条件和过程中的社会行动如何受社会制度制约而完成社会结构化。吉登斯对结构化理论主要研究领域或基本内容的这种规定,在其著述中清晰可见,无论他论述的范围多么广阔,关于社会行动、社会制度和社会结构化的思考都是贯彻始终的主线。

像韦伯和帕森斯等人一样,吉登斯的社会理论的起点也是关于社会行动的思考。与韦伯和帕森斯等人不同之处在于,吉登斯对社会行动的研究不是注重类型划分或理想类型与模式的讨论,而是把社会活动看作持续不断的动态过程,在其连续性的运动中剖析它的作用或结构化功能。他说:"人的行动是作为一种绵延而发生的,是一种持续不断的行为流,正如认知一样。有目的的行动并不是由一堆或一系列单个分离的意图、理由或动机组成的。"②不难看出,当吉登斯把人的行动看作绵延的持续过程时,他主要不是从人们行动的感性过程来强调它的连续性,他主要强调的是蕴含在行动过程中或者说是支配行动过程的意识因素的连续性。

吉登斯从两个方面论述了行动中意识因素的连续性。首先,他认为支配人们社会行动的意识不应简单地称为"自我意识",而应当认识到它是一种"人类意识","就社会实践循环往复的安排过程而言,最深入地卷入其中的因素,就是人类行动者认识能力所特有的反思性特征"③。吉登斯的这个观点是针对尼采、叔本华等唯意志论者而言的。19世纪下半叶兴起的唯意志论,强调目的、意图、动机等意识因素在行为中的作用,认为正是个体的这些主观意识自觉地支配着人们开展超越现存条件的各种行为。吉登斯不否认这些意识因素在人们行为中的主导作用,但是他不同意仅仅从个人的个别性来看待这些意识因素的作用,他

---

① 吉登斯:《社会的构成》,李康、李猛译,生活·读书·新知三联书店1998年版,第61页。
② 同上书,第62页。
③ 同上。

第十章 吉登斯的结构化理论

说:"像'目的'或'意图'、'理由'、'动机'之类的术语,我们在使用时都必须谨慎对待,因为哲学文献在使用它的时候,大多渗透着解释学的唯意志论,都完全剥离了人的行动在时空中的情境关联。"①具有情境关联的意识实质上是人类的"类同性"意识,而不是孤立的、支配人们自我奋斗的个体意识。

意识在行动中是以对行动的反思性监控而发生作用的,由于行动中的意识被归结为人类的共同意识,所以对行动的反思性监控就不是个人意志在发挥自我控制,而人们在与他人的联系中,在社会情境的共同关照中开展反思性监控,"因此,最好把反思性看作植根于人们所展现,并期待他人也如此展现的对行动的持续监控过程"②。可见,吉登斯通过强调行动中意识因素的连续性而把它提升为人类的共同意识,人们在行动中是自觉或不自觉地受着人类的共同意识支配的。

其次,吉登斯还论述了存在于行动中但行动者意识不到的"共同知识"(mutual knowledge)。在吉登斯看来,除了目的、意图和动机等行动者可以自觉到的意识因素以外,"在行动者话语意识觉察不到的两个行动过程层次之间,存在着广阔的'灰色区域'(grey areas)。在日常接触中包含了大量舒茨所说的'知识库存'(stocks of knowledge),我更乐意把它称为共同知识。行动者的意识无法直接觉察到这种共同知识。这样的知识绝大多数是实践性的,人们要想能够在社会生活中持续完成各种例行活动,它们也是必不可少的组成部分"③。可见,不可言说的共同知识也就是实践意识,不过,当吉登斯称之为"灰色区域"或"知识库存"时,它又类似于人们平时所言的风俗、习惯等文化背景或文化传统。

虽然共同知识是行动者不自觉的、不可言说的,但是,吉登斯认为它对行动也起着监控作用。共同知识的主要成分是实践意识,实践意识虽然不具备话语层面上的自我反思能力,但是实践意识同话语意识没有固定的区分,二者之间没有不可逾越的鸿沟,而是一个动态的相互渗透关系,作为实践意识的共同知识就是在同话语意识的相互渗透、相互作用和相互转化中参与对行动的反思性监控。

吉登斯关于人们社会行动的"人类意识"和"共同知识"的论述,说明他的社会理论研究在起点上就同福柯、利奥塔和布迪厄等人为代表的法国社会理论有重大区别。福柯在其知识考古学理论中,不仅强调社会事件的特殊性和差异性,而且强调人类认识活动、精神演化和知识类型的非连续性和断裂性,利奥塔则从

---

① 吉登斯:《社会的构成》,李康、李猛译,生活・读书・新知三联书店 1998 年版,第 62 页。
② 同上。
③ 同上书,第 64 页。

处境和价值观念的相对性和具体性出发,强调社会生活的多样性和异质性,并以之为根据反对德国古典哲学的普遍性追求,抨击哈贝马斯的"元话语";布迪厄虽然不像福柯与利奥塔那样偏激地强调差异性和个别性,试图在对社会生活的总体关照中论述差异与共同、个人与社会的统一,但是布迪厄的立足点同福柯与利奥塔相同,是从差异和个性出发来看待共同与普遍,他的场域理论和惯习观点都说明了这一点;吉登斯与法国学者明显对立,他在无限多样的社会活动中揭示的是存在其中的人类意识和共同知识,强调的是在共同文化背景和相关社会情境中社会行动的连续性和一般性。

吉登斯关于社会行动的这些观点阐述于20世纪80年代,比福柯在《知识考古学》中阐述差异性社会理论晚了十年,与利奥塔和布迪厄阐述后现代知识社会学和反思社会学理论的时代相同。应当说,吉登斯同这三位法国社会学家的社会背景并无太大区别,70年代的法国和英国,同西欧资本主义各发达国家一样,长期处于平稳的发展时期,无论是经济社会发展程度还是发展趋向,法国和英国基本上都是一致的。因此,吉登斯同福柯等人的分歧在现实基础中找不出直接的原因。不过,如果换个角度来看他们的分歧,在他们具有较大共同性的现实基础中或许能找到直接原因。正是经济、政治、文化等方面的共性,使他们都有对现实的共同感受,即现实已经发生实质变化,不能再用传统理论与方法来说明变化了的现实,因此需要批判传统、创新理论。福柯等人从现实生活的特殊性出发否定传统理论的抽象普遍性,具体特殊性和抽象普遍性是理论思维中的两个极端,吉登斯所作的努力是试图调整被福柯等人推向另一极的特殊异质性极端,在异质性中彰显其普遍共同性。现实一定是完整的,而理论却总是趋向极端。这似乎是片面性,其实正是在思想史中不断出现敢于趋向片面的理论家,人类对那些繁杂的社会现象才能有深入的理解,而那些追求全面的学者,往往只能给出平庸的综合。

一般说来,讨论人们行动的意识因素一定要论及人们行动的能动性问题,吉登斯也不例外。吉登斯在论述行动的能动性时有许多独到见解,他首先反对单纯从意识活动来看待行动的能动性。他说:"能动作用不仅仅指人们在做事情时所具有的意图,而是首先指他们做这些事情的能力。"[1]根据这个界定,吉登斯提出要把行动者的"所欲"和"所做"区分开。传统理论主要是在"所欲"层面讨论行为的能动性,而吉登斯则侧重讨论行动者"所做"层面的能动性。在"所欲"层面讨论能动性,人们注意到的是清醒的意识活动中的自觉性,而在"所做"层

---

[1] 吉登斯:《社会的构成》,李康、李猛译,生活·读书·新知三联书店1998年版,第69页。

面讨论能动性,吉登斯主张在"所做"与后果的联系中来分析能动性,注意到的不仅是自觉的意识因素产生的后果,而且更重要的是不自觉的无意识因素产生的后果,即意外后果。

吉登斯分析了三种意外后果。第一种是由某种偶发情境而引起的意外后果,例如某人进屋开灯,却无意惊走了正在偷盗的窃贼。吉登斯认为:研究这类意外后果的关键在于:追溯性地考察意外后果与偶发情境之间的因果联系,以及追问偶发事件在因果序列中的作用。第二种情况是"由一系列个体活动复合而成的模式",每个个体活动是有意识的,但是众多个体活动汇集在一起,却形成了谁也意识不到的结果,吉登斯称之为"人人为之,可又无人为之"。这种情况相当于所谓"集体无意识"和"历史无意识"。吉登斯认为这种"复合效应"或"偏离效应",不应仅仅从理性与非理性的标准去评价,实际上是社会生活中不可避免的意外后果形式之一。第三种情况是默顿高度重视的,"在这种情况下,研究者的兴趣在于制度化实践再生产的机制。在这里,行动的意外后果以某种非反思的反馈圈[即因果循环]的形式,构成了进一步行动的条件"①。这是说,大量的循环往复的意外后果,不断积累形成了人们认可并受制于其中的社会制度,亦即社会生活的制度化。

吉登斯对意外后果作如此丰富论述的目的在于:不能过高估计社会行动以及历史过程的自觉性,不仅许多因果序列中的后果是无意识的偶发事件导致的,而且社会历史中呈现的必然趋势也是人们无法自觉的,是自觉的个别事件聚合了不自觉的历史必然,特别是一向被社会学家认为是人类有意而为之的社会制度化过程,实质上也是无意识的后果。社会生活和历史过程中无意识后果的普遍存在,要求社会理论在研究社会问题时,必须充分重视社会活动中的非自觉因素,重视在人们的行动及其结果层面上开展研究,而不能像传统理论那样目光仅仅聚集在心理层面或认识层面。

与社会行动的能动性直接联系的是社会行动的权力问题,吉登斯从社会行动能动性的实质是"做"这一原则出发,把社会行动的权力界定为对事件的状态和进程的"改变",他说:"我们说有能力'换一种方式行事',就是说能够介入、干预这个世界,或是能够摆脱这种干预。同时产生影响事件的特定过程或事态的效果。这就假定行动者能够(在日常生活中周而复始地)实施一系列具有因果关系性质的权力,包括那些影响他人所实施之权力

---

① 吉登斯:《社会的构成》,李康、李猛译,生活·读书·新知三联书店1998年版,第75页。

的权力。"①可见,吉登斯是从行动的动作和结果的关系来界定权力的,他注重的是权力引起事件变化的作用。

根据对权力的界定,吉登斯批判了传统理论主客二分的二元论权力观。在传统理论中,人之所以有支配世界、改变事物的权力,是在于人有认识世界本质、预见事物变化趋势的理性能力,培根"知识就是权力"(power)的名言就是最好的证明。吉登斯认为这是一种狭隘的权力观,权力不限于自我意识能力,也不限于科学知识和预测能力,"行动中包含的权力逻辑指的就是转换能力。从这个角度上说,最广义的'权力'在逻辑上先于主体性及行为的反思性监控的构成"②。权力先于主体性和先于反思性监控,是指人们在行动中改变事件状态和进程的能力存在于主体意识或自我意识之前,亦即人们尚未进入自觉意识层面上就已具备了改变事物的权力,更明确说,由无意识或实践意识引发的社会行动也具有改变事物的权力。

吉登斯关于权力发生于自觉意识之前的观点,具有很重要的社会意义。如果权力仅仅在掌握科学知识和具有逻辑推论能力时才能具备,那么意味着社会生活中只有一部分人,或一定层面的社会活动才有权力,而那些凭着实践意识例行化行动的人们及其行动则没有权力,因此,吉登斯认为这是狭隘的权力观。如果承认权力发生于主体性和反思性之先,那么就要承认所有开展社会活动的人和人类全部社会活动都有权力。可见,吉登斯的权力观是一种泛权力观、群众权力观或日常生活权力观。

吉登斯在泛权力观基础上又论述了"控制的辩证法"(dialectics of control)。权力在社会系统中表现为控制关系。一般来说,控制被看成是占有某些资源的人对依附于他的人们的支配。吉登斯认为这种观点是片面的,因为不仅支配者占有着某种资源,依附者也掌握着某些资源,他们也可以凭借自己的资源影响支配者的行动,发生臣属者对控制者的权力效应。吉登斯指出:"社会系统里的权力具有一定的时空连续性,它的前提是行动者或集合体在社会互动的具体情境中,彼此间例行化了的自主与依附关系。不过,所有依附形式都提供了某些资源,臣属者可以借助它们来影响居于支配地位的人的活动。这就是我所说的社会系统里的控制的辩证法。"③

---

① 吉登斯:《社会的构成》,李康、李猛译,生活·读书·新知三联书店1998年版,第76页。
② 同上书,第77页。
③ 同上书,第78页。

四、结构二重性与制度多重性

吉登斯的社会理论为人们展开了一个十分丰富的画面,几乎现代社会学和社会哲学讨论的问题,都被他重新审视和论述了。因此,阅读吉登斯的著述迫使人们不得不展开异常广阔的理论视野。不过,如果概而观之,吉登斯内容丰富的论述可以概括为两大方面:关于社会行动的理论和关于社会制度的理论。事实上,从孔德开始直到今天的社会学理论,都可以归结为这两部分内容,在迪尔凯姆、马克思、韦伯和帕森斯等人那里,这种概括的根据就更为明确、充分。如吉登斯本人申明的那样,他的理论是在同这些确立了不同社会理论或社会学传统的人的对话中展开的。这种对话过程不仅实现了吉登斯对传统社会理论的批判和重建,而且也体现了吉登斯对社会理论传统的承续和推进。因此,在吉登斯的论述中,既能看到许多崭新概念和独创之见,也能看到在传统社会理论中就已展开的行动理论和制度理论的两大层面或清晰线索。

吉登斯采用"方法论置括号"(methodological bracketing)的方式分别论述了行动理论和制度理论。按照吉登斯的观点,社会生活是一个通过社会实践而不断实现结构化的过程,社会行动和社会制度是同时存在的,二者不可分离地在结构化中交织在一起,结构化成为制度制约行动和行动创造制度的运动方式。吉登斯只是为了使复杂问题得到具体而清楚地叙述,才采取了"方法论置括号"的分析方法。他指出:"根据结构化理论的观点,我们在社会学的研究中,可以采取两种方法论置括号的方式。在制度分析中,结构性特征被视为社会系统周而复始再生产出来的特征。在对策略行为进行分析时,关注的焦点则是行动者构成社会关系时,以何种方式利用了结构性特征。"①策略行为即在某种动机支配下,按照一定目的,采取某种方法和手段而开展的社会行动。

关于策略行为的分析也就是前面所述关于社会行动的分析。而关于制度的分析是在分析社会行动的实践意识、意外后果能动性和权力关系基础上,并将这些内容悬置起来,重点分析制度的构成及其展开形式。概言之,方法论置括号是以承认行动与制度的统一性为前提的重点论。因为行动一定是受制度制约的行动,而制度一定是对行动发生作用的制度,因此行动和制度的实际存在一定是统一的。但在研究过程中可以采取一种各有侧重的方法,即研究策略行为时注重分析支配行动的实践意识、行动的展开方式和行动中的能动性与权力关系等,而

---

① 吉登斯:《社会的构成》,李康、李猛译,生活·读书·新知三联书店1998年版,第417页。

研究制度时侧重研究各种规则或规范的结构关系,不同形式的制度对行动的制约机制等。然而,侧重不等于顾此失彼,而是侧重某一方面研究时要考虑到行动和制度的统一性。

在吉登斯对社会行动和社会制度的分析中,贯彻两种分析的主线是结构二重性的观点与方法。前面已介绍吉登斯根据结构二重性原则对社会行动的分析,现在来看他如何按照结构二重性原则开展社会制度的分析。吉登斯指出:"在制度分析中,我们不再研究处于策略位置的行动者在具体情境中进行的活动,这一转向势必需要我们去研究一些新的现象,包括:首先是这些行动者进行活动的具体情境的区域化与范围更广泛的各种区域化形式之间的关系;其次,他们的活动在时间中的根植性,也就是说,在多大程度上他们再生产了长期确立的实践或者实践的某些方面;第三,时空延伸的方式,这种方式将我们考虑的各种活动和关系与整个社会的特征或者跨社会的系统联系在一起。"① 这些论述看似复杂,其实搞清楚吉登斯关于社会制度概念的含义就不难理解了。

吉登斯坚持在动态过程中分析社会现象的原则,把制度理解为具有时空普遍性的实践活动,他说:"至于在这些总体中时空延伸程度最大的那些实践活动,我们可以称之为制度。"② 正是根据对制度的时空普遍性的这种界定,吉登斯首先认为制度分析不研究具体情境中的个别的行动,而是超越具体情境限制,研究社会行动如何实现区域化,达成不同区域间的相互联系。至于实践活动的长期性或长期性的实践,实践活动的时空延伸方式,本身就是吉登斯所说的社会制度。可见,吉登斯关于社会制度的理解同别人关于制度的解释是不同的。一般说来,人们往往把制度理解为比较稳定的行事规范或管理规则,它的作用在于约束人们的社会活动。而吉登斯则与此不同,他认为制度就是具有时空普遍性的持续的实践活动。

吉登斯关于制度的理解同他关于结构和规则的解释是一致的。他把结构理解为规则和资源的统一,"规则有一点显著的特征,就是发生在具体情境下的日常接触中的规则是与实践紧密交织在一起的"③。因此,脱离实践、在实践之外的规则是不存在的。与实践紧密结合在一起的规则既是方法也是程序,它的作用表现为对意义的构成和对社会行为的约束,吉登斯根据这两种作用把规则区分为表意性规则和规范规则,后来他又把规范规则称为合法化规则,同时又提出

---

① 吉登斯:《社会的构成》,李康、李猛译,生活・读书・新知三联书店 1998 年版,第 429 页。
② 同上书,第 80 页。
③ 同上书,第 81 页。

第三种规则：支配性规则。支配性规则同配置性资源（对物体、商品或物质生活资料控制能力和转换能力）的结合，形成了经济制度，同对行动者控制的能力即权威性资源的结合，形成了政治制度，而表意性规则同语言符号的结合，形成了符号秩序和话语型态，合法性规则或规范性规则经条文化成为法律制度。

根据规则＋资源＝结构，而结构又是内在于实践过程之中，具有既是社会实践的中介又是结果，既是前提又是作用的二重性，所以，结构化过程实质就是规则和资源在实践中不断发挥创造与被创造作用的过程。其结果就是各种社会制度的建构。由于制度的实质被界定为普遍化的实践过程，所以，制度又不仅仅是被创造出来的结果，它作为普遍化的实践过程又不断地建构社会。因此，制度如同结构和规则一样，本身也是具有二重性的。吉登斯指出："制度分析最全面的层次，在于结构性原则的确定及其与跨社会系统的联系，也就是说，分析结构性原则，就等于是分析跨越'最深远'的时空范围的制度分化与制度关联的各种模式。"①吉登斯用下表（表 10-1）②来说明他是如何分析制度分化的：

表 10-1 制度分化

结构（丛）	理论领域	制度秩序
表意	符码理论	符号秩序/话语型态
支配	资源权威化理论	政治制度
	资源配置理论	经济制度
合法化	规范调控理论	法律制度

这里令人费解的是结构和结构丛的区别，吉登斯对结构丛概念作了如此说明："结构丛：社会系统的制度关联所涉及的规则—资源系列。"③这个说明起码揭示了两点：其一，结构丛中的结构仍然指谓规则和资源两种因素；其二，结构丛是多种规则和资源组成的系列，结构丛（structures）是结构的复数。在制度多样形式中，"结构（丛）"概念是指，这里既可以从结构的单数形式去理解，也可以从结构的复数——结构丛去理解。"而考察结构丛（structural sets, or structures），则是指分离出各种转换/中介关系所构成的独特'聚合'。这种分析在确定结构性原则时已有所体现。结构丛的形成取决于社会再生产过程中包含的规则与资源的可转换性。"④

---

① 吉登斯：《社会的构成》，李康、李猛译，生活·读书·新知三联书店 1998 年版，第 290 页。
② 同上书，第 96 页。
③ 同上书，第 290 页。
④ 同上书，第 290—291 页。

更明确地说,结构丛是说在制度分析中所看到的结构(规则与资源)不是单一因素构成的,而是多种规则和资源聚合而成的,因此是作为复数的结构丛;结构丛中的多种因素不是静止平列的,而是动态可转换的,即相对于某种结构化过程,结构丛中的某种因素可能作为中轴而确定该结构丛的性质与功能,进而在实践中形成某种制度;而相对另一种结构化过程,结构丛的另一种因素可能变成中轴因素,进而转换该结构丛的性质与功能,形成另外一种制度。从吉登斯给出的下图①可以充分说明我们的这个理解是有根据的:

结构丛	制度分类
S—D—L	符号秩序/话语型态
D(authoritative)—S—L	政治制度
D(allocative)—S—L	经济制度
L—D—S	法律制度

此处 S = 表意结构,D = 支配结构,L = 合法化结构

图 10-1 结构丛与制度分类

此图说明,对应于各种制度的结构都是由表意结构、支配结构和合法化结构聚合而成的结构丛。但是因为作用的场域或时空领域不同,某一结构丛中的三种结构因素的地位是不同的,在符号和话语交流领域,处于中轴地位或起主导作用的是表意结构,而同时存在的支配结构和合法化结构则处于从属地位,这种结构丛所支配的活动领域中形成的制度是符号秩序或话语型态;在政治活动领域,权威性支配结构处于中轴地位,表意结构和合法化结构处于从属地位;在经济活动领域,配置性支配结构处于中轴地位,其他二种结构同政治领域相同;在人际关系领域,规范结构或合法化结构处于中轴支配地位,其他二种结构则处于从属地位。吉登斯这样揭示结构丛的构成及其内部的转换关系,无非是说:无论在哪个实践领域,也无论何种层面的制度化,都是在多种结构因素的共同作用下实现结构化的。各种社会层面的不同社会制度,虽然可以根据形成中或运行中起主导作用的结构因素的区别而分类,但是它们都不是在某种结构因素或单一的规则—资源的作用下形成的。反过来说,经结构化而形成的各种制度,不仅可以分为不同类别,而且其形成的结构和蕴含的结构因素也是丰富多样的,并且是可以调整转换的。

从社会行动的分析进入社会制度的分析,是从微观进入宏观的过程,也是从有限时空的经验层面进入长时段时间秩序层面的过程。吉登斯一贯坚持微观分

---

① 吉登斯:《社会的构成》,李康、李猛译,生活·读书·新知三联书店1998年版,第99页。

析与宏观概括的统一,坚持有限性分析与无限性概括的统一。不过,就吉登斯社会理论的主要倾向而言,他更重视的是宏观层面的长时段的社会制度或社会秩序的分析,他说:"社会理论的根本问题,即'秩序问题'(我们理解这一问题的方式,与帕森斯塑造这一用语时的阐述已大为不同),就是要解释清楚,人们是如何可以借助社会关系跨越时空的'伸延',超越个体'在场'的局限性。"①在吉登斯看来,个体的生命跨度是不可逆的有限时间,但个体的日常体验亦即人们的实践意识却是可逆的无限时间,同时,作为人类实践中不断结构化而成的制度的长时段,也是可逆的无限时间。个体生命时间的有限性在于个体的在场性,是特殊的个别性,而超越了个体生命在场性的人类实践意识和人类社会制度,是普遍的共同性。当社会理论超越个体生命有限性,关注人类实践意识、无限的结构化过程和长时段的制度历史时,社会理论不仅展开了广阔的理论视野,而且承诺了更重要的理论使命。

五、社会结构转型的动力、形式与后果

吉登斯确定了社会结构化理论的基本原理和方法原则之后,很快就用这些原理与方法分析了人类社会的发展历史。1985年发表的《民族—国家与暴力》,是吉登斯用结构化理论分析人类社会结构转型的代表作。在这部堪称典型的历史社会学著作中,吉登斯展开广阔的时空视野,以全球社会历史变迁为研究对象,论述了人类社会结构转型的动力、形式和后果,其中表现出的历史社会学方法原则和概念框架,对于在新的历史条件下开展历史社会学研究和深入认识当代人类社会结构转型,都具有十分重要的理论意义和实践意义。

社会结构转型的动力问题是马克思、迪尔凯姆、韦伯以及帕森斯等人共同关注的问题,他们对此都有丰富的论述。马克思从物质生产的发展变化阐述社会结构转型的动力,迪尔凯姆则将之归结为社会分工的变化,韦伯认为推动近现代社会变化的主要力量之一是思想观念,等等。吉登斯认为,虽然这些观点内容丰富,并且相互之间有许多不同,但是,就其实质而言,都是把近现代社会结构转型的动力归结为资本主义的发展。在吉登斯看来,资本主义不是现代社会实现结构转型的唯一力量,除了马克思等人说的资本主义生产力、社会分工和社会理性化等因素之外,还有一个更为重要的力量,即国家形态的变化。

吉登斯首先明确了他对国家概念的界定。他指出:"我希求从国家的全部

---

① 吉登斯:《社会的构成》,李康、李猛译,生活·读书·新知三联书店1998年版,第101页。

特征中挑选出它的第一特征并由此来界定一般意义上的国家。这一特征便是：凡是国家都会牵涉到对其统辖的社会体系的再生产方面实施反思性的监控。"①"反思性监控"被吉登斯看成人类社会行动的能动性的突出表现，也是社会结构具有二重性的根本原因。这里，吉登斯认为国家的第一个特征是它对"社会体系的再生产方面实施反思性的监控"，这说明他不折不扣地用他的结构化理论原则来解释国家的实质与本质属性。更具体地说，在吉登斯看来，国家不能仅仅被看作监狱、法庭和各种组织设施构成的机器，更重要的是：国家又是由政府机构所支配的整个社会体系。既然是社会体系，那么它就一定具有社会结构的那些特点或属性，而社会结构的二重性，包括反思性监控，也就一定会在国家的存在与发展过程中表现出来。

按照社会结构化的方法原则来研究国家，不仅要把它看成是制度化和体系化的社会再生产过程，而且要揭示它的结构二重性的表现及其展开过程，说明它是怎样遵循结构化的原则而发展变化的。从制度化和体系化的社会再生产过程角度看，国家是由一定的机构按照某种制度化原则而开展的政治行为或政治组织的活动。"国家可以被界定为这样一种政治组织：它的统治在地域上是有章可循的，而且还能动员暴力工具来维持这种统治。"②这里，吉登斯首先指明国家作为政治现象，它是组织化和制度化的；其次指明国家的统治是地域性亦即有空间范围的；再次强调了国家的暴力性质。这是吉登斯最初分析出的国家的三种基本构成因素。

吉登斯还从制度的多重性进一步分析了国家构成因素的复杂性。吉登斯曾论述无论哪种制度都是由支配性、表意性和合法性三种因素构成的，他认为这个观点同样适用于分析国家制度的多重性。由于国家主要是一种政治现象，因此吉登斯首先从政治制度的复合性来揭示它的多元性。作为政治制度，国家制度中的中轴是权威性支配，亦即通过各种强制手段对人类社会行动的控制；在吉登斯看来，国家作为权力机关对社会的控制作用是它的突出功能，但是不能仅仅停留这一点上，尤其对现代国家来说，通过各种象征手段和话语模式来表示某种意义的制度作用日显重要，不看到这点就看不到国家对社会控制的深入性；关于合法性因素，在不同国家制度中有不同表现，在传统国家和极权专制国家表现为"共同道德"对社会的规范，在现代国家则表现为法律条文对社会的规范。

总括起来说，吉登斯是从反思性监控、组织化和制度化、地域性和空间范围

---

① 吉登斯：《民族—国家与暴力》，胡宗泽等译，生活·读书·新知三联书店1998年版，第19页。
② 同上书，第21页。

以及表意象征和法律道德等方面开展对各种国家形态的历史性分析的。从这几个分析原则出发,吉登斯把国家形态划分为三种:传统国家、绝对主义国家和民族—国家,认为这三种国家形态依次更替,实质是人类社会从一种结构向另一种结构转型的过程,而这个过程就是结构化的社会再生产过程,是一个时代向另一个时代变迁的社会发展过程。吉登斯按照他的这些原则充分地讨论了三种国家形态。

关于传统国家,吉登斯认为它的主要特征是分化和裂变,因此他又把传统国家称为"阶级分化的社会"。他指出:"传统国家(阶级分化的社会)的本质特征是它的裂变性。其政治中心的行政控制能力如此有限,以至于政治机构中的成员并不进行现代意义上的'统治'。传统国家有边陲(frontiers)而无国界(borders)"。① 古希腊城邦、欧洲中世纪封建王国、中国封建帝国等等,都被吉登斯统称为传统国家,这些国家形态存在的时期,正是阶级分化明显时期。阶级分化的涵义不仅指农民阶级和地主阶级的对立,更重要是指城市中的统治阶级同乡村中的被统治阶级的分离。当马克思强调阶级对立意义上的阶级分化时,注意的是阶级对立引起的阶级矛盾和阶级斗争;而吉登斯论述阶级分离意义上的阶级分化时,注意的则是城市统治阶级同乡村被统治阶级在空间上的距离,这种空间距离规定着传统国家的存在形式、监控方式和行政模式等等。

传统国家的基本存在形式是城市与乡村的分离。城市是统治阶级聚集的地方,政治、军事、经济、技术、文化和教育等统治力量都掌握在居住在城市中的统治阶级手中,而农民、牧民等被统治阶级只能在远离城市的乡村居住。这种存在形式的似乎表明传统国家的控制权力是高度集中的,并因此而能获得对被统治阶级的有效的强力控制。吉登斯认为,事实恰恰相反,城乡分离的存在形式严重削弱了传统国家对社会体系的控制强度,"阶级分化社会中只有少数人在城市居住,这表明了传统国家对其臣民所实施的行政控制能力是相当有限的"②。因此,传统国家虽然集中了许多权力在城市中,造成了形式上的权力集中,但是由于城乡分离的形式而极大削弱了传统国家的控制强度,特别是那些地域广阔的封建帝国,例如中国封建帝国,徒有范围广大的疆域,却保证不了对所辖疆域的有效控制。

传统国家对其疆域或领土控制力度不强的突出表现是:传统国家有边陲而无疆界。吉登斯说:"'边陲'均指某国家的边远地区(不必然与另一国家毗邻),

---

① 吉登斯:《民族—国家与暴力》,胡宗泽等译,生活·读书·新知三联书店1998年版,第4页。
② 同上书,第47页。

中心区的政治权威会波及或者只是脆弱地控制着这些地区。而另一方面,'国界'都是使两个或者更多的国家得以区分开来的和联合起来的众所周知的地理上的分界线。"①边陲又可分为"初位聚落边陲"(primary settlement frontiers)和"次位聚落边陲"(secondary settlement frontiers)两种。前一种是指"国家向外扩张至先前事实并无居民或只有部落共同体居住的地域";后一种是指"位于国家的版图之内,只是由于这样或那样的原因造成这些地区人口稀少——通常是由于土地贫瘠或这些地区普遍不适于居住"。

这两种边陲地区的存在,不仅意味着传统国家对其所辖地区控制力度有限,而且还意味着传统国家并非强力聚合而成的整体,而是在地域上或空间上都存在多种间隔的、有不同聚落的、具有异质性的社会体系。于是,吉登斯据此揭示了国家初级形态的社会异质性特征:"传统国家有边陲(包括次位聚落边陲)而无国界,这一事实表明其体系整合的水平相对有限。至关重要的是应该强调指出:作为'社会体系',传统国家如何有别于现代国家。大型传统国家内部存在异质性,因而我们可以认为,它们是由'众多社会组成的'。"②初级形态的传统国家是包含异质性的,由众多社会构成的,而高级形态的现代国家则是消除异质性的,作为单一社会而存在的,那么从传统国家向现代国家的转型就是从异质性向同质性、从多样性向单一性的演化过程,是从分散向集中、从较弱控制向强力控制的转变过程。这样,吉登斯就以对传统国家的社会结构分析为根据,否定了人们通常认为传统国家,特别是封建专制国家的中央集权控制的高度集中性和取消异质性的强力控制特点,而实现集中强力控制、消解异质性的都是标榜民主、自由的现代国家。

虽然传统国家是含有异质性的社会体系,统治者对社会的控制效力有限,但这种情况的存在不是统治者心甘情愿的,统治者要绞尽脑汁地实现对所辖疆域的有效控制。一代又一代的统治者不断设计、优化传统国家的统治模式,促使统治逐渐向集中、强权和高效转化。这种过程实质上就是吉登斯所说的社会结构化过程,是作为记忆痕迹的头脑中的结构不断社会化的过程。吉登斯发现,在这种二重性的社会结构化过程中,书写(writting)起到了十分重要的作用。他指出:"书写在诞生初期,并不是作为言语的同型表征,而是作为行政记法,被用于保存记载或记录的。我们不应在更抽象的层次上将它看成是言语的物质表征,

---

① 吉登斯:《民族—国家与暴力》,胡宗泽等译,生活·读书·新知三联书店1998年版,第60页。
② 同上书,第63页。

而必须认为它具有自身的独特性。"①吉登斯不同意一般语言学把书写看成是言语的记录或语言的物质表现形式,他认为书写在社会结构化过程中起到了扩大、传承、模式化传统国家的行政控制的作用。

吉登斯认为,书写的最初形式不是句子,也不是由句子组成的文本,而是比词汇编目都要早的行政列表。他借助考古学的资料论证了自己的观点。在关于古代墓碑的考古学资料中,吉登斯发现最早的书写主要内容是行政列表,例如征兵、征税、契约、给养、供给、酬劳等数额的记载,还有财产、行会、职业、户数、人口、地名、人名等列表。这些列表作为最早的书写内容,表现了书写在行政控制和社会监控中的意义或作用。因为这些行政列表一方面反映了当时社会活动的客观结构,另一方面也表达了统治者对社会活动控制的意向与要求。并且,列表过程本身就是一种人对社会活动的选择,而当这种选择被记录下来之后,又成为一种示意,它作为表格化的东西亦呈现出一种结构,这里是有真实生活基础的结构,又是统治者或管理者整理、规范社会生活的结构,是具有二重性的结构。

吉登斯认为,书写经历了从最简单的行政列表到写作文本、制定法律条文的发展过程,在这一过程中,书写对传统国家社会监控或行政控制的形成与发展起到扩大范围、付诸现实和规范化与普遍化的作用。首先,最初形式的书写——行政列表作为一种简单的记忆形式,以其格式化、条目化的形式不仅记录了各种社会信息,而且也按一定话语意识和例行化的实践意识编排、整理了各种社会信息,使它们之间表现出相关联系,"正是在这一最基本的意义上,书写(甚至是最简单的形式)强化了时—空的延伸"②,扩大了行政控制的效力范围。其次,当行政列表进一步发展为一般的信息编排,并进而形成比较完整的、具有主观创造意义的文本时,其中包含的话语意识和实践意识就会促使文本的内容付诸实践,"一旦书写的文本为了创发语义内容而与记号联合起来,那么,它就不再仅仅是对事件、物体或个人进行的分类和整理,它还促使对这一切的描述成为可能"③。再次,书写对社会行政的最明确、最有力的介入是撰写法律条文,尽管早期的法律体系是对例行化实践行为的记载,但是它是经过整理和删节的,当它以规范的、典型的形式被表述或记载下来之后,它就成为具有强力作用的行为规范,有力地支持着传统国家的行政系统。

吉登斯如此重视书写在传统国家中的行政功能,主要用意在于指出,国家的

---

① 吉登斯:《民族—国家与暴力》,胡宗泽等译,生活·读书·新知三联书店1998年版,第50页。
② 同上书,第54页。
③ 同上。

权力系统不是仅靠经济力量和政治斗争就能发展起来,更重要的是社会结构的二重性而导致的结构化过程,支持并促进了行政控制或反思性监控的发展,亦即强化了传统国家的控制功能和监控体制。在强调书写和信息编排对行政控制的促进作用的同时,吉登斯也看到了行政控制对书写和信息编排的监控作用,他把二者看成是互为条件、互为前提的过程。不过,在国家权力的形成与发展问题上,他更注重的是书写和信息编排的基础性。他指出:"作为对信息进行编整的那种监控,成了行政力量的基本要件,这是因为,在记忆法和分配方面,它为纯粹的口承文化提供了无穷多的便利条件。尽管如此,仍只有当信息编整在现实上被直接用于督管人类的活动,以便这些人类活动从其与传统和地方共同体生活的互为牵连的状态中部分分离出来时,行政力量才能建立起来。"①

16世纪和17世纪,欧洲出现了绝对主义国家(absolutist state,也可译为"专制主义国家"),吉登斯把绝对主义国家看作由传统国家向现代国家转型的过渡形态。吉登斯既没有详细考察绝对主义国家发生的具体年代,也没有详细描述某一个绝对主义国家的具体特点,而是在社会转型的意义上,把绝对主义国家作为欧洲国家的一种过渡形态,考察传统国家如何经过这个中间状态而转型为现代国家。他说:"我首先要考虑的并不是绝对主义国家作为一种特定的国家形式所具有的一项特征,而是欧洲国家体系的维度;因为16世纪和17世纪得以巩固的绝对主义国家体系不仅仅是每一个别国家得以产生的环境,这一国家体系本身还嵌入国家自身的形成过程之中。"②

同传统国家相比,绝对主义国家的出现使欧洲的政治生活和社会生活发生了许多重大变化,吉登斯甚至说:"绝对主义改变了一切。"③但是,他并没有详述一切变化,而是重点考察了三个方面的变化。首先是"行政力量的集中和扩张"。以法国路易十四时代的绝对主义为典型代表,欧洲的绝对主义国家纷纷削弱或取消封建君主的行政权力,而以地方行政长官制、市镇行政官署以及中央政治机构等制度或设置来行使集中化的行政统治,并由此而扩大了有效控制的范围,不仅城市处于有效控制之中,而且原来作为边陲地带的偏远地区也进入了有效控制的范围,边陲由此而消失,明确的国界出现了。与此同时,国家主权观念也明确地建立起来。其次是"新的法律机构的发展"。吉登斯主要从三个方面阐述了绝对主义国家法律上的变化:一是"以非个人方式适用于所有社会等

---

① 吉登斯:《民族—国家与暴力》,胡宗泽等译,生活·读书·新知三联书店1998年版,第57页。
② 同上书,第106页。
③ 同上书,第107页。

级的法规日益增多",这标志着法律已经开始向更具普遍性的方向发展;二是法律开始承认并保护私有财产,这有益于资本主义工商业的发展;三是"刑法和国家机器所用的制裁方式的变化",监狱和量刑都开始转由国家制裁机构控制,局部的社区性的制裁方式被取代,这不仅加强了国家对地方的集中控制,而且也强化了国家主权观念。最后,绝对主义国家发生的变化是受军事冲突的刺激,国家加强了中央财政管理,税收的征集更加严厉。

绝对主义国家发生的这些变化为民族—国家(nation-states)的产生作了精神上、组织上和制度上的准备,而这些准备的总体趋势就是集中、强权和普遍化。19世纪初出现的民族—国家,使在绝对主义国家中孕育而成的趋势在各种掩盖中走向了极端。如同论述绝对主义国家时一样,吉登斯论述民族—国家时也不是专论哪一个国家的体制与结构,而是把所有的民族—国家看作一个相互联系的体系,然后再把这个体系看作国家的现代形态来分析。从这样一种视角来讨论民族—国家,展开的理论视野不仅是欧洲大陆的现代国家体系,而且是整个当代人类社会的存在状况、制度结构和发展趋势,是不同国家联系而成的国际社会,也是国际社会中存在的国家体系。

吉登斯从自己的理论视角给民族—国家作了如此定义:"民族—国家存在于由他民族—国家所组成的联合体之中,它是统治的一系列制度模式,它对业已划定边界(国界)的领土实施行政垄断,它的统治依靠法律以及对内外暴力工具的直接控制而得以维护。"①这个定义明示了民族—国家的主要特征:民族—国家的全球性、垄断性和暴力性等等。吉登斯又将民族—国家称为"拥有边界的权力集装器",意指民族—国家作为国家的现代形态,把一切权力都集中于自身,通过法律规范和行政控制对现代社会实行着最严厉、最有效的统治。

吉登斯认为,民族—国家的形成,意味着人类社会发生了深刻的结构转型,作为这场社会转型的现实基础是配置性资源和权威性资源的增长及其控制方式的变化。而推动这两种资源增长及其控制方式变化的直接因素是资本主义和工业主义。吉登斯对此作了十分丰富的论述。概而言之,他认为应当从资本主义同工业主义的密切联系或共同作用来看待民族—国家的形成与发展,看待现代社会的结构转型。

资本主义在现代国家形态建立中的主要作用是通过产品和劳动力的商品化,使整个社会投入市场化过程之中,渗透到一切层面的商品交易和劳动力作为商品出卖,不仅刺激了资本主义经济,而且也促进了社会一体化和社会流动与社

---

① 吉登斯:《民族—国家与暴力》,胡宗泽等译,生活·读书·新知三联书店1998年版,第147页。

会变迁。这一方面加速了民族—国家中的城市化进程,同时消解了城市和乡村的对立与分隔,增强了社会联系的紧密程度,为国家的行政控制提供了便利条件;另一方面也促进了社会的活跃程度,社会矛盾和社会冲突要比传统国家复杂得多,这迫使民族—国家强化行政控制。通讯和信息媒体的监控,国家内部的绥靖政策,以及意识形态和军事武力等方面对社会的控制,不仅表现了民族—国家行政统治的发达程度,而且也说明现代社会充满了不稳定因素。

资本主义所起的这些作用离不开工业主义的作用,二者密切联系在一起共同促进了现代社会的变化。吉登斯指出:"工业主义最初与资本主义制度连带出现,资本主义的竞争压力很大程度上催生了工业主义。只有在工业主义到来之时,欧洲国家才成为一如我已界定过的成熟的民族—国家。"[①]吉登斯反对把资本主义同工业主义对立起来或仅仅看到资本主义作用的观点,认为资本主义推进的市场化和工业主义推进的工业化,共同从行政控制、生产方式、制度结构、生活方式和财富积累等方面促进了民族—国家或现代社会的发生。当然,这不意味着吉登斯否认资本主义同工业主义在现代社会中作用的区别,他就二者的不同作了清楚的概括,他强调二者共同作用的目的时指出:推动民族—国家或现代社会发展、变化的因素是复杂的,不仅有制度方面的,也有生产方面的,是经济、政治、文化和军事等多种因素的综合效应。

吉登斯论述的焦点最后聚集在民族—国家亦即现代社会中所包含的现代性问题上。现代性是一个涉及多种层面因素的问题,这里吉登斯集中从民族—国家或现代社会的四种"制度丛"展开论述。吉登斯认为,从制度结构上看,民族—国家中的现代性表现为四种维度:监控体系、私有财产、军事暴力和特性的改变,他用下图(图10-2)[②]来表示现代性四种维度亦即四种制度的关系:

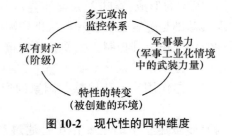

图 10-2　现代性的四种维度

在图10-2中,私有财产维度不是狭义上的财产所有权,而是指在资本主义

[①] 吉登斯:《民族—国家与暴力》,胡宗泽等译,生活·读书·新知三联书店1998年版,第338页。
[②] 同上书,第362页。

第十章 吉登斯的结构化理论

制度中,分离出一个以私有财产为根据的阶级对立领域,正是私有财产的制度确认,不仅支持了阶级分化和阶级对立,而且使以资本主义企业(私营企业)为主体的经济领域同政治领域分化开来,形成了现代社会中具有相对独立性的维度之一;图中的多元政治指民族—国家中的民主政治,把民主政治和监控制度联系在一起的意义在于,民主政治是形式上的多元政治,社会各阶层形式上有诸如选举、集会和言论自由等权利,但是民族—国家出于垄断权力的本性,不能允许这些权利放任自流,于是建立了严密而高效的各种监控制度或监控体系;军事暴力或武装力量被列为一个维度,与民族—国家中的军队国家化有关,当军队、武装警察和治安力量都由国家控制时,它就成了一个在社会体系中扮演强力控制的角色;特性的转变是指以技术和工具为手段的物质生产或工业生产(这里主要指工业生产制度),它改造了自然面貌,实现了人化环境,现代社会的都市化、城乡分离的消解,是工业生产改变自然、创造人工环境的突出标志。吉登斯用六条连线把它们联系起来,意指现代性的四种制度是相互联系、相互支持、相互制约的,它们共同维持民族—国家即现代社会体系的运行。

四种现代性制度是控制阶级对立、民主权利、社会秩序和工业生产四个领域的措施,而这四个领域都是人活动的领域,面对现代国家的这四种制度控制,社会成员开展了四种针对性的社会运动。在以私有财产为根据的阶级对立领域,发生了反对私有制、反对阶级压迫和剥削的劳工运动;在压抑民主、监视社会的监控领域,发生了要求言论自由的民主运动;在军队和武装警备面前,则发生了反对暴力的和平运动;在工业生产领域,出现了具有反文化性的、保护环境的生态运动。如下图①所示:

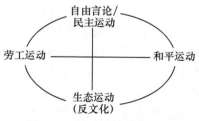

图10-3 针对性的社会运动

从吉登斯给出的这两个图的直接对应关系可以看出,民族—国家的现代性制度并非能够顺利实现,它们面临着社会成员从不同层面展开的反抗,并且这些

---

① 吉登斯:《民族—国家与暴力》,胡宗泽等译,生活·读书·新知三联书店1998年版,第364页。

反抗像它们所反抗的制度一样,也是相互支持、相互作用、相互联系的,它汇合成为一股巨大的反对现代性制度的社会力量,致使现代性内部蕴含着种种矛盾关系,在现代社会中面临着严峻的挑战。

吉登斯进一步指出:在四种社会运动中可以分析出四种公民权利,四种社会运动发生的实质是公民根据自己的权利而对剥夺他们权利的制度展开的斗争。这四种权利分别是经济权利、政治权利、市民权利和道德律令,它们分别表现在劳工运动、民主运动、和平运动和生态运动中,如下图①所示:

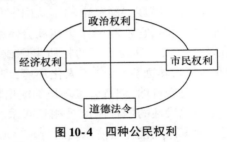

图 10-4 四种公民权利

根据吉登斯展示的三个图式可以发现,他认为阶级对立(包括阶级剥削)同经济权利、政治监控同政治权利、军事武装同市民权利、改造自然同道德律令,是现代社会或现代性中包含的四种基本矛盾关系,矛盾的两极是民族—国家同公民或社会成员,矛盾的展开形式是四种社会运动。于是,吉登斯通过这种分析不仅揭示了民族—国家或现代社会的制度结构、权利结构和社会行动结构,而且暴露了其中存在的矛盾、危机和挑战。

吉登斯还分析了民族—国家针对四种层面遇到的挑战而采取的战略,并论述了这些战略的可行性。根据不同层面的矛盾性质,吉登斯提出四种可行的战略。在阶级对立领域,可针对私有财产同经济权利引发的劳工运动,采取阶级妥协的战略,以便缓解阶级冲突;如果阶级冲突能够缓解,那么武力统治的压力将大为减轻,并且能有效地维持社会秩序;对政治监控同公民权利的冲突而引起的民主运动,不能采取简单压制的方式,而应寻找公民认可或接受监控的形式与途径,亦即看到社会成员的可治性或可塑性,使他们主动地接受政治控制;在反对工业生产的生态运动中,吉登斯发现了有利于民族—国家的因素——失范。失范通常被认为是危害社会秩序的因素,吉登斯认为不能一概而论,因为要求保护环境、限制工业生产的反传统观念,是一种符合人类本性的"失范",是一种包含

---

① 吉登斯:《民族—国家与暴力》,胡宗泽等译,生活·读书·新知三联书店 1998 年版,第 370 页。

第十章 吉登斯的结构化理论

新价值观的新文化观念,是有利于现代社会发展的,所以是可以利用来为现代社会服务的。

吉登斯的这些分析不是单纯的客观性研究,其中包含了他对解决现代性问题的理想要求,有些观点就是他提出解决现代性困境的实践方案。

六、高度现代性的社会与自我

在《民族—国家与暴力》中,吉登斯从制度结构的变迁论述了国家形态亦即社会结构的转型,而在晚些时间出版的《现代性的后果》和《现代性与自我认同》两部著作中,吉登斯从个体与社会的矛盾关系,论述了现代性给社会生活带来的重要影响,并且主要是揭示个体意识或人们心理结构的变化。

从社会结构转型研究进入到个体心理结构变化研究,是吉登斯社会结构化理论原则与方法展开的必然结果。因为吉登斯所说的社会结构化,是人们按照实践意识和话语意识通过社会实践而展开的,人们思想意识活动在社会结构化过程中充当能动的支配性因素,无论是社会结构化中的制度重构,还是其中的群体与组织的变迁,都要到人们的思想意识中去寻找它的动因。并且,人们的思想意识本身就是具有二重性结构的构成因素。所以,关于现代社会中人的心理结构研究就一定是吉登斯社会结构化理论的重要内容了。

虽然吉登斯要深入研究现代社会中人的心理结构的变化问题,但是他认为自己的研究不是心理学的研究,而是在社会学或社会理论的意义上,探讨现代社会或现代性如何导致人的自我意识的变化,以及变化了的人又如何面对现代社会。在《民族—国家与暴力》一书中,吉登斯的主要任务是研究国家形态的变化与现代社会制度结构转型之间的联系,而在《现代性的后果》和《现代性与自我认同》两部著作中,吉登斯则以现代社会制度结构转型为前提,研究现代社会生活的变化如何改变人们的生存空间和生存状态,进而引起人的自我意识的深刻变化,然后又以变化了的心态去重构现代社会。

吉登斯认为,在资本主义、工业主义、行政监控和军事暴力等现代性制度的作用下,人类社会生活发生了空前深刻而复杂的变化。在吉登斯看来,这些变化中最重要的有三个方面:其一,"时空分离(separation of time and space):跨越广阔的时间与空间领域的社会关系的联合,并一直到包括全球体系的状况"。其二,"抽离化机制(disembedding mechanism):由象征标志和专家系统(它们合起来等于抽象系统)所组成。抽离化机制使互动脱离了场所的特殊性"。其三,"制度反思性(institutional reflexivity):定期地把知识应用到社会生活的情境上,并把这作为制度组织和转型中的一种建构要素"①。吉登斯把这三种变化看作推动现代社会生活和个体自我认同发生转变的"现代性的动力"。

"时空分离"既是现代性的动力之一,又是人们在现代社会中的生存状态和生活体验。吉登斯认为,人们的时空观念是对他所处时代生存状态的体验或感受,而不同时代人们的生存状态不同,所以人们的时空观念和时空体验也是不同的。"在所有文化中,都存在某种时间计算的既定模式及为自身空间定位的方式。"②在前现代社会,人们的时空观念都是同特定的时空点位联系在一起,是一种有自身或他物"在场"的具体的时空观念。而到了现代社会,随着科学技术和工业生产的发展,特别是电子媒介、通信技术和现代交通的发展,人们的时空观念和时空存在状态都发生了变化。人们凭借现代媒体和交通运输工具,不仅极大地扩大了自己存在的时空范围,而且遇到了越来越广阔的自我和他物都可以"不在场"的"虚空"。

吉登斯关于时空分离的论述十分丰富,概括起来看主要有三方面内容:首先是时间空虚化。"在前现代时代,对多数人以及日常生活的大多平常活动来说,时间和空间基本上通过地点联结在一起。时间的标尺不仅与社会行动的地点相联,而且与这种行动自身的特性相联。"③而到了现代社会,时间逐渐同确定的生活地点和具体的社会行动脱离开,成为具有超空间的时间虚设。机械钟的出现,是时间走向虚化、引导人们形成超越具体空间的时间感的最初标志。其次是空间空虚化。如同时间在前现代人那里是与具体经验过程联系在一起一样,人们的空间概念在进入现代社会之前也离不开日常地点的特定时段。当世界地图等图示在人们生活中出现时,人们的空间观念发生了变化,超越具体时间点的空间范围在日常生活中的人们的头脑中产生。再次是时间与空间同时虚化,即出现了没有任何在场事物的时间和空间,其实质是既超越过去传统,也超越现时存在,是指向未来的理想时空,例如人们在90年代初对"2000年"的憧憬就是这种没有现存事物在场的指向未来的理想时空。

吉登斯的时空分离观无疑是受到康德的抽象时空观影响。康德把时间和空间看作人们头脑中固有的先验图式,是超越具体经验的抽象框架。在这一点上,吉登斯的时空分离观与康德的抽象时空观是相似的。但是,康德的时空观念是机械的、被动的,它作为一个框架或模式,只有在接受刺激时才作为人脑的感受

---

① 吉登斯:《现代性与自我认同》,赵旭东、方文译,生活·读书·新知三联书店1998年版,第22页。
② 同上书,第17页。
③ 同上书,第18页。

第十章 吉登斯的结构化理论

机能而被激发出来发挥整理感性材料的作用。吉登斯的时空分离观是积极的、主动的,他强调了时空观念从具体在场事物的直接统一性中分离出来的社会意义:"时空的切割并不意味着从此以后它们成为人类社会组织的相互异化的方面。恰恰相反,它为不同场合协调社会活动提供了时空重组的坚实基础。"①

康德的时空观是物理学的,是整理外在客观现象的绝对模式,而吉登斯的时空分离观是社会学的,是人们在变化的社会生活中可以因行动情境变化而变化的相对时空观,是人们在现实生活中的体验和感受,并且作为"记忆痕迹"成为社会生活的结构,而且作为二重性结构可以进一步导致社会生活的新结构化。吉登斯指出:"如果没有被分离的时空的重新融合,许多组织及作为现代特质的那种特定组织,要跨越无限时空距离而对社会关系进行规则化控制,就是不可思议的。"②具体说来,吉登斯认为时空分离观念的出现,同现实生活有密切的联系。它不仅是现实变化的感受,而且还将引起现实的新变化;时空分离观既促进了人们时空观念的普遍化,拓展了人们的想象时空,也形成了重构生活的新模式,超越具体时空的社会联系和社会组织拓展了人们的生存时空。

时空分离观提出的背景之一是当代社会的符号化和信息化,正是因为信息高速公路和网络技术的发展,使人们可以在超越现实存在的虚拟时空中展开自己的想象力,脱离直接现实性在现存事物不在场的时空中建构新社会组织和新社会生活。吉登斯认为,时空分离观引起人们想象力的拓展是无限的,人们将在空前广阔的时空中认识社会、组织生活。在现实中最直接的表现是人们思想意识和社会生活的全球化。"全球化的概念最好被理解为时空分延(timespace distance)的基本方面的表达。全球化使在场和缺场纠缠在一起,让远距离的社会事件和社会关系与地方性场景交织在一起。"③分延是德里达社会理论的基本概念,意指社会生活是一个不断分化和扩延的过程。吉登斯用分延概念来说明社会生活在全球范围的不断分化和不断扩展,进而实现一种重组,任何一个人、一个组织或一个民族,都摆脱不了这种全球性的分化与组合。

抽象化机制是与时空分离直接关联的现代性动力之一,甚至可以说是时空分离的直接后果之一。因为时空分离导致了时空的虚空化,虚空化不仅是具体事物的"缺场",而且社会制度和社会关系也从时空中抽离出来。"社会关系从地方性的场景中'挖出来'(lifting out)并使社会关系在无限的时空地带中'再联

---

① 吉登斯:《现代性与自我认同》,赵旭东、方文译,生活·读书·新知三联书店1998年版,第18—19页。
② 同上书,第19页。
③ 同上书,第23页。

结'。确切说,这种'挖出来'就是我所说的抽离化的内涵,对于由现代性所引入的时空分离的巨大增长而言,抽离化是关键因素。"[1]所谓"挖出来"是指人们超越特定时空点的限制而建立远距离的社会关系,例如,人们在千里之隔的两地用电话或互联网沟通,犹如面对面一样亲切,这时,人们之间建立的超越具体时空点位限制的社会联系就是被挖出来的。

吉登斯把抽离化机制划分为两种类型:符号标志(symbolic tokens)和专家系统(expert systems),又把二者统称为抽象系统(abstract systems)。实际上,抽离化最本质的机制就是抽象,无论是符号标志还是专家系统,都是以超越具体事物的限制,获得了一般性和普遍性为标志的,而要达到一般性或普遍性,就只有借助抽象。所以,吉登斯干脆把抽离化机制称为抽象系统。他以货币为例说明象征符号因为抽象性而具有普遍意义和对社会生活的重构作用:"符号标志是交换媒介,它有标准价值,因此可以在多元场景中相互交换。其本原的,也是最为重要的例证就是货币。……随着现代性的出现和成熟,庞大的货币经济则更为精致、更为抽象了。货币把时间(因为它是信用手段)和空间(因为标准化的价值允许同不直接接触的许多个体进行相互交易)分成诸多类别。"[2]可见,货币因为抽象性才具有既超越具体时空点位又能对时空进行重新建构的能力。

专家系统也是借助抽象而形成的。因为专家系统主要是指专业知识,"专家系统则通过专业知识的调度对时空加以分类,这种知识的效度独立于利用它们的具体从业者和当事人"[3]。知识起源于归纳,扩展于演绎,而贯彻知识运作始终的品质就是概括,正是因为概括性使知识可以被广泛地运用。概括就是抽象,再具体的专业知识也具有概括性,因而也具有抽象性。在现代性极度膨胀的现时代,专业知识和专业技术无孔不入,没有哪个具体的生活层面没有浸入专业知识和专业技术,这正说明它们的概括性和抽象性。

吉登斯认为抽离化机制还具有重构时空或重构社会关系的功能,把握住抽象是抽离化机制的根本特征,并根据这一判断来理解抽离化机制和时空分离性给现代社会生活带来的影响,这是至关重要的。其实,时空分离的实质也是抽象化,超越具体时空点位,进入"缺场"的虚空,也是从具体进入抽象。由于时空分离和抽离化机制的实质都是抽象,因此二者给现代社会造成的后果是相同的。吉登斯认为,时空分离和抽离化机制给现代社会造成的最深刻的影响是人类自

---

[1] 吉登斯:《现代性与自我认同》,赵旭东、方文译,生活·读书·新知三联书店1998年版,第19页。
[2] 同上书,第20页。
[3] 同上。

我意识或人的自我认同的变化,而这又突出地表现在人们的信任感的变化上。

时空分离和抽离化机制造成的生存时空和交往联系的抽象性,既是信任的结果又是信任的前提。一方面,时空分离和抽离化都是以信任为心理基础或意识前提的。没有信任,人们不可能在空虚化的时空中和抽象化的符号系统与专家系统中开展有效交往。在远距离的网上交流中,有效的沟通不仅要依赖于交流双方的信任,而且还要依赖于对交流媒体、交流符号、交流规则和交流情境的信任。"信任(trust)意味是对'承诺'(commitment)的一种跨越,这是不可化约的'信念'(faith)的一种品质。它与时空的缺场以及无知之间有着特殊的关联。我们没有必要信任一个总是在眼前,其活动能被直接监控的人。"[1]信念基于过去的经验的归纳,而信任却具有超越直接经验的特质,只有在间接的、不在场的联系中,信任才有必要,才有发生的条件和存在的意义。因此,另一方面,信任又是以时空分离和抽离化为情境基础或现实前提的。或者说,信任同时空分离、抽离化机制内在地联系在一起,具有互为前提、互为因果的关系。

正是因为信任同时空分离和抽离化机制有如此密切的关系,当社会进入高度(或晚期)现代性[high (or late) modernity]时,时空分离和抽离化机制达到极端化,与这两个现代性动力密切相连的信任也必然趋向极端。因为在高度现代性社会中,时空分离和抽离化机制不断加剧,社会生活的时空存在和社会关系的展开维度都已极度抽象化,而与之互为因果的信任也在社会生活中成为须臾不可缺失的极其重要的因素,没有信任,哪怕信任丝毫的动移,都会导致高度现代性社会的灾难。回忆一下1998年的亚洲金融危机,就不难接受这个判断。

事物发展到极端就会转向它的反面,这是一条简单的辩证法则。信任也是如此,在高度现代性的抽象化社会中,趋向极端的信任,既极度敏感又十分脆弱,它转瞬之间就可以转化为不信任。因为信任虽然在间接性中发生,但是它只有指向实存才能有实际意义。可是,在高度现代性社会里,人们的信任在时空分离中和抽离化状态中存在,它不仅不具备现实的经验基础,而且也难以同真实的存在联系起来,犹如空中行云,飘忽不定。这种信任是悬于空中的期望,是顷刻就会转化的风险。因此,吉登斯指出:"与特定的情境、个人或体系相关的信任态度,在更为一般化的层次上,与个体和群体的心理安全感直接联系。在现代性的条件下,信任和安全、风险和危险以种种具有历史独特性的方式而相互并存。"[2]

信任建立于虚空,风险又寓于信任。这种现代社会生活的双重危险逼迫现

---

[1] 吉登斯:《现代性与自我认同》,赵旭东、方文译,生活·读书·新知三联书店1998年版,第20页。
[2] 同上书,第21页。

代人处于一种紧张的精神状态,而这种紧张的突出表现是现代性的第三种动力:制度反思性或现代性的反思性。现代性的反思不是现代人对自我行为监控的一般性自我意识活动,而是针对现代社会秩序、规则和制度的反思,而这些被反思的对象又都是在知识的作用下形成和变化的,因此,反思现代性或现代性的反思,既是制度的反思性,又是知识的反思性。"现代性本质上是一种后传统秩序。时空转型伴随着抽离化机制,驱使社会生活脱离固有的规则或实践的控制。这就是彻底的反思性的背景,它是现代制度推动力的第三种主要的影响。……现代性的反思性指的是多数社会活动以及人与自然的现实关系依据新的知识信息而对之作出的阶段性修正的那种敏感性。"①

现代性的反思是现代人对现代性的自觉,是在知识层面上对现代制度的反省,是结合新条件中的新经验,运用新知识对现代制度和现代社会生活的不断建构。在这样一种反思活动中,理论获得了空前的地位。不仅可以转化为操作技术的实证科学理论被越来越快地引入生活的各种层面,而且经济学、政治学、社会学等社会科学知识甚至人文知识,也越来越普遍地进入日常生活之中。"社会学,甚至范围更广的社会科学,都是现代性的制度反思性的内在因素,……不仅学术研究,而且所有形式的手册、指南、治疗著作及自助调查都有助于现代性反思性的形成。"②

科学理论和知识信息地位的提高,原因在于它们介入社会生活的程度和效度,而这个原因得以成为结果又必须借助现代信息工具和电子媒介。在高度现代性时代,十分发达的信息技术和通讯媒体,不仅加速了时空分离化和抽离化趋势,而且更为重要的是使传递性经验成为现代人的一种基本经验。传递性经验(mediated experience)是通过知识信息和通讯媒体而形成的间接性经验,实质上是知识经验或信息经验。传递性经验并非仅在现代社会才有,但是在远古时期和农业文明时期,传递性经验的有限性显不出其在社会生活中的重要作用。即使到了工业社会(现代社会初期),人们的主要注意力或主要活动形式是物质生产,直接现实的生产经验遮盖了间接性的传递性经验。只有在现代社会进入知识化或信息化时代,传递性经验才真正令人刮目相待,无论是其存在的丰富性和广延性,还是对社会生活的巨大作用,传递性经验都逐渐成为人们日常生活的一种基本经验,在某些社会领域中甚至是主要的生活经验。

传递性经验也是一种某物可以不在场的经验,因而是一种超越具体时空点

---

① 吉登斯:《现代性与自我认同》,赵旭东、方文译,生活·读书·新知三联书店1998年版,第22页。
② 同上书,第2页。

位限制的可能性经验。可能性是多种趋势的开放性,是生活于其中的人们的可选择性,是人们按照自己选择重构社会的可塑性。依靠信息传递而形成的高度现代性的生活经验,伴随着时空分离和抽离化机制的作用,是一个充满偶然性的、瞬息万变的风险世界,同时也是一个蕴含无限机遇的、可供人们创造和选择的世界。并且,这是一个在全球时空范围内展开的可能世界。因此,现代人必须在全球性视野里反思风险,把握机遇,作出对自我与社会的重新设计。

由于吉登斯把高度现代性的全球社会体系理解为由资本主义、工业主义、军事武力和监控能力四种制度规定或建构的,因此,他从这四种制度出发来剖析高度现代性社会的各种可能性。吉登斯认为:现代性的四种制度发展为全球性制度体系时,产生了全球资本主义体系、国际性劳动分工、全球化军事秩序、民族国家系统;现代性四种制度实现全球化后,分别产生了正负两种可能性:劳工运动与经济结构的崩溃、生态运动与生态灾难、和平运动与核子战争、民主运动与极权专制。在这四对可能性中,前一种都是正面的、积极的,它们分别可以引起四种进步的可能性:后匮乏市场、科技人道化、非军事化、多层民主。吉登斯将自己的这些主张称作乌托邦现实主义。图10-5可以清楚地显示吉登斯乌托邦现实主义的思想脉络:

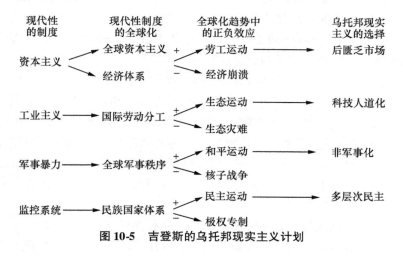

图10-5 吉登斯的乌托邦现实主义计划

七、全球化、不确定性与寻求新秩序

到了20世纪后期,全球化不仅表现出越来越强的趋势,而且也引发了越来越复杂的问题。在新的形势下,吉登斯对全球化及其引发的复杂问题也进行了更加深入的思考,阐发了很多同现实重大社会问题有紧密联系的思想观点或理论对策,这些思想理论在《超越左与右》等著作中得到了充分阐述。

面对一些人单纯从经济关系和市场扩张的角度讨论全球化的片面化倾向,吉登斯认为应当在更广阔和更深入的层面认识全球化现象。"全球化的影响在不断增强——虽然这个词被到处标榜,但是对它的理解还很肤浅。全球化不仅仅,或者说主要不是一个经济现象,而且它不应该被等同于出现了一个'世界体系'。"①在吉登斯看来,不仅不能把全球化归结为经济现象,而且也不能认为全球化已经形成了一个确定的"世界体系",必须在动态变化中观察和思考这个继续扩展的人类社会变迁新趋势。"全球化不是一个单一的过程,而是各种过程的复合,这些过程经常相互矛盾,产生了冲突、不和谐以及新的分层形式。"②

如前所述,吉登斯认为全球化最突出的变化是人们的时空观念和社会的时空存在发生了变化,而导致这个变化最重要的因素是信息技术革命。由互联网、手机通信和影视媒体等构成的信息技术革命,使"世界各地的瞬间电子通信就不仅是可能的了,而且几乎立刻开始进入成千上万人的生活。现在不仅每个人都能在同一时间看到同样的图像;瞬间全球通信渗透进了日常经历的方方面面,并且开始对它重新进行调整——虽然作为一个持续的过程,反过来又被调整"③。这里,吉登斯一方面强调了信息技术革命或新媒体技术对社会生活或社会时空的改变,另一方面强调了人们在新形势下普遍采取的一种思维方式和社会行为方式——反思性思维和反思性行为。

所谓反思性思维和反思性行为,就是人们在新形势下经常自觉地反省自己的行为以及制约行为的各种制度,持续地在行为后果和制度效应的批判性辨析中来重新认识和重新调整行动策略和制度设计。黑格尔高度重视思维的反思性,但他所论述的反思思维主要是哲学层面的理论思维,实质是高踞现实生活之上的哲学家的思维方式。在吉登斯看来,反思性已经成为广大社会成员不得不为之的一种日常思维方式和行为方式,甚至可以称之为全球化时代人们的社会生活方式。

反思性之所以成为全球化时代人们思维和行为的普遍本质特点,最直接的原因是社会生活的不确定性给人类带来的巨大社会风险。不确定性既是全球化时代的突出特点,也是促进人们思维方式、行为方式、生活方式乃至社会秩序都

---

① 吉登斯:《超越左与右》,李惠斌、杨雪冬译,社会科学文献出版社2000年版,第4页。
② 同上书,第5页。
③ 同上书,第84页。

发生深刻调整的重要因素。虽然传统社会也存在各种不确定的因素,但无论农业社会还是工业社会,人们都是在确定的时空中开展自己的劳动与生活,土地、工厂和各种物质生产资料都存在较大程度的相对确定性。在全球化时代,农业社会和工业社会中的相对确定性受到了信息技术革命的激烈冲击,由空间隔离、边界限制和制度制约而形成种种确定性不断被突破,并且,在人们对信息革命引发的不确定认识还不够明确的条件下,越是试图用传统社会的策略与制度来消解不确定性,越会引发更多甚至更大的不确定性。

吉登斯还在一个更广泛的层面上思考不确定性的生成根据。吉登斯认为全球化时代的不确定性是人为不确定性,是人们为了实现现代化目标而进行的工业生产或社会实践的结果。不过,虽然不确定性是现代化发展长期积累或现代性制度的结果,但在过去不像全球化时代表现得这样普遍和尖锐。"人为不确定性闯入我们的生活意味着我们的存在,无论是个人层面还是在集体层面上,比以前更有风险。而且风险的根源以及范围都发生了改变。人为风险是人类对社会生活和自然干预的结果。"[①]对社会生活的干预是试图维持某种社会秩序而作出的政策规定和制度安排,对自然的干预是发展科学技术和工业生产,而这些管理社会和控制自然的人类行为,常常带来预期之外的后果,以致人类在寻求确定性中不断地制造出新的不确定性。

不确定性给人类带来的威胁是以各种形式且难以预测的社会风险,人们面对无处不在、无时不有的社会风险,必然生成一种持续恐惧的社会心理,而这种恐惧的心理必然迫使人们保持对社会生活特别是各种制度安排和科学技术的高度警觉,因为不确定性和社会风险都是通过制度安排和科学技术而人为生成的。于是,对制度安排和科学技术的结果的持续反思,也就必然成为人们介入社会生活的经常状态。因此,全球化是一个人类不再简单相信制度改革和科技创新的反思性时代,在这个时代,不确定性、社会风险和反思性已经不可分割地联系在一起。

吉登斯进一步提出的问题是,既然人类社会已经进入一个新的时代——全球化、风险社会或反思性现代化,那么人类社会面临的主要矛盾和主要问题也必然随之发生变化,在工业化进程中形成的一套制度结构或管理模式也必然遭遇根本性的挑战。因此,必须依据变化了的现实而对传统的制度结构和社会政策作出重新思考和重新安排。然而,令人遗憾的是,人们对全球化引发的社会变迁的深刻性认识不足,在很大层面上还是沿袭传统社会的眼光观察和思考已经深

---

① 吉登斯:《超越左与右》,李惠斌、杨雪冬译,社会科学文献出版社2000年版,第4页。

刻变化了的现实。在吉登斯看来,作为西方社会两大政治意识形态的保守主义和社会主义,都未能清醒地认识全球化引发的空前深刻的社会变迁,仍然墨守成规地用传统社会的眼光对待变化了的现实。正是在这个意义上,吉登斯对保守主义和社会主义(主要是指社会民主主义)开展了批判。

吉登斯把保守主义区分为三种形态:老保守主义、哲学保守主义和新保守主义。以伯克为代表的老保守主义,反对理性主义鼓吹理性清澈自明、夸大市场竞争效率和对自然资源的进攻与掠夺,强调感性的真实可靠和传统延续的价值,主张维持稳定持续的社会状态。"更详细地讲,保守主义既反对启蒙运动,也反对社会发展理论,向那些信奉正在出现的自由主义的人们挑战。"①老保守主义"主张等级制、贵族政治、集体或国家优先于个人以及过分强调宗教的重要性"②。这种以过去为现实的基础和根据、以改良抵制创新的老保守主义,在不可阻挡的社会进步和政治变迁潮流中,连同他们试图维护的旧社会形态一起毁灭了。

以迈克尔·奥克肖特(Michael Oakeshott)为代表的哲学保守主义,是第二次世界大战后为了挽救保守主义而形成的一种哲学思想,其基本主张是:服从权威、信守忠诚和尊重传统。哲学保守主义像老保守主义一样,反对理性主义对逻辑思维的片面推崇,强调感性意识和感性行为的基础性;反对自由主义鼓吹个体竞争和市场扩张,强调服从群体和社会的权威,号召以忠诚的心态信守家庭、集体和国家的责任与义务;反对轻率和过分自信的制度改革和政策干预,强调由历史积淀而成的传统的稳定性、可靠性和不可超越性。

吉登斯把第二次世界大战结束后关注社会问题的保守主义称为新保守主义,其主要代表人物是汉斯·弗利尔(Hans Freyer)、阿诺德·格利恩(Arnold Gehlen)和欧文·克里斯托尔(Irving Kristol)等人。吉登斯认为,新保守主义者之间虽然存在一些思想观点上的分歧,但基本上还是沿袭了老保守主义的基本原则和政治主张。新保守主义更加关注社会问题了,因此,"新保守主义与其说是哲学的,不如说是社会学的"③。"新保守主义承认资本主义和自由民主制度在我们今天的生活中具有普遍的影响,但他们认为资产阶级秩序毁灭了有意义的社会存在赖以生存的传统符号和实践。"④这就是说,新保守主义在承继老保守主义基本立场的同时,开始吸收自由主义的某些思想观点和政治主张,新保守

---

① 吉登斯:《超越左与右》,李惠斌、杨雪冬译,社会科学文献出版社2000年版,第24页。
② 同上书,第26页。
③ 同上书,第31页。
④ 同上。

第十章 吉登斯的结构化理论

主义开始了保守主义和自由主义的融合,而这种融合的典型代表是哈耶克的新自由主义。

作为同保守主义的一种融合,新自由主义同保守主义是既对立又统一的关系。从对立关系看,新自由主义反对保守主义对市场的排斥态度,认为市场竞争可以充分调动个体的积极性并由此而提升社会效率、促进社会发展;从统一关系看,新自由主义像保守主义一样反对夸大理性计算和政府计划的作用,肯定人们的感性意识和感性行为的自发性和基础作用。吉登斯对新自由主义作了如此概括:"新自由主义的作者认为,社会的秩序源泉主要地基不会在传统中找到,也不会在合理计算和计划中找到,不管这种计算和计划是国家还是别的什么人作出的。社会在一定意义上具有组织性质;但是,这个特点来自许多个人按照各自的动机进行的自发的和无意中的合作。功能齐全的市场是自发社会秩序的主要实例和主要的制度依靠。"①

虽然新自由主义吸收了保守主义的一些观点和主张,但是新自由主义没有像保守主义走向衰落,相反在20世纪末和21世纪初成为引人注目的思想潮流。在吉登斯看来,新自由主义的这种效应主要得益于对社会主义的批判。"为什么新自由主义近几年来变得如此重要?——他们的思想诊断出了社会主义者倡导的集体主义的缺陷,而更重要的是,指出了克服它们需要采取的补救办法。社会主义学说导致了政府过分扩张(承担过多的义务),以及有生命力的道德的削弱。解决这些问题需要有市场的充分繁荣,再加上家庭和国家道德制度核心部分的更新。"②

三种形态的保守主义和新自由主义,都是社会主义(社会民主主义)的反对者,他们都被吉登斯列为右派。社会主义在原初意义上是具有激进政治倾向的左派,但在全球化时代的新形势下,却发生了一种变化。吉登斯指出:"社会主义的基础是所谓的社会生活的'控制论模式',它强烈地反映了——启蒙运动世界观。按照控制论模式,一个体系(对社会主义来说,指的是经济)可以通过服从一个指导性的智者(国家)来实现最优的组织。但是,虽然这种建构对于更和谐的体系来说可以合理有效地运行,但对于高度复杂的体系就可能失去效力。"③

简言之,吉登斯认为,在全球化还没有展开的社会,强调集中控制和指令计

---

① 吉登斯:《超越左与右》,李惠斌、杨雪冬译,社会科学文献出版社2000年版,第35页。
② 同上书,第43页。
③ 同上书,第8页。

划的社会主义形式还可以维持,但当全球化时代到来,社会生活呈现越来越自觉的反思性时,经济与社会的管理控制模式便遇到了无法应对的挑战。

吉登斯批判的社会主义主要是社会党和社会民主党坚持的社会民主主义。虽然社会民主主义不像苏联那样坚持计划经济和集中控制,但社会民主主义过度强调国家对社会的作用,他们坚持的福利国家政治模式和与之配套的社会福利政策,保留着传统社会主义的某些僵化观念,在全球化时代已不适时宜了。"新的全球化时期不仅冲击了福利国家的经济基础,而且冲击了其公民把自己的财富等同于国家的信念。国家没有能力对经济生活提供有效的中央控制;同时,民族的主权能力也因为全球化与社会反思的共同作用而受到破坏。"①

总之,西方两大政治意识形态——保守主义和社会主义(社会民主主义)都遭遇了全球化的尖锐挑战,它们的思想观念、政治主张和社会管理控制模式已经无法适应深刻变化了的现实,必须为认识深刻变化的社会现实和应对日益复杂的社会问题而提出新的思想观念和战略选择,进而在全球化时代、反思性现代化或风险社会中构建稳定的社会秩序。吉登斯的这些思考集中表达为他提出的"六点框架"②:

第一点,修复被新自由主义破坏的社会团结。吉登斯认为,新自由主义把个人主义片面地归结为在市场中极力追求利益最大化行为,这势必导致残酷的社会竞争和利益冲突,必然破坏社会团结、引起社会分裂。因此,"一定要关注修复被破坏的团结,这可能有时意味着有选择地保留传统,甚至可能重塑传统"③。并且,"重建社会团结的问题因此不应该被看作是一个在利己主义的市场环境下保护社会和谐的问题,它应该被理解为在包括经济领域在内的各种社会生活领域中调和自主和相互依赖的问题"④。

第二点,放弃解放政治,构建生活政治。吉登斯认为,左翼激进政治过分强调个人的解放与自由,把个人自由同传统、权力和约束简单对立起来,这种"解放政治"已经不适应全球化时代的新形势,应当提倡一种"生活政治","生活政治不是生活机会的政治,而是生活方式的政治。它关注某些争论和斗争,后者与我们(作为个人和集体)应该怎样生活在一个过去被自然或传统固定的,现在服

---

① 吉登斯:《超越左与右》,李惠斌、杨雪冬译,社会科学文献出版社2000年版,第145页。
② 同上书,第12—19页。
③ 同上书,第12页。
④ 同上书,第13页。

从于人类决定的世界有关"①。可见,生活政治是在新形势下个人与集体如何协调地生活在一起的政治。

第三点,提倡能动政治,培育社会信任。全球化、不确定性和日益严重的社会风险,逼迫人们在高度反思性中保持警觉心理,人际和组织机构之间的社会信任已经变得十分脆弱,这已经从社会基础和心理基础上严重威胁社会的稳定与发展,因此,应当提倡一种以追求积极的社会信任为核心的能动政治(generative politics),"它通过为更广的社会秩序中的个人和团体所作的生活和政治决定提供物质条件和组织框架来发挥作用,这样一种政治依靠的是在政府机构和相关的代理机构中建立积极的信任"②。

第四点,更深入地推进民主化进程。吉登斯认为,全球化、不确定性和社会反思性要求更深入、更彻底地推进民主化。在社会反思水平不断提高的基础上,应当大力开展"对话民主"。通过在各种社会生活层面开展对话民主,可以增进相互理解、相互沟通,形成积极的社会信任,并由此而形成"情感民主"。"就情感民主而言,它对于正式的、公共民主的生活具有重要的意义。理解自己情感形成的个人以及能够有效地在个人层面上与他人沟通的个人都会为承担更广泛的公民任务和责任做好准备。"③

第五点,改革福利国家和福利政策。吉登斯明确指出"福利国家在过去是作为'阶级妥协'或'和解'的方式建立起来的,而现在当时的社会条件已经发生了非常明显的改变,而且福利国家的保障体制是为了对付外部风险而不是人为风险而设计的"④。因此,必须改革福利国家和福利政策,应当从过去单纯强调国家自上而下分配福利、保障社会的观念和制度安排的观念中摆脱出来,实行一种积极的福利政策,即赋予人们能够摆脱贫富差别和两极分化的权利,使社会成员能够积极主动地获得发展的条件、能力与保障,而不是消极地等待政府的救助。

第六点,清楚认识和积极抵御暴力。在吉登斯看来,保守主义、自由主义和社会主义都缺乏对全球化时代的暴力问题的清楚认识。无处不在的暴力问题已经越来越严重地威胁着人类的生命财产安全和社会生活秩序的稳定,应当揭示贯穿各种暴力中的核心线索,在社会变迁的整体联系中认识暴力问题的尖锐性、

---

① 吉登斯:《超越左与右》,李惠斌、杨雪冬译,社会科学文献出版社2000年版,第14页。
② 同上书,第15页。
③ 同上书,第16页。
④ 同上书,第17页。

复杂性与深刻性,开展积极的对话沟通,反对各种层面的激进主义,增进社会交往和情感交流,采取多种措施有效化解和抵御各种暴力冲突。

　　吉登斯提出的"六点框架",是他对自己主张的激进政治的原则概括,"它虽然从哲学保守主义那里汲取了营养,但是仍然保留了一些社会主义思想的核心价值"[①]。这是吉登斯试图超越左派与右派的基本立场、主要观点和方法原则,也是他主张的第三条道路的概括表达。虽然"六点框架"是在20世纪90年代中期阐述的,但其中提出的很多问题直到现在仍然是十分重大的问题,并且,社会团结、社会信任、社会民主、社会福利和社会暴力等问题,不仅没有缓解,反而在一系列波及全球的社会运动或重大社会事件中,表现得更加尖锐、更加激烈了。因此,吉登斯"六点框架"中提出的问题,至今仍然是人类社会特别是思想理论界不可回避的重大课题。

[①]　吉登斯:《超越左与右》,李惠斌、杨雪冬译,社会科学文献出版社2000年版,第12页。

第十一章

鲍德里亚的拟像秩序论

鲍德里亚被认为是 20 世纪最典型的后现代社会学家,尽管他曾尖锐地批评后现代主义的某些观点,并且曾明确声明自己不是后现代主义者,甚至还宣称自己不是社会学家,但人们都得承认,他最清楚地揭示了一个崭新社会——拟像社会已经到来,而拟像化正是后现代社会的最显著的特征。鲍德里亚对直至今日还有很多人认识不清的拟像社会作了深刻论述,特别是关于拟像社会秩序的诞生、特点、冲突与重构等方面的论述,对于深入理解 21 世纪人类社会面临的新问题或新矛盾,寻求社会生活在新条件下的稳定和谐,具有十分重要的启示。

一、符号与拟像的理论探索

吉恩·鲍德里亚(Jean Baudrillard, 1929—2007),又译"让·鲍德里亚""让·布西亚"和"波德里亚"等,1929 年 7 月出生于法国北部城市兰斯,祖父母是农民,父母是公务员,悠闲的家庭生活对他的青少年生活没有多大影响。虽然鲍德里亚在青少年时期就已经显露才华,但他没有按部就班地接受高等教育。高中毕业后,鲍德里亚没有继续上大学,而是于 1956 年在一所高中从事教学。60 年代初期,鲍德里亚开始在法国瑟伊(Seuil)出版社工作,这期间翻译了彼得·魏斯(Peter Weiss)和贝托尔特·布莱希特(Bertolt Brecht)的著作,并由此开始了学术生涯。①

1966年,鲍德里亚进入巴黎第十大学社会学系学习,并成为列斐伏尔(Henri Lefebvre)的助手,接受了日常生活批判理论的影响。同时,鲍德里亚还接受了罗兰·巴特(Roland Barthes)符号学和马克思主义的影响。列斐伏尔是法国著名社会学家,20世纪40年代就以法国新马克思主义代表而著称,其主要学术研究领域是日常生活批判和城市空间理论。1936年,列斐伏尔在一部题为《被神秘化的意识》的著作中首次提出了日常生活批判。学者们在论述列斐伏尔日常生活批判概念的形成时,通常仅仅注意了马克思早期关于异化劳动理论对他的影响,其实,列斐伏尔提出日常生活批判,还有一个更广泛层面的影响——欧洲学术的生活世界转向。

第一次世界大战之后,欧洲学术界形成了对科学主义和现代化追求开展深刻反省的思潮。胡塞尔等人提出了超越科学主义片面性的客体化立场,主张回归生活世界来思考人类社会问题和前途命运,这一主张引起了学术界的广泛响应和深入思考。正是在这个背景下,列斐伏尔提出要把异化问题放到日常生活世界的范围开展更广泛的考察。异化问题是马克思在《1844年经济学哲学手稿》中充分论述的资本主义私有制条件下违背人性的经济社会现象,即异化劳动。受回归生活世界思潮的影响,列斐伏尔认为,异化问题不仅在生产劳动或经济生活中存在,而且在日常生活中更是广泛而大量地存在着,只有从日常生活世界的立场出发,才能对广泛存在的异化现象开展深入批判。

鲍德里亚在其1968年出版的第一部代表作《物体系》(Le Système des objets,又译《客体系统》)中,通过对家具摆放、生活环境气氛、言谈举止的手势、古董收藏和宠物喂养等日常生活现象的观察与思考,揭示了这些生活现象包含的文化体系而呈现的符号形式和象征意义,不仅十分清楚地表现了列斐伏尔日常生活批判理论对他的影响,而且也说明他在一定程度上继承了马克思主义的基本立场和方法论原则。虽然鲍德里亚直接关注的是物或客体呈现出来的文化体系,但他认为物或客体是在科学技术的作用下形成基础的本质结构,在这些客体的基础结构之上才形成了蕴涵意义丰富的符号象征体系,这在实质上继承了辩证唯物主义或历史唯物主义关于社会物质生活条件是文化现象存在基础的基本观点。

---

① 布西亚:《物体系》,林志明译,上海人民出版社2001年版,"译序",第3—7页。并参见乔治·瑞泽尔主编:《布莱克维尔社会理论家指南》,凌琪、刘仲翔、王修晓等译,江苏人民出版社2009年版,第734页。

第十一章 鲍德里亚的拟像秩序论

在关于符号体系的论述中,鲍德里亚特别注意从各种物品的存在状态、表现样式、周围环境和特殊形象等角度展开理论视野,这表现了列斐伏尔的空间理论对他的影响。列斐伏尔反对把空间仅仅理解为精神框架,主张从事物的存在方式和人们对事物存在状态的方位意识的统一来把握社会生活的空间存在。鲍德里亚关于消费行为展开的符号体系和象征交换表现的价值取向和社会意义等方面的论述,都十分丰富地体现了列斐伏尔社会空间理论对他的影响。

鲍德里亚从符号形式来阐释客体系统及其呈现的文化意义,还直接得益于罗兰·巴特的符号理论。虽然罗兰·巴特首先是文学家或文艺评论家,但他关于文本图像、符号象征等方面的大量著述,已经远远越出传统的文学艺术领域,把文艺现象同日常生活、交往活动和生活方式等社会现象紧密地联系了起来,使文学艺术研究同社会学研究实现了内容丰富的联姻。因此,许多西方学者在评价罗兰·巴特的思想理论时,认为他的符号论对当代西方社会学的发展也作出了贡献。罗兰·巴特对鲍德里亚的影响是持久的,尽管鲍德里亚的思想理论前后有些比较重要的变化,特别是对马克思主义的态度到后来发生了否定性的转变,但罗兰·巴特对鲍德里亚的影响一直在持续着,从符号论的角度对当代社会生活作出阐释与分析,始终是鲍德里亚学术著述的基本内容。

鲍德里亚从符号形式的角度对日常生活或消费社会开展的深入研究,不仅有丰富的思想来源,而且有真实的现实基础。鲍德里亚的主要著述发表于20世纪60年代以后,而自60年代后期开始,正像丹尼尔·贝尔论述的那样,西方社会已经进入后工业社会,西方社会不仅在产业结构、就业结构、阶级结构和权力结构等方面发生了重大变化,而且随着新技术革命推动生产力水平提高,物质生活资料大幅增长,生产和消费的地位发生了逆转。在工业社会和前工业社会,物质生活资料匮乏是人类社会一个普遍的基本事实,这就从前提上规定了物质生产活动的优先地位,只有优先保证生产,然后才能维持生活。但到了20世纪60年代后期,快速提高的生产力创造了足以满足人们生活需求甚至有所剩余的物质生活资料,进入富裕时代的西方社会,出现了一个前所未有的新问题,不是促进生产满足消费,而是推进消费才能进行生产。于是,鲍德里亚提出的消费社会问题,就成为不可回避的时代课题。

生产和消费地位的逆转,直接引起了经济生活运行机制的变化。在物质生活资料匮乏时代,只要商品能生产出来就能被消费掉,但在物质生活资料相对剩余的后工业社会,必须竭力引诱人们的消费欲望、促进消费行为,否则生产就无法顺利进行。于是,企业和商业都会千方百计地展示商品的性能功效,挖空心思地刺激人们的消费需求,一切有诱惑力的形式都会被尽可能地利用。美女广告、裸露刺激、离奇形象、鲜艳色彩、夺目形象,这些艳丽的形象铺天盖地使人们生活方式、思想观念和文化形式发生了空前深刻的变化,特别是视觉文化或文化影视化的快速发展,推进了社会生活和文化生活的感性化。符号形式、影视表象和模拟形象在越来越广阔的层面上展现出绚丽多彩的画面,这些崭新的变化都为鲍德里亚的拟像社会秩序的研究提供了充实的基础。

社会生活感性化的另一有力推进是文化影视化。20世纪60年代以来,随着电视、录像机和互联网的迅速发展,影视文化以惊人的规模扩展,其结果是取代了文字文化的统治地位。文字文化是以语词或概念表现的文化,是在报刊书籍中印刷出来的文本,而影视文化是以生动的形象展示自身的文化,它不仅以斑斓色彩使各种符号获得了更加诱人的表现,而且还能真伪难辨地模仿各种实际事物,一个既能引起人们丰富联想又能使人如坠云雾、不知所措的拟像世界出现在人们面前,面对五光十色的感性形象,既可能引人入胜,又可能令人迷惘。鲍德里亚关于符号体系和象征交换的论述,正是直面这个气象万千的感性世界而作出的思考。

人们通常认为鲍德里亚的思想理论经历了三个阶段的变化:第一阶段是20世纪60年代后期到70年代初期,这个时期出版了《物体系》(1968)、《消费社会》(1970)、《符号政治经济学批判》(1972),这些著作表明,鲍德里亚的基本立场是坚持列斐伏尔为代表的新马克思主义的日常生活批判理论;第二阶段是出版了《生产之镜》(1973)和《象征交换与死亡》(1976)的70年代中期,鲍德里亚在这个时期发生了基本立场的变化,即从新马克思主义立场转向了对马克思主义的批判;第三个阶段是1976年以后,鲍德里亚发表了《拟像与仿真》(1981)、《冷静的回忆》(1987)、《恶的透明性》(1990)、《末日的幻觉》(1992)、《完美的罪行》(1995)等著作,这些著作表现了典型的后现代主义特点,其论述风格呈现了浓厚的玄思性和浪漫性。

二、符号价值体系的彰显

1966年,鲍德里亚在社会学教授列斐伏尔指导下完成了博士学位论文《物体系》。据林志明论述,鲍德里亚关于《物体系》的写作,不仅受到列斐伏尔的直接影响,而且罗兰·巴特对他的影响更为重要。[①] 事实上,马克思主义的影响也是至关重要的,因为鲍德里亚明确地坚持从物质生活的客观立场出发来阐述他

---

① 布西亚:《物体系》,林志明译,上海人民出版社2001年版,"译序",第16页。

第十一章 鲍德里亚的拟像秩序论

的观点,而这正是历史唯物主义的基本原则。对此,凯尔纳指出:"波德里亚(鲍德里亚)的头三本书可以看作在新马克思主义对资本主义社会批判的框架内进行解读。人们可以阅读到波德里亚对于消费的重视,并将其作为对古典马克思政治经济学的补充,这都为马克思主义体系增加了一个文化和符号学的维度。"①

在《物体系》这部著作中,鲍德里亚最重要的贡献是关于物质商品的符号价值体系的论述。鲍德里亚从三个方面展开了关于商品符号价值体系的论述:首先,从客观性角度分析了物质商品体系所展示的意义变迁。在传统家庭生活中,家具的组合与摆放方式体现了父权制的层级权威和情感关系;在现代家庭中,随着人与社会关系和家庭结构的变迁,象征父权制权威与情感的家具摆放方式,让位于突出功能作用的摆放结构,体现了现代人对功能效率和自由开放的追求。"在此功能已不再被老家具的道德剧场遮盖隐晦,它摆脱了仪式、标签,以及一整套使得环境只能是物化人际结构晦暗镜照的意识形态。到了今天,物品终能明白地透露它们究竟有何作用。"②

其次,从主观性角度论述了非功能性物质商品的意义。鲍德里亚通过古物和特殊物品的收藏,来论述那些没有直接使用效用的物品的象征价值。这就是说,在鲍德里亚看来,那些没有直接使用价值的物品,却有丰富的象征价值,并且象征价值是人们的主观赋予或心理认同。那些标志着久远的历史和已经逝去的生活的古董,不仅象征着已经过去的文化,体现着人们对历史的追忆,而且还表达着人们利用这些古董或收藏品营造一个私密空间,进而实现对当下功能现实的一种超越或逃避。"在私生活的环境里,这些物品形成一个更加私密的领域:它们与其说是拥有之物,不如说是象征上有善意影响力的物品,就像是祖先——而祖先们总是'最私人的'。它们是日常生活的逃避,而逃避只有在时间中才最为彻底。"③古董和特殊物品的收藏,表现了现代人追求物品功能性同时又寻求物品超现实功能性的矛盾的价值心理。

再次,揭示物质商品及其消费的意识形态。鲍德里亚通过对品牌(modèle)④商品与系列商品、信用贷款、广告等市场现象的讨论,分析了人们在购买商品或实际消费行为中的价值信念,亦即支配人们日常消费行为的意识形态现象。在

---

① 道格拉斯·凯尔纳:《波德里亚:一个批判性读本》,陈维振等译,江苏人民出版社2008年版,第8页。
② 布西亚:《物体系》,林志明译,上海人民出版社2001年版,第16页。
③ 同上书,第92页。
④ 在林志明翻译的《物体系》中,"modèle"被译为"模范",虽然符合这个词的基本含义,但不符合汉语习惯,难以理解,故笔者认为译为"品牌"比较恰当。

鲍德里亚笔下,品牌不过是商品制造商和经销商为了推销商品而营造的一种市场效应。鲍德里亚认为,品牌被推出后能够得到人们的追随,但这仅是后工业社会的一种效应。在工业社会是不存在这种效应的,因为工业社会追求的是共同性和普遍性,整齐划一的商品可以在物品匮乏的条件下畅销无阻。而到了物品丰盛的后工业社会,商人必须绞尽脑汁地刺激人们的消费欲望才能把剩余的商品卖出去。于是,被工业社会用商品普遍性淹没了的商品差异性就得到了重新发掘。品牌与系列就是制造商和经销商为了推销商品而迎合人们差别化心理制造出来的市场现象。系列商品是指以某种品牌的名义而聚类的商品,品牌和系列"是同时建立于个人的要求和一个差异的体系之上,而后者是一个纯属文化的体系。"①

当鲍德里亚在对品牌和系列商品的消费行为的分析中揭示出一种以追求差异为目的的文化体系时,他发现了一种有别于工业社会的新意识形态。工业社会的意识形态反映了机器运行和批量生产商品的要求,即追求标准化、统一性或共同性,但这种意识形态不适应物品丰盛的后工业社会促进商品消费的要求。肯定差异性,追求差异性,炫耀差异性,这种消费观念是适应后工业消费社会需求的新意识形态。这一点在鲍德里亚后来发表的《消费社会》中得到了更充分的论述。

从商品功能价值的提升,到商品非功能价值的发现和以追求品牌为标志的差异性意识形态的揭示,这些论述乃是逐步明确地彰显符号价值体系的过程。鲍德里亚的论述表明,商品的符号价值体系首先是以商品作为客观存在物为基础的,正是商品的功能效用使消费者祛除了物品摆放的层级观念和感情色彩,但因为人们不能仅仅满足物品的功能效用,在丰盛的物品基础上,人们又要追求超现实的非功能价值,在对功能体系的享用和对非功能价值的追求的矛盾中,通过对品牌追求而显现出来的以差异为基础的新意识形态生成了。于是,鲍德里亚的论述展现了一个从客观到主观的思维逻辑。

从客观演进到主观的思维逻辑,既揭示了物品的符号价值体系不是凭空而成,有其真实的客观之物的基础,又表明符号价值体系同人们的思想意识不可分。因此,认为鲍德里亚在《物体系》中单纯地坚持了唯物主义的客观立场,是不符合实际的。应当承认,马克·戈特迪纳的如下论述比较恰当地评价了鲍德里亚的思维逻辑:"在家庭中的客体的'意义'从带有深层次所指功能的传统主义编码,过渡到了基于能指单独运作的、自指的、超真实的表象系统。通过转喻

---

① 布西亚:《物体系》,林志明译,上海人民出版社2001年版,第162页。

第十一章　鲍德里亚的拟像秩序论

差异而生产意义是一种机制,通过这种机制,家庭的空间就依照现代主义的意识形态被组建起来了。"①这是一种把客体和主体、物品和表象统一起来的机制,而其生成的结果就是符号价值体系。

三、消费社会的差异化逻辑

在1972年出版的《消费社会》中,鲍德里亚已经从对商品的符号价值体系进入到对消费社会的符号秩序的论述。这部著作开篇就明确地阐明了作者立论的前提——人类已进入被丰盛的物或商品包围的消费社会。"今天,在我们的周围,存在着一种由不断增长的物、服务和物质财富所构成的惊人的消费和丰盛现象。它构成了人类自然环境中的一种根本变化。恰当地说,富裕的人们不再像过去那样受到人的包围,而是受到物的包围。"②这里,鲍德里亚论述了一个十分重要的前提变化。过去因为物质生活资料的匮乏,人与人之间为了争夺物质财富而竞争甚至冲突,人们面临的主要威胁来自他人。而现在情况发生了根本的变化,由生活物品或商品表现着的物质生活资料已不是匮乏,而是"惊人的丰盛",人与人之间争夺物质生活资料的矛盾已经让位于物怎样才能被消费的矛盾。丰盛的生活物品或商品为了赢得人们的消费,开始竭尽全力地包围人、诱惑人。

并且,更为重要的是,这还不仅是矛盾关系的改变,而且还是矛盾主导者的易位。在物质生活资料匮乏的时代,无论是哪个阶层、哪个群体以及哪些人之间的矛盾,其主导者都是人;但在物质生活资料丰盛的时代,人不仅处于急切等待被消费的物的包围中,而且物还通过各种令人眼花缭乱的形式,引导和改变着人们的生活,矛盾的主导者已经不是人,而是物。虽然可以指责鲍德里亚这个观点夸大了物的能动性,因为无论物品丰盛到何种程度,物品都不能主动地支配人,实质上是物背后的人(商品的制造者和销售者)在利用物包围人,但是,就其直接呈现出来的现象而言,快速增长的商品和物质财富确实改变了当代人类社会的矛盾关系。在作为个体的消费者同无所不在的商品体系的矛盾关系中,个体消费者的主体性或能动性已经被淹没了,而这正是理解鲍德里亚关于物或商品成为矛盾主导者观点的关键。

---

① 马克·戈特迪纳:《客体系统与日常生活的商品化:早期的波德里亚》,载道格拉斯·凯尔纳:《波德里亚:一个批判性读本》,陈维振等译,江苏人民出版社2008年版,第40页。

② 让·鲍德里亚:《消费社会》,刘成富、全志钢译,南京大学出版社2008年版,第1页。

鲍德里亚进一步指出,丰盛的物品以新的形式实现了对人的包围。"在丰盛的最基本的而意义最为深刻的形式——堆积之外,物**以全套或整套的形式组成**。几乎所有的服装、电器等都提供**一系列**能够相互称呼、相互对应和相互否定的不同商品。"①正是物品以整套的系列呈现出来,物品向消费者展现了丰富意义,而当物品仅以单个形式出现在消费者面前之时,消费者可能仅仅注意单个物品的功能效用,抑或仅仅注意其使用价值。"今天,很少有物品会在没有反映其背景的情况下单独地被提供出来。消费者与物的关系因而呈现了变化:他不会再从特别用途上去看这个物,而是从它的全部意义上去看全套的物。……它们不再是一串简单的商品,而是一串意义,因为它们相互暗示着更复杂的高档商品,并使消费者产生一系列更为复杂的动机。"②

物或商品以整套的系列形式出现,其实质是把具有不同规格、样式和性能的商品混放到一起而精心设计出来的符号体系。鲍德里亚以杂货店的布局和呈现出来的符号体系为例说明这种设计:"杂货店本身具有完全不同的意义:它不把同类的商品并置在一起,而是采取符号混放,把各种资料都视为全部消费符号的部分领域。……商品(服装、杂货、餐饮等)也被文化了,因为它变成了游戏的、具有特色的物质,变成了华丽的陪衬,变成了全套消费资料中的一个成分。"③这就意味着,整套系列商品呈现的符号体系不是经由同类商品的归类而实现的,而是把具有差异性和多样性的商品整合在一个符号体系之中。

符号体系包容了多样性和差别性,但是这种包容不是简单的囊括,而是为了实现促进消费的目的精心策划的混杂和搅拌,意在通过赋予商品文化意蕴而升华出引领消费行为的气氛。"我们处在'消费'控制着整个生活的境地。所有活动都以相同的组合方式束缚,满足的脉络被提前一小时一小时地勾画了出来。'环境'是总体的,被整个装上了气温调节装置,安排有序,而且具有文化氛围。这种对生活、资料、商品、服务、行为和社会关系总体的空气调节,代表着完善的'消费'阶段。"④

进入完善的消费阶段的消费社会,不仅消费对象和消费环境发生了符号化的变化,而且人们的消费行为也发生了空前深刻的变化。在物质生活资料匮乏时代,人们购物的主要目的是解决生活的物质需求,注重的是商品的质地材料和

---

① 让·鲍德里亚:《消费社会》,刘成富、全志钢译,南京大学出版社2008年版,第3页。
② 同上。
③ 同上书,第4页。
④ 同上书,第5页。

使用价值;但到了物品丰盛的时代,购物已不再仅仅注意商品的质料与功用,而更加看重商品的样式或形象,鲍德里亚称之为形象消费。并且,在电视等影视媒体的作用下,人类已经踏上了通向形象消费的发展道路,这是一个消费行为发生了重大变迁的事实。"电视机的奇迹不停地作为一个奇迹永远得到实现,——通过技术上的恩赐,它消除了消费者意识中社会现实原则本身,即通向形象消费的漫长社会生产过程。"①这就是说,影视媒体不仅推进了人们的形象消费,而且也消除了单纯注重物品使用价值的现实原则,或者说,在影视媒体的推动下,人类已经开始从注重使用功能的现实消费向注重形象的符号消费转变。

形象消费是消费者的行为,但这种行为的根源还是在于商品的符号化。当商品堆积得令制造商和营销商坐卧不安时,商人们就一定要绞尽脑汁地为商品披上各种比使用价值更加复杂的符号,并且,用来包装商品的符号必须是引人注目的美好形象,因为只有呈现为美妙的形象,才能使更多的消费者不假思索地予以注意。在日常消费行为中,人们并非像经济学家认为的那样是在进行着精致的由逻辑思维支配的理性选择,而是跟随自己的感觉、知觉作出一些即时性的由感性意识支配的、大量的表现为模仿、从众的感性选择。所以,聪明的商人一定会借助影视、广告和网络视频等新媒体技术,为商品进行生动的形象包装,刺激人们的感觉,实现对消费者最生动的感性诱惑,进而提升消费生产力。

消费生产力是鲍德里亚提出的一个新概念。在鲍德里亚看来,在消费社会,消费能否顺畅地进行,已经不是简单地消耗商品的使用价值,消费已经具有了物质生产一样的保证财富再创造顺利进行的地位,因此,消费具有了生产力的意义。但是,消费生产力与一般意义上的物质生产力不同,物质生产力展开的是人对物的控制、征服和改造的关系,而消费生产力展开的是消费者同商品的形象、符号和信息的关系,是在日常生活领域对形象、符号和信息的接受与认同,是感受、体验和捕捉感性符号的心理过程。"消费者与现实世界、政治、历史、文化的关系并不是利益、投资、责任的关系——也非根本无所谓的关系:是好奇心的关系。"②

鲍德里亚的论述处处建立在物品丰盛的现实基础上,所以从物质生活资料匮乏的现实或以之为基础形成的思想观点来看,鲍德里亚的观点不仅常常难以接受,甚至会认为是荒谬的。不过,尽管鲍德里亚认为物品丰盛已经是一个不可否认的现实,但他并没有认为这个丰盛的社会就是平等公正的,相反他明确地指

---

① 让·鲍德里亚:《消费社会》,刘成富、全志钢译,南京大学出版社2008年版,第8页。
② 同上书,第11页。

责丰盛社会中存在的分配不公、贫富差距、贫穷与疾病、过剩与浪费。① 鲍德里亚认为,贫穷与富裕、匮乏与浪费的广泛存在,不仅说明物品的丰盛并没使人类进入一个平等公正的时代,相反却证明这些普遍存在的甚至还在被拉大的社会差别,恰恰是消费社会赖以存在的基础。

在消费社会中,并非人人都有超越商品使用价值去消费符号的需求和能力,只有那些占据了足够的财富、被商品包围起来甚至大量物品已经成为多余的富人,才有条件去消费符号价值。并且,对于那些可以轻视商品使用价值的富人,能够引起其消费欲望的已经不是商品的相同的使用功能,而是商品的不同的符号形象,是千姿百态、色彩斑斓的商品形式。这些都清楚地表明:消费社会存在的基础是差异! 只有保持差异甚至扩大差异,消费行为与消费社会才能持续地发展下去。鲍德里亚深刻地指出:"物以其数目、丰富、多余、形式的浪费、时尚游戏以及所有那些超越其纯功能的一切,只是模仿了社会本质——地位——这种命定的恩赐只有某些出身好的人才能获得,而大部分人由于其目的地相反,是根本不可能获得的。"②

可见,鲍德里亚并没有脱离现实去讨论符号价值体系,而是明确地论述了符号体系所呈现出来的符号秩序,不过是现实的社会秩序的要求或反映。进一步说,鲍德里亚并没有掩盖符号秩序的基础是现实的社会秩序,而是清楚地揭示了这种关系。在他看来,地位差别不仅是财产和权势的差别,同时还可以通过代际传承和文化传递而作为文化差异存在,在人们的心理底层规定着人们的社会动机与社会行为。"在每个人内心向往的深处,都有一种出生地位,一种恩赐和完美地位的思想目的。同样,它也困扰着物的环境。它引起一种狂热,一种小摆设、小用具和吉祥物的狂暴世界。"③正是存在于心理底层的这种地位差别意识支配着日常生活中的不平等的地位向往或差异追求,而消费社会中的符号价值体系就是建立在这种差异心理、不平等地位和差别化追求的基础之上。

以社会差异为基础和以符号价值为消费对象的消费社会,有不同于生产社会的运行逻辑,鲍德里亚称之为消费的社会逻辑。"这种逻辑根本不是那种把财富和服务的使用价值占为己有的逻辑……这是生产与驾驭社会符号的逻辑。"④这种消费的社会逻辑表明,"人们从来不消费物的本身(使用价值)——

---

① 让·鲍德里亚:《消费社会》,刘成富、全志钢译,南京大学出版社2008年版,第13—27页。
② 同上书,第40页。
③ 同上。
④ 同上书,第41页。

第十一章 鲍德里亚的拟像秩序论

人们总是把物（从广义的角度）用来当作能够突出你的符号，或让你加入视为理想的团体，或参考一个地位更高的团体来摆脱本团体"①。可见，消费的社会逻辑，乃是指消费符号价值的行为其目的在于对社会地位的谋求，这岂不是说明，在以差异为基础的消费社会中，人们消费行为的目的仍然是追求社会的差别地位，亦即消费社会的基础和目的都是社会地位或社会差别。

既然消费社会以社会不平等的地位差异为存在根据，并以保持甚至扩大地位差异为行动目标和发展目的，这就意味着社会分化和社会平等不但不能因为物品丰盛而消失，反而会不可逆转地趋向扩大。并且，更为严重的是，地位不平等必然引起资源竞争和权力争夺，必然加剧社会矛盾甚至引起社会冲突。因此，鲍德里亚并没有因为物质财富的增长和符号体系的更加丰富而对消费社会抱有乐观的态度，相反他一再忧心忡忡地指出：丰盛的消费社会蕴含着不可摆脱的矛盾冲突或社会危机。不过，消费社会的基本矛盾同工业社会的基本矛盾相比，已经发生了性质上的变化，"当代资本主义的基本问题不再是'获得最大的利润'与'生产的理性化'之间的矛盾（在企业的主层次上），而是潜在的无限的生产力（在技术结构的层次上）与销售产品的必要性之间的矛盾"②。

社会基本矛盾的这种变化，决定了社会控制方式和控制重点的变化。在工业社会，权力体制主要注意控制物品的生产过程和商品的市场价格，以保证市场经济的顺利运行，而到了消费社会，权力体制更加注意的是控制消费者的消费需求和价值指向。简言之，权力控制的重点由物质生产和价格调控的控制转向了对人们的消费行为和消费意识的控制。鲍德里亚指出："这一点至关重要。总的结果是，要么通过先于生产行为本身的手段（民意测验、市场研究），要么通过后续手段（广告、市场营销、包装），'从购物者（在此能够逃避任何控制）那里剥夺决定权并将它转让给企业。它可以在企业那里得到控制'。"③这种控制的结局是，消费者已不再有主动地位，消费者的消费行为不过是在制造商和营销商的设计与控制下的顺从行为。

这里似乎存在一个悖论：一方面，鲍德里亚认为人类已经进入消费社会，人们的消费行为已经不再像在工业社会那样单纯注重商品的使用价值，而是转向对符号价值的追求；另一方面，追求符号价值的消费者及其消费行为并没有逃离商品生产者的控制，并且连消费者的价值取向和消费意向也都在生产者的控制

---

① 让·鲍德里亚:《消费社会》，刘成富、全志钢译，南京大学出版社2008年版，第41页。
② 同上书，第52页。
③ 同上。

之中。这就意味着,消费社会是一个被制造和被控制的社会,消费社会的秩序不过是按照工业企业的意志设计和展开的程序与格局。就此而言,消费社会在根本上还是受到了生产社会的控制。正因如此,很多学者认为,在《消费社会》这部著作中,鲍德里亚还在坚持着马克思主义关于物质生产是根本的决定力量的基本观点。

四、符号的政治经济学批判

消费社会把人们的消费目标从商品的使用价值转向了商品的符号价值,生产商和经销商为了刺激人们的消费欲望,制造出了样式和色彩无限丰富的符号体系。清楚明确地揭示符号体系的存在根据和演化逻辑,面对商品生产而形成的资产阶级政治经济学已经无能为力,于是,鲍德里亚提出要对符号开展政治经济学的批判,进而完成资产阶级政治经济学无法实现的任务。

对符号的政治经济学批判首先开始于对符号的功能及其存在根据的追问。为了对指向符号价值的消费行为有更清楚的理解,鲍德里亚把目光移至原始社会的交换行为。通过对马林诺夫斯基和莫斯关于原始部落交换行为研究的考察,鲍德里亚认为,原始人的"消费不是为了满足个人的经济需要,而是发挥着散播声望和彰显等级的社会功能。这种消费起初并不来源于最基本的需要或者'自然法则',而是来源于一种文化的限制。简单地说,它是一种制度,商品和物都必须是为了社会等级的显现而生产和交换"[1]。也就是说,消费最初并不是为了满足生理需求的一种自然行为,而是为了扩散声望和表明社会等级的文化行为。因此,不能单纯从满足人们的生活需求来理解消费,而应当考虑到消费的文化功能、制度功能和社会等级化功能,亦即符号功能。

虽然随着资本主义市场经济的发展,表现文化传统和社会制度的象征交换受到了以牟利为根本目的的理性交易行为的冲击,但是展示符号价值的象征交换仍然在一定程度上存在。鲍德里亚以凡勃伦关于炫耀性消费(conspicuous consumption)的研究来进一步论证自己的观点。"凡勃伦分析了父权制中女性的生存状况:就如同奴隶被喂养不是为了让他吃饭,而是为了让他工作一样,人们将一个女人打扮得十分奢华并不是为了让她漂亮,而是为了用她的奢华来证明她的主人的世袭荣耀及其社会特权。"[2]可见,消费在封建社会是一种象征符

---

[1] 鲍德里亚:《符号政治经济学批判》,夏莹译,南京大学出版社2009年版,第3页。
[2] 同上书,第4—5页。

号的展示,是对身份等级的炫耀。并且,凡勃伦认为炫耀性消费在工业社会也存在,只不过表现形式发生了变化。凡勃伦指出:"在任何高度组织起来的工业社会,荣誉最后依据的基础总是金钱力量;而表现金钱力量从而获得或保持荣誉的手段是有闲和对财物的明显消费。"①

马林诺夫斯基、莫斯和凡勃伦的研究涉及原始社会、奴隶社会、封建社会和工业社会中的交换行为或消费行为,而他们的研究表明,表达象征意义或展示符号价值,是交换行为和消费行为的本质规定之一,是人类历史中始终存在的一种文化现象。这些研究成为鲍德里亚反对古典政治经济学仅从商品的使用价值、人们的物质生活需求和以经济利益追求为根本目的的理性选择来解释人们消费行为的根据。正是在这个意义上,鲍德里亚主张对消费行为的分析一定要注意其中的社会价值或交换价值,而不能仅仅强调其中的使用价值。"物远不仅是一种使用的东西,它具有一种符号的社会价值,正是这种符号的交换价值才是更为根本的——使用价值常常只不过是一种对物的操持的保证(或者甚至是纯粹的和简单的合理化)。"②

鲍德里亚进一步提出的问题是:人们为什么要在不同历史条件下坚持象征交换和炫耀消费?鲍德里亚给出的回答是,既不是个体的生理的自然需求使然,也不是为了满足个体生理需求的商品的使用价值,而是把社会成员区分为不同地位、划分为不同等级的社会逻辑。"更进一步说,它让我们不能从消费自身所显现的那样——即普遍化的个人满足——来考察消费,而是要将其视为一种社会命运(un destin social),它对于某些群体或阶层来说较之于其他群体或阶层有着更为深远的影响,或者作为一种某些群体或阶层与其他群体或阶层对立的方式。"③这里,鲍德里亚不仅再次强调了他在《消费社会》中就已清楚论述的差异化的社会逻辑,而且也明确地表明他同资产阶级政治经济学和马克思主义政治经济学的根本分歧,即不是从人们的自然需求、功利目标和使用价值出发,而是从社会制度、文化传统和交换价值出发,去建立一种符号政治经济学。

鲍德里亚还提出了一个更具根本意义的问题,即人们的消费行为不应当被单纯解释为理性选择。把人看成是自私自利、通过计算与竞争去追求效益最大化的经济人,是政治经济学和新古典主义经济学的共同立足点,也是经济学建立

---

① 凡勃伦:《有闲阶级论》,蔡受百译,商务印书馆1997年版,第64页。(该书将 conspicuous consumption译为"明显消费",现在通常译为"炫耀性消费"。——笔者注)
② 鲍德里亚:《符号政治经济学批判》,夏莹译,南京大学出版社2009年版,第2页。
③ 同上书,第5页。

自己庞大理论体系和精致而复杂推论的根基。但是，当鲍德里亚明确论述人类社会始终存在着不计算成本与收益、不追求功利目标且不去竞争使用价值的消费行为的观点时，就意味着他从根基上动摇了全部经济学理论与方法成立的前提，即人们的消费行为并非都是理性选择！鲍德里亚宣布:"在一种理性的逻辑模式中，那些被认定为'普遍的'、非常完美的以及具有绝对真理性的形式和功能最终不过是一种强加于其上的社会逻辑中相对的、短暂的一个阶段。这种'普遍'不过就是一种特殊的符号，一种阶层的显现。"①

鲍德里亚从根本上否定了以理性选择原则为根基的传统经济学，但摆在他面前还有一个不可回避的问题，即为什么有大量学者或很多学科按照传统经济的原则去解释人们的消费行为。鲍德里亚认为这是意识形态问题，于是，鲍德里亚又开展了从象征交换到符号交换的意识形态批判，或者说，揭示人们对交换行为或消费行为持有的不加质疑的思想信念，亦即所谓的意指逻辑。鲍德里亚指出:"我们相信'消费':我们相信一种真实的主体，被需求所驱动，将真实的物作为其需求获得满足的源泉。这完全是一种拙劣的形而上学，包括了诸如心理学、社会学、经济学等多个学科。"②鲍德里亚就是要揭示这些在很多学科中未加辨析就信以为真的、"拙劣的形而上学"的虚假性。

这里，鲍德里亚再次把人们的思维引向关于物和消费的思考。在传统经济学中，物是作为使用价值存在的，对物的消费是人们为了满足自己的生活需求而对其使用价值的消耗，是维持社会再生产的一个必要环节。然而，这种对物及消费的理解，恰恰是鲍德里亚所反对的。鲍德里亚理解的物并不是为了满足生活需求而消耗的使用价值，消费也并不是消耗使用价值的社会生产的一个环节。"当我还将冰箱作为一架机器来使用的时候，它并不是一个物。"③并且，这个使用机器的过程也不是消费。鲍德里亚理解的物是能够显现出人们的社会地位或社会差别的东西，如果冰箱不是被作为冷藏食品使用的机器，而是作为显示着高贵豪华意义的摆设，这时冰箱就成为物了，而这种追求符号价值的摆设行为就是消费。简言之，物就是符号，消费就是追求符号价值的行为。

鲍德里亚通过对冰箱、礼物和结婚戒指等物品的分析，认为人们理解的物有四种存在形式，即器具、商品、象征与符号。④ 面对器具，人们持有的是"使用价

---

① 鲍德里亚:《符号政治经济学批判》,夏莹译,南京大学出版社2009年版,第24页。
② 同上书,第43页。
③ 同上书,第44页。
④ 同上书,第47页。

值的功能逻辑";面对商品,人们持有的是"交换价值的经济逻辑";面对象征,人们持有的是"象征交换逻辑";面对符号,人们持有的是"符号价值的逻辑"。鲍德里亚又把这四种意指逻辑称为"实用的逻辑、市场的逻辑、礼物的逻辑和地位的逻辑"①。符号价值的逻辑或地位的逻辑,就是社会差异、社会地位和消费的逻辑。鲍德里亚更明确地强调,一种物品是否能够成为他指谓的消费物,其前提是它必须摆脱作为象征的心理学界定,摆脱作为一种工具的功能性界定,摆脱作为一种产品的商业性界定。"作为一种消费物,它最终被解放为一种符号,从而落入到时尚模式的逻辑,亦即差异性逻辑的掌控之中。"②

符号价值的逻辑是一种普遍性的逻辑,它超越了个别物的具体形态,体现了社会的普遍原则。各种符号相互联系与区别,构成了符号体系,进而展示了一种符号秩序。由于符号秩序是差异性、等级性的秩序,并且是超越了个别具体物和具体关系而具有普遍意义的秩序,因此符号秩序就是社会秩序。鲍德里亚以戒指和结婚戒指为例来说明这个道理。婚恋双方结婚用的结婚戒指,是标志着特定男女婚姻关系的象征,但不是具有普遍意义的符号。如果戒指不是仅仅象征某对夫妻的婚姻关系,而是表达着一般的社会地位、社会差别的意义,它就成了符号,亦即消费物。"结婚戒指:指一个特殊的物,象征着夫妻关系。""一般的戒指则完全不同:它并不象征着某种关系。它是一个无特性的物,一种个人的喜好,一种他者眼中的符号。"③

表示地位和展示差别的符号体系,不是静态的而是充满变化的体系。在符号体系中,最重要的变化是其中的交换关系或交换结构。人们消费物或展示符号,是一种社会表达,是试图告知他人自己的社会地位,而这需要得到社会的认同和接受,使自己展示出来的意义得到领悟,符号价值由此而得到实现。这个过程就是符号的交换过程。"消费就是交换。一个消费者从来都不孤独,就如同一个说话者不会孤独。而对于消费的分析的全部革命也就在于此:预设个体说话,并不能解释语言的产生,然而语言存在着,它不是作为一种自发的绝对体系,而是作为一种与意义同时产生的交换结构而存在,并且言说着一种个人的意愿。"④可见,鲍德里亚把消费过程看作符号的交换过程,其实质是主张把符号的交换或物的消费过程,看作意义的展示与接受过程。

---

① 鲍德里亚:《符号政治经济学批判》,夏莹译,南京大学出版社2009年版,第47页。
② 同上书,第49页。
③ 同上书,第47页。
④ 同上书,第58页。

尤为重要的是，鲍德里亚一再强调，不能用传统经济学的理性计算或理性选择的眼光来分析符号交换或物的消费过程。因为传统经济学把物的消费和人们之间的交换，都归结为自然需求的满足和使用价值的利用，这不是追求意义和价值的符号交换过程。"意义从来不存在于一种经济关系之中，即一种被理性化了的选择和计算之中，从来不存在于那些既定的、被预设为自发的、有意识的主体之中，也从来不存在于那些依据理性的目的而被生产出来的客体之中，而是向来存在于有差异的、被体系化了的一种符码之中，与理性化的计算相对立。意义是一种构建社会关系的差异性结构，而不是主体本身。"①

在上述观点基础上，鲍德里亚进一步明确了符号政治经济学批判同传统政治经济批判的根本区别。鲍德里亚指出："符号政治经济学批判试图分析符号/形式，正如政治经济学批判是对商品/形式的分析一样。"②商品形式是通过使用价值和交换价值表现的，因此政治经济学批判围绕使用价值和交换价值展开；而符号形式是通过能指和所指表现出来的，因此符号政治经济学批判就要围绕能指和所指的关系展开。并且，更为明确的区别是，商品的使用价值和交换价值实质是经济利益，而符号的能指和所指包含的是意义，因此，政治经济学批判和符号政治经济学批判在核心目标上也明确区分开来：前者是经济利益，后者是符号意义。然而，这种区分仅仅是逻辑上的区分，事实上，人们却受传统政治经济学的意识形态束缚，仍然根据交换价值与使用价值的原则来分析符号价值。

在鲍德里亚看来，面对商品而进行交换价值和使用价值分析，同面对符号体系而进行能指和所指的符号价值分析，是两种逻辑分析和策略分析，"对于两套术语分别形成的两种关系进行的逻辑分析和策略分析理应同时存在"③。可是，因为传统政治经济学的分析原则被普遍化为一般准则，成为不被质疑的意识形态而被贯彻到对符号体系或符号的消费行为的研究中，导致了两种领域研究的价值同构性。事实上，两种领域的价值是明确不同的，把符号价值等同于经济利益，不仅混淆了两种价值，而且传统政治经济学的市场价值原则作为意识形态，扭曲了人们对符号体系和符号消费行为的真实意义的理解。

鲍德里亚进一步指出，按照传统马克思主义的观点，意识形态是作为上层建筑存在于经济领域之上或之外的，这种把二者分离起来的观念掩盖了经济领域的意识形态现象。然而，"意识形态确实是贯穿于符号生产和'物质'生产的一

---

① 鲍德里亚：《符号政治经济学批判》，夏莹译，南京大学出版社2009年版，第59页。
② 同上书，第138页。
③ 同上。

种形式,——或者,它是在两套术语中,两种逻辑所具有的同一形式:

$$\frac{交换价值}{能指} \Big/ \frac{使用价值}{所指}$$

形式正是通过这种功能性的和策略性的分割来再生产自身的。它表明意识形态已经整个地存在于商品逻辑中使用价值与交换价值的关系之中,同时也存在于符号的内在逻辑中能指与所指的关系之中"①。

鲍德里亚试图说明,以交换价值和使用价的关系来说明商品逻辑或市场逻辑的政治经济学原则,同样被贯彻到符号体系的能指与所指关系中,也就是说,符号体系或符号消费行为也被用商品逻辑或市场原则来说明了,而这正是把政治经济学的商品原则或市场原则一般化或普遍化的意识形态作为。政治经济学的意识形态"是一种也是唯一一种贯穿所有社会生产领域中的形式。意识形态在一个抽象的、还原的、一般等价的以及剥削的过程中,囊括了所有的生产,不管是物质的生产还是象征性的生产"②。

这种把传统政治经济学的商品市场的解释原则贯彻到一切领域特别是符号体系中的意识形态现象,正是鲍德里亚坚决反对的逻辑分析和策略分析,是他越来越明确的执意破除的形式或思维方式。"正是因为商品的逻辑与政治经济学的逻辑处于符号的核心之处,处于一个抽象的能指与所指的等式之中,处于符号的差异性组合之中,符号才能够作为交换价值(交流的话语),作为使用价值(理性的解码和富有差异性的社会用途)而存在。"③因此,必须批判把政治经济学关于商品市场的解释原则滥用到其他领域特别是符号价值领域的错误,而这个主张后来变成了鲍德里亚在《生产之镜》中对马克思的直接批判。

五、拟像秩序与象征交换

价值的结构革命,这是鲍德里亚在《象征交换与死亡》中集中论述的问题。鲍德里亚宣称,马克思论述的以物质生产为基础的使用价值和交换价值,在当代人类社会中已经发生了结构的断裂,即使用价值和交换价值不再像马克思论述的那样始终辩证地联结在一起。"生产、意指、情感、实体、历史等各种参照都终结了,这种与'真实'内容相对应的等价关系全终结了,'真实'内容过去一直在

---

① 鲍德里亚:《符号政治经济学批判》,夏莹译,南京大学出版社2009年版,第139页。
② 同上书,第142页。
③ 同上书,第139页。

用某种有效的负荷和重力填充着符号——这是它的再现等价物的形式。现在是另一个价值阶段占优势,即整体相关性、普遍替换、组合以及仿真的阶段。"① 所谓与真实内容对应的等价关系,是指交换价值与使用价值的对应,能指和所指的对应,符号同实体的对应。这种以物质生产为基础的对应价值关系,被符号的独立自存和相互交换的仿真阶段替代了。

鲍德里亚认为,对应真实的价值的终结,其根源在于生产的终结。这似乎是一个难以理解的论断,但如果联系鲍德里亚在《消费社会》和《符号政治经济学批判》中的论述,他的观点在一定程度上还是可以接受的。生产在鲍德里亚那里是特指资本主义工业生产,而在前工业社会则不存在生产,他指出:在前工业社会,"严格地说,什么都不是生产的:一切都是通过某种体制的恩惠(上帝)或奖赏(自然)演绎出来的,这种体制可能给予也可能拒绝给予财富。价值来自神圣性质或自然性质的统治。"② 只是到了工业社会,真正意义的生产才发生。工业革命动摇了财富自然分配或上帝赐予的价值体系,"价值成为生产出来的价值,而它的参照就是劳动,它的规律就是所有劳动的一般等价关系。从此人类劳动(社会劳动)明确而理性的操作就被赋予了价值。它是可以测量的,因此也就有了剩余价值"③。

由于鲍德里亚把生产看作是工业社会特定历史时期的社会现象,并且把生产的价值最终归结为劳动力创造的使用价值,而工业社会已被后工业社会取代,物质生产的基础地位已经让位于为人服务的第三产业,人们对商品使用价值的追求已经转变为对商品符号价值的追求,这表明工业生产的时代走向了终结。"今天,对我们而言,这一切又全变了。生产、商品形式、劳动力、等价关系和剩余价值曾经描绘出一种数量的、物质的、可测的形态,但对我们而言这已经过去了。"④ 并且,随着工业生产时代的终结,"我们从价值的商品规律过渡到了价值的结构规律"⑤。价值的商品规律即由商品和劳动力的使用价值、交换价值和剩余价值等概念描述的商品价值规律,而价值的结构规律即由符号体系和符号消费而展示的差异、区分和等级的符号价值规律。

当价值的结构规律普遍地支配了人们的工作与生活,就表明人类已经进入一种新形式的社会——仿真社会。仿真社会是符号体系遮盖了一切并吸收了一

---

① 波德里亚:《象征交换与死亡》,车槿山译,译林出版社2006年版,第4页。
② 同上书,第9页。
③ 同上书,第9页。
④ 同上书,第10页。
⑤ 同上。

第十一章 鲍德里亚的拟像秩序论

切的时代。"这是一个巨大的劳动符号仪式,它扩展到了整个社会——它是否生产并不重要,它在再生产自身。通过仪式和符号达到的社会化远比通过生产的相关能量达到的社会化更有效。"①生产仍然在进行,但人们在生产中主要的追求是制造出形式各异、相互区别的符号,尽管这些符号是通过各种产品表现出来的,但这些产品成为商品时,人们对商品的关注已经从使用价值移向了符号价值,符号的差异性已经覆盖了功能的统一性。

鲍德里亚认为,仿真社会到来引起的变化是总体性的,它要求人们用新视野和新观念来面对这个崭新的社会形式。"这是要求你们在生产的总剧本中作为符号来运转,如同劳动和生产从此只是作为符号,作为可以和非劳动、消费、交流等替换的词项来运转一样。这是一个多重的、连续的、缠绕的关系,是和其他符号一起构成的整个网络。劳动就这样被掏空了自己的能量和实体,作为社会仿真的模式复活了,并且把政治经济学的其他所有范畴都带入代码的随机领域。"②鲍德里亚就是在这些基本判断基础上,考察了价值结构革命和社会符号化引起的各方面变化。他从劳动、工资、货币、罢工、工会、无产阶级和社会革命等多种层面,揭示了符号化引起社会的深刻变迁。

鲍德里亚还论述了仿真社会生成的历史逻辑——拟像秩序(The Order of Simulacra)的演化。概括鲍德里亚关于拟像三个秩序的论述,可以发现拟像最基本的含义是形象的模仿,拟像在发展阶段上的变化依赖于价值规律的变化。"拟像的三种秩序平行于价值规律的变化,它们从文艺复兴开始相继而来:

——仿造(counterfeit)是从文艺复兴到工业革命的'古典'时期的主要模式。

——生产(Production)是工业时代的主要模式。

——仿真(Simulation)是目前这个受代码支配的阶段的主要模式。"③

鲍德里亚关于拟像及其三级秩序的论述具有十分重要的意义。首先,把拟像看成是从文艺复兴开始直至当代社会一直存在的秩序,这明确论述了符号体系的生成是一个长时间的历史过程。拟像是形象的模仿,是对形式、样态和色彩的重视,而这正是符号体系的本质特征。如果仿造、生产和仿真是拟像的三种秩序,亦即三种状态或三个层次,那就说明,不仅在封建社会解体时期和后工业社会存在形象的模仿,而且在工业社会也存在,以感性形象为基本内容的模仿实质上是人类社会生活的一个基本形式,因此单纯从理性选择的角度解释人们的经

---

① 波德里亚:《象征交换与死亡》,车槿山译,译林出版社2006年版,第12页。
② 同上书,第11页。
③ Jean Baudrillard, *Symbolic Exchange and Death Theory*, Sage Publications, Inc., 1993, p. 50.

济社会生活,是一种片面的理性主义狭隘性。

其次,以形象模仿为本质的拟像在封建社会后期、工业社会和后工业社会有不同的表现形式,这说明拟像是一个发展变化的过程,并随着历史条件和价值观念的变化而呈现为不同的形式。"第一序列的拟像基于价值的自然规律之上,第二序列的拟像基于价值的商品规律之上,第三序列的拟像基于价值的结构规律之上。"①拟像秩序的演化依靠价值规律的变迁,这说明不能仅从客观的角度来看待从生产社会向消费社会的转变,还要认识到人们的价值信念或价值原则这种主观因素所起的深层作用。

鲍德里亚分析了三种秩序拟像的不同模式和不同特点。仿造作为第一序列的拟像,是在文艺复兴运动中随着封建秩序的解体而发生的。在封建等级制的严厉控制下不允许拟像,"每一个符号都没有歧义地指向一种地位"②。随着资产阶级对封建专制的冲击,竞争和民主瓦解了符号的强制性,拟像的最初形式——对自然物品的仿造开始了,仿大理石、仿天鹅绒、仿动物、仿植物等,出现了各种各样的对自然物的仿造。仿造既是对封建等级制下符号强制的突破,也是试图模仿自然、依靠实在、参照现存的一种观念的限制。

第二种秩序的拟像——制造,是伴随着工业社会的崛起而发生的,鲍德里亚又称之为工业拟像。工业拟像"建立了一种没有形象、没有回声、没有表象的现实:这正是劳动,正是机器,正是与戏剧幻觉原则根本对立的整个工业生产系统。不再有上帝或人类的相似性或相异性,但有一种操作原则的内在逻辑"③。工业拟像不是对自然的仿造,它注重的是产品或商品的操作功能,亦即注重使用价值。只要生产能制出具有操作功能和使用价值,就没有必要去模仿自然实体,但为了追求规模效应和利益最大化,工业生产要在同类产品中发生大规模模仿,即用相同的程序制造相同规格、相同功能、相同样式的系列产品。"在系列中,物体成为相互的无限拟像,而且生产物体的人也是如此。"④

第三序列的拟像是人类社会进入"丰盛社会",在物质生产的统治地位已经失去的消费社会或符号社会中发生的,这个序列的拟像既不是对自然的仿造,也不是同类产品之间系列模仿,而是追求差异、标明地位、区分等级、根据符号结构或社会结构形成的符号仿真。"在仿真中,起调节作用的不再是唯一的一般等

---

① Jean Baudrillard, *Symbolic Exchange and Death Theory*, Sage Publications, Inc.,1993,p. 50.
② Ibid., p. 51.
③ 波德里亚:《象征交换与死亡》,车槿山译,译林出版社2006年版,第75页。
④ 同上书,第76页。

第十一章 鲍德里亚的拟像秩序论

价物,而是模式的散射——不再有一般等价物的形式,只有区分对立的形式。"①鲍德里亚把这种不顾及实体、超越现实的符号仿真称为超级现实主义。并且,这种被制造出来的符号体系已经进入社会生活的各种领域,整个社会都进入了一种仿真秩序。"今天则是政治、社会、历史、经济等全部日常现实都吸收了超级现实主义的仿真维度:我们都已经生活在现实的'美学'幻觉中了。"②现实胜于虚构的真理被颠覆了,相反到处都呈现了虚构在制造现实。鲍德里亚通过对大量的经济社会现象和精神文化现象的广泛考察,论证了仿真原则已经成为社会普遍原则的论断。

后来,鲍德里亚在《拟像与仿真》(Simulacra and Simulation)中又提出了拟像的第四序列:碎片化秩序(fractal order)。在这个序列中,已经实现了"从掩饰某物的符号到没有任何可掩饰的符号的转变,标志着关键性的转折点"③。符号对某物的掩饰以及对某物的表征,是参照某物展现的拟像。而当第四序列的拟像不掩饰任何事物时,就意味着符号已经脱离了任何参照物,成为可以脱离现实而自足运行的拟像世界或符号世界。第一秩序是参照自然的秩序,第二序列是参照同类产品的秩序,第三序列是参照社会等级结构的秩序,而第四序列,符号已摆脱了任何参照,无限制地根据自身的原则扩散和运行。

第四序列是符号超越一切限制开始无限扩散的拟像秩序,是一个一切都被符号遮盖、吸收和统治的超越真实的拟像世界。虽然鲍德里亚认为超越真实的拟像秩序已经不可阻挡地形成,但他对此并不乐观,因为这个超越真实的拟像世界不仅消解了真实和虚假的界限,而且使虚假变得比真实还要真实,铺天盖地的符号,转瞬即逝又不断扑来的信息,世界变得飘摇不定,真假善恶都已无法鉴别,社会结构发生了消解一切、熔化一切的内爆(implosion)。鲍德里亚认为内爆是可怕的灾难,人类必须寻找能够超越内爆的有效途径。

鲍德里亚的目光转向了过去,他试图通过呼唤原始社会的象征交换来摆脱当代社会的困境。象征交换是原始人在没有进入资源争夺和理性计算的时代而开展的交往行为,是非功利的、互惠的、可逆的交换行为。而当代社会正是物品丰盛导致物质资源的争夺已经缓解、理性计算在社会符号化中已经无法奏效的时代,所以象征交换在当代社会中获得了可以复兴的条件。进一步说,鲍德里亚呼唤象征交换,是对马克思以生产方式为基础的历史唯物主义理论批判的结果,

---

① 波德里亚:《象征交换与死亡》,车槿山译,译林出版社2006年版,第103页。
② 同上书,第108页。
③ 鲍德里亚:《生产之镜》,仰海峰译,中央编译出版社2005年版,第192页。

是试图用非功利、非理性、非征服的行为模式摆脱符号化或拟像化困境的乌托邦玄想。

鲍德里亚关于死亡的论述，更表明他在拟像秩序中的压抑困境中找不到现实的超越途径，只好转向对原始人死亡意识的赞美，以此表达对现实社会矛盾和对立冲突的憎恨与抨击。鲍德里亚赞扬原始人祭奠死亡的"秘传仪式"，认为它是象征交换的典型表现，"象征操作的高潮是秘传仪式。这种仪式的目的不是消除死亡，也不是'超越'死亡，而是在社会关系上连接死亡。……它不是造成一种断裂，而是在合作者之间建立一种社会关系，建立一种馈赠与反馈赠的流通，这种流通像贵重财物和女人的流通一样频繁——这是不间断的游戏，死亡不再可能作为终结或作为体制在这里得到确立"[1]。死亡不是生命的终结，而是个体的生命进入社会关系的连接，是可逆性的馈赠，是原始社会中人与人、人与自然、人与上帝之间的互惠的、持续的象征交换关系。

---

[1] 波德里亚：《象征交换与死亡》，车槿山译，译林出版社2006年版，第204页。

第十二章

卡斯特的网络社会学

进入20世纪90年代,信息技术革命呈现了新的发展形势,互联网和移动通信等新媒体技术,不仅提升了人们的信息沟通能力,扩展了人们的社会交往范围,而且还引起了交往方式、经验基础、认同力量、社会空间和权力结构等方面一系列深刻的社会变迁。面对这种新形势,卡斯特从信息主义立场出发,阐述了内容新颖、视野开阔的网络社会学理论,在当代社会学研究中树立了崭新的旗帜,并产生了广泛的影响。

一、信息主义的立场与追求

曼纽尔·卡斯特(Manuel Castells,1942—)出生于西班牙巴塞罗那市的一个贵族家庭。父亲是西班牙财政部金融检查员,母亲也在财政部从事会计工作。卡斯特自幼聪明好学,16岁考入了巴塞罗那大学法律与经济学系。在大学期间,卡斯特不仅勤奋读书,而且十分活跃地参加各种社会活动。青年卡斯特对社会问题十分关心,对政治事务也很敏感,并因政治立场的分歧与姐姐一起同他们的贵族家庭断绝了关系。1962年,卡斯特因为参与反对西班牙佛朗哥法西斯政权的社会运动而遭政治放逐,并因此未能获得巴塞罗那大学的学位。

在被政治放逐期间,卡斯特来到了法国巴黎。在流亡巴黎的岁月里,卡斯特没有停止参与社会运动,同时也继续读书,1964年获得了巴黎大学公法与政治经济学文凭。1965年,在巴黎大学劳动社会科学研究所获得了劳动社会学硕士学位。1965—1967年间,在巴黎大学高等实践学院工业社会学研究室从事社会学研究,在阿兰·图海纳(Alain Touraine,1925—)的指导下完成博士学位论文,并获得了社会学博士学位。他还获得了马德里大学社会学博士学位和巴黎第五大学(索邦)人文科学国家博士学位。从这些学习经历可以看出,卡斯特在青年时代就已经积累了十分丰富的人文社会科学知识基础。

1967年,卡斯特留任巴黎大学(南特校区)社会学系助理教授。1968年,不安分的卡斯特又投入了巴黎"五月风暴"。给法国带来强烈震撼的"五月风暴"被戴高乐政府平息后,卡斯特于1968年6月中旬被驱逐到瑞士的日内瓦,后又转到智利,开始了第二次流亡生涯。从1968年到1979年,卡斯特先后参与了智利阿连德社会主义政府的都市问题研究工作,还在加拿大蒙特利尔大学和巴黎高等社会科学院任教,从事都市社会学研究和教学。1972年,卡斯特的第一部著作《都市问题》法文版出版,这部著作促进了传统城市社会学的研究范式发生了转变,开辟了城市社会学研究的新视野,并为他赢得了广泛的学术影响。

1979年,应加州大学伯克利分校城市与区域规划学系邀请,卡斯特来到了美国,开始了学院式学术生涯。来到美国后,卡斯特的研究领域主要集中在信息社会学、都市社会学、区域发展、社会运动和网络社会学等方面。从20世纪80年代中期开始,卡斯特的研究日益集中于信息技术革命给当代人类社会带来的推动和影响,不仅更加坚定了他的信息主义立场,而且形成了以社会生活信息化、网络化变迁为主要内容的社会学理论。特别重要的是,从1996年至1998年,卡斯特每年出版一部代表作——《网络社会的崛起》(1996)、《认同的力量》(1997)、《千年终结》(1998),这三部著作合称为《信息时代三部曲:经济、社会与文化》。

《信息时代三部曲》的理论视野极为广阔,是以信息技术革命为基础,对当代人类社会在经济、政治、文化和社会关系的各个方面变迁都作了深入论述的鸿篇巨著。图海纳、吉登斯和巴伯等很多社会学家都给予了高度评价,其被认为是可以同马克斯·韦伯的《经济与社会》相媲美的具有划时代意义的学术著作。卡斯特的著述最重要的贡献是:他宣告了信息技术革命给人类社会带来的,不仅仅是在不同层面看到的各种具体事物的变化,更重要的是人类社会已经形成了一种新的社会形态——网络社会。在网络社会中,社会的组织形式,人们的行为方式、思维方式和工作方式,以及社会的权力结构和时空状态,都已经发生了总体变迁。

卡斯特在《信息时代三部曲》中的广泛论述,处处显示了明确的信息主义立场。卡斯特为代表的信息主义是当代西方正在流行的学术思潮和社会思潮,它依据信息技术革命给社会生活带来的深刻变迁,向新自由主义和社会民主主义提出了尖锐挑战。众所周知,新自由主义与社会民主主义之间也存在着严重对立。新自由主义主张,市场经济已经进入全球化时代,应当充分发挥市场经济自由竞争、有效配置资源和提高社会效率的作用,限制政府对市场经济的干涉,进而保证全球化时代经济社会的持续发展;社会民主主义认为,新自由主义排斥政府作用,片面强调市场竞争,实质是为美国控制全球经济社会发展寻找借口,政府不仅不能靠边站,而且还要积极利用市场资源来保障社会,维护社会的权力,以便维持经济社会的公平正义。

卡斯特既反对新自由主义单纯强调经济全球化的主张,也反对社会民主主义维护民族国家社会福利政策的立场。在他看来,新自由主义极力鼓吹的经济全球化和市场充分竞争,是建立在发展水平和竞争能力不平衡基础上的殖民主义主张,其结果只能是对不发达国家和地区的剥夺,最终必将导致贫困人口更加贫困,落后地区更加落后。虽然社会民主主义批判了新自由主义的片面性和虚伪性,但它强调政府利用市场竞争配置资源的作用,并不能实现保障基层社会成员权益的目的。社会民主主义的主张已经不具备可行性,其原因不仅在于民族国家的福利政策无法抵挡经济全球化的冲击,更重要的是其维护的民族国家政体已经不适应信息社会或网络社会的变迁,它已经失去了存在的合法性根基。

卡斯特认为,必须清醒地看到信息技术革命已经开启了人类社会的新时代,必须从信息技术革命出发,重新审视人类社会从经济基础到上层建筑广泛而深刻的变革。卡斯特这个信息主义立场在马克思那里能找到思想来源,他承继马克思关于生产力决定生产关系、经济基础决定上层建筑的社会结构运动变迁的观点,认为计算机、互联网和移动通信等信息技术,是当代人类社会最先进的生产技术,已经取代了工业社会中机器作为最先进生产技术的地位。并且,由于信息技术的广泛应用,已经导致了生产力、生产关系和上层建筑的总体变迁,一个崭新的社会结构已经诞生,即网络社会或信息社会已经成为超越工业社会的新社会形态。

因为网络社会或信息社会在经济、政治、文化和日常生活的总体构成上都发生了变革,这就要求面对当代人类社会的人文社会科学在研究视野、概念构架、方法原则和价值取向等方面都相应变化,否则将无法清楚认识已经发生了深刻变化的现实社会。在对当代社会生活的广泛考察中,卡斯特不仅发现了社会生活的组织形式、展开关系、社会矛盾和时空结构都发生了明确变化,更具革命意义的是,社会认同已经在网络行为和网络关系中生成一种巨大的社会力量。这种力量是广大基层社会成员在快捷的网络交往或信息沟通中形成的言论表达权力、价值评价权力和舆论声张权力,是来自民间基层、有着广泛而坚实的日常生活根基的社会信息权力。

在卡斯特看来,通过社会认同而表达出来的社会信息权力,最突出地表现在形形色色的社会运动中。在美国爱国者民兵运动、墨西哥萨帕塔运动、女权主义运动和环境保护运动以及各种宗教原教旨主义运动中,卡斯特看到了社会认同在其中发挥的凝聚群体、引导行动和冲击旧社会秩序的积极作用。他兴奋地指出:"伴随着技术革命、资本主义转型、国家主义让位,我们在过去的 25 年里经历了集体认同强烈表达的漫天烽火。这些集体认同为了捍卫文化的特殊性,为了保卫人们对自己的生活和环境加以控制,而对全球和世界主义(cosmopolitanism)提出了挑战。它们的表达是多元的、高度分化的,因每一种文化的轮廓和每一种认同形成的历史根源而不同。它们包括了各种主动式的(proactive)、意欲在最根本的层面上转变人类关系的运动。"①

卡斯特高度评价社会认同的力量,其宗旨在于张扬来自民间、来自基层百姓的社会权力。在卡斯特看来,虽然社会民主主义反对新自由主义片面强调市场自由竞争,有其可取之处,但它在高举民主主义旗帜下并没有真正肯定和实现民主,因为社会民主主义没有看到人民群众的强大力量或真正权力,而是把民主的实现以及保护人民权益交托给政府,政府不过是举着社会和人民的招牌而利用强力对资源的占有者。只有人民群众自己在信息交流和网络沟通中形成共同的认识和共同的价值要求,才可以把自己凝聚起来、组织起来,在广泛的社会动员和社会运动中改变压抑和剥夺他们的社会秩序。

由此可见,卡斯特在对信息技术革命和网络化时代变革的热烈讨论中,贯彻着始终不渝的坚定追求:彰显民众的力量,捍卫百姓的权利,引导广大基层社会成员在信息化和网络化时代联合起来,为自己的幸福与自由而开展不屈不挠的社会运动。卡斯特的这种学术追求同他在学生时代的政治追求是一致的,或者可以说是一种学术化的政治追求。在反对西班牙佛朗哥法西斯政权的社会运动中,在震撼了整个资本主义世界的法国巴黎五月风暴里,卡斯特不仅看到了民众的力量,也认识到民众的力量需要通过更有效的形式持续延存下去,需要通过更有效的途径整合起来,否则只能是轰然而起又转瞬即逝,不过昙花一现。可见,卡斯特后来的学术追求一直在延续着青年时代就已形成的政治志向。

卡斯特的学术视野异常广阔,这与他丰富的思想来源直接相关。除了前面提到的马克思的历史唯物主义基本观点对他有深刻影响外,在他的著述中还能

---

① 曼纽尔·卡斯特:《认同的力量》,曹荣湘译,社会科学文献出版社 2006 年版,第 2 页。

看到他的博士研究生导师图海纳对他的影响。图海纳的行动社会学和社会运动理论,对卡斯特热切关注当代网络行动和各种社会运动起到了重要引导作用,在卡斯特的著述中能看到很多图海纳思想理论的引用和发挥。在20世纪60年代,卡斯特也曾受到阿尔都塞结构主义的影响,直到20世纪90年关于网络社会的研究中,还能看到注重结构论分析的一些特点。

虽然卡斯特在法国和美国度过了大部分学术生涯,但德国古典哲学和德国社会学对他的影响也很明显。在《信息时代三部曲》中,应用得最广泛、最突出的研究方法是矛盾分析,在全球化与地方性、在场性与缺场性、确定性与不确定性、实体权力控制与流动权力抗争、传统政治体制固守与新型社会运动冲击等各种矛盾关系的分析中,卡斯特不仅剖析了当代社会在信息化和网络化推动下发生的深刻变迁和展示的严重问题,而且还揭示了迅速兴起并正在壮大的民间认同力量和信息权力,颂扬了信息化时代已经到来所呈现的各种新思想和新气象,使人们在错综复杂的社会矛盾中看到了发展进步的希望。

另外,麦克卢汉的信息传播理论、哈贝马斯的交往行为论、吉登斯和贝克的晚期资本主义风险社会论、列斐伏尔的城市社会学和社会空间理论、鲍德里亚的社会符号论,都能在卡斯特的著作中看到发生了深入影响的痕迹。因此,在卡斯特关于当代社会信息化和网络化的现实性极强的丰富著述中,不仅能够看到他对现实生活变化的深入而真切的广泛关注,而且还能看到他敢于突破学科界限和传统的方法原则,积极吸收各种优秀学术思想理论,在事实分析与理论概括的统一中勇敢地进行学术探索和理论创新。

卡斯特是一位高产作家,除了在前面提到的《都市问题》(1972)和《信息时代三部曲》(1996—1998)以外,比较重要的著作还有《帝国主义与拉丁美洲的城市化》(1973)、《城市、阶级与权力》(1978)、《经济危机与美国社会》(1980)、《城市与民众》(1983)、《高技术、空间与社会》(1985)、《西班牙的新技术、经济与社会》(1986)、《信息技术、经济重构与城市发展》(1988)、《信息化城市》(1989)、《世界的科技城》(合著,1994)、《地区化与全球化》(合著,1996)、《网络星河》(2001)、《信息社会和福利国家:芬兰模式》(2002)、《网络社会:跨文化的视角》(2004)、《网络社会:从知识到政策》(2006)、《移动通信和社会》(2006)、《通信权力》(2009)等。[①]

---

① 张荣:《卡斯特的网络经济论》,载刘少杰主编:《西方经济社会学史》,中国人民大学出版社2013年版,第311页。

二、信息时代的经济网络化

《信息时代三部曲》的第一部曲是《网络社会的崛起》,在这部著作中,卡斯特论述的主要内容是信息技术革命及其推动的信息经济,而网络企业、网络行为和网络关系等则是信息经济的展开形式。概言之,这部著作实质是要揭示网络社会崛起的信息技术根据或信息经济基础,而网络企业和网络关系不过是信息技术、信息经济的运行形式或组织形式。在这个意义上,卡斯特指出:"以信息技术为中心的技术革命,正在加速重造社会的物质基础。全世界的经济依然成为全球互赖,在易变不定的几何形势系统中,引入了经济、国家与社会之间关系的新形式。"①

卡斯特认为,由信息技术革命的推动形成了物质基础或信息经济基础,而在这个基础上形成的"经济、国家与社会之间关系的新形式",不是一般意义的社会生活表现形式,而是当代人类社会呈现的一种新社会形态。在对信息技术革命、信息经济的组织形式和网络社会的重要变迁作了深入考察之后,卡斯特得出了这样的结论:"我们对横越人类诸活动与经验领域而浮现之社会结构的探察,得出一个综合性结论:作为一种历史趋势,信息时代的支配性功能与过程日益以网络组织起来。网络建构了我们社会的新形态。"②

如前所述,卡斯特关于信息社会或网络社会是新社会形态的观点,受到了马克思的直接影响,并且他的社会形态概念同马克思也是一致的。马克思说:"手推磨产生的是封建主的社会,蒸汽磨产生的是工业资本家的社会。"③在马克思看来,社会形态是经济基础和上层建筑的统一,经济基础在社会形态的变迁中起着基础作用,而经济基础又是生产力和生产关系的统一,其中起根本作用的是生产力,生产力的发展变化是社会形态变迁的根本动力,生产工具则是生产力发展变化的标志或尺度。由此可见,马克思把生产工具或生产技术的变化看作社会形态变迁的根本标志。

正是沿着马克思的这个基本观点,卡斯特认为,计算机和新通信技术是当代人类社会最先进的生产工具,它们的广泛使用必将引起生产力的变革,并推进生

---

① 曼纽尔·卡斯特:《网络社会的崛起》,夏铸九、王志弘等译,社会科学文献出版社2006年版,第1页。
② 同上书,第434页。
③ 马克思:《哲学的贫困》,载《马克思恩格斯文集》第一卷,人民出版社2009年版,第602页。

第十二章 卡斯特的网络社会学

产关系直至上层建筑的变迁,进而实现整个社会结构的变迁,迎来一种崭新的社会形态,他称之为网络社会。如果卡斯特的观点成立,那就意味着网络社会来临必将引起人类社会发生总体性变化,从经济基础到上层建筑,社会生活的存在状态、活动方式和运行机制都要发生变迁。从《信息时代三部曲》的展开视野(经济、社会、文化)也能很清楚地看到,卡斯特的宗旨在于揭示信息社会或网络社会作为一种新社会形态的产生原因、存在基础和总体状态。

关于新社会形态的产生原因——信息技术革命,卡斯特十分明确地将之作为研究新社会形态的出发点:"我的出发点是:在20世纪结束时,我们正好经历了这些历史上少有的间隔之一,这个历史的间隔的特性乃是:我们这个'物质文化'的转变,是由环绕着信息技术而组织的新技术范式促成的。"①这里所说的历史间隔(intervals in history)②,就是指由信息技术革命而推动的社会变革,或者说是在信息技术革命推动下的新社会形态的诞生,使人类社会已经发生了具有本质不同的深刻变化,亦可称之为人类社会的飞跃性发展。

卡斯特之所以如此明确地强调信息技术革命及其引起的社会变迁的革命性,其主要目的是告诉人们不要低估这场革命的性质及结果。"信息技术革命至少和18世纪的工业革命一样,是个重大历史事件,导致了经济、社会与文化等物质基础的不连续模式。"③不连续就是间隔、断裂、质变或飞跃。而欲理解这种质变或飞跃,卡斯特认为不仅要知道信息技术革命包含的基本内容和展开的历史过程,而且还必须清楚信息技术作用的特殊范式。他用很大篇幅考察了微电子、电脑、电信、广播、光电和遗传工程等信息技术在信息革命中的角色和作用,概括了信息革命的历史过程,即微电子技术→计算机→互联网→通信工程→遗传工程,以及信息技术革命从美国开始,向英国、法国、德国、日本、韩国、中国和俄罗斯等世界各地的扩展路径。

至于信息技术作用的范式,卡斯特认为是理解信息技术革命怎样促进新社会形态形成的关键,因为信息技术作用的范式表明了这场革命的本质特点和展开模式。"我认为比较有用的做法是精确地指出构成信息技术范式核心的那些

---

① 曼纽尔·卡斯特:《网络社会的崛起》,夏铸九、王志弘等译,社会科学文献出版社2006年版,第25页。
② Manuel Caste, *The Rise of the Network Society*, Oxford: Blackwell Publishing Ltd. ,2010, p. 28.
③ 曼纽尔·卡斯特:《网络社会的崛起》,夏铸九、王志弘等译,社会科学文献出版社2006年版,第26页。

特性,以之作为我们接下来沿着社会转变路径探索的指引。"①出于这样一种用意,卡斯特从五个方面论述了信息技术范式的特点:

第一,信息是信息技术革命处理的原料,关键在信息技术,而不是技术的信息;

第二,信息技术的作用已经无处不在;

第三,信息技术的网络化逻辑,亦即使用信息技术就要进入网络化;

第四,信息技术范式是动态的、不断创新的弹性过程;

第五,信息技术具有高度的整合性,各种信息技术可以相互作用、相互渗透地形成一个有密切联系的系统。②

卡斯特论述的信息技术范式,实质是信息技术运行和作用的特殊方式,他作出如上论述的目的在于:以之为基础去揭示信息经济、信息社会或网络社会的包含内容、表现形式和运行特点。

信息经济被卡斯特看作一种以信息技术范式为根据而形成的新经济,它的主要特点是信息化、全球化和网络化。"有一种新经济在20世纪最后25年里在全球尺度上浮现。我称之为信息化、全球化与网络化的经济,以标明其基本且独有的特征,并强调特征之间的交织连接。"③所谓信息化,是指这种经济的行动方案、生产与竞争能力、市场交易和企业效率等方面都要以信息的获得与处理为基础;所谓全球化,是指这种经济的"生产、消费与流通等核心活动,以及它们的组成元素(资本、劳动、原料、管理、信息、技术、市场)是在全球尺度上组织起来"④;所谓网络化,是指这种经济"生产力的增进与竞争的持续,都是在企业网络之间互动的全球网络中进行"⑤。

卡斯特对新经济的信息化、全球化和网络化都作了充分的考察,但这三方面的考察比较而言,对新经济网络化的考察是最深入的,这也是他关于信息经济的研究最有贡献的方面。更为重视对新经济的网络化考察,其主要原因在于,信息化是新经济的运行内容,全球化是新经济的扩展范围,而网络化则是新经济的社会组织形式。卡斯特以其社会学家的特有偏好,不仅要说明网络社会崛起的根据,而且还要阐明网络社会的存在形式。新经济的网络化,既是信息经济的组织

---

① 曼纽尔·卡斯特:《网络社会的崛起》,夏铸九、王志弘等译,社会科学文献出版社2006年版,第64页。
② 同上书,第64—69页。
③ 同上书,第71页。
④ 同上。
⑤ 同上。

第十二章 卡斯特的网络社会学

形式,也是以之为基础的社会生活的存在形式。

卡斯特从八个方面论述了从工业经济转向信息经济的新组织现象:

① 批量生产到弹性生产;

② 大型企业出现危机,小型企业焕发生机;

③ 丰田主义:管理者与工人合作,多功能劳动力,全面质量管理,降低不确定性;

④ 公司间网络化;

⑤ 公司策略联盟;

⑥ 水平公司和全球企业网络;

⑦ 垂直公司模型的危机与企业网络的兴起;

⑧ 思科模式:网络的网络连接。①

卡斯特关于网络化的新组织现象的论述逻辑是:信息技术革命不仅提高了生产力水平,而且也增加了工业生产和市场经济的不确定性,由大型企业承担标准化、程序化的大规模批量生产已经无法适应信息技术革命带来的新经济形势。为了规避工业生产和市场经济的不确定风险性,传统工业必须改变自己的组织形式和生产模式。于是,企业小型化,灵活的弹性生产,努力开展交往合作,建立网络关系和实现平面化连接等网络化行为便相继兴起,网络化企业逐渐成为一种普遍的组织现象。"合作和网络化便成了分担成本、风险,以及掌握随时更新之信息的唯一可能出路。"②

虽然卡斯特认为信息技术革命条件下的企业组织网络化具有必然性,但他也注意到植根于信息技术革命的企业组织网络化,还要受到不同民族特有的文化传统的影响,因为技术的作用不能孤立地对人们的经济行为和组织形式产生影响。"经济组织的各种形式并非出现于社会真空:它们植根于文化与制度之中。每个社会都会造就自身的组织安排。一个社会越是具有历史独特性,便越会独立于其他社会而演进,而其组织形式也就越特殊。"③在这个意义上,卡斯特考察了日本、韩国和中国等东亚国家的企业组织的网络化特点。

在对日本、韩国、中国等的企业网络关系的考察中,卡斯特发现:"首先,东亚社会的企业组织模式是文化、历史与制度交互影响的产物,而其中的制度是企

---

① 曼纽尔·卡斯特:《网络社会的崛起》,夏铸九、王志弘等译,社会科学文献出版社2006年版,第147—164页。

② 同上书,第167页。

③ 同上。

业系统成型的基本因素。""其次,东亚企业系统的共同趋势乃是它们都以网络为基础。"①但是,因为信息经济的快速发展的不平衡性和不确定性,并且各国的正式制度和非正式制度之间有很大差异,特别是各国文化传统及经济发展历史轨迹的不同,都对各国企业的网络关系或网络逻辑有很大影响。卡斯特赞成比加特与汉密尔顿的观点:"日本厂商实施一种社群主义或社区主义(communitarian)的共同体逻辑,韩国厂商是父权一元式(patrimonial)逻辑,中国台湾地区则是父权线性式(patrilineal)逻辑。"②中国大陆是厂商同国家保持一定距离又不得不依赖和利用国家的逻辑。③

在总结东亚企业网络组织的共同性与差异性的基础上,同时借鉴了威廉姆森、钱德勒和恩斯特等人关于多国企业和跨国公司的国际网络关系研究,卡斯特概括了蕴含在网络化的新经济中的信息主义精神。像马克斯·韦伯追问资本主义经济的伦理基础一样,卡斯特提出:信息经济或网络化的新经济是否存在一种伦理基础?或者说是否能够发现一种信息主义精神?在卡斯特看来,韦伯的问题在信息经济时代仍然有价值,但同韦伯面对的资本主义经济不一样,"历史上头一次,经济组织的基本单位不是一个主体(例如企业家或企业家庭),也不是集体(例如资产阶级、公司、国家)。如我要说明的,**单位是网络**,由许多主体及组织组成,并且不断修正已成为能够适应支持环境与市场结构的网络"④。而当经济主体既不是个体也不是集体,而是网络时,问题变得复杂起来。那么,"将这些网络黏附在一起的是什么呢?"⑤卡斯特的回答是网络企业的信息主义精神。

作为信息经济或网络经济伦理基础的信息主义精神,不是由单独的个体或集体信守的价值信念与道德原则,而是在经济交往关系或网络关系中生成的且不断变化的文化符码,"它由许多文化、许多价值、许多计划所组成,穿越了参与网络的各种成员的心灵,影响了其策略,随着网络成员的步调而变化,并且随着网络单位的组织与文化的转变而转变。它确实是一种文化,不过是一种转瞬即

---

① 曼纽尔·卡斯特:《网络社会的崛起》,夏铸九、王志弘等译,社会科学文献出版社2006年版,第167页。
② 同上书,第173—174页。
③ 同上书,第175页。
④ 同上书,第190页。
⑤ 同上。

逝的文化,是每个策略决定的文化,是经验与利益的拼凑,而非权利与义务的宪章"①。可见,信息主义精神是适应了信息经济或网络经济的不确定性而在网络交往中支配人们行为的策略性原则,是体现了交往各方的利益与意志的多元的、动态的、不确定的价值信念和道德原则。

三、网络社会的流动空间

在对信息经济网络化作了充分研究之后,也就是明确了网络社会的"物质基础"之后,卡斯特接下来开始直接面对网络社会本身。卡斯特研究网络社会的切入点是人们的劳动过程(process of work),因为"劳动过程是社会结构的核心。在逐渐浮现的网络企业内部与周边,劳动与生产关系在技术面和管理面的转化乃是信息化范式与全球化过程影响整个社会的主要动力"②。卡斯特对网络社会劳动过程的考察集中于就业结构变迁、全球化劳动力市场和工作方式转变对社会结构的影响等方面。

卡斯特首先依据美国、日本、德国、英国、法国、意大利和加拿大等七大工业国的产业结构变迁与就业结构变迁的事实,论证了他与后工业社会理论不同的新结论。在他看来,虽然丹尼尔·贝尔等人对美国为首的发达资本主义国家的产业结构开展了广泛研究,发现了产业结构的重大变迁,但是他们过高估计了美国模式的普遍性,把美国的后工业化模式夸大为"经济与社会的自然法则"。③卡斯特指出,根据七个工业国的事实,"我认为虽然信息化社会特有的就业结构开展时确实有共同趋势,但是随着特殊的制度、文化和政治环境不同,就业模式也有历史性的变异"④。

卡斯特发现,与美国为代表的制造业衰退而服务业扩张的模式不同,"另一种模式是日本—德国模型,这两个国家都扩张先进服务业,同时维持制造业的基础,但是将某些服务活动内化于工业部门之中"⑤。两种不同模式的发现,证明了卡斯特关于信息化发展没有统一模式或自然规律的观点。"因此我建议将分析的重点从**后工业主义**转向**信息主义**。在这个观点下,社会之所以是信息化的

---

① 曼纽尔·卡斯特:《网络社会的崛起》,夏铸九、王志弘等译,社会科学文献出版社2006年版,第190页。
② 同上书,第192页。
③ 同上书,第193页。
④ 同上。
⑤ 同上书,第204页。

社会,并不是因为符合特殊的社会结构模型,而是因为这些社会皆有信息技术的发展和扩散,并且完成运用信息技术所需的先决条件(主要是人力资源和通信基础设施),以知识为基础之生产力的极大化原则为核心将其生产系统组织起来。"① 这里再次显示了信息主义的基本立场,即把信息技术革命看作经济社会变迁的根本动力,同时重视文化传统和特殊历史条件的作用。

与强调后工业社会变迁具有统一模式观点一致的是全球劳动力统一市场理论,卡斯特依据信息主义的多元化立场也对之开展了批判。全球劳动力市场统一论认为,与后工业社会同时来临的是经济全球化,全球化经济必然要求劳动力的全球统一配置。卡斯特认为这种不符合实际的判断,没有看到各国政治、文化和制度等方面的特殊性。实际情况是,"当资本在全球金融网络的电子回路中自由流动时,劳工仍然受到制度、文化、国界、警察和仇外情结等的严格限制,在可预见的未来情形也是如此"②。

卡斯特还批判了信息化发展将带来就业危机的观点。在 20 世纪 90 年代,一个流行的观点是,随着信息技术革命的快速发展,生产的自动化程度将大幅提高,这必将大规模地压缩直接劳动和低技术的就业岗位,产生的直接后果是从事简单劳动或熟练工种的劳动力将沦为失业大军。卡斯特根据一些统计数据得出完全不同的结论:信息技术的广泛应用并没有挤压低技术直接劳动的工作岗位,"相反,直接劳动的角色加重了,因为信息技术赋予现场的直接劳动者更多权利"③。那些具有个别性、非重复性、不能程序化的低技术劳动位置不但没有减少反而增加了。因此,没有必要为信息技术革命将摧毁劳动就业而恐慌,"无工作社会"不可能发生。

卡斯特认为,信息技术革命给人们的劳动带来的变化不是职业位置的减少,而是工作方式的变化。"虽然技术本身不会创造或摧毁就业,但它确实深刻地转化了工作的性质以及生产的组织。公司与组织的再结构乃由信息技术所促成,并且受到全球性竞争的刺激,出现了工作的根本转变:**劳动过程劳动的个体化**。"④ 这个判断非常重要,因为它表明人类社会发生了与工业化进程中形成的趋势和模式大不相同的新趋势或新模式。

在农业社会基础上展开的工业化进程,处处表现了对农业社会个体性、分散

---

① 曼纽尔·卡斯特:《网络社会的崛起》,夏铸九、王志弘等译,社会科学文献出版社 2006 年版,第 195 页。
② 同上书,第 218 页。
③ 同上书,第 227 页。
④ 同上书,第 248 页。

性的否定,工厂组织、工业生产线、标准化制作等,都是从个体向集体、从分散向集中、从多样性向统一性的转变。然而,令人难以预料的是,走向集中统一或整体化的工业化却迎来了逆转的趋势:劳动过程个体化,工作方式区隔化。劳动是最基本的实践,工作是最重要的生活,劳动或工作方式的离散化,必将引起社会整体的分散化。于是,卡斯特尖锐地指出:"我们正在见证'工作薪资化'(salarization of work)与'生产社会化'(socialization of production)之历史过程的逆转,那原来是工业社会的支配性特色。以信息科技为基础的新社会与经济组织,目的在于分散化的管理、个别化的工作以及顾客取向的市场等,造成工作的区隔化(segmentation)以及社会的片断化。"①

  劳动方式和工作关系的变化,必将引起社会结构的变化。"在新生的社会结构深处,信息化工作引发了一个更为根本的过程:劳工的解组开创了网络社会。"②而网络社会的崛起,最突出的变化是社会空间的深刻变革,它使人们能够更清楚地感受到网络社会作为一种新社会形态的崭新结构。卡斯特指出,网络社会中迅速发展起来的产业是金融、保险、地产、资讯、设计、营销等信息化的产业,他称之为"先进服务业"。③ 以电子通信技术为基础的信息化产业,一方面可以在分散的工作场所里完成,使劳动弹性化更加灵活;另一方面,弹性工作的出现并没有改变信息产业走向集中的总体趋势。

  卡斯特不仅论述了电子家庭和电子别墅等远距离信息工作的分散化现象,同时也充分阐述了因信息汇集、处理和控制的需要而形成的高度集中的网络信息中心。这种分散与集中并存的现象被称为新工业空间。"新工业空间围绕着信息流动而组成,这些流动依据周期和公司的不同,同时汇聚和分散了其地域的组成部分。当信息制造业的逻辑从信息技术设施的生产者下渗到整个制造业领域里这些设施的使用者时,新空间逻辑也随之扩张,创造了全球性产业网络的多重性,而其中的相互交错与排他性改变了区位的概念,从工厂基地(factory sites)转变为制造业的流动(manufacturing flows)"④

  与新工业空间同时展现的是信息化城市,是一种在存在形式和运行内容上都与传统城市不同的"全球城市","全球城市并非一个地方,而是一个过程。在这个过程中,先进服务业的生产与消费中心及其辅助性的地方社会,被连接在一

---

  ① 曼纽尔·卡斯特:《网络社会的崛起》,夏铸九、王志弘等译,社会科学文献出版社2006年版,第249页。
  ② 同上书,第267页。
  ③ 同上书,第356页。
  ④ 同上书,第368页。

个以信息流动为基础的全球网络里,而不重视与其腹地的联系"①。不是仅在某个位置或某种场所,而是在过程亦即在流动中界定信息化和网络化的"全球城市",这是理解卡斯特阐述的新社会空间理论的关键。

卡斯特以美国、欧洲和中国珠江三角洲一些信息化城市为例,论述了新型城市的信息流动性和城市的运行特点,并明确提出了"流动空间"概念。"我们的社会是环绕着流动而建构起来的:资本流动、信息流动、技术流动、组织性的流动、影像、声音和象征的流动。流动不仅是社会组织里的一个要素而已:流动是支配了我们的经济、政治与象征生活之过程的表现。"②可见,卡斯特论述的流动空间,不仅有经济、技术和政治等现实生活的流动,而且还有影像、声音或象征等表达意义和思想观念的流动,其实质都是信息流动,它已经成为网络化时代社会发展变迁的支配力量。

卡斯特论述的流动空间,其内容是包括经济、政治、文化和社会各种领域、各种层面的广阔空间,从他的《信息时代三部曲》的著述中可以看出,社会生活的所有方面都有进入流动空间的内容。但无论流动空间的内容如何丰富,它们有一个共同特点,即脱离了特定场所流动扩散而成的缺场性。这里应当指出的是,卡斯特夸大了流动空间的缺场性。事实上,在网络化条件下,社会生活中的经济、政治、文化等领域的构成确实加快了流动速度、扩展了流动规模,但并不是因为增强了流动性就进入了缺场空间,相反仍然有大量经济、政治和文化等方面的网络行为是在特定场域中开展的。因此,网络信息的流动空间有在场和缺场之分,即有两种流动空间:在场的流动空间和缺场的流动空间。③

缺场的流动空间相当于吉登斯论述的脱域空间。吉登斯认为,在传统社会中,人们的社会关系都是在特定的地域中发生的,"空间和地点总是一致的,因为对大多数人来说,在大多数情况下,社会生活的空间维度都是受'在场'(presence),即地域性活动支配的"④。而当代社会是一个与传统"在场"的社会不同的"缺场"(absence)的社会。当代社会生活不仅超越了地域关系的限制,而且还超越了沿袭传统的各种地方性制度的制约,在一个更广阔的空间中展开了新型社会关系。他把这种现象称为脱域。"所谓脱域(disembedding),我指的是社会关系从彼此互动的地域关联中,从通过对不确定的时间的无限穿越而被重构的

---

① 曼纽尔·卡斯特:《网络社会的崛起》,夏铸九、王志弘等译,社会科学文献出版社2006年版,第362页。
② 同上书,第383页。
③ 刘少杰:《网络化时代的社会空间分化与冲突》,载《社会学评论》2013年1期。
④ 吉登斯:《现代性的后果》,田禾译,译林出版社2000年版,第16页。

关联中'脱离出来'。"①

从全球范围看,近些年世界各地的社会运动此起彼伏,而且一些规模较大的社会运动都与网络助燃有关,其中原因之一是互联网在全球展开了一个缺场的网络空间。而超越了各国经济、政治和文化等方面的特殊条件和制度体系限制的网络空间,是一个与地方空间对立的缺场空间。并且,缺场的网络空间不是静态的空间,其中的信息流动要持续地作用或支配地方空间。卡斯特说:"由于我们社会的功能与权力是在流动空间里组织,其逻辑的结构性支配根本地改变了地方的意义与动态。由于经验关联于地方,因而抽离了权力,且意义逐渐与知识分离。结果是两种空间逻辑之间的结构性精神分离,构成破坏社会沟通渠道的威胁。"②

卡斯特论述的地方空间是在工业化过程中建立起来的工业社会,是根据工业生产的逻辑走向集中、形成组织、服从纪律、统一标准、追求效率的理性化社会。而他论述的流动空间是信息化且超越了地方空间限制的网络社会,其中不仅展开了全球性的广阔的缺场空间,而且也在这个广阔的空间中凸显了个体的意志与价值。如果说在场的地方的工业社会呈现的主要是物质化的工业生产和商品市场,那么缺场的流动的网络社会呈现的则主要是符号化的信息流动和价值理想。前者主要是物质生活空间,而后者主要是精神生活空间。虽然物质生活也一定在运动变化,但相对于精神生活而言,物质生活还是相对稳定的,精神生活不仅要反映和评价物质生活,而且还要引领和支配物质生活。

问题的严重性在于,当广大社会成员在缺场的网络空间接受了各种具有全球化视野的信息和价值原则,用这些信息或原则衡量和评价他们面前的在场空间的事实时,他们越来越清楚地看到自己在现实中所处的位置和困境,也看清了现实中的弊端与丑恶。于是,广大社会成员用在网络中接受的信息和原则去否定现实,并要求现实发生符合自己利益和意志的变化,这就是卡斯特所论述的网络社会中的抗拒性认同和规划性认同。然而,事情不会像来自基层的社会成员理想的那样简单,在工业社会基础上形成的一套政治、经济和文化体制,不会轻易接受来自缺场空间的原则,它们会竭尽全力维护给它们带来稳定效益的制度和规则,会千方百计地抵制来自缺场空间的逻辑。因此,地方空间的逻辑同缺场空间的逻辑必然发生对立冲突。

---

① 吉登斯:《现代性的后果》,田禾译,译林出版社2000年版,第18页。
② 曼纽尔·卡斯特:《网络社会的崛起》,夏铸九、王志弘等译,社会科学文献出版社2006年版,第398—399页。

两种空间的逻辑冲突,亦即缺场空间的权力同在场空间的权力之间的冲突。卡斯特认为,尽管全球化意义下的网络权力是缺场的流动权力,但在信息化和网络化时代,"作为一种历史趋势,信息时代的支配性功能与过程日益以网络组织起来。网络建构了我们社会的新社会形态,而网络化逻辑的扩散实质性地改变了生产、经验、权力与文化过程中的操作和结果"①。也就是说,信息时代的权力是通过网络行使的,网络化的支配权力已经渗透到社会生活的各个方面,成为规定社会生活存在与运行的基本逻辑。卡斯特的结论是:"流动的权力优先于权力的流动。"②

虽然缺场空间的网络社会权力具有对在场空间的支配地位,但是,仍然是那些在各种在场空间中的实体机构掌控着社会生活的各种资源,并且这些实体机构手中还握有武装、法律和监狱等强制性权力,依靠民间社会认同而聚集起来的网络信息权力,难以越过实体机构的权力控制而有效发挥作用。这种矛盾很难找到通畅的化解途径,经常的表现是像美国占领运动那样长期地持续下去,而矛盾持续的结果通常会引发社会冲突。因此,发生频次越来越高、参与人数越来越多的社会运动和社会事件,在两种空间的对立关系中已经成为常态现象。

四、网络社会的时间变化

当卡斯特论述个体工作的弹性化、全球城市的过程性和网络空间的流动性等观点时,他已经把网络社会的空间同时间紧密联系起来了。空间是事物存在的场所,时间是事物变化的过程,弹性、过程性和流动性,无疑都属于时间概念的展开或时间的表现,从这个意义上,卡斯特论述的弹性工作、全球城市和流动空间,都是空间和时间的统一。因此,对网络社会的空间考察,不可能不涉及对网络社会时间的进一步追问。并且,更为重要的是,他对网络社会时间变化的思考更为复杂、更加深刻。

卡斯特首先考察了人类的时间观念的历史变迁。反映人类历史和生活变迁的时间观念,是在历史和生活的变化中逐渐形成的。人类最初没有明确的时间意识,在彼得大帝于1699年12月19日宣布沙皇俄国的18世纪将要开始之前,俄国人认为时间是永恒的,只是受到了西方历法观念的影响,沙皇俄国才开始有

---

① 曼纽尔·卡斯特:《网络社会的崛起》,夏铸九、王志弘等译,社会科学文献出版社2006年版,第434页。
② 同上。

第十二章 卡斯特的网络社会学

了时间观念。到了苏联时期,时间罩上了意识形态色彩,计数时间的目的是检查工作效率和推进革命化进程,而利益、报酬和货币是不能同时间联系起来的。在西方资本主义世界,由机械钟精确计算的时间,也是同工作效率和生产的管理联系在一起的。卡斯特作出这种考察的目的在于,明确时间和空间一样,并不是抽象的,都是在特定历史条件下适应人类实践活动需要的产物。

到了网络化时代,随着社会空间的网络化变迁,时间也发生了深刻的变化。网络化条件下的时间"是各种时态的混合,而创造出永恒的宇宙;不是自我扩张而是自我维系,不是循环而是随机,不是迭代而是侵入:无时间的时间(timeless time)利用技术以逃脱其存在脉络,并且选择性地挪用每个脉络迄今可以提供的价值。"①这段初看令人眩晕的论述,意在说明:在以信息技术革命为基础的网络社会中,事物进入快速流转之中,原来可以呈现为环节、节奏和次序的变化序列被压缩得无法辨清,于是,原有反映事物变化序列的时间观念已经把握不了网络社会中的时间,即出现了"无时间之时间"。

"无时间之时间"的出现,是信息技术在网络社会中实现的事物变化加速或"时间压缩"的结果。卡斯特赞成詹姆斯·格列克的观点:"我们社会里'每件事物'的加速,无情地压缩了一切人类活动领域中的时间。压缩时间直到极限,形同造成时间序列以及时间本身的消失。"②卡斯特进一步指出,极端压缩而成的"无时间之时间",似乎是对时钟时间的一种反叛,其实不然,其实质是追求效率的"时钟的时间逻辑"的延续,变化不过在于,时间被压缩和加速到难以计数甚至辨别不清的地步。"这些反叛是19世纪的历史特征,却未能颠覆时钟时间的支配,反而是在社会契约里涵括了时钟时间对生活的指使分派,促进了时钟时间的逻辑。"③

卡斯特论述了因时间压缩而导致的当代社会的一系列重大变迁。首先是全球金融市场在高速度、高风险的运行中变成了"全球赌场","1990年代全球金融解除管制、新信息技术的便利可及以及新管理技术,汇集起来改变了资本市场的性质。历史上首次一个以即时(real time)方式运作的全球统一的资本市场出现了"④。巨额金融资本在没有国界限制的全球金融市场中闪电般地运行,甚至在几分钟、几秒钟之内就可以穿梭般地在不同经济体中实现交易。这种在网络化

---

① 曼纽尔·卡斯特:《网络社会的崛起》,夏铸九、王志弘等译,社会科学文献出版社2006年版,第403页。
② 同上。
③ 同上书,第404页。
④ 同上书,第405页。

时代之前难以想象的交易速度,疯狂地缩短时间以博取巨额收益,但同时也会在顷刻之间带来毁灭性的损失。

在信息技术支持下的网络化的国际金融市场中,因为时间被压缩到极限,效益和风险都变得无法预测和计算,一切都被卷入魔幻般的不确定性之中。"整个经济体,尤其是发展中国家的经济依赖着大部分是由主观感知和投机骚动决定的资本移动;延迟满足之行为模式的集体社会经验遭受到破坏,代之以'放手一搏'的共同意识形态,强调个人用生活和经济来赌博;生产与报酬、工作与意义、伦理与财富之间彼此对应的社会感受也遭受根本的破坏。"① 素以理性化追求而自称的资本主义市场,变成了非理性行为猖狂放纵的全球赌场。

在微观经济层面,弹性工作时间成为网络企业实行弹性管理、加速资本运转的资源。因为弹性工作方式的实行,依据可以计算的时钟时间来管理劳动的传统管理方式已经失效,出现了一种新的劳动时间管理方式——"及时劳动"(just-in-time labor)。"技术劳动必须弹性地管理自己的时间,有时候延长工作时间,有时候调整以适应弹性时间表,有时候以缩短工作时数,并据此付薪。"② 卡斯特称这种时间管理为新的时间导向劳动管理,在这种管理方式中,时间已经不是计算劳动者工作量的尺度或单位,而是具有伸缩性的可以带来不同效益的资源。"时间不仅被压缩,时间还被处理(processed)。"③

时间的压缩与处理,还引起了人们生命历程的结构性变化。在工业社会,获得薪水的工作时间在人的生命历程中占有核心地位,所以每个人都十分重视他一生的工作时间。"工作时数及其在人类的生命周期里,以及在每年、每月与每周的生活周期中的分布,乃是人如何感受、享受与忍受工作的核心形态。工作时数及其分布在不同国家与历史时期的不同演变,反映了经济组织、技术状况、社会斗争的强度以及社会契约与制度改革的结果。"④ 随着各国政府和企业组织利用信息技术对工作时间的压缩与处理,工作时间的总时数在人的生命历程中缩短了,但劳动强度却提高了,因此缩短了的工作时数掩盖了劳动总量的增加。

并且,人们的工作时间缩短的同时还出现了寿命增加的普遍现象,由此而导致在人的生命历程中,可以获得资源和实现生命价值的时间的比重被进一步降低了。这些问题的存在,不仅降低了人生命的价值,而且会引发个人工作预期被

---

① 曼纽尔·卡斯特:《网络社会的崛起》,夏铸九、王志弘等译,社会科学文献出版社 2006 年版,第 406 页。
② 同上书,第 407 页。
③ 同上。
④ 同上书,第 409 页。

抑制和社会养老负担难以承受的社会矛盾。另外,晚婚、晚育、试管婴儿和他人代孕等婚育现象的发生,使社会的代际关系、父母子女关系和家庭关系都受到了冲击,卡斯特称之为"生命周期的模糊化"将导致"社会失律症"。"而其直接的意义,是另一种形式时间之消灭,是人类的生物时间,以及人类出现以来一直受其调节的时间节奏的消灭。"①

人类生物时间的消灭,必然引起对死亡问题的思考。卡斯特在讨论人类生物时间被冲击之后,紧接着提出了死亡问题,因为在他看来:"社会与生命中的时间是由死亡来度量。死亡一直都是整个历史中文化的核心主题。"②在信息技术和生物医学获得不断进展的当代人类社会,死亡这个核心主题面临突破:即死亡将同生命分离。死亡从来都是生命的终结,而死亡同生命分离,则意味着死亡不能终结生命。这似乎是离奇的怪想,但卡斯特认为,信息技术可以把人的生命展现为如同服装店中色彩斑斓的服装影像,"当死亡真正降临时,它只不过是心神涣散的观众面前屏幕上的另一个映像罢了"③。这似乎在提倡一种新的死亡观念,但卡斯特却认为这可以彻底终结人类的生命周期,"通过将死亡与生命分离,并且创造技术的系统来使这种信念得以长存,我们在生命范围里建构了永恒"④。

讨论死亡免不了会联想到战争,因为在人类历史上战争从来都是大规模地制造死亡的过程。卡斯特认为,信息技术不仅能够通过影像的虚拟而把生命同死亡分离,而且还能通过时间压缩中的信息处理而使战争在形式和内容上发生变化——瞬间战争。"瞬间战争及其由技术引致的时间性是信息社会的特色,但是,就像新时间性的其他向度一样,它们是新系统之支配形式的特征,排除了正在浮现中的支配性逻辑核心以外的国家和事件。"⑤这就是说,瞬间战争也是以强凌弱的暴力行为,所以它不是暴力的结束,而是暴力形式的改变。而这种改变的结果是引发了恐怖主义活动。

总之,卡斯特认为网络社会中的时间发生了压缩性变化,本来是作为过程、展开为环节、呈现为节奏的时间,被浓缩成为瞬间即逝的"无时间之时间"。并且这种无时间之时间不是真正的消逝,而是被挤压浓缩了的时间形式,它不是被

---

① 曼纽尔·卡斯特:《网络社会的崛起》,夏铸九、王志弘等译,社会科学文献出版社 2006 年版,第 417 页。
② 同上书,第 418 页。
③ 同上书,第 419 页。
④ 同上书,第 420 页。
⑤ 同上书,第 426 页。

动地萎缩,而是紧缩之后逼迫事物的过程和内容发生的扭曲性的变化。"我认为无时间之时间(这是我为我们社会的支配性时间所命之名)产生于当某个既定脉络——亦即信息化范式和网络社会——的特征,导致在该脉络之现象的序列秩序发生系统性扰乱之时。"①也就是说无时间之时间的变化也就是社会秩序的变化。

五、信息时代的文化共同体

在信息时代的第一部曲《网络社会的崛起》中,卡斯特完成了对网络社会的物质基础:信息技术革命及其推进的新社会形态的组织形式、网络社会的展开空间和时间过程的论述;在信息时代的第二部曲《认同的力量》中,卡斯特论述的主题则转变为:网络社会中发生的人民群众同全球化秩序和旧传统、旧制度的对立冲突——社会运动。更简要地说,《网络社会的崛起》揭示了新社会形态的建立基础与展开形式,而《认同的力量》则分析了新社会形态中的社会矛盾。

当卡斯特广泛考察20世纪后期的席卷全球的各种社会运动时,他发现信息化时代的社会运动是由特定文化传统中的社会认同凝聚起来的,社会认同成为研究各种社会运动形成原因、发展过程和演化趋势的核心问题。"根据我对20世纪90年代社会趋势的观察,表现形式各异的文化认同(culture identity)是反对那些曾经编排过财富、信息和权力的全球网络的价值和利益的一个主要支柱。在全球网络和文化认同之间,社会制度,尤其是民族国家(nation-state),其基础受到了削弱,其合法性(legitimacy)受到了挑战。"②可见,作为各种社会运动之核心的社会认同,是一种指向控制了财富、信息和权力的全球网络化秩序、社会制度和民族国家权力的具有否定性的思想观念。

卡斯特首先声明,他在各种社会运动中发现的认同,已经不是传统社会学所理解的个体认同,"认同必须区别于传统社会学家所说的角色(roles)和角色设定(role-sets)"③。在传统社会学中,角色认同是一种个体在社会中寻找位置和归属的被动性认同,是孤立无援的个体在组织化、制度化和市场化的工业社会中缺乏反抗能力、只能认可服从的保守性认同。而在网络社会中,个体在便捷的网

---

① 曼纽尔·卡斯特:《网络社会的崛起》,夏铸九、王志弘等译,社会科学文献出版社2006年版,第430页。
② 曼纽尔·卡斯特:《认同的力量》,曹荣湘译,社会科学文献出版社2006年版,"2003年版序言与致谢",第1页。
③ 曼纽尔·卡斯特:《认同的力量》,曹荣湘译,社会科学文献出版社2006年版,第5页。

络信息沟通中广泛地联结起来，他们形成了具有共同处境、共同利益和共同意志的群体认同，这是一种不为个体寻找位置、认可归属、服从制约的群体认同，是要求社会按照群众的意志改变社会制度和控制方式，进而实现符合群众利益的变化，是主动性、批判性和建构性的社会认同。

虽然网络社会中的认同是一种群体或社会的共识，它具有明确的共同性和普遍性，但因为不同民族或不同地区中的文化传统差异，社会认同又都具有不同的文化风格和传统特点，因此，卡斯特又把网络社会中的认同称为文化认同。"通过涉及社会行动者(social actor)的认同概念，我把意义建构的过程放到一种文化属性或一系列相关文化属性的基础上来理解，而这些文化属性相对于意义的其他来源要占有优先地位。"①由于重视文化传统对建构社会认同的差异性影响，因此卡斯特论述的社会认同具有不同民族文化背景的特殊性。

卡斯特认为，在不同文化背景中建构起来的社会认同，都明确地反映了权力关系。根据社会认同反映的不同权力关系，卡斯特把社会认同区分为三种：① 合法性认同：由社会制度引导或规制的认同，目的在于实现对社会行动者的支配，实质是在统治者控制下形成的顺从性认同；② 抗拒性认同：处于被压迫社会底层的社会成员反抗既存社会制度的认同，如各种原教旨主义、民族主义、恐怖主义、地方保护主义和反全球化运动中的认同；③ 规划性认同：社会成员重新确认自己地位、伸张自己要求、构建某种制度并寻求社会转型的认同，这是一种具有积极意义的建设性认同，这种认同可以形成主体，结成群体，产生公民社会。②

卡斯特以大量篇幅论述了抗拒性认同。在他看来，网络社会的崛起引发了社会结构的深刻变迁，广大人民群众和欠发达地区在这场社会变迁中遭遇了压迫、剥削与掠夺，因此而生成了广泛的抗拒性认同。"处于社会变迁过程核心当中的主体的建构，采取的是与我们在现代性、晚期现代性中所看到的不同路径：简单说就是，一旦主体被建构起来，就不再是以公民社会为基础（因为公民社会已处于解体之中），而是共同体抗拒的进一步延伸。"③公民社会是根据合法性认同在组织制度的规定下建构起来的，它是支持既存体制和权力的无批判、无反抗的社会。在信息化和网络化引起社会分裂性变迁的新形势下，公民社会已经失去了存在的根基，而以抗拒性认同为核心组织起来的各种共同体和社会运动才能代表群众的利益和社会进步的要求。

---

① 曼纽尔·卡斯特：《认同的力量》，曹荣湘译，社会科学文献出版社2006年版，第5页。
② 同上书，第6—7页。
③ 同上书，第10页。

卡斯特从三个方面论述了抗拒性共同体和社会运动：一是由某种理想目标凝聚而成的文化共同体；二是在反对全球化旗帜下聚集起来的各种社会运动；三是保护环境运动和反抗父权制和实现婚姻关系变迁的社会运动。形形色色的共同体和社会运动，虽然有其不同的指向目标和表现形式，体现了丰富的文化多样性，但它们又有明显的共同性，即都是社会基本成员以某种抗拒性认同为核心凝聚起来，向着社会的统治者、权力的控制者、资源的垄断者以及既存体制和秩序发起的冲击，表达了普通群众为了捍卫自身利益、保护生存环境和争取民主自由的反抗精神。

关于由抗拒性认同凝聚而成的文化共同体，卡斯特论述了宗教原教旨主义、民族主义、种族主义和地方主义等四种文化共同体。各种宗教的原教旨主义具有多样性，但卡斯特认为，具有多样性的宗教原教旨主义有共同的本质特征："我根据自己的理解将原教旨主义定义为：**一种集体认同的建构，它是按照一个介于神与人之间的特定权威所诠释的神的律法所确定的准则，对个体行为和社会制度所做的认同。**"①介于神与人之间的准则，是一种涉及天国与人间矛盾的准则，在伊斯兰原教旨主义那里，这个原则表现为："社会机器国家制度都必须根据无争议的宗教原则来组织。"②在美国基督教原教旨主义那里，其原则与集体认同也是介于神与人之间建构起来的，表现为对充满变动和风险的现代性和世俗价值的怀疑，转而渴望源于上帝永恒真理的传统价值和制度所带来的安全感，要求现实服从上帝的永恒真理。③

卡斯特以苏联解体和无国家的民族——加泰罗尼亚为例讨论了民族主义认同。在卡斯特看来，由15个加盟共和国组成的苏联在民族主义浪潮中的解体，是理解民族与国家之间矛盾关系的最好的例子。近现代国家主要是民族国家，这种国家政体掩盖了民族和国家的矛盾。事实上，"民族主义和民族都有它们自己的生命，都独立于国家实体(statehood)"④，因此，不能把民族同国家混同起来。卡斯特批判了把民族称为"想象的共同体"的观点⑤，指出民族是有自己生命的现实的共同体，民族主义则是"现实共同体的想象"⑥。相反，靠着政治意识形态的作用组合起来的涵盖了100多个民族的苏联，却是一个真正的想象的共

---

① 曼纽尔·卡斯特：《认同的力量》，曹荣湘译，社会科学文献出版社2006年版，第12页。
② 同上书，第13页。
③ 同上书，第23页。
④ 同上书，第31页。
⑤ 同上书，第30页。
⑥ 同上书，第31页。

同体,它经不起有自己生命的民族的冲击,最终导致瓦解。而凭依语言、价值观念和文化传统形成稳定的集体认同的加泰罗尼亚,在西班牙政治的历史变迁中,始终作为一个稳定的共同体存在,同国家整体保持着一定的区别关系。

根据对苏联解体和加泰罗尼亚的考察,卡斯特重新界定了民族:"**民族是通过共同的历史和政治规划,在人们头脑当中和集体记忆当中建构起来的文化共同体。**"①他还特别强调语言交流对于形成民族意识和民族认同的重要性,"**语言,特别是发展成熟的语言,才是自我认同的根本要素,才是建立一条无形的、比地域性更少专制性、比种族更少排斥性的民族边界的根本要素。**"②卡斯特强调语言作为民族认同根本要素的目的,同强调文化和集体记忆的重要意义的目的一样,都是从信息化和网络化的视角对当代民族和民族主义问题的一种研判,试图说明民族意识正在进一步觉醒,淹没民族的民族国家将遭遇根本性的挑战。

关于种族认同,虽然卡斯特认为在当代社会中很多严重的社会问题也涉及种族认同,但因为社会发展的不平衡性和种族在不同地区的分化性,种族认同的意义已经不像宗教认同和民族认同那样明确,其共同体被整合进各种文化共同体中,也就说,血统与人种这些自然因素在社会认同和共同体中的作用已不像文化因素那样重要了。卡斯特指出:"在一个流动的世界,网络的世界,一个图像拼凑的世界、意义错乱的世界里,种族并不能作为意义重构的基础。在这个世界里,种族的要素被整合进了文化共同体之中,后者比种族性更强大,范围也更广泛,例如宗教共同体,民族共同体,或者符号世界中的文化自主性所表达的各种共同体。"③

卡斯特还对城市化运动中形成的地方共同体作了考察。地方共同体是指在特定空间或特定环境中形成的具有个别性和特殊性的共同体,地方共同体的出现同走向整体化的全球化形成了对立,"在一个越来越由全球化进程所塑造的世界里,政治却越来越走向了地方化。"④但这种地方化性的共同体已经同信息化时代以前大不相同,"它是一种时间终止的共同体,是一种无时间的时间共同体,这是网络社会的典型特征。并且,它的存在,它的爆发,都是地域性的。危机中的地方文化正是全球无时间性(global timelessness)的逆向表达。"⑤

---

① 曼纽尔·卡斯特:《认同的力量》,曹荣湘译,社会科学文献出版社2006年版,第54页。
② 同上书,第56页。
③ 同上书,第64页。
④ 同上书,第65页。
⑤ 同上书,第69页。

六、席卷全球的社会运动

卡斯特还对反对全球化的各种社会运动作了深入考察，揭示了由新自由主义者推进的全球化新秩序遭遇到顽强抵抗的根源、实质和意义，为认识信息化、网络化和全球化时代的社会变迁引发的社会矛盾作出了引人深思的探索。

虽然卡斯特对信息化、网络化的迅速发展曾给予乐观的评价，但他也明确地指出，信息化和网络化引起了社会结构的深刻变迁，对现存国家权力和社会组织的权威也构成了冲击，迅速的变化瓦解了社会的控制机制。"由财富、技术和权力的网络所推动的全球化和信息化，正在转变我们的世界。它们正在提升我们的生产力、文化创造和通信潜力。同时，它们也削弱了社会组织的权威。由于国家制度和公民社会组织是以文化、历史和地理为基础的，因此，历史节奏的突然加速，计算机网络中权力的抽象化，正在瓦解现存的社会控制机制和政治表达机制。"①

尤其严重的是，在信息化和网络化的变迁中，除了少部分政治、经济和社会精英明显受益外，还有相当数量的社会成员遭遇了不公平、非正义的剥夺，进而引起了全球范围内的反抗，爆发了各种形式的社会运动。"除了少部分全球主义精英（半静止，半流动）之外，全世界的人们都讨厌自己的生活、环境、工作、经济、政府、国家乃至整个地球的命运失去了控制。于是，根据社会演变的古老规律，统治引起了反抗，没有实力就引发增强实力的要求，另类的规划开始挑战新的全球秩序所体现出来的逻辑，这种态势让这个星球的人们感到越来越不知所措。"②因此，清楚地了解各种社会运动的发展态势，已经成为一个重大的时代课题。

由于大部分社会运动都是对现有权力和既存秩序的反抗，所以在官方舆论中，社会运动通常处于被批判甚至贬斥的地位。卡斯特认为，给统治者权力和社会秩序带来严重冲击的社会运动，实际上遭遇了不公平、不符合实际的评价。为了扭转这种倾向，他提出了理解社会运动的三个方法原则："首先，社会运动必须按照其本来面目去理解：也就是说，它们自己说自己是什么就是什么。""其次，社会运功有可能在社会层面是保守的，也有可能在社会层面是革命的，——在社会的演变中，并不存在某种预先决定的方向性。"再次，应当像图海纳那样，

---

① 曼纽尔·卡斯特：《认同的力量》，曹荣湘译，社会科学文献出版社2006年版，第74页。
② 同上。

"依据三个原则来定义社会运动:运动的认同、运动的敌人、运动的途径或社会模式,后者我称之为社会性目标。"①

卡斯特选择影响较大的五种社会运动开展深入评述,它们是:1994年爆发的旨在反对北美贸易协定的、被称为第一场信息化游击运动的墨西哥萨帕塔运动②;1995年爆发的拿起武器反抗美国联邦政府主张的全球新秩序、捍卫人民主权的美国民兵与爱国者运动③;1995年在东京地铁施放毒气的、终极目标为在"即将降临的大灾难中拯救日本和人类"的奥姆真理教④;2001年将纽约世贸大厦夷为平地,使三千多人丧命的本·拉登领导的基地组织⑤;1999年在西雅图开始的后来演化成席卷全球的反全球化运动⑥。卡斯特根据他提出的分析社会运动的三个方法原则,对五种反全球化的运动作了如下概括。(见表12-1)

表12-1 反全球化运动的价值观和信念结构⑦

运动	认同	敌人	目标
萨帕塔主义	受压迫的、被排斥的印第安人和墨西哥人	全球资本主义(北美自由贸易协定)、非法的革命制度党政府	自尊、民主、土地
美国民兵	本土的美国公民	新的全球秩序、美国联邦政府	公民和地方共同体的自由和主权
奥姆真理教	信徒献身的精神共同体	联合世界政府、日本警察	大灾难中的获救
基地组织	真正的穆斯林	基督教和犹太人的全球强权	作为乌玛的人类、用教法统治的社会
反全球化运动	多元认同	全球公司资本主义	全球民主

在卡斯特看来,虽然五种社会运动的表现形式有很大差异,但它们有明显的共同之处:(1)它们面对共同的敌人:全球化、信息化和网络化背景下的全球新秩序,这种全球新秩序的目标在于建立起一个世界强权,从而把所有国家和人民的主权收入囊中;(2)各种社会运动立足本民族文化传统而形成了表达自己意志和愿望的集体认同,并根据集体认同而形成了不同类型的共同体,伸张了不同

---

① 曼纽尔·卡斯特:《认同的力量》,曹荣湘译,社会科学文献出版社2006年版,第74—76页。
② 同上书,第77—90页。
③ 同上书,第90—105页。
④ 同上书,第106—113页。
⑤ 同上书,第113—148页。
⑥ 同上书,第148—164页。
⑦ 同上书,第166页。

指向又有共同趋势的价值观念;(3) 在各种社会运动中,新媒体和通信技术的使用使社会运动焕发了强大力量,信息技术对于这些运动来说具有十分关键的作用,实际上,信息技术和网络联系就是它们的组织基础;(4) 没有互联网、传真和其他媒体,这些社会运动就会处于分割的无力状态;(5) 五种社会运动分别立足于不同的文化传统,并因此而表现出一定的差异性。①

卡斯特对五种社会运动作出广泛考察的目的在于揭示:新自由主义提倡的全球新秩序已经遭到了广泛的抵制和冲击。"这些遍及全世界的社会运动,已经终结了新自由主义的这种幻想,即通过躲进计算机网络,就可以创造出一种新的独立于社会的全球经济。那种把信息、生产和市场集中于一部分有利可图的人口并把其余的人口按照各种在每一个国家看来多多少少尚显仁慈的方式进行安置的(或明或暗的)排外主义图谋,已经激起了图海纳所说的'大拒绝'行动。"②简言之,新自由主义的全球化主张不可能仅凭信息技术和网络化发展实现,受到其剥夺的人民群众必将为了捍卫自己利益而掀起波涛汹涌的社会运动。

环境保护运动是在更广阔的范围内发生的更加持久的社会运动。卡斯特认为,无论是在环境保护意识还是在环境保护行动上,环境保护运动都已经超越了个别群体界限而成为全球范围内的普遍性运动。"从全球来看,以往的为穷人进行开发与为富人进行环保之间的简单对立,业已转变成一场有关在每一个国家、每一个城市、每一个地区实现可持续发展应有什么样的实质性内容的层次多样的讨论。"③具有普遍性的环境保护运动具有多样化的表现形式,使人们常常难以辨清各种环境保护运动之间的联系,但在卡斯特看来:"正是这种理论和时间上的多声部(cacophony)使环境运动成为一种去中心化的(decentralized)、多重形式的、网络导向的、广泛兴起的新型社会运动。"④

卡斯特对环境保护运动作分类比较,指出尽管环境保护运动具有多样类型,但它们都包含了认同、敌人和目标的构成要素,他称之为"任何一场社会运动都需要的特征",并用如下"地图"来说明不同类型环境保护运动之间的联系。(见表 12-2)⑤

---

① 曼纽尔·卡斯特:《认同的力量》,曹荣湘译,社会科学文献出版社 2006 年版,第 164—169 页。
② 同上书,第 170 页。
③ 同上书,第 171 页。
④ 同上书,第 173 页。
⑤ 同上书,第 174 页。

表 12-2　环境运动的类型

类型	认同	敌人	目标
保护大自然（美国"十家集团"）	大自然的爱护者	无拘无束的开发	大自然
保卫自己的空间（别在我的后院）	地方共同体	污染源	生活质量、健康
反文化、深度生态主义（地球第一！生态女权主义）	绿色自我	工业主义、技术统治论、父权制	生态乌托邦
拯救地球（绿色和平组织）	国际生态卫士	无拘无束的全球发展	可持续性
绿色政治（绿党）	相关的公民	政治当局	反对的权利

在讨论环境保护运动时，卡斯特还辨析了环境主义与生态主义的关系。他认为，环境主义主要表现为一系列实际的抵制破坏人类自然环境的运动，反对通行的各种有害自然环境的制度体系和政策规定；而生态主义则主要表现为一系列信念、理论和规划，认为人类是生态系统的一部分，应当从一种动态的、进化的事业出发来保持生态的平衡。卡斯特的结论是："在我看来，环境主义是实践中的生态主义，而生态主义则是理论上的环境主义。"①

卡斯特认为，环境主义和生态主义推进的环境保护运动之所以获得了大规模的持续发展，同信息技术革命推动的全球化、网络化有紧密的直接联系。"为什么生态主义的观念会突然如火如荼？我提出的假设是，环境运动提出的主题与 20 世纪 70 年代以来出现的新社会结构即网络社会的基本维度之间，存在着直接的呼应关系，后者也就是指科学和技术成了经济和社会的基本目标，空间和时间出现了转型，财富、权力和信息抽象的、全球的流动在通过媒体网络构筑起现实虚拟情境的同时开始支配文化认同。"②

与前述五种反全球化的社会运动不同，环境保护运动不仅不去反对全球化，而且自身也表现为一种全球效应。并且，更为不同的是，环境保护运动还尽力同政府建立协同关系，以便利用媒体和政府全力推进环境保护，而不是像反全球化运动那样都是同政府尖锐对立的。造成这种现象的原因，一方面在于环境保护运动通常坚持了非暴力原则，以自我牺牲的行动去抵抗那些自然环境的破坏者或威胁自然环境的制度；另一方面还在于，各国政府也越来越明确地意识到环境问题已经超越了个别群体的利益关系，成为政府和社会成员都必须同时面对的

---

① 曼纽尔·卡斯特：《认同的力量》，曹荣湘译，社会科学文献出版社 2006 年版，第 173 页。
② 同上书，第 183 页。

问题,于是出现了政府和环境保护运动相互支持的局面。

卡斯特对女权运动予以高度重视,认为女权运动挑战了几千年的父权制,是信息化时代影响广泛的社会运动之一。卡斯特认为,女权运动在全球广泛兴起,受到了三股力量的有力驱动:"信息与全球经济的兴起、人类生育技术的进步;妇女斗争的极大高涨;妇女运动的全面发展。"①这三股力量导致一个最明显的变化是妇女就业大量增加,这不仅改变了妇女在过去完全依赖男性的经济地位,而且挑战了男性在家庭中的统治地位,并且还满足了信息化或网络化产业对女性劳动力的需求。这些都提高了妇女的经济、政治和社会地位,增加了同男性权力较量的能力,女权运动由此获得了坚实的基础。通过对世界各地的女权运动的考察,卡斯特对女权运动作了类型分析。(见表12-3)

表12-3 女权运动的类型分析

类型	认同	敌人	目标
女性权利(自由主义的、社会主义的)	女人也是人	父权制国家和/或父权制资本主义	平等的权利(包括生育权利)
文化女权主义	女性的共同体	父权制度和价值	文化自主性
本质论女权主义(唯心论、生态女权主义)	女性的存在方式	男性的存在方式	母权自由
女同性恋女权主义	性和文化上的姐妹情谊	父权制的异性关系	通过分离主义消除性别
女性的特殊认同(种族的、民族的、自我的,如黑人女同性恋者的女权主义)	自我建构的认同	文化统治	去性别的多元文化主义
实践的女权主义(工人、共同体的自我保护、母性)	被剥削的/被虐待的女性/家庭主妇	父权制的资本主义	生存和自尊

从卡斯特的类型学分析图表可知,他像对反全球化运动和环境保护运动所作的类型学分析一样,也是从认同、敌人和目标三个基本视角作出分析,不仅指明了各种女权运动的类型多样性,也揭示了不同特点的女权运动之间的共同性。

七、权力重构与新世界的曙光

卡斯特认为,广泛而持久的女权运动挑战了父权制,而"父权制(patriar-

---

① 曼纽尔·卡斯特:《认同的力量》,曹荣湘译,社会科学文献出版社2006年版,第196页。

chalism)是所有当代社会中的基础性结构",因为父权制已经"渗入社会的整个组织,从生产、消费到政治、法律与文化"①。因此,挑战父权制也就从整体上挑战了传统社会的制度结构和权力结构。正是在这个意义上,当卡斯特评析各种女权运动时,也就开始接触当代社会变迁的最核心问题:制度结构变迁与权力结构变迁。

虽然直接挑战父权制的是女权运动,但信息技术革命、网络社会崛起和经济全球化等也从更基础的层面挑战了父权制。卡斯特以充分的事实为根据,论述了信息技术革命、网络社会和经济全球化对妇女就业、促进父权制家庭解体和男女同性恋的重要作用。于是,卡斯特揭示了女权运动及其对父权制的强烈冲击,其根源都在于信息技术革命及其引起的网络化和全球化变迁。所以必须立足信息技术革命、网络化和全球化的基础来分析当代社会的制度结构变迁与权力结构变迁。

在当代社会的制度结构和权力结构中,最重要的莫过于民族国家制度及其行政权力,它不仅充分体现了父权制的权力要求,而且将社会生活的各种权力集中在一个行政体系中,竭尽全力地掌控整个社会系统的命运。在工业化进程中,民族国家得到了有力支持和越加强大的发展,形成了全面控制社会时空的能力。然而,到了20世纪90年代,随着社会生活信息化和网络化的大规模而快速的发展,民族国家的制度体系和行政权力受到了越来越尖锐的挑战,其制度合法性和权力有效性都开始流失甚至衰微。卡斯特对民族国家面临的挑战和陷入的困境作了如下概括:

> 国家对时间和空间的控制,越来越受到了全球资本、货物、服务、技术、通信和信息的流动的约束。国家通过弘扬传统、建构和重构民族认同以求捕获历史时间的努力,却受到了有自主性主体所界定的多元认同的挑战;国家通过设立超国家的(supranational)机构以求在全球舞台上巩固其权力的企图,却进一步损害了它的主权;国家通过向区域和地方下放行政权力以求重建合法性的努力,反而被其更亲近于政府、疏离于民族国家的新式民众,搞得成效甚微。因此,尽管全球资本主义兴盛了、民族意识普遍高涨了,但产生于现代历史时期的国家,其权力却在流失。②

---

① 曼纽尔·卡斯特:《认同的力量》,曹荣湘译,社会科学文献出版社2006年版,第196页。
② 同上书,第297页。

可见,在卡斯特的笔下,民族国家的权力已经遭遇了全面的严峻挑战。民族国家之所以陷入如此困境,根本原因在于信息化、网络化和全球化浪潮动摇了其存在根基。现代民族国家基于工业化进程或工业社会的发展而生成和壮大,它的制度体系和权力模式适应了工业社会的要求。民族国家对地域的分割、边界的划分、资源的控制、流动的限制、层级秩序的维持和不确定性的排斥,都表明它的制度体系和行政权力同工业生产要求的一致性。可是,信息化、网络化和全球化却在这些方面强有力地实现了突破。"在信息时代的黎明之际,合法性危机正在掏空工业时代的制度的意义和功能。由于没有抓住财富、权力和信息的全球网络,现代民族国家已经丧失了它的大部分主权。"①

概而言之,民族国家建立和管控的是一个有清晰边界的相对确定的地方空间,而信息化、网络化和全球化展开的却是一个边界模糊的、不确定的流动空间,因此,民族国家遭遇了权力作用的对象在存在范围和存在状态上的重大而深刻的变化。对习惯于用行政权力维护确定秩序的民族国家的统治者来说,这种变化不仅难以看清,而且会产生强力抵制的心理与行动,其结果只能是遭到更强烈的冲击。其原因首先在于,在信息化、网络化和全球化时代,"流动的权力优先于权力的流动"②。植根于工业社会追求稳定性的民族国家行政权力,如果不顺应时代的变革,仍然用传统的行政权力去对付不断变化、快速流动的信息权力,只能落得不适时宜、徒劳无益的下场。

并且,更为重要的是,流动的信息权力是来自基层社会广大人民群众的权力。信息权力的主体已不再仅是传统社会的意识形态的控制者和政治权力的掌握者,而且还包括在人数上占绝对优势的广大普通社会成员。因为计算机和现代通信技术的普及应用,每一个社会成员都具备了发布信息、表达观点和抨击时弊的条件与能力,都成为信息权力的掌握者和施行者。于是,处于基层甚至底层的社会成员拥有了信息权力,并且拥有了表达和发挥信息权力的有效形式和便捷途径。这就意味着,当代社会的权力结构已经发生了结构性变迁,民族国家及其各种层级的行政机构不再是权力的垄断者,握有信息权力的人民群众已经成为对抗民族国家权力的掌权者。

而当基层社会成员拥有并能有效表达信息权力时,权力的运行机制也发生了变化。传统社会的权力是自上而下地运行,是统治者居高临下地对广大人民

---

① 曼纽尔·卡斯特:《认同的力量》,曹荣湘译,社会科学文献出版社2006年版,第411页。
② 曼纽尔·卡斯特:《网络社会的崛起》,夏铸九、王志弘等译,社会科学文献出版社2006年版,第434页。

群众施行各种控制权力的过程。而人民群众掌握了信息权力后,权力的运行出现了自下往上的崭新运行路径。分散于社会各种角落的百姓,可以把自己的所见所闻、所想所愿,利用各种便捷的网络设置轻松地传入网络。一条条简短的信息在网络沟通中迅速汇集起来,形成漫及范围难以估计的横向联合,对一些丑恶行径、不公事件、贪官污吏开展搜索围观,不仅使那些在传统社会可以被包庇隐匿的污泥浊水瞬间暴露于天下,而且让那些原本可以仗势欺人的达官显贵也变得小心收敛。

信息权力是经过人民群众的社会认同表现出来的强大力量。卡斯特把信息权力称为精神或心灵的权力,是通过符码影像直接呈现出来的社会认同的权力。卡斯特说:"新的权力存在于信息的符码中,存在于再现的影像中;围绕着这种新的权力,社会组织起了它的制度,人们建立了自己的生活,并决定着自己的所作所为。这种权力的部位是人们的心灵。"① 可见,卡斯特所谓信息权力就是存在于人们的心灵中的观念的力量,是可以表现为象征符号的信息力量,它的基础并不在于某种实体机构,而在于人们的价值认同和意义接受。正是在这个意义上,卡斯特对信息权力充满了信心,他兴奋地指出:"不管是谁,也不管是什么,赢得了人心就能赢得统治,因为在任何合理的时间跨度内,对于那些围绕着灵活的、另类的网络的权力而动员起来的心灵来说,强大而顽固的统治机器并不是什么对手。"②

在信息时代的第三部曲《千年终结》中,卡斯特更加深入地考察了信息化、网络化和全球化在人类社会生活中引起的重大变迁,然后郑重地宣布:人类社会已经呈现了新的形态——网络社会,一个崭新的世界由此开端。通过对苏联改革与解体过程、信息化时代的社会不平等、全球犯罪经济、亚太地区的发展与危机以及欧盟形成中的各种社会矛盾的考察分析,卡斯特以充分的事实为根据,论证了信息技术革命形成的强大动力,已经无处不在地推动旧世界瓦解,而新世界正在形成的论断。

卡斯特认为,要想清楚地理解他关于新世界正在形成的论断,可以从三个方面的展开过程来把握:即信息技术革命、经济全球化的变迁、由文化认同凝聚起来的各种社会运动。"这三个过程的互动与它们所触动的反应,带来了一个新的支配性社会结构,即网络社会;一个新经济,也就是信息化/全球经济;一个新文化,真实虚拟的文化。而深植于这种经济、社会和文化之内的逻辑,已经成为

---

① 曼纽尔·卡斯特:《认同的力量》,曹荣湘译,社会科学文献出版社2006年版,第416页。
② 同上。

整个相互依赖世界里的社会行动与制度的基础。"①这就是说,正在形成的新世界是人类社会的总体性变迁,是经济、政治、社会和文化各方面紧密相连的结构性变迁,只有在这种整体联系中才能真实地把握新世界形成的深远意义。

卡斯特对新世界充满了信心,但他也承认新世界的发展面临种种障碍。他忧心忡忡地指出:"假如遍及世界的人们信息灵通、主动、能沟通;假如企业能承担其社会责任;假如媒体能变成使者而非信息;假如政治行动者对抗犬儒主义,以民主方式恢复信念;假如文化由经验来重建;假如人类遍及全球感觉到物种的团结;假如我们由于与自然和谐相处确立世代间的团结;假如我们之间已取得了和平,并启程开拓我们的内在自我;假如所有这些都因我们的信息灵通、有意识、分享决策而变得可能,而时间之河仍在流淌,或许我们能最终生活下去,爱同时被爱。"②这些充满诗意的假言判断,既是对未来发展的美好憧憬和热切呼唤,也是对既存现实的尖锐指责与严厉抨击。

---

① 曼纽尔·卡斯特:《千年终结》,夏铸九、黄慧琦等译,社会科学文献出版社2006年版,第321页。
② 同上书,第324页。

初版后记

本书是在六年多的教学基础上完成的。1995年，我在吉林大学社会学系讲授"西方社会学理论"这门课，后来因为教学需要，于1997年出版了一部主要用于本科生教学的教材《现代西方社会学理论》。原计划想用一部教材把从孔德到当代的西方社会学家或社会学流派都涵盖进来，后来在写作过程中发现，这样做不仅显得篇幅太大，而且更重要的是20世纪70年代以后兴起的一些社会学理论呈现了崭新的内容，在概念构架、问题论域、思维方式和价值取向等方面，都同以前的社会学理论有了深刻变化。于是，便决定另外再编写一部教材，并名之为《后现代西方社会学理论》。

在编写过程中，我越来越清楚地认识到，仅用客观陈述的方式无法明确论述当代社会学家的深邃思想和理论创见，亦即不适合用一般的教材编写方式来编写这部教材。于是，我改用研讨的方式编写。1996年，我申报的科研项目"后现代西方社会学理论研究"获得了教育部人文社会科学基金的资助，使我增强了这本书的编写信心和研究力度，先后在《社会学研究》等刊物发表了一些学术论文，为写作本书作了必要的前期准备。

本书包含的内容是否可以称为"后现代西方社会学理论"，我在书中已经作了讨论。然而，学术界对把西方社会学划分为现代与后现代并非没有异议。不过，我认为，重要的不在于怎样去称呼本书所论及的社会学理论，而在于能否明确地揭示这些社会学理论的思想革命，在于促进中国社会学理论视野实现一种扩展，在于引发中国社会学观念发生一些变化，在于引导我们培养的人才敢于突破传统社会学的理论边界。这些对于当代中国社会学的进一步发展，无疑具有根本意义。

毋庸讳言，目前在中国社会学界，无论是在课堂上讲授的社会学理论，还是作为实地调查理论前提的社会学理论，其基本原则和基本方法都是舶来品，并且主要是20世纪60年代以前的西方实证社会学理论。处于社会转型期的中国社会，在其快速发展中遇到的问题，不仅在内容性质上，而且在展开形式上，都与西方实证社会学产生和发展时期所面对的社会现实有深刻区别。当西方社会学根据变化了的西方社会现实向现代西方社会学发起激烈挑战时，我们却面对发生了更深刻变化的中国社会现实在理论上裹足不前，这使中国社会学的学术意识显得过于迟钝、落后。

耳熟能详的一条原理是：引起事物变化的根据是内因。然而，从社会生活信息化的角度看，这条原理的适用范围已经缩小了。社会生活信息化，这意味着引起社会生活发生变化的主要因素是信息，而最新鲜、最丰富、最有激发性的信息一定是来自外部的，是外因，而不是来源自身的内部信息。这个浅显的道理对于中国社会学的理论建设与学术创新也成立，因此，中国社会学应当以更加宽阔的理论胸怀，接受更多来自西方的新学术信息，促进理论观点和思维方式的发展变化。

顾名思义，本书应当对后现代西方社会学理论作出系统评述，但这并不是本书的宗旨。本书的宗旨在于从理论原则、理论视野、思维方式、基本观点和价值取向等方面揭示后现代西方社会学发生的理论变革。本着这个宗旨，本书的前三章概括地表达了我对现代西方社会学与后现代西方社会学的基本观点，可视为本书的重点所在。虽然后七章是本书的主体部分，但是，我只是把这七章所论及的七位社会学家作为后现代西方社会学的主要代表人物来评述，他们的思想理论并非后现代西方社会学的全部。甚至可以说，后面七章是用来举例说明前三章基本观点的。当然，应当同时指出的是：前三章的观点又主要是从后七章的内容概括出来的。

在本书的写作过程中，苏国勋教授给予了热情帮助，并在一些方面提出了宝贵意见，笔者受益匪浅。范广伟先生为本书的顺利出版辛勤操劳，积极支持。另外，我的研究生和吉林大学社会学系的几位本科生，参加了本书的校对工作，十分辛苦。在此，向关心和支持本书出版的各位表示诚挚的谢意。

刘少杰

2001年11月30日于北京

再版后记

  本书于2002年在社会科学文献出版社初次出版后，被一些大学社会学专业选为后现代西方社会学理论或当代西方社会学理论课程的参考教材。一些教师和学生对本书作了较好的评价，这实在令作者常常为之欣慰。可能因为本书初版时印数不多，这本书在书店里早已脱销，经常有学者建议修订再版本书，但因这些年教学及科研等事情繁多，力不从心，一直无暇着手操作。2011年，北京大学出版社陈相宜女士热情建议再版本书，并且签订了出版协议，于是，这便成为一项无法继续拖延的任务。

  转瞬之间，十载光阴匆匆而过，不仅中国社会现实发生了丰富多彩的场景转换，而且直面中国社会变迁的中国社会学也发生了深刻变化。越来越多的学者开始明确地认识到，中国社会学研究不能停留在表层观察、直白描述的水平上，面对日益复杂的中国社会变迁，中国社会学应当作出深入思考和理论创新。正是基于学术水准和理论意识的提升，面向当代学术前沿，借鉴吸收更深刻的思想理论，在中国社会学界已经逐渐形成一股潮流。也正是在这个意义上，本书的修订再版或许能为提升中国社会学研究水平，汇入一丝绵薄之力。

  呈现在读者面前的这本书，虽然保持了初版时的总体构架，但内容已经有了很大变化。不仅序言、第十一章和第十二章内容是新近编写的，而且在其他各章也增补和修改了一些内容。特别是陈相宜女士为本书出版做了大量工作，她精益求精地仔细审阅初版原稿，发现了很多疏漏不当之误，并逐一作出纠正。在其艰苦细致的工作中，笔者深感出版编审工作之艰辛，而且也十分敬佩陈相宜女士一丝不苟的学术求实精神。在此，谨向陈相宜女士致以诚挚的谢意！

刘少杰
2013年10月2日于北京世纪城时雨园